黑龙江地方治理发展报告（2018）

LOCAL GOVERNANCE DEVELOPMENT REPORT OF HEILONGJIANG (2018)

主　编／朱　宇　陈　静
执行主编／许淑萍
副 主 编／冯向辉　高洪贵

社会科学文献出版社
SOCIAL SCIENCES ACADEMIC PRESS (CHINA)

图书在版编目(CIP)数据

黑龙江地方治理发展报告.2018 / 朱宇，陈静主编
. --北京：社会科学文献出版社，2019.2
（黑龙江蓝皮书）
ISBN 978-7-5201-4207-6

Ⅰ.①黑… Ⅱ.①朱… ②陈… Ⅲ.①地方政府-行政管理-研究报告-黑龙江省-2018 Ⅳ.①D625.35

中国版本图书馆CIP数据核字（2019）第021234号

黑龙江蓝皮书
黑龙江地方治理发展报告（2018）

主　　编 / 朱　宇　陈　静
执行主编 / 许淑萍
副 主 编 / 冯向辉　高洪贵

出 版 人 / 谢寿光
项目统筹 / 丁　凡
责任编辑 / 丁　凡　杨　雪　杨　木

出　　版 / 社会科学文献出版社·城市和绿色发展分社（010）59367143
地址：北京市北三环中路甲29号院华龙大厦　邮编：100029
网址：www.ssap.com.cn
发　　行 / 市场营销中心（010）59367081　59367083
印　　装 / 三河市龙林印务有限公司

规　　格 / 开 本：787mm×1092mm　1/16
印 张：23.5　字 数：355千字
版　　次 / 2019年2月第1版　2019年2月第1次印刷
书　　号 / ISBN 978-7-5201-4207-6
定　　价 / 89.00元

皮书序列号 / PSN B-2019-805-4/4

《黑龙江地方治理发展报告（2018）》
编 委 会

主要编撰者简介

朱　宇　黑龙江省社会科学院原院长、研究员、博士研究生导师，省级重点学科（政治学）带头人，黑龙江省领军人才梯队“535 工程”（政治学理论）学术带头人，黑龙江省社科联副主席，黑龙江省政协第十一届、第十二届委员会委员、提案委员会副主任。主要社会兼职：中国俄罗斯东欧中亚学会副会长，中国政治学会常务理事，黑龙江省政治学会会长，黑龙江省公共管理学会副会长，黑龙江省专家顾问委员会法律社会专家组专家。2002～2003年日本政策研究院访问学者（外国人研究员）。出版《中国乡域治理：回顾与前瞻》等专著 10 余部，发表《19 世纪中叶至 20 世纪中叶中国乡域治理的历史考察》等论文 70 余篇，撰写《黑龙江省群体性事件破解机制研究》等研究报告 40 余篇。获省社会科学优秀成果一等奖 1 项、二等奖 2 项，主持完成国家社科基金和省社科规划项目多项。

陈　静　黑龙江省社会科学院副院长，研究员，硕士生导师。现为黑龙江省级领军人才梯队（科学社会主义）学术带头人，黑龙江省文化名家，享受国务院特殊津贴、省政府特殊津贴。兼任中国政治学会理事、中国科社学会理事、中国国际共运史学会理事等职。主持承担国家社科基金项目 2 项、黑龙江省社科规划重大委托项目 1 项、省部级项目 20 余项。出版《社会主义核心价值体系的大众化》等学术专著 5 部。在《马克思主义研究》等国家权威期刊及省级期刊发表论文近百篇。多篇论文被人大复印资料全文转载，主笔的三份研究报告获得省委书记肯定性批示。学术成果曾获省社科优秀成果一等奖 1 项、二等奖 3 项。所撰论文入选中宣部等部门联合召开的纪念马克思诞辰 200 周年理论研讨会。

许淑萍 黑龙江省社会科学院政治学研究所副所长，研究员，硕士研究生导师，黑龙江省级领军人才梯队（行政学）学术带头人，黑龙江省文化名家、黑龙江社会发展与地方治理研究院首席专家。主要研究方向：公共政策伦理、公共服务、政府管理创新等。在《中国行政管理》等学术期刊发表学术论文40余篇，出版专著3部。专著《决策伦理学》获黑龙江省第十四届社会科学优秀成果专著一等奖。主持并完成国家社会科学基金项目、黑龙江省社会科学规划项目以及省市有关部门委托课题20余项。主要社会兼职为中国政治学会理事，黑龙江省政治学会常务理事、副秘书长，黑龙江省公共关系学会常务理事、副会长，黑龙江省公共管理学会常务理事、副秘书长。

冯向辉 黑龙江省社会科学院法学研究所所长，编审，硕士生导师，法学博士。省中青年专家、省文化名家。中国政治学会理事，中国法学会法理学研究会理事，黑龙江省法学会法理学研究会会长，黑龙江省政治学会常务理事、秘书长。发表学术论文50余篇，其中多篇文章在《新华文摘》《中国社会科学文摘》《光明日报》等二次文献转载。出版著作或编著7部。参与或主持国家社会科学基金项目、教育部人文社会科学研究项目、黑龙江省社会科学基金规划项目、黑龙江省软科学计划项目等10余项。曾获得黑龙江省社会科学优秀论文成果一等奖1项、二等奖3项、三等奖1项，哈尔滨市社会科学优秀论文成果一等奖1项。

高洪贵 黑龙江省社会科学院政治学研究所，研究员，硕士生导师，政治学博士，省级领军人才（政治学理论）梯队后备带头人，黑龙江省宣传文化系统“六个一批”青年人才。黑龙江省政治学会常务理事，黑龙江省青少年研究学会副会长，黑龙江省公共管理学会常务理事。长期从事中国政府与政治、行政学方向研究。主持完成国家社科基金青年项目1项和省社科规划项目多项，公开发表论文40多篇。研究成果曾获黑龙江省社会科学优秀成果一、二、三等奖。

摘　要

《黑龙江地方治理发展报告（2018）》运用大量的统计数据和调研资料，在掌握大量理论文献和调研资料与数据的基础上，全面回顾了近年来黑龙江省在推进国家治理体系和治理能力现代化的进程中取得的成就，深刻地分析了黑龙江省在面临复杂的发展形势中所存在的一些与新形势、新任务不相适应的环节与问题，并提出了有针对性、具有可操作性的任务。

报告指出：近年来，黑龙江省在贯彻落实党和国家关于推进国家治理体系和治理能力现代化的一系列部署和要求中，积极谋划，主动作为，在智慧治理、政府信息公开、简政放权、基层治理、法治建设等方面取得了良好的成就。黑龙江省通过信息技术与治理环节的深度融合，推进电子政务的升级换代，使治理技术得到质的飞跃与提升，开启了通向智慧治理的崭新途径。在掌握公开方面，细化政务公开工作任务，着力推进行政行为全过程和重点领域信息公开，加强政策解读回应，不断增强公开实效。紧紧围绕“村民自治”的基本内容（“民主选举、民主决策、民主管理、民主监督”）及其实现形式进行探索与实践。无论是在法律创立方面还是制度创新方面，黑龙江省都走在了全国的前列。通过不断总结民主法治发展过程中的经验教训，持续探索民主法治发展道路。

对于黑龙江省地方治理存在的主要问题，报告认为，随着我国改革与发展进入新时期新常态，我国经济社会发展战略机遇期的内涵发生深刻变化，黑龙江省面临的发展形势更为复杂，发展任务更为艰巨。

由于发展形势的复杂化以及新时代、新常态对发展任务提出了更高的要求，黑龙江省地方治理工作中出现了一些与新形势、新任务不相适应的环节与层面，如：治理理念还有待转变，一些政府官员仍然存在“官本位”的思想，习惯于传统的治理模式，对新生事物缺乏敏锐性与包容度；政务公开的内容与公众的实际需求脱节；简政放权过程中存在“盲目放权”“放管脱节”现象；基层群众性自治组织自身治理能力不足等。

在此基础上，报告提出了转变传统治理理念，推进多元共治，创新政府治理方式，优化公共服务；完善政府信息公开的监督机制；通过优化权责结构，以权责对应为基本原则，以放管服有机结合为主要方式，以转变政府职能为主要方向，通过相关制度、机制的建设，推进简政放权工作；从转变思想意识、提升依法行政能力、建立评估体系、监督机制等方面入手有效推进法治建设的全面、深入发展。

本书由 17 篇研究报告组成，分为总报告、专题研究篇、地方法治篇和社会调查篇四个部分。其中专题篇（9 篇），包括简政放权改革、政府信息公开、网络舆情治理、社会组织参与地方治理、生态环境治理、城市社区治理、政府责任等问题；地方法治篇（3 篇），包括行政裁量权规范、对俄经贸活动法治化、涉诉信访等问题；社会调查篇（4 篇），包括牡丹江西安区推进义务教育均衡发展、非公有制企业党组织发挥作用、领导干部家风助廉建设、农民教育培训质量等问题。

Abstract

Local Governance Development Report of Heilongjiang Province, based on a lot of theoretical literatures and research datas and combined with statistics and research materials, comprehensively reviews achievements in the process of modernizing national governance system and governance capabilities in Heilongjiang province, deeply analyzes links and problems incompatible with the new situation and new tasks in the complex development situation in Heilongjiang province, and puts forward some specific and operational missions.

The report points out that with actively implementing a series deployments and requirements on modernization of national governance system and governance capabilities, Heilongjiang government achieves outstanding results in terms of intelligent governance, government information publicity, streamline administration and institute decentralization, grass-root governance, legal construction. Heilongjiang Province, through deep integration of information technology with governance, has made governance technology a qualitative leap and promotion, promoted the upgrading of e-government, and opened a new approach to intelligent governance. In the aspect of governance information publicity, Heilongjiang Province refines the task of open government affairs, makes efforts to promote the entire process of administrative behavior and information disclosure in key areas, strengthens response to policy interpretation, and continuously increases efficiency of government information publicity. Furthermore, Heilongjiang Province explores the way to practice democratic election, democratic decision, democratic management, democratic supervision, revolving around the basic conception of villager autonomy. Regardless of law creation and institutional innovation, Heilongjiang Province has been at forefront of the country, which continues to explore the development path of democratic legalization, increasingly summarizing experiences during development.

Concerning main problems existing in local governance of Heilongjiang Province, the report points out that as China's reform and development enters a new normal in the new era, the connotation of China's economic and social development strategy opportunities has undergone profound changes. The development situation facing Heilongjiang Province is more complicated and the development task is more arduous.

Due to the complexity of the development situation and the higher requirements for the development task in the new era and the new normal, some links and aspects of the local governance work in Heilongjiang Province are incompatible with the new situation and new tasks. For example, The concept of governance still needs to be changed. Some government officials still have the idea of "official standard", accustomed to the traditional governance model and lacking sensitivity and tolerance to new things; the contents of open government affairs is out of touch with the actual needs of the public; there are problems such as "blind decentralization" and "disengagement" in the process of streamline administration and institute decentralization; grassroots mass autonomous organizations have insufficient self-management capabilities.

Based on those situations mentioned above, the report proposes the transformation of traditional governance concepts, promotes pluralistic governance, innovates government governance, optimizes public services, and improves the supervision mechanism for government information disclosure. By optimizing the structure of powers and responsibilities, the principle of power and responsibility is the basic principle, and the organic combination of management and management is adopted. As the main way, with the transformation of government functions as the main direction and through the construction of relevant systems and mechanisms, the work of decentralization and decentralization will be promoted. The rule of law construction will be promoted effectively to comprehensive and in-depth development in terms of ideology change, capability of governance by law promotion, evaluation system construction and supervision mechanism.

This book consists of 17 reports including general report, special reports, local rule of law research and social research. As for special reports, there are 10 reports in this part covered by reform to streamline administration and institute decentralization, publicity of government affairs, internet public opinion governance, local governance participated by social organizations, ecological environment governance, urban community governance, and government responsibility. When it comes to the part of local rule of law research , the administrative discretion and legalization of trade with Russia are included. In the part of social research, there are 4 reports on advancing balanced development of compulsory education, the role of party organizations in non-public ownership enterprises, officials' excellent family tradition to in-corruption and improving the quality of farmers' education and training.

目 录

Ⅰ 总报告

Ⅱ 专题研究篇

Ⅲ 地方法治篇

Ⅳ 社会调查篇

皮书数据库阅读使用指南

CONTENTS

Ⅰ General Report

Ⅱ Special Research

Ⅲ Local Rule of Laws Research

Ⅳ Social Research

总 报 告

General Report

B.1
创新体制机制，推进地方治理现代化进程

朱 宇 许淑萍 初智勇*

摘 要： 地方治理是国家治理体系的重要组成部分，地方治理创新是通向地方治理现代化必由之路。在推进国家治理体系和治理能力现代化的进程中，黑龙江省的各项改革与发展事业也随之不断取得新的突破，以制度规范和实践路径探索为着力点和抓手，在地方治理过程中，不断创新制度设计和实践模式，取得了一系列令人瞩目的成就，地方治理水平不断提升、绩效不断彰显。通过治理主体权力的规范化，不断推进简政放权向纵深发展；通过治理主体的实践探索，推进基层治理方

* 朱宇，博士，黑龙江省社会科学院，研究员，研究方向为中国政府与政治；许淑萍，本科，黑龙江省社会科学院政治学研究所，研究员，研究方向为行政学理论；初智勇，博士，黑龙江省社会科学院政治学研究所，副研究员，研究方向为国际政治。

式的创新，特别是在乡村基层治理实践中，走在全国的前列；着力推进政务公开工作，细化政务公开工作内容，实行行政行为全过程公开；通过治理技术的升级换代，实现治理手段的更新，极大地提升了治理能力和效率；通过加强民主法治建设，不断完善立法机制，提高立法质量。同时，由于经济社会发展战略机遇期内涵发生深刻变化，黑龙江省面临更为复杂的发展形势与新时期新常态的发展任务，黑龙江省地方治理也存在一些与新形势、新任务不相适应的环节与问题，如简政放权工作有待深化、基层群众自治能力不足、政务信息公开的质量与公众实际需求脱节、依法行政的能力不足等。面对新时代以及发展任务的更高要求，黑龙江省应积极应对、锐意创新，通过不断推动体制机制创新，持续提升地方治理能力和绩效。

关键词： 地方治理　治理能力　治理体系

近年来，我国的改革开放进入全面深化阶段，黑龙江省的各项改革与发展事业也随之不断取得新的突破，并进一步向纵深拓展。地方治理是国家治理的重要组成部分，地方治理现代化是国家治理现代化的一项重要内容，地方治理创新是通向地方治理现代化的必由之路。根据党和国家全面深化改革的相关部署，黑龙江省以制度规范和实践路径探索为着力点和抓手，在地方治理过程中，不断创新制度设计和实践模式，取得了一系列的成就。同时，由于经济社会发展战略机遇期内涵发生深刻变化，黑龙江省面临更为复杂的发展形势与新时期新常态的发展任务，黑龙江省地方治理也存在一些与新形势、新任务不相适应的环节与问题。

一　黑龙江省地方治理的创新发展

近年来，黑龙江省大力贯彻落实党和国家关于推进国家治理体系和治理能力现代化的一系列要求部署，积极谋划，主动作为，在智慧治理、信息公开、简政放权、基层治理、法治建设等方面取得了良好的成就。

（一）通过治理技术的升级换代，推进智慧治理工程

智能化是治理现代化的一个重要发展方向。运用信息技术与大数据的支持，推动治理创新，从而促进治理现代化的有效实现，这是国际治理领域的流行趋势。近年来，黑龙江省通过信息技术与治理环节的深度融合，使治理技术得到质的飞跃与提升，推进电子政务的升级换代，开启了通向智慧治理的崭新途径。

黑龙江省的智慧治理目前涉及便民服务、行政审批与行政管理等诸多领域。一方面，智慧治理使治理活动脱离了传统的场域与时限制约，为社会组织、企业、居民办事创造了传统治理方式无法企及的便利，如传统方式由于受治理主体办公时间、人员配备、场所条件的限制，办事、接待能力与效率相对有限，而网上办事大厅、微信办事客户端的开通，则彻底解决了这一问题，不但可以同时接待多人办事，办事时间也不再局限于早八晚五，需要办事的组织与个人也可以足不出户，节省相应的办事时间和交通、住宿等办事费用；另一方面，智慧治理使相关政府部门的行政管理等治理活动所依托的技术装备和操作方法发生质的提升与更替，从而极大地提高了相应机构的治理效率与能力，如交通、治安天眼与数据库工程的建立，极大地提升了交通管理与社会治安的综合管理与执法的针对性、准确性，使有限的人力、物力集中应用于迫切需要的方向与事项上。

在便利社区建设方面，推进智能化的服务平台整合，为智能社区建设提供基础架构和拓展空间。开展社区公共服务综合信息平台建设工作，逐步实现社区公共服务事项的“一站式”受理、全人群覆盖、全口径集成和全区域通办。平房区重点打通民生服务的“最后一公里”，多方位探索社区智能化建设的有效形式。开启了“两网、三库、多系统”，整合党建、民政、公安、城管等部门的多重网格，实现“一网多能”，建立了包含居民数据的人口信息库、包含法人数据的法人信息库，以及覆盖社区周边的空间信息库；

开发了移动应用系统，社区居民通过手机可以获得社区公告、服务预约、物业报修等服务，即时受理、解决群众的民生诉求。让群众办事不出社区，就能畅享高端技术和“民生政府”带来的高效便捷的民生服务。

在健康社区建设方面，整合医疗等领域专业化社会资源，通过“医联体互动平台”等，为健康社区提供资源整合和专业服务。哈尔滨运用“互联网+”，将专业化的医疗资源与社区服务对接，宣信社区建立的“家乐惠”服务平台，与区卫生系统“慢性病”云平台对接，居民利用网络平台可与医生一对一问诊。

在安全社区建设方面，通过信息整合共享、警民信息互动等方式，开创社区安全建设的新型模式。2015 年省民政厅建立全省社区电子地图信息数据库，公安机关以此为信息依据，开展有针对性的治安综合治理行动，为社区治安稳定奠定了良好基础。东莱派出所社区民警建立社区微信群，探索移动“互联网+社区”微警务，在线上开展社区服务。通过互联网平台，加强警民互动，践行新形势下治安综合治理的群众路线。

哈尔滨市公安局与中国邮政集团哈尔滨分公司达成“互联网+暖心包裹”快递合作协议，旨在全面深化“互联网+公安政务”服务平台功能，将公安政务服务系统与邮政 EMS 系统对接，彻底解决在押监管人员家属送达衣物等生活用品中普遍存在的不方便、不快捷、路途远、耗时长、费用高等实际问题。“互联网+公安+邮政”的警企联动合作协议的签署，在全国公安监所管理中尚属首创，开创了全国公安监所管理“互联网+公安+邮政”工作的先河。①

（二）通过治理过程的透明化，推进阳光政府建设

阳光化是指政府管理过程中的信息公开化，其源于针对政府与民众之间的信息不对称及其引发的种种问题与弊端。阳光政府工程既有利于克服政府

① 《哈尔滨创新监管便民模式　推进“互联网+暖心包裹”服务》，中国交通在线，2018-05-25，http://www.jiaotongwang.cn/index/youzheng/2018/0525/138959.html。

与广大民众之间沟通、理解、信任的障碍，也有利于社会对政府实施有效监督，以规范政府行为。

近年来，黑龙江省紧紧围绕省委、省政府重大决策部署和公众关切，细化政务公开工作任务，着力推进行政行为全过程和重点领域信息公开，加强政策解读回应，不断增强公开实效，以公开促规范，以公开促服务，以公开促落实，切实保障人民群众知情权、参与权、表达权和监督权。

行政行为全过程公开包括决策公开、执行公开、管理公开、服务公开、结果公开，基本涵盖行政管理过程的所有阶段和环节。重点领域信息公开包括公共资源配置领域信息公开、政府投资的重大建设项目领域信息公开、PPP 项目信息和降费工作领域信息公开、教育领域信息公开、户籍迁移政策领域信息公开、社会救助领域信息公开、政府预决算领域信息公开、“双创”领域信息公开、环境保护领域信息公开、棚户区改造及农村危房改造和保障性住房领域信息公开、医疗卫生领域信息公开、食药领域信息公开、国有企业运营监督领域信息公开、减税领域信息公开、企业信用领域信息公开等，体现了省委、省政府的重大发展决策部署和公众关切的焦点问题。从政策解读、回应社会、媒体推动三个方面对政务公开方式进行试验和创新。从公开内容标准化建设、政务公开平台建设、组织领导和考核培训方面，确保政务公开工作取得实效。

2011 年 8 月 11 日，黑龙江省人民政府办公厅公布《关于进一步深化全省县乡政务公开工作的意见》，对县、乡政务公开的内容、方式、时间、程序、保障等事项做出明确规定。

2017 年 3 月 20 日，中共黑龙江省委办公厅、黑龙江省人民政府办公厅印发《关于全面推进政务公开工作的实施意见》，提出在新形势下，要切实增强做好政务公开工作的责任感和紧迫感，积极探索全面推进政务公开的科学路径。该实施意见成为黑龙江省各地各部门推进政务公开工作的指导性文件。

从 2011 年伊始，省政务公开领导小组办公室每年印发全省政务公开工作要点，针对当年政务公开工作的重点方向与事项做出指导，并提出要求。

与此同时，每年开展全省政务公开工作考核评比，并将考评结果在省政府信息公开网上进行通报。

2012 年，黑龙江省政务公开领导小组办公室开展了《中华人民共和国政府信息公开条例》（简称《条例》）施行四周年宣传活动，并通过开展丰富多彩的宣传活动，宣传《条例》知识，解答《条例》的具体内容，展示《条例》施行四年来的政务公开工作成果。

2015 年，黑龙江省在全国较早开展政府信息公开第三方评估工作，委托黑龙江省社会科学院“政府信息公开问题研究”项目组，组成专业的第三方评估团队，对全省政府信息公开工作进行客观、公正的评估，有力地推动了全省政府信息公开工作。政府信息公开工作的深入推进，推动了简政放权、放管结合、优化服务改革，激发了市场活力和社会创造力，为打造法治政府、创新政府、廉洁政府和服务型政府奠定了坚实的基础。

政务公开推进举措，在重视行政行为全过程公开的同时，对涉及重大发展和社会聚焦问题采取重点突破：（1）建立政府服务承诺制度，明确权力清单、责任清单、负面清单；（2）向企业、公众明确公开政务工作流程；（3）突出资金、财务、人事等关键领域的信息公开，并从组织牵头、机制完善、方法创新、监督保障、队伍建设等全方位、多领域予以统筹兼顾，其根本宗旨和目标在于通过政务公开有效提高政府公信力，以实现政府治理能力现代化。在满足和保障公众知情权、参与权的基础上，推进社会对信息数据的充分利用，加强社会公众的信任协同。

（三）通过治理主体权力的规范化，推进简政放权深化

简政放权是实现市场起决定性作用，更好发挥政府作用，推动中国经济实现新常态的重要途径和保障。简政放权改革的方向是通过向市场放权、向社会放权、向地方政府放权，着力解决政府与市场、政府与社会、中央政府与地方政府的关系问题。①

---

① 张占斌：《经济新常态下简政放权改革新突破》，《行政管理改革》2015 年第 1 期。

李克强总理强调，推进行政体制改革、转变政府职能，要把简政放权、放管结合作为“先手棋”。长期以来，政府对微观经济运行干预过多、管得过死，重审批、轻监管，不仅抑制经济发展活力，而且增加行政成本，还容易滋生腐败。推进简政放权、放管结合，就是解决这些突出矛盾和问题的关键一招，也紧紧把握了行政体制改革和经济体制改革的核心，抓住了完善社会主义市场经济体制、加强社会建设的要害。①

2013 年 3 月十二届全国人大一次会议通过的《国务院机构改革和职能转变方案》和 2013 年 11 月党的十八届三中全会通过的《中共中央关于全面深化改革若干重大问题的决定》，提出以“简政放权”为抓手，以“转变政府职能”为核心，开启了最新一轮的行政体制改革。以党中央、国务院新一轮行政体制改革为契机，黑龙江省积极构想、出台各类举措，落实党和国家关于“简政放权”的各项要求。通过政府职责与职权的定位和权力关系结构的调整，推进“简政放权”，力争实现政府治理体系与能力的现代化。在改革实践过程中，“简政放权”体现为取消、下放、承接等工作环节。2015 年 9 月和 2016 年 10 月，黑龙江省政府连续向各市（地）、县（市）人民政府（行署）及省政府各直属单位印发《黑龙江省 2015 推进简政放权放管结合转变政府职能工作方案》和《黑龙江省 2016 推进简政放权放管结合转变政府职能工作方案》。自 2013 年 5 月以来，通过十轮联动，共取消或下放行政权力 942 项，占全部比例的 76%，98% 的审批事项实现一次审批，78 个备案项目实现真正备案。原定 3 年削减 1/3 的行政审批制度改革目标提前一年半完成。2016 年全年取消和规范了 83 个证明事项。截至 2017 年 5 月行政审批精简率达 66.7%，行政权力精简率达 71.2%。2017 年以来，部分行政权力已实现授权委托。对国家取消的职业资格事项，严格落实，暂停 279 项无国家相应标准的职业资格鉴定。严格行政许可立项监管，按照国务院要求，不再新增行政许可项目。大幅削减行政定价事项，省、

① 《李克强在全国推进简政放权放管结合职能转变工作电视电话会议上的讲话》，中央政府门户网站，2015 年 5 月 15 日，http://www.gov.cn/guowuyuan/2015-05/15/content_2862198.htm。

市、县三级政府实际管理定价事项由84项减至41项，放开693个具体定价项目，其中涉及医疗服务定价592项，处于全国首位。在清理、取消、公示审批事项与权限的同时，以科学合理原则，优化整合审批事项目录及其流程，缩短审批日程，集中审批权限，落实“一站式审批”全覆盖，以提高审批时效。

（四）通过治理主体的实践探索，推进基层治理创新

近年来，党和国家制定并出台一系列法律、法规和政策性文件，对村民自治、城市社区治理、企事业单位民主管理工作的目标、内容、方针、措施等予以规范和指导。按照党和国家的工作要求与部署，黑龙江省立足省情，积极探索相应的实施方法与路径，务求扎实、高效地落实相应改革的规划与举措。

在以“村民自治”为基调的乡村基层社会治理民主化改革与建设实践中，黑龙江省紧紧围绕“村民自治”的基本内容（民主选举、民主决策、民主管理、民主监督）及其实现形式进行探索与实践。无论是在法律创立还是制度创新方面，黑龙江省都走在了全国的前列。

2014年11月至2015年7月举行的黑龙江省村两委换届选举，通过实施“打开三扇窗，关紧一扇门”系列创新举措，使候选人从幕后竞争走上了前台竞选，从私下许愿变成了公开承诺，从三年一次的监督、选择变成了全程监督、随时重新选择，选出一大批群众信得过的村民自治带头人。黑龙江省出台了《黑龙江省村“两委”换届选举工作的意见》，全面推行“竞职、履职、辞职”承诺制，破解了“公开难、监督难、罢免难”的问题，树立了“能者上、庸者下”的动态选择机制。

在对黑龙江某镇12个村庄进行的实地调查中，其中83.3%的受访者认为村委会选举结果符合自己的意愿，86.4%的受访者对选举产生的村干部能够代表村民利益有信心。

2016年12月，省委、省政府下发《关于开展以村民小组或自然村为基本单元的村民自治试点工作通知》，对黑龙江省村民自治试点工作进行具体

要求和部署。中央在全国选定 24 个村作为以村民小组或自然村为基本单元的村民自治试点单位，其中，黑龙江省有 4 个村被列入试点村。2017 年 8 月 2 日，黑龙江省民政厅组织召开全省国家级村民自治试点工作推进会，在试点村划分若干村民小组，以小组为单元，分别成立村民自治组织。各村民自治小组修订并讨论通过了《村民自治章程》《村规民约》等规章制度。

社区治理以自我管理、自我教育、自我服务的基层群众性自治方式，顺应了社会发展对基层民主的需求，体现了社会管理创新对新时期社会发展需求的回应，成为政府完善社会治理能力、保障居民安居乐业、维护社会稳定和谐的基层组织平台和保障。

近年来，黑龙江省根据中央的立法和政策指导精神，积极建立新的社区治理模式，进一步深化城市社区建设。新的社区治理模式，在“多元共建”的基础上，建立现代社区治理体系，其核心是形成“多元主体、多元平台、多元服务”社区治理体系。

在制度创新方面，黑龙江省大胆革新，以机制创新为着力点，大力推进新型社区治理模式的建设。在与黑龙江省经济社会发展水平相适应的前提下，城市社区突出以安全、健康、便利为中心的基本功能，整合政府、社会、市场资源，融合硬件建设与人文关怀，切实提高城市社区治理水平，最大限度地满足不同地区、不同居民对社区服务的差异化需求。

自 2012 年民政部启动“全国社区治理和创新服务实验区”以来，黑龙江省已有哈尔滨市道里区、南岗区，齐齐哈尔市龙沙区，牡丹江市西安区 4 个国家级实验区，是全国拥有实验区最多的省份之一。黑龙江省还广泛开展“一地一型，一区一品”的社区治理和服务创新工作试点。

在便利社区建设方面，推进智能化的服务平台整合，为智能社区建设提供基础架构和拓展空间。让群众办事不出社区，就能畅享高端技术和“民生政府”带来的高效便捷的民生服务。在健康社区建设方面，整合医疗等领域专业化社会资源，通过医联体互动平台等，为健康社区提供资源整合和专业服务。在安全社区建设方面，通过信息整合共享、警民信息互动等方式，开创社区安全建设的新型模式。

企事业单位是社会的基层组织和细胞，保障广大人民群众的民主权利，发挥广大人民群众的积极性、创造性，是建设中国特色社会主义的价值目标和发展动力。

近年来，黑龙江省以党和国家的相关法律、法规、政策精神与规范为指导，紧紧围绕以职工代表大会为基本形式、以厂务公开为有效实施途径，结合本省实际，通过立法与政策实践的创新，积极探索并努力推进企事业单位民主管理、民主监督的有效实现形式。

2016 年 11 月，省委组织部等六个部门联合印发《黑龙江省厂务公开民主管理联席会议制度》，对联席会议的主要职责、成员单位及职责、工作规则、联席会议办公室职责及工作规则、文件会签程序做出规定。截至 2016 年底，黑龙江省在已建立工会的国有企业中，有 95% 的企业设置了职工代表大会，94% 的企业建立了厂务公开制度；在已建立工会的非公有制企业中，有 86% 建立了职工代表大会，87% 建立了厂务公开制度。2016 年 7 月 27 日，《在黑龙江省工会第十一次代表大会上的工作报告》提出，今后 5 年将深入落实职代会、厂务公开、职工董事监事制度，抓好职工代表培训，保障职工的知情权、参与权、表达权、监督权，实现已建工会企事业单位职工（代表）大会、厂务公开建制率达到 95% 以上。推动企业在改革改制、化解过剩产能过程中，依法落实好职代会各项职权。

（五）通过健全民主法治，推进地方法治建设

民主与法治建设是中国特色社会主义建设的一项重要内容，是实现中华民族伟大复兴的基础和保障。发展社会主义民主，健全社会主义法制，使民主制度化和法律化，这是新中国成立以来黑龙江省不断探索和努力实现的重要目标。近年来，黑龙江省通过不断总结民主法治发展过程中的经验教训，持续探索民主法治发展道路。

1. 强化宪法意识，维护宪法尊严

为贯彻依宪治国、依宪执政的要求，强化宪法意识，维护宪法尊严，保证宪法法律实施，2015 年黑龙江省制定了《黑龙江省国家工作人员宪法宣

誓办法》。2016 年组织任命的国家工作人员向宪法宣誓，树立宪法权威，增强宪法观念。在每年 12 月 4 日国家宪法日，开展具有黑龙江特色的宪法宣传活动，弘扬宪法精神。2016 年黑龙江省人大常委会听取审议了省政府关于“六五”普法规划实施情况和“七五”普法规划意见的报告，做出了关于开展第七个五年法治宣传教育的决议，明确提出要以学习宣传宪法为首要内容，扎实开展法治宣传教育，不断提高领导干部运用法治思维和法治方式开展工作、解决问题、推动发展的能力，引导广大群众树立自觉守法、遇事找法、解决问题靠法的意识。

2. 逐步完善立法机制

健全有立法权的人大主导立法工作的体制机制，发挥人大及其常委会在立法工作中的主导作用。完善法规草案争议较大事项的协调论证机制，黑龙江省采用第三方评估方式，委托法律专家对司法鉴定管理条例草案中有关鉴定备案问题进行评估。组建黑龙江省地方立法研究中心，为立法工作提供咨询服务。立法机关主导、社会各方有序参与立法的途径和方式更加健全。确立了立法机关和社会公众沟通机制，开展立法协商，充分发挥了政协委员、民主党派、工商联、无党派人士、人民团体、社会组织在立法协商中的作用，探索建立了有关国家机关、社会团体、专家学者等对立法中涉及的重大利益调整论证咨询机制。

3. 立法质量显著提高

这个阶段立法项目征集和论证制度日益完善，立法前论证、立法成本效益分析和立法后评估工作得到加强。立法机关主导、社会各方有序参与立法的途径和方式更加健全。确立了立法机关和社会公众沟通机制，开展立法协商，充分发挥了政协委员、民主党派、工商联、无党派人士、人民团体、社会组织在立法协商中的作用，探索建立了有关国家机关、社会团体、专家学者等对立法中涉及的重大利益调整论证咨询机制。2016 年，黑龙江省还首次委托高校院所对现行的 206 部地方性法规和 34 项具有法规性质的决议、决定提出清理评估意见，为统筹做好法规的立改废释提供了基础依据。黑龙江省立法工作既注重突出权威专家论证又注重突出民意调查，既注重定性分析又注重定量分析，实现了从单一思维到多元思维的转变，从创制性到突破性的转变。

二　黑龙江省地方治理存在的主要问题

近年来，随着我国改革与发展进入新时期新常态，我国经济社会发展战略机遇期内涵发生深刻变化，黑龙江省面临的发展形势更为复杂，发展任务更为艰巨。由于发展形势的复杂化以及新时代、新常态对发展任务提出了更高的要求，黑龙江省地方治理工作中出现一些与新形势、新任务不相适应的环节与层面，在智慧治理、信息公开、简政放权、基层治理、法治建设等领域不同程度上还存在某些问题与不足。

（一）智慧治理体系尚不完善

大数据时代为我们解决黑龙江省当前面临的治理难题，展现了一幅美好的图景，但大数据技术在带来长足发展与进步的同时，也使政府的有效治理面临一系列前所未有的挑战。

1. 治理理念尚未转变

黑龙江省曾经长期处于计划经济管理模式之下，在整体经济结构中，国有经济成分仍占有相当比重。传统治理方式，体现为政府包揽各类社会与经济事务，政府全能主义催生出强烈的权力本位思想。黑龙江省部分政府官员仍然存有强烈的“官本位”思想，习惯于传统的治理模式，对新生事物缺乏敏锐性与包容度，有关信息工程和新媒体的相关知识匮乏，甚至对信息技术存在排斥心理。大数据时代对传统治理理念的冲击，主要体现在以合作、互动治理理念取代以“绝对支配”为特征的传统治理理念。在大数据时代，借助智慧治理技术的支持，人们较以往更容易获得与治理活动相关的各类信息，表达、交流与治理活动相关的各类意见，并广泛、深入参与政府公共事务治理。治理活动的各类参与主体地位逐渐趋于“扁平化”，政府与社会之间、不同政府部门之间的藩篱被打破，信息开放性增强，部门利益无处遁形，公共利益愈发彰显，要求政府治理理念从“权威”向“科学”转化。

2. 治理方式落后

大数据技术使政府治理方式发生内涵式转变。首先，由于信息处理与传播速度越来越快，政府与社会组织、企业、广大民众之间的距离在缩短，互动的范围与程度不断扩大与提升。其次，大数据技术的推广使社会组织、企业、广大民众对治理相关知识与信息的占有量不断增大，政府对与治理相关的专业知识与信息的垄断无法延续，与之相应，参与、协商、合作等新型治理方式开始大量涌现。大数据技术使政府的管制职能弱化，社会服务职能凸显，传统治理方式形成的职能越位、错位、缺位现象进一步突出，向服务型、法治型政府转型已迫在眉睫。大数据技术通过数据化、物联化、智能化的智慧平台，搭建解决问题的框架，使有限资源得以科学、合理配置。大数据时代要求政府依靠海量信息处理与精准数据分析，提升治理决策科学性。

3. 治理制度体系尚不完善

大数据技术在应用过程中不可避免会遇到新的问题。首先，隐私权问题。大数据技术的推行对政府与个人的隐私保护造成了潜在隐患。如我们日常使用的信息处理工具，很多具备采集个人数据的功能，即使是日常生活中的普通数据，达到一定的量化程度，即能透露个人信息。其次，数据公开问题。与发达地区比较，黑龙江省数据资源的采集还处于相对滞后状态，每年新增数据相对于实施智慧治理的实际需要，尚有较大差距。相应法规、政策不健全，导致上述问题在智慧治理实践中频频发生。黑龙江省在涉及相关主体隐私的数据保护方面，缺乏有效的制度规范；同时，有关公共数据公开的制度规范同样不够完备。大数据、信息安全方面的立法还存在诸多空白点，已有法律法规缺乏统一。信息化发展缺乏统一规范与技术标准。在快速推广大数据技术应用的过程中，完善相应的规范制度体系，合理兼顾安全、自由、隐私之间的平衡，是一个严峻的挑战。

4. 数据基础设施建设薄弱

大数据时代，充分而准确的数据是政府实施有效治理的前提。由于意识滞后与资金短缺，黑龙江省的物联网、宽带及“三网融合”等信息基础设施建设有待进一步提升，以适应大数据时代智慧治理模式的相应要求。云计算中心、信息安全平台和数据中心等公共服务平台，也存在数据匮乏、更新滞后等现象，制约了政府智慧治理的绩效和发展。此外，现有关联数据、信息发布、云计算等新技术的发展和普及，对数据分析工具提出了更高要求。如果要实现大数据处理的成本控制与可扩展模式，需要在开发新算法与软件平台上进一步努力，以重构 IT 整体架构。黑龙江省数据处理技术与设施基础比较薄弱，目前尚难以满足大数据技术大规模运行的要求。

（二）政府信息公开工作与公众需求尚有差距

黑龙江省政府信息公开工作虽然起步较早，省政府于 2013 年即建立了政府信息公开平台，但政府信息公开工作在公开内容、质量、能力方面仍存在诸多不足之处，政府信息公开工作的方式与成效仍存在进一步优化的空间。

1. 政府信息公开内容与公众关注焦点不相符

根据抽样调查结果显示，社会公众对政府信息的关注点主要集中于以下三个方面（关注程度从高到低）：第一，政府资金的使用情况；第二，政府发展规划、政策法规以及行政处罚规定；第三，政府部门职能、政府行政指南、行政审批规范等信息。排位更加靠后的是招商引资、工作文件及工作动态方面的信息。根据对以上调查结果的分析，社会公众首先关注的是涉及自己切身利益的相关信息，而被社会公众重点关注的政府资金使用情况，显然直接关涉其切身利益，资金使用情况透明度越高，作为纳税人的社会公众的利益越能得到有效保障，资金使用情况透明度越低，作为纳税人的社会公众的利益则越缺乏有效保障。而紧随其后的政府发展规划、政策法规以及行政处罚规定，也与社会公众的日常工作、生活联系较为紧密。此外，教育培训、就业、市场方面的信息与社会公众的生活息息相关，他们希望政府能够更多地提供这方面的相关信息。而对于政府工作动态、领导动态等信息，社会公众的关注度不高。根据调查对象表现出的态度分析，社会公众对政府信息公开的关注度有限，这主要是由于其认为政府公开信息与自身切身利益相关度不高。

2. 政府信息公开质量与公众实际需求脱节

抽样调查结果显示，即使是社会公众比较感兴趣的相关信息，在政府信息公开中仍存在公开渠道狭窄、公开主动性不足、公开不及时、信息不全面等问题。由于政府信息公开的渠道比较狭窄，政府与社会公众之间的信息传播常常处于淤塞不畅的状态，部分政府公开信息无法到达部分甚至大部分对这些信息有需求的社会公众面前；而这种情况又会导致社会公众对政府信息的申请公开数量远低于实际需求的数量。① 由于法规建设滞后和受政府传统“官本位”管理思想影响，部分政府部门（特别是基层政府部门）对部分须主动公开的信息，采取避重就轻的方式予以取舍，一般来说，对有利于维护政府行政执法权力的内容，公开比较详细，而对有利于限制政府权力、维护社会权利的内容，公开比较简略。目前，部分政府部门，特别是基层政府部门，还没有把转变职能落到实处，对政府信息公开工作还处于被动应付状态，导致相关政府信息的公众获知率偏低。

3. 政府信息公开能力与预期工作目标之间存在差距

目前，黑龙江省各级政府相关部门（特别是基层政府相关部门）信息公开工作的业务操作能力仍比较薄弱。相关工作人员只是按照省、市（地）、县（市）、区各级政府的基本工作要求，履行相应的程序，在工作方法与模式上缺乏主动创新能力。同时，黑龙江省各级政府部门基本出台了关于信息公开工作的考核评议办法和流程的相关规定，也设计、推广了网上评议、抽检抽查、舆情调查、第三方评估等多种形式，对信息公开工作进行考

① 部分社会公众不了解政府掌握这部分信息及其允许公开的相关情况。

核、评估。但仍有一些市、县（市）、区对政府信息公开工作重视不够，信息公开工作远未达到预期目标。

（三）简政放权工作尚不深入

黑龙江省历经多轮行政审批制度改革，简政放权得以不断深入，但是，在审批事项大幅削减、审批管理绩效有所提高的基础上，仍然存在进一步深化简政放权改革的需求与空间。

1. 权力运行缺乏规范性

权力具有自我膨胀的特性，通过制度与法律对权力的运行加以约束，是治理现代化的重要目标。在黑龙江省简政放权推进过程中，尽管中央和各级政府制定了一系列关于行政审批制度改革的政策，并下发了文件，但实施效果仍不尽如人意。部分权力集中、利益固化的部门出于自身利益考虑，任意增加审批事项的前置要求，导致程序烦琐、时限冗长的现象仍然存在。由于与审批事项相关的下放和取消标准之间的差异，某些部门在分权工作中存在匹配错位现象。部分保留审批权限的部门工作人员在履行审批权力时，仍然存在受理过程中违规操作的问题。

2. 权责界限不甚清晰

黑龙江省各级政府及其部门之间仍存在权责界限不清、权责无法对应的问题。随着行政审批权限的大量下放，这些问题在实际运行中开始不断浮出水面。仍有部分审批事项由多个部门共同操作，模糊了行政审批主体权力的职责与界限。而一旦出现问题，各审批权力主体便开始相互推诿，推卸责任；同时审批权力主体职责界限不清，也导致审批对象的无所适从。某些审批程序跨多个部门，其中不乏重复程序，而个别负责行政审批的工作人员尚遗留办事效率低下的痼疾。总之，由于行政审批制度改革的规范性存在不足，各级政府及其部门之间仍不同程度地存在关系难以理顺、职责交叉重叠、分工模糊不清等现象，从而导致行政审批权力主体越位、错位、失位的情况仍时有发生。

3. 权责衔接不平衡

简政放权不仅包括权力下放，还包括权力承接与事后监管，这对下级部门承接相关审批事项和上级部门指导、监管的能力，都提出了较高的要求。黑龙江省简政放权在权力承接环节还存在政府上下层级之间事权与人事、财政权力不对称、下级政府部门承接的事权与能力不协调等问题。上级政府部门在下放审批事项的同时，没有下放相应的人事、财政权力，导致下级政府部门财政资源匮乏，人力资源不足。随着营改增、削减收费项目等税收体制改革的推进，地方政府的财政资源进一步紧缩。此外，某些上级政府部门在审批接口问题上比较拖沓，也对下级政府部门承接下放的审批事项造成一定困难。某些上级政府部门仅仅下发一纸文件，即将行政审批权力甩给了下级政府部门，缺乏相应的工作规划、业务指导，甚至没有移交相关的资料、案卷，下级政府部门的衔接问题无人问津。

4. 取消审批数字造假

黑龙江省各级政府在落实简政放权政策时，个别部门存在行政审批事项“打包”式削减。行政审批事项数量仅仅是名义上减少了，实际上并不像数字上所体现的减少那么多，因为许多“大”的事项还包含若干“小”的事项，许多原有的审批事项，经过简政放权改革后，并没有真正取消，而是隐身于保留下来的“大”的事项内。从审评事项的实际运行来看，行政审批事项并未真正发生变化，发生变化的只是行政审批事项的数字统计口径而已。这种方式的简政放权，无异于数字游戏。究其原因，则是行政审批主体出于自身既得利益的考虑，故意以操控统计数字的方式，消极应对简政放权和减少行政审批，试图保留原有的行政审批权力。

5. 简政放权监管机制有待健全

黑龙江省简政放权工作在一定程度上还存在“重审批、轻监管”的怠惰情绪，在实际的操作中，部分存在“盲目放权”“放管脱节”现象。简政放权强调在将事权向下级政府、社会、企业下放或取消的同时，关注本级政府对下放审批权限事项的事中事后监管。对于下放审批权限事项的事中事后监管，某些政府部门由于监管力量不足、监管机制不健全，无法对下放审批权限事项实施有效的监管。某些政府部门，尤其是一些基层政府部门，由于本身监管能力不足，索性借简政放权为由，将部分行政监管职能放任自流，从而形成因简政放权而形成部分事项的管理真空现象。此外，某些政府部门对于保留或调整的审批事项，仅关注对前置材料的审查，对审批后事项的管理、监督则一放了之。以批代管、以费代管、以罚代管的现象在市场监管领域依然常见。以上现象表明，部分政府部门“对审批迷恋，对监管迷茫”的现象仍广泛存在。

（四）基层治理体系尚不完备

当前，在黑龙江省基层治理实践中，基层群众自治在法律地位、权责关系、群众基础、治理能力方面还存在某些问题或不足，成为困扰基层治理实现既定职能与目标、维护基层社会稳定的不确定因素。

1. 基层群众性自治组织的独立性受到干扰

基层群众性自治组织的法定职能是自我管理、自我教育、自我服务。而基层政权是党和国家执政的基础层级，履行基层的社会管理职能。根据基层自治制度的相关法律规范，我国的基层政府是乡（镇），农村实行村民自治制度，城市社区的地位与职能与之类似。但在黑龙江省的具体实践中，基层治理的实施仍主要是基于乡镇（街道）的领导与管理。从法律规范角度看，乡镇（街道）与基层自治组织并非科层隶属关系，而是并行、独立关系，乡镇（街道）与基层自治组织之间的关系属于“指导—协商”范畴。其主要原因可归结为两方面：其一，由于行政权力固有的自我膨胀特性，加之维护自身特殊利益倾向的诱导，乡镇（街道）常依据既往惯例，将村（社区）视为自身的管辖区域，并以行政命令的方式，向村（社区）部署工作任务，对村（社区）内的重大事务，如重大决策、基础设施建设、公共服务等都要加以干预；加之乡镇（街道）拥有行政管理职能，涉及村（社区）群众切身利益的许多事项，需要乡镇（街道）进行行政审批，如农村低保、五保供养、社保管理、新型农村合作医疗、惠农补贴、党员组织关系等，在这种情况下，村（社区）委会和广大群众也自然而然地将乡镇（街道）视为上级组织。

2. 基层群众性自治弱化党的领导

从组织结构与功能来看，基层党组织是基层工作的领导核心，应发挥党的领导作用，贯彻党的方针政策；而基层群众性自治组织则由基层群众选举并认可，对具体行政事务负责。依据党的章程与国家法律规定，基层党组织与基层群众性自治组织之间的关系属于政治性“领导与被领导”范畴。基层群众性自治组织接受党组织的领导，并不意味着基层群众性自治组织无权独立地负责开展各项活动，而是要求其组织开展的各项活动，须符合党的有关方针政策，接受党的政治领导。但是，在黑龙江省基层治理实践中，存在以下认识误区：一方面，村（社区）党支部片面强调党的领导核心地位，混淆党的政治领导与村（居）委会的自治权力，大量干预村（居）委会职责范围内的具体事务，将党的政治领导等同于对具体行政事务的管理；另一方面，村（居）委会则存在片面强调自身自治权力独立性的倾向，认为自身由群众依照法定程序选举产生，具有法定代表权，试图弱化党支部的领导作用，对党支部的决策部署，持否定甚至对抗态度。

3. 基层群众性自治组织群众基础薄弱

在黑龙江省基层治理实践中，仍然存在群众性自治组织与群众关系紧张，缺乏群众认可与信任的现象。首先，由于受基层政权干涉、利益博弈的影响，群众性自治组织选举过程中仍存在贿赂、指定、强迫等现象，真实民意表达受到阻碍，基层民主选举公信力不足。其次，某些干部和工作人员将公权力作为个人牟利工具，以权谋私，侵害基层群众合法权益。再次，某些干部和工作人员工作作风简单粗暴，目无党纪国法，违规甚至违法行政，导致群众产生强烈不满。最后，某些干部和工作人员盲目追求个人“政绩”，浮躁短视，大搞形式主义，专做表面文章，严重忽视乃至侵犯群众利益和集体利益，甚至由征地拆迁等社会敏感因素诱发群体性事件，造成较大的社会影响。

4. 基层群众性自治组织治理能力不足

在黑龙江省基层治理实践中，基层群众性自治组织自身治理能力问题凸显，在基层民主决策、民主管理、民主监督方面，由于实现形式不科学、实施程序不完善，以及问责、救济等保障机制缺失，只具表面形式，缺乏实质效果。首先，民主决策是基层群众自治的核心，也是实现科学决策的前提，而实际上，民主决策的相关规范很难落实，群众较少参与重大决策，民主决策权被扭曲和异化。其次，民主管理是群众实现自治的关键，也是基层公共服务和社会管理民主化的具体体现，但在实践中，村（社区）自治章程和村规民约常流于形式，群众的参与权甚至知情权难以有效实现。再次，民主监督是约束行政权力、实现群众自治的有力保障，但事实上，民主监督机制徒具形式，其功能的发挥在很大程度上受到本应受其监督的强势机构或个人的压制，无法真实表达群众对基层治理的评判和意见。

（五）法治建设尚不完善

目前，黑龙江省法治建设还存在一定程度的不足，主要表现为思想意识淡薄、依法行政能力不足、评估体系缺乏正义内涵、监督机制浮于表面等几个方面的问题。

1. 法治思想意识与其发展要求存在差距

黑龙江省部分党政领导干部对法治建设的认识站位不高，没有从经济社会发展的总体框架上提高对法治建设的认识层次，尚未认识到法治建设对经济发展、社会和谐、政治稳定可能发挥的巨大潜力和作用。在现有政绩考核体系引导下，部分党政领导干部热衷于经济建设项目，而法治建设耗时费力却不易见到成效，故而被视为政绩考核的拉分项，排在工作安排的次要位置。个别基层部门对依法治理缺乏重视，法治建设的绩效没有被纳入经济社会发展考评体系，没有把依法治理作为一项常态工作来抓，相关的工作部署往往流于形式，以开会发文应付工作检查。在实际工作中，部分行政机关领导干部和工作人员依法行政观念淡薄，存在“说起来重要，做起来次要，忙起来不要”的现象。有的领导干部长官意识严重，仍然局限于传统的思维与工作模式，仅凭既往经验和主观意志决策，对运用法治方式进行治理，既不擅长也不重视。部分领导干部和工作人员一味唯上唯权、畏上畏权，唯上级领导之命是从，对领导指示不辨是非，一味盲从。有些领导干部自身法律意识淡薄，法律知识匮乏，存在较强的特权思想，有法不依、执法不严、违法不究的情况时有发生，以言代法、以权压法、知法犯法的现象仍然存在。在这种情况下，“官本位”和“人治”思想意识不可能得到彻底根除，行政权力的程序化和规范化运作尚难以实现。

2. 依法行政能力与法治建设整体发展不协调

当前，执法行为不规范、体系不完善等问题，严重影响了黑龙江省依法行政能力的改进与提高，与黑龙江省法治建设整体发展要求不协调。尽管黑龙江省行政执法体系已经形成了基本架构，然而，无论是行政执法体系的内在结构，还是其运行机制，都存在与法治建设的内在要求不相协调的层面与环节：如行政法律规范建设的相关工作比较薄弱，行政立法与依法行政的相应要求尚存在不小的差距，行政主体的地位与职权界定还不够明晰，行政执法程序可操作性不足，行政自由裁量权的相应控制机制仍有待完善，行政执法的随意性还有待进一步加以扭转，执法不严、司法不公现象仍然存在。第一，行政执法行为缺乏规范性。部分行政部门和行政人员的工作状况与法治建设的相关要求相去甚远，缺乏规则与法律意识，滥用自由裁量权现象严重。某些政府部门在做出行政裁决时，从主观印象与既往经验出发，对调查、取证工作不够重视，遇到紧急情况，存在违规操作现象。如被行政起诉时，才忙于事后收集证据，实际上已经违背了行政复议、诉讼的相关法律规定。第二，行政执法观念滞后。部分行政部门和行政人员服务意识淡薄，重事后处罚，轻事前事中规范、引导与管控，以处罚代替行政执法，其工作态度与方式也流于生硬粗暴与简单随意。“以权压法、以言代法”普遍存在，索贿受贿（吃、拿、卡、要）屡禁不止，“人情案、关系案”时有发生，社会民众的合理诉求乃至批评建议，难以得到畅通表达和满意回馈。

3. 法治建设评估与其本质要求出现脱节

黑龙江省地方法治评估主体单一，基本由政府组织自评，这一特点与政府主导型法治建设模式不无关系。政府自评易按自身所需形成绩效考核方式，方便政府工作考核，忽视法治发展。同时，政府自评的中立性易受到干扰，即使邀请第三方专家介入，评估仍然没有真正脱离体制而获得独立地位。地方法治评估的客体主要是评估主体的下级部门或所属部门，社会组织与广大民众则被排除在评估对象之外。在这种情况下，地方法治评估易形成拟定指标作业，从而催生 GDP 导向的简单量化模式。地方法治评估的标准流于形式化，正义关怀不足。在拟定指标作业引导下，评估标准受到主观追求政绩倾向的影响，存在重形式轻实质的现象。法治评估标准未能体现程序正义，仅停留在法治基础建设阶段。法治评估基于政府绩效考核的限制，无法做到整体测评，而是将考核内容分解为各个部门的业绩，与法治的经济、社会受体割裂开来。法治评估指标设置重业绩、轻实效，在一定程度上将法治建设等同于依法行政，而不是看整个社会是否接受法治的价值观念及其行为方式，未能体现法治的实质目标，即建立法治秩序。

4. 法治监督机制与其协调发展要求不合拍

就法治建设的协调发展来说，黑龙江省法治监督机制的推进相对缓慢，对行政权力运行的约束机制在相当程度上流于形式，缺乏可操作性与实效性。行政权力运行违背相关法定程序的现象较为普遍，尚未引起有关方面的足够重视，行政问责追究机制的相关立法比较滞后，行政问责追究往往缺乏相应的法律依据。行政权力运行的相应监督机制缺乏权威性、可操作性与实效性。其中，社会公众的监督权力缺乏明确的法律地位，没有切实有效的实现形式、保障措施与救济机制。政府的权力来自人民的委托，我国宪法明确赋予社会民众对国家机关及其工作人员的监督权、建议权。而实现上述权利的前提是，社会民众对政府权力运行的过程与结果，应享有知情权。但从黑龙江省行政权力运行的实际情况来看，社会民众的知情权缺少明确的法律保障和实现途径，关于行政权力对社会民众知情权的侵犯行为，法律界定模糊，也缺乏切实有效的约束机制。行政管理体制改革与经济社会发展要求存在差距，行政权力运行的机制与程序尚有待完善，对依法行政形成体制性障碍。部分行政机关及其工作人员依法行政意识相对薄弱，依法行政能力稍显不足，形成黑龙江省法治建设的瓶颈与障碍。有法不依、执法不严、违法不究的情况尚不时出现，由于监督机制的滞后与缺失，行政权力的违法违规运行实际上无法得到及时、有效的抑制和纠正，对行政行为相对人的合法权益遭受的侵害来说，缺乏切实有效的救济机制。

三　推进黑龙江省地方治理创新发展的对策建议

面对新时期新常态下经济社会发展战略机遇期内涵的深刻变化，以及发展任务的更高要求，黑龙江省应积极应对、锐意创新，通过不断加强制度机制与实现形式的探索与实践，大力推进地方治理工作的持续、快速、高效发展。

（一）以创新推进智慧治理的实践探索

党的十八大报告对信息化工作的目标与方向做出具体规定：建设下一代信息基础设施，发展现代信息技术产业体系，健全信息安全保障体系，推进信息网络技术广泛运用。十八届三中全会进一步提出要“建立信息等基础数据统一平台，推进部门信息共享”。为推进大数据技术的应用与推广，实施智慧治理，应从转变政府治理理念、创新政府治理方式、规范数据管理制度体系、建设数据处理基础设施等方面入手，加强前瞻设计，规划发展战略。

1. 转变传统治理理念，推进多元共治

大数据技术的普及与推广，需要树立开放式、参与型政府治理理念。大数据技术在政府智慧治理过程中的普及应用，必将促进广大民众民主管理、政治参与意识的提升，并促进民主管理、政治参与方式的转化与升级：从集体、间接、被动转变，提升为个人、直接、主动升级。这必将促进转变政府治理理念，在打造透明政府、提升政府公信力的基础上，使广大民众参与融入政府治理全过程，加强政府与广大民众的对话与协商，构建政府与广大公众之间的新型合作关系，从而推进多元共治。

2. 创新政府治理方式，优化公共服务

在大数据时代，利用大数据技术推进政府治理能力现代化，实现社会的良好运转，不能仅仅依靠政府工作人员发挥作用，还应发挥广大民众的主动性。如根据广大民众手机拍照发现需要维修的公共设施，根据公众在线提交的出行需求，规划“定制公交”的班次和路线。还可利用大数据构建以在线数据为依托的公共治理与服务体系，使社会组织、企业、广大民众都能参与到公共产品的设计、提供中来，而政府也可以通过这个在线数据体系，更直接、广泛地了解社情民意，使沟通民意的渠道更加多元、顺畅，设计出台更加符合社会和民众需求的公共服务项目和模式，从而促进社会更加稳定、和谐。开放公共数据，能够整合全体民众的创意和智慧，使政府信息价值得到充分发挥。依托公共数据平台，打造更具针对性的便民公共服务，数据应用软件、虚拟办事大厅能够推送更具个性化的定制服务，为经济社会的高效运行提供智慧治理基础。

3. 规范数据管理制度体系，安全、自由两者兼得

随着大数据技术的推广与普及，政府行政活动的相关信息更加向社会开放，政府在阳光下的运行使广大民众更容易对政府运行的各个环节加以监督，这就对政府工作的规范性、实效性提出了更高的要求。因此，政府行政活动的立法规范、顶层设计，更加需要超前实施。建立健全数据管理法律规范，针对网络空间安全、网络信息服务、互联网社会管理构建相应的制度规范，构建自由、安全的数据管理制度体系。构建个人信息安全体系，建立涉及信息安全、信息公开、个人数据、公文控制等方面的数据应用规范系统。快速推进有关数据采集、数据存储、数据保护、数据加工等方面法律规范的制定和完善，使数据所有者、管理者、使用者之间的权利与责任更加明晰，使自由与隐私的界限得以明确。明确大数据建设中各级政府部门的职责，建立健全风险分级的数据保密管理机制。积极探索适合黑龙江省省情的“政务公开信息化，政务信息数据服务平台和便民服务平台建设”的有效实施途径。

4. 加快数据处理基础设施建设，实现数据共享

通过数据处理基础设施的建设，黑龙江省打造具有强大共享功能的“一站式”全景数据平台。比如，可以以数据共享为手段，促进公共服务均

等化的实现。针对大数据应用与推广的基本特征，通过部门之间的协作，构建统一的、系统的、多层次的云平台，整合各级政府、各个部门掌握的公共服务数据。以内部数据共享、对外协调服务，有效集中并简化相应办事流程，提升政府公共服务能力和效率。例如，南京的市民卡服务，即是通过整合、交换公安与人社部门的数据资源，通过数据共享，方便市民接受公共服务与社会管理。再如，美国政府数据开放网站，将包括人口、就业、金融、气象、农业在内的数十个门类的数据文件通过内部交换与共享，加以整合，并向社会各界组织与人士开放。黑龙江省应借鉴上述经验，构建相应的涵盖全省各级政府与不同部门的公共资源共享大数据基础设施平台，通过数据交换、整合、共享，促进公共服务的优化。

（二）以规范化建设推进政务公开

针对政府信息公开工作中存在的问题与不足，黑龙江省应从法律创制、程序规范、内外监督等方面进一步完善制度、改进方法，探索政府信息公开工作的有效实现形式。

1. 建立健全关于信息公开的法律规范

虽然黑龙江省各级政府部门已有信息公开工作的相关制度规范，但仍需进一步加强关于信息公开的法律规范建设，设计、出台与国家政府信息公开相关立法配套的法律、法规，这既是地方政府信息公开的有力法制保障，也是从地方视角对国家政府信息公开相关立法的补充与完善。在与国家出台的相关法律、法规保持基本原则一致性的前提下，黑龙江省应依据本省及地方的具体情况，设计、出台符合本省需要，具有本省特色，更具针对性、操作性、执行力的地方性法律规范。应针对黑龙江省与其他兄弟省份的差异性，针对本省信息公开工作中带有普遍性、地方性的问题，进行差异化、特色化的法律规范建设。特别应针对基层政府部门信息公开工作中存在的具体问题，如信息公开内容与社会需求错位、信息公开不及时、创新与监督能力不足，从地方机制建设特别是地方法律规范建设方面，探索其应对与解决之道。此外，政府信息公开的法律规范建设还涉及一系列相关机制、制度的相互协调与补充，只有使相关领域的法律、法规（如《财产申报法》《隐私权法》等）做到彼此协调、相互补充，才能使政府信息公开的法律规范建设得到进一步完善。

2. 规范政府信息公开的相关程序

政府信息公开是服务型政府建设的重要方向与环节，政府公开信息作为政府为社会提供的公共产品，其真实性、准确性、及时性、易获取性，都将对社会民众的日常生产、生活及政治参与产生重大影响，并成为社会民众评判政府公共服务水平的重要依据。因此，信息质量是政府信息公开的关键，而规范政府信息公开的程序，将为提高信息质量提供有力保障。首先，拓宽信息收集渠道和信息涵盖范围，满足广大社会民众从日常活动到参政议政的多元化需求。政府公开信息不应仅局限于机构工作报表和文字材料，更应大量提供与广大社会民众生产、生活、参政议政相关的更具实用性、时效性的信息。其次，拓宽信息公布载体，以广大社会民众喜闻乐见的传播途径，提高信息公布的到达率。目前，应通过实地调查，遴选并确定在广大社会民众中相对流行的信息传播载体，作为政府信息公布的主要传播媒介，此外，还应根据广大社会民众流行趋向的变化，适时做出调整与变更。再次，政府信息公开应建立相应的受众反馈机制，通过政府与广大社会民众之间的有效互动，了解并掌握广大社会民众需求的动态，使政府信息公开能够及时跟进，提高政府信息公开的精准性与时效性。

3. 完善政府信息公开的监督机制

政府信息公开是现代治理理念的实践产物，也是保障政府机构彼此以及广大社会公众对政府实施有效监督的重要机制和手段。而政府信息公开本身也需要有效的监督机制，对其相关制度规范的实施，予以保障和强化。目前，黑龙江省已建立起比较完备的行政监督体系，其监督主体包括权力监督主体与非权力监督主体。权力监督主体均处于政府体系内部，非权力监督主体为政府外部的社会组织与个人。依我国的基本国情来看，内部监督在整个监督体系内居于绝对主导地位。

因此，应将强化内部监督作为完善政府信息公开监督机制的主要着力点。针对内部监督主体权力比较集中的特点，应将过度集中的权力进行适度分解，在强化内部监督机构相对权力的同时，提升其监督权力的相对独立性，并尝试推行内部交叉监督机制。在涉及公共利益的重大决策过程中，应广泛征求不同部门的意见和建议，通过集体讨论、集体决策，避免权力集中导致内部监督缺位。此外，应建立由省政府信息公开办公室和上级主管部门定期或随机核查的机制。

随着黑龙江省经济社会的迅速发展和相关制度的日趋完善，外部监督的功能与作用在监督机制中日益突出，强化外部监督成为当前提升监督机制效力的重要发展方向。强化外部监督应重点加强以下几个方面的工作：首先，应加强人大、政协对政府信息公开工作的监督职能。其次，应充分发挥媒体对政府信息公开工作的监督作用。再次，应提高广大社会公众的监督意识。

（三）以制度优化推进简政放权改革

黑龙江省应通过优化权责结构，以权责对应为基本原则，以放管服有机结合为主要方式，以转变政府职能为主要方向，通过相关制度、机制的建设，推进简政放权工程。

1. 健全相关法规，规范行政行为

黑龙江省应以贯彻落实国家关于简政放权的法律、政策为目标，结合本省实际情况，探索简政放权工作的有效实现方式，通过相关地方性法律、政策规范的建设，促进本省简政放权工作的切实推进。法律、政策之于简政放权相关程序与机制的指导与规范，应涵盖目标、原则、组织、实施、监督等全过程，应建立健全与之对应的实施细则，从而将简政放权的程序与机制建设提升到法制与重大政策的高度，并以法律强制力和政府公权力为后盾，将其运行牢牢掌控在法律、政策规范的轨道内。例如，可针对取消、下放审批事项，规范审查制度，健全相关的工作制度与工作机制；规范取消行政审批事项的法定程序，将协商讨论、证据提供、最终审查等环节纳入法定程序；针对下放的行政审批事项的相关程序，也要通过法律、政策规定做出相应规范，促进该行政审批事项在管理主体配合、工作程序衔接方面的协调与一致，以及事后监督的及时跟进与高效务实，保障该行政审批事项下放后能够正常运行，避免管理真空的出现。

2. 理顺部门职责，确保权责对应

为应对某些政府部门职权界限模糊的情况，黑龙江省应从理顺职责、调整权限两方面进一步深化简政放权工作。应全面梳理政府部门的行政职权，对各个层级、部门之间的职责关系应明确界定，以法定职权和市场优先为依据和导向，对各层级、部门的审批职权进行科学、合理的划分，防止出现重复审批的情况。依据行政管理的相关法律规范，对政府各层级、部门的权限予以调整、规范。在简化审批程序的前提下，对相关的审批权限予以有效公开，为各类主体，特别是非权力主体的监督，打开方便之门，从而有效解决审批主体职权不清晰的问题。明确职权是实现“权责对应”的前提，权责对应的实现有赖于相关法律规范的统一。在程序规范与评价机制方面，黑龙江省应在与中央相关法律、政策原则与精神保持一致的前提下，建立健全适合本省省情的协调统一的制度体系。依据《行政管理许可法》的相关规定，建立健全行政审批事项的设定、实施、问责机制。

3. 放、管、服有机结合，促进职能衔接

在行政审批制度改革过程中，落实好下放审批事项的承接工作，是其中的一个重要环节。针对这一问题，黑龙江省应从资源保障、审批接口、业务扶持等方面，对下级政府部门承接下放审批事项，提供必要的支持。上级政府部门对下级政府部门，应从机制创建、人员培训、资源供给方面给予帮助，如数据开放、资料共享等。针对下放的职能，上下级政府之间应从职能和程序上进行协调，实现下放事项的有效衔接。针对审批接口不畅问题，应通过制定切合实际的责任清单，强化事中事后监管。上级政府部门在下放审批权的同时，应对下级做好政策和业务指导工作，规范相应的服务流程和标准，并将相应信息向社会公众公布，以利于社会主体的监督。各级政府部门应根据实际需要，加强行政审批基础设施建设，落实各级行政服务机构的组织编制，完善涉及行政审批的各类服务职能，推行“窗口式”受理、“一站式”服务，将分散在不同职能部门的相关受理流程加以整合，方便相应办事组织与公众。

4. 深化职能转变，整治事项“打包”

创建权力清单是实施政务公开的基本要求，目的是将政府权力边界展示在公众面前，防止政府部门权力越位。黑龙江省简政放权已进入攻坚期，创建权力清单，有助于督促某些留恋既得利益的政府部门真正简政放权，放弃“明减暗留”的“打包”行为。同时，为行政审批事项的服务对象——社会、企业、公众——参与关于“审批事项职能分配”的决策探讨，创造了有利条件。负面清单的建立则有助于进一步制约简政放权过程中的“打包”行为。从实质来说，建立“权力清单”的目的在于真正实现政府职能的转变，而厘清政府职能、健全职责体系则是其中的重要内容。厘清政府职能、健全职责体系的关键是确立权责一致原则，以此为基点，划分政府职责范围、理顺相应职责关系。在相关法律规范的指导和约束下，放下僭越的权力，担起缺失的职责，确立符合省情民意的政府职责体系。

5. 健全监督机制，制约管理行为

多元而有力的监督机制是规制政府权力越位、错位、失位的有力保障。黑龙江省应打造权力监督主体和非权力监督主体相结合的双重监督机制，使简政放权工作做到“放”得有效，“管”得到位。首先，应强化政府内部的权力监督机制。健全相关的法律法规，形成体系完备的法律监督机制，以法律的强制力，制约政府的乱作为与不作为，防止职能重叠、责任不清及“管理真空”的出现。同时，应建立相应的监管问责机制，明确监管清单，厘清监管权力的运行流程。其次，应健全政府外部的非权力监督机制。利用大数据、互联网平台，对事项审批的内容、标准、程序予以公开，通过引入公众参与，对行政审批事项开展舆情评估与监督。此外，应完善市场信用监管机制，协调各主管部门，利用现代通信技术，建立多元化的市场信用监管体系。通过信息共享、信息公示、信息约束等方式，加强对市场经营者的信用监管，对违法经营行为及时曝光，并利用社会舆论对违法经营行为进行评判与制约，从而提高其自律意识。

（四）以理顺治理主体间的关系为切入点推进基层治理协调发展

黑龙江省应通过加强基层治理的相关立法与机制建设工作，推进基层党组织、政府、社会的法治化建设，并坚持党的领导、群众自治、法治建设相统一的基本原则，理顺基层治理主体之间的关系，推进基层治理协调发展。

1. 坚持党的领导、群众自治、法治建设相统一

党的领导是维护基层群众性自治组织依法开展活动的根本保证，党的十八大报告要求基层党组织在基层群众自治机制建设中发挥领导作用。黑龙江省基层党组织既是基层社会民众利益的代表，也是基层社会民众实现自治的中坚力量。离开基层党组织的领导，基层群众自治就会失去坚强的组织基础，同时也将失去科学的理论和政策指引，从而迷失正确的发展方向。党的理论与政策是法律制定的指导依据，法律则具体体现了党的理论和政策的目标和要求。黑龙江省基层治理的相关法律规范必须在党的领导下，才能集中体现人民意志，法律规范的制定与实施，只有加强党的全面领导才能得到有效保障。黑龙江省基层群众自治是党的领导和依法治理相结合的重要制度依托，体现了社会主义民主的本质要求。党的领导的实质和目的是要支持人民当家做主，保障广大民众管理自身事务的权利，从而维护和实现广大民众的根本利益。党的基层组织应大力支持群众自治，否则就背离了党的宗旨和执政目的。黑龙江省基层群众自治应自觉依法开展，依照法律要求运行。依法治理是基层治理领域将党的领导与群众自治紧密结合的基本途径。党在基层的领导集中体现在执政方面，只有依法执政，才能不偏离党的宗旨。

2. 推进基层党组织、政府、社会的法治化建设

法治化是国家治理现代化的基本内涵。从国家治理的主体结构来看，黑龙江省基层治理法治化应包括基层党组织、政府、社会的整体性法治建设。

第一，基层党组织的法治建设。应使党的政策规范与国家法律规范紧密

衔接，形成内在要求与目标协调统一的规范体系，使党的组织机构与领导干部在法律的约束下行使权力。基层党组织应遵守宪法和法律，依照法律规范行使职权。

第二，基层政府的法治建设。要求基础政府必须做到如下几点。一是依法行政。行政权力的运行，应遵循有关相应职权、职责、程序、方法的法律规范。二是民主决策。应进一步完善群众参与机制，通过专家论证、群众听证、合法性审查等决策程序的履行，减少或避免行政决策失误。三是公正执法。应提高执法素养和能力，严格遵循执法程序。四是问责究责。应遵照责权对应的原则，完善问责和监督机制，推进政府责任体系建设。五是优化服务。应通过转变职能、创新方法，推进基层公共服务体系建设，满足民众公共服务需求。六是接受监督。通过完善监督主体和监督手段，促进基层政府权力规范运作。

第三，基层社会的法治建设。一是明确政府职权、职责。通过简政放权工作，建立“权力清单”“责任清单”制度，明确基层政府与群众性自治组织之间的权力与权利界限，理顺基层政府与基层群众自治组织之间的职权、职责分配关系。二是提高民众自治能力。通过完善村规民约、居民公约，健全基层自治制度，推进关于决策程序的探讨。健全政务公开、村务公开制度，促进干部监督机制的进一步完善。三是要培育社会组织。应提高社会民众的组织水平，缓解社会矛盾。培育行业协会、农业合作社、互助组等经济合作、公共服务、公益慈善组织，通过党和政府引导，自行制定自律规范，推进各类社会组织的建立与发展。四是要建立矛盾化解机制。应充分调动政府部门、社会组织、企事业单位的主动性、积极性，实现主体多元化；应建立关于基层社会民众利益诉求、矛盾调解、权利保障的有效机制；进一步完善不同主体调解机制（包括行政、司法、人民等主体的调解机制）的衔接配合，以实现程序衔接、功能互补、互动协调的无缝整合。

3. 加强基层治理的相关立法工作

目前，黑龙江省在基层治理过程中出现的诸多问题，与缺乏具有全局性、前瞻性、长效性的顶层设计不无关系。只有通过顶层设计，才能为基层治理的科学化、合理化奠定牢固基础；而顶层设计只有通过立法才能上升为国家意志，从而实现其规范化、制度化、法理化，才能成为基层治理的法律依据和法治前提，确保各基层治理主体的治理活动有法可依。在关于基层治理的立法过程中，黑龙江省应遵循约束政府权力、保护社会权利的基本原则；应合理界定政府与社会之间的权力（权利）界限，确立各类基层治理主体的法律地位、职权、责任，明确基层各治理主体（包括党委、政府、基层党组织、群众自治性组织）的职权范围及彼此的法律关系，以实现政府权力与社会权利相互制约、相互监督、互为补充、有序衔接的良性互动，形成科学合理、权责明确、秩序井然的基层治理体系。此外，还应不断探索和完善基层治理的有效实现形式，如程序规则机制、平等协商与协作机制、利益表达机制等，通过程序规则的确立，对各类基层治理主体的权力（权利）运行进行规制，以促进基层治理过程的规范有序；完善基层群众自治组织的内部制度体系及鼓励其发展的政策措施，保证基层群众自治组织的健康发展；出台相关政策措施，发动各类基层治理主体及社会组织与人士，鼓励其积极参与基层基础设施和公共服务设施建设，发挥其提供公共产品的主动性、积极性，满足基层社会民众不断增长的公共服务需求；完善社会民众参与基层公共事务管理、决策与监督机制，拓宽、畅通社会民众利益表达、权益维护的途径，建立、健全涵盖行政调解、司法调解、人民调解的多元主体的基层矛盾化解机制。

（五）以系统化改革强化推进法治建设全面优化升级

黑龙江省应针对法治建设中存在的不足，积极探索、勇于实践，从思想意识、依法行政能力、评估体系、监督机制等方面入手，切实解决现实存在的迫切问题，有效推进法治建设的全面、深入发展。

1. 采取有效措施，切实增强党员干部的法治意识

党员干部是推进黑龙江省法治建设的组织者和引导者。以法治取代人治，需要抓住党员干部这个关键环节。首先在党员干部心中树立法治的权威，使其在实际工作中能够自觉尊重和遵循法治的要求和规范，从而转变既往与依

法行政相左的思想观念和行为方式，运用法治思维分析问题，解决问题，学会对公共服务和社会管理事务进行依法治理。总体来说，党员干部应牢固树立法律大于权力、法律面前人人平等、法律本身具有目标价值（不仅具有工具价值）等观念。应通过进一步完善党员干部考评体系，建立强有力的倒逼机制，促进党员干部切实增强法治意识。党员干部认识提高了，才能通过以上带下，推动黑龙江省法治建设不断取得进步。应通过科学考评树立正确导向，传导正能量，使党政负责人形成重视法治建设的主动性、自觉性，履行推进法治建设担当者的职责。考评工作应从对象、内容、形式、效用上对法治建设因素加以考量与侧重：将党政领导人和拟提拔领导干部作为考评对象的重点；围绕经济社会发展重大任务合理界定考评内容；对法治建设相关情况进行独立考评，而不是将其指标与分值置于其他考评项目中，并以问题为导向加大考核力度，尽量以数据、实效为标准，增强考评体系的客观性；考评结果应与领导干部的评先选优、表彰奖励、晋级提职、选拔任用相联系。

2. 规范行政行为，有效提升行政主体依法行政能力

黑龙江省应进一步规范行政执法行为，严格审查行政执法主体的法定资格，坚决取缔不具备从事行政执法法定资格的单位与人员。应依照《国务院办公厅关于推进行政执法责任制的若干意见》的规定，以案卷管理、备案审核、案件评查方面的机制建设为核心，进一步完善行政执法行为的责任追究制度，包括行政执法的投诉举报、考核评议、人员问责等方面的相关制度。应进一步推进与行政自由裁量权相关的法律创制、制度及机制建设，通过规范与约束行政执法领域的自由裁量行为，抑制行政执法的随意性，防范权力滥用现象的滋生和蔓延。下级政府部门在制定、出台规范性文件时，应严格遵循法律、法规、政策的相关规定，并与本地经济、社会发展需要相适应，关于许可、收费、处罚、强制等行政权力的设定需要依据相应的法定规范与程序。相应法制机构应对各级政府机构制定、出台的规范性文件，进行合法性审查，没有经过审查程序或审查没有通过的，不允许发布实施。应保证规范性文件的公开性与透明度，凡属正式颁布实施的规范性文件，须以政府公报、互联网站、新闻媒介等为信息传播载体，向社会公众公布，使社会

公众及时获得并知晓相关信息。对该规范性文件所涉及的社会公众、法人单位、社会组织来说，应使其审查、举报、投诉、建议的渠道保持畅通，并及时给予处理和反馈。应积极落实规范性文件的定期评估与清理制度，通过对规范性文件实施情况的调查研究，对其实施效果进行检验与评估。根据评估结果，对不适应社会经济发展形势、实施效果不理想、社会民众不满意，或与相关法律、法规、政策存在抵触的规范性文件，应予及时清理，以确保规范性文件的科学性、合法性与实施效果。

3. 加强整体规划，构建统筹兼顾的系统评估体系

黑龙江省地方法治建设评估体系应从整体性视角出发，对其涵盖的各个层次、要素进行统筹规划。法治建设评估体系的指标设置应遵循整体性思路展开，对地方法治建设的基本方向和实现路径进行科学规划。法治建设评估体系应有准确的定位，在确保地方法治与国家法治实现有效对接的前提下，带动本省整个区域和社会的法治转型，提高公职人员的法治意识与能力，满足社会的法治监督与公平正义诉求。确立恰当的评估主体，以确立法治建设评估的客观导向。应逐步转变以地方政府为主导的法治建设评估组织模式，真正确立第三方评估主体的独立地位，使法治评估的组织、设计、实施真正脱离体制的束缚。可以考虑通过立法，对评估主体确立机制予以规范，提升法治建设评估的公信力。法治建设评估体系的指标设置应体现法治的要素——限制政府权力、程序正义、依法行政。法治评估指标应体现经济社会发展的整体面貌，并将法治三要素内化在法律创制与实施的全过程之中。法治建设评估应将法治的价值与精神具体化为指标设置，形成具有价值内涵的法治建设评估指标体系。同时，法治建设评估指标设置，应在政府权力控制及公民权利维护方面有所体现。法治建设评估指标设置应体现地方特色。地方法治建设的实质是在地方建构法治知识，其途径是将法治知识渗透进地方文化。地方发展不平衡导致其在法治建设内容、方法、进度方面存在差别，作为法治建设主体的不同层级政府及其部门，其法律地位有所不同，这在法治建设评估指标的设计中应有所体现。应通过将地方特色融入法治建设评估指标设置，体现出地方法治建设主要目标的实现程度：其一，体现国家法治

通过地方实践深入社会的程度；其二，体现法治知识与地方社会文化的融合程度。法治建设评估指标设置应体现法治的社会效果。地方法治建设的基本目标是实现国家法治的社会化与社会的法治化，即法治政府与法治社会的共同实现。地方法治的社会效果评估也应体现出这两个方面的要求：其一，法治政府的实现程度；其二，法治建设的社会效果，即社会对法治知识的接纳程度，即考察政府和社会民众依法行事的程度。

4. 强化监督机制，确立行政问责追究机制

黑龙江省行政权力运行中的违法、违规现象屡禁不止，其中一个重要原因即在于缺乏强大的监督纠错机制。拥有行政权力的机关与干部，处于权力（权利）分配格局中的强势一方，只有建立健全与法治建设协调发展要求相适应的监督机制，将行政权力主体置于权力（权利）的严密监督之下，形成强大的内外部压力，才能对行政权力运行形成有效约束，促进行政权力主体依法行政。应通过创新政府内外部监督机制，强化既有监督体系的权威性与有效性。如政府规范性文件的备案审查、行政执法案件质量评查、行政执法程序审查等。同时，应强化政府内部的监督审查机制，如上级政府部门对下级政府部门行政权力运行的监督审查，以及监察、审计部门对政府部门行政权力运行的监督审查。此外，还应建立起针对领导干部行政权力的专门审查与监督机制。行政责任追究制度应秉承“权责一致，违法必究”的基本原则，就领导干部依法行政事项，建立工作责任制，定岗定责，并制定相应的奖惩办法。应确立领导干部责任追究制度，对领导干部在决策失误、行政过错、用人失察、监督缺失方面的责任，予以严格追究，并着重落实重大过失自动辞职制度。同时，应重视建立健全体制外的社会民众的有效监督机制，充分发挥广大民众对人大和政府机构的监督作用。应按照相关法律、法规和政策规定，及时公开政府各部门的相关信息，确保信息公开渠道的多元与畅通，推进政府阳光工程。应进一步解放思想，充分认识到舆论监督对法治监督建设的重要价值，赋予相关新闻媒介以独立的法律地位，保障其在法律规定的范围内自主运行。改进党和政府对新闻工作的领导，通过确定基本方针政策等方式进行宏观指导，对于其具体业务，不再进行直接干预。

专题研究篇

Special Research

B.2
黑龙江省简政放权改革的走向与对策建议

高洪贵*

摘　要： 简政放权改革是实现现代化新龙江建设的动力源。黑龙江省简政放权改革目前处于向纵深发展的态势。但同时简政放权改革与全省改革一体化还有一定差距，在审批权力下放同步性、权责清单动态调整机制、县（市）权力承接能力、全覆盖的事中事后监管格局、行政审批中介服务清理规范、“互联网+政务服务”等领域问题较为突出。深化简政放权改革要与转变政府职能同步进行，必须通过建立相应的制度机制，才能保证简政放权向纵深发展，在优化黑龙江省创新创业环境中发挥更大作用。

* 高洪贵，黑龙江省社会科学院政治学研究所，研究员，研究方向为政治学、行政学。

关键词： 黑龙江　简政放权　优化服务

为深入推进简政放权改革工作，促进黑龙江省振兴发展良好环境的形成，黑龙江省社会科学院政治学研究所课题组在充分挖掘利用2015～2016年全省简政放权状况第三方评估工作大数据的基础上，于2016年7月～2017年8月，分别就“我省简政放权改革对创新创业环境的作用”“县市级政府简政放权承接能力状况”进行了深入研究。课题组采用召开座谈会和调查走访的研究方法，对黑龙江省编办、佳木斯市、大庆市、汤原县、林甸县、海林市和穆棱市简政放权状况进行调研，在此基础上形成研究报告。

一　黑龙江省简政放权基本状况

（一）简政放权向纵深推进

截至2017年10月，实现简政放权942项。黑龙江省一贯秉持“多取消、审一次、真备案”的原则，从2013年至今已经过十轮连续清理，提前一年半将原定3年削减1/3的目标完成。共取消下放行政权力942项，其中，有98%的审批事项实现审一次，78个备案事项实现真备案。

国务院取消下放事项现已全部有效落实。本届中央政府成立以来取消和下放的618项国务院部门行政审批事项，涉及黑龙江省对应取消的60项全部取消，应该承接的86项全部落实；中央指定取消的283项地方实施行政审批事项，全部对应取消；323项行政审批中介服务事项，涉及对应清理规范的40项全部落实。非行政许可审批全部取消。2015年省级全部取消了138项非行政许可审批；2016年全省13个市（地）、132个县（市、区）非行政许可审批实现全部取消。2017年以来，黑龙江省政府在以下4项审批环节上继续深化改革。一是授权委托部分行政权力。如将黑龙江省国土资源厅实施的生产规模30万吨/年及以下煤矿的采矿权审批登记事项委托给产煤市（地）国土资源局办理。二是简化继而优化投资审批程序。将之前先审查后出具“备案确认书”的流程修改成回执单备案的方式，企业只需跑一次即能办结。三是取消给项目发“路条”。四是审批招标方案。另外，按照国务院关于今后政府一般不再新设行政许可事项的要求，从严从实，防止行政审批事项边减边增现象的出现。

（二）扎实开展职业资格事项清理工作

国家关于已取消职业资格事项明确规定，一律不得以任何形式开展考试、鉴定和发证活动。黑龙江省政府基于此，一方面，严格把关，取消了包括了“暗室师”“施工现场技术负责人”等50项自行设定的职业资格事项；另一方面，认真规范职业资格鉴定活动，暂停实施因没有国家相应职业标准的如“抹灰工”“保管员”等279项职业资格鉴定通用工种。

（三）制定《政府核准的投资项目目录》

黑龙江省三次组织修订发布《政府核准的投资项目目录》，将该放的权力直接下放给市场和社会。互联互动地梳理审批流程图。共计梳理出涉及省、市、县共25个部门在内的固定资产投资项目，从决策至竣工验收全过程涉及的审批事项共119个，采用优化设计部门间并联审批流程，将审批事项缩减至77个，审批部门从25个减少至22个，大幅缩短审批事项及办理时间进而提高办公效率。

（四）大幅缩减政府定价项目

黑龙江省政府集中放开了一批价格，下放了一批适合市县管理的定价项目，省、市、县三级实际管理定价项目由84项缩减到41项，减幅超过50%。放开了20项693个政府定价的具体项目，下放了2项省级政府定价的项目。目前，黑龙江省是全国放开政府定价项目较多的省份之一。其中，医疗服务价格放开592项，是目前全国放开最多的省份之一。

（五）全面实行“多证合一、一照一码”登记制度改革

自2017年10月1日起，在全省全面实行“多证合一、一照一码”登记制度改革。按照标准统一规范、信息共享互认、流程简化优化、服务便捷高效的原则，在全面实施企业、农民专业合作社“五证合一、一照一码”登记制度改革和个体工商户“两证整合”的基础上，将涉及企业（包括个体工商户、农民专业合作社）登记、备案等的有关事项和各类证照（以下统称涉企证照事项）进一步整合到营业执照上，全省全面实行“多证合一、一照一码”，登记制度改革既能为企业大幅缩短准入市场的时间，又能为社会增添就业机会，为社会经济发展增添新引擎。此举也在一定程度上推动建立流程更加简约、内容更加完善、程序更加优化、资源更加集约的市场准入新模式。

（六）严格落实权责清单制度

黑龙江省权力清单建立较早，共梳理省级权力2906项。2015年3月，省政府建立并公开行政权力清单，比国家规定的时间提前9个月。2015年6月，市县政府建立并公开权力清单，比国家规定的时间提前一年半。同时，黑龙江省责任清单建立较早，并同步划清责任边界。共编制责任事项22114项，明确省市县边界7149条、部门边界276条。2015年7月，省政府建立并公开责任清单，公布文字量800余万字，同步解决了职权交叉、多头管理、重复执法等问题。公布中介服务清单346项，清理规范260项，保留86项，清理规范比例占75.1%。2016年黑龙江省率先开展并完成了全面清理规范省政府各部门行政权力中介服务工作，将范围从国家确定的单一行政许可，拓展到行政确认、行政裁决等全部14个类别的行政权力。针对权力清单建立后各地存在的差异性，2016年指导各部门制定省、市、县、区4个标准目录，指导市县修改完善权责清单。当前，13个市地平均3522项，66个县（市）平均3292项，实现了全省同级清单数量基本相当，相同权力事项名称、类型、依据等要素内容一致。

此外，黑龙江省还重点推进三项改革试点。从2016年4月开始，对全省由乡镇、街道、社区出具的证明和手续进行了全面的清理，向社会先后公布了两批取消和规范的83项证明事项。2017年选取哈尔滨、佳木斯两市先行先试，对需要基层组织提供的不合法、不合理证明事项进行清理规范试点。选取哈尔滨市新区、牡丹江市、桦南县三地，同时开展相对集中的行政许可权工作试点。选取复制上海自贸区的改革做法，哈尔滨新区开展推进“证照分离”改革试点。

二　黑龙江省简政放权改革中存在的主要问题

（一）审批权力下放不同步现象依然存在

从提高政府工作效率和服务绩效层面，现代政府管理更加重视公共政策实施的协同性。调研中许多企业反映，审批权下放层级不同步问题突出。一是国家与省级审批权限下放不同步。上下层级政府之间因为层级改革链条比较长，纵向联动的不足，使得层级之间协调的问题也会相应变多，进而导致权力在下放实施过程中出现不协调的情况。二是省与省之间审批权限下放不同步。不同省份之间简政放权改革不同步、不协调，缺乏统一的标准，导致办理同样的事，有的地方认为应该这样办，有的地方认为应该那样办。三是省政府各部门审批权限下放不同步。调研发现，部门之间取消下放行政审批事项不同步，是市（地）反映的共性问题。政府横向部门之间存在“部门利益”的思维，在对待同一审批项目时，有的部门下放审批权限，但有的关联部门没有下放，给项目审批带来了阻碍。产生放权不同步这一问题主要是源于部门配合不协调。一是当各部门相关规定不一致时，不同部门的工作会从各自的角度出发，优先考虑自身部门利益，各自为政，部门之间容易发生争议，单纯依靠地方政府部门之间的协调机制来解决，难免影响政府工作效率。二是部门之间会在某些关联性较强的审批权限事项上存在取消下放不同步、联动衔接不紧凑、相关制度措施不配套等问题，由于各部门之间的政策冲突，简政放权缺乏统筹规划和规范指导，出现了短板效应，这也使得改革成效未能充分体现。

（二）权责清单动态调整机制有待健全

权责清单的本质是约束政府行为、提高活力的列举式操作手册，用以解决政府乱作为和不作为问题。针对当前黑龙江省公布的省级政府权责清单运行情况来看，黑龙江省仍旧存在标准制定不统一的问题。一是权责清单分类标准混乱。省政府要求各级政府各自清理、确认行政权力事项，但由于各级政府面临着不同的地理条件、发展环境、利益诉求和发展导向，故而对待行政权力的标准和界定都不尽相同，缺乏统筹性和规范性的指导，这给简政放权工作带来一定的负面影响，导致全省在同类别、同系统的行政权力事项中清理出的内容不统一，难以达到便民服务和社会监督的目的。如同一地区县际之间权力事项数量也差距很大。这对政府营造创新创业的环境非常不利。二是“权责清单”中权与责脱节。权力清单要解决的是政府“越位、缺位、错位”的问题；责任清单要解决的是政府“不作为、乱作为、胡作为”的问题，权力清单与责任清单是相辅相成的，权力与责任自然也是紧密联系在一起的。但部分审批项目明放暗不放，只是责任下放，审批权力没真正下放，导致出现权责不对等、不一致的情况。又或是上级部门掌握主动权，下放一些不收费的、责任重的、风险大的事项，下级部门通常是被动接受，这就导致下级政府责任和压力在无形中剧增。三是权力清单与权力运行流程不匹配。一些政府部门取消和下放行政审批事项甚至变成“数字游戏”。有的部门取消的只是那些使用率低的审批项目，对于应该改革的实质性内容涉及的较少，忽视了放权的质量。有的干脆将多个项目合并成一个，虽然在数量上看似减少了，但实际上并没有对权力进行真正的松绑减负，在一定程度上忽视了更深层次的改革，没有实现精简下放，简政放权的综合成效未能完全体现。

（三）县（市）权力承接能力有待提升

县（市）是简政放权的主要承接方，对下放的权力是否承接到位直接关系到全省简政放权的质量和效果。在调研中发现，大多数市（地）对于下放的权力承接不顺畅，存在无法有效承接或无力承接的问题，概括地说，省、市、县（区）在权力审批所涉及的资源，如人、财、物等方面一般呈现“倒金字塔形”。具体表现为以下几点。一是承接人员的数量不够、素质能力不足。当部分项目的权力下放后，如若相配套的规章制度和机构设施没有及时的供应上，就会出现下级承接部门的工作量急剧增加，再加上下放的项目内容的业务性和专业性往往很强，这对工作人员的数量和素质方面便会提出更新、更高的要求，如某市体育系统多数区、县（市）缺少承接依法履行监督检查职责的行政编制人员，同时，现有的体育系统行政人员对体育相关法律法规掌握不够清晰，特别是由于一线的工作人员在实际操作中的理解和把握还不够全面，导致一些区、县（市）的体育行政部门存在对行政许可立卷不及时、案卷不规范等问题。二是有的权力下放后没有相应部门或单位承接。行政资源和行政权力会过于集中在上级领导部门，基层部门往往会在一定程度上缺乏对于承接权力下放过程中在专业、服务、技术、经验等方面的能力，导致承接有存在困难。如省政府将制造修理汽燃器具许可、计量检验资格预定、计量标准器具核准、计量检定机构授权审批权下放到县级（区）质监部门，有些市辖区没有质监机构，使承接遇到困难，还是需要由市里来承接，导致权力下放容易落地难；还有如电视类的审批许可，某市所属区没有文广局和电视台，无法承接电视类的审批许可项目。三是有的权力下放后不具备承接技术。权力的下放并不是最终结果，要有配套的技术人才和设施加以承接来达到简政放权的目的。如省政府将机动车安全技术检验机构资格许可下放到设区的市。但目前仅有哈尔滨、大庆有相应的检验鉴定机构，其他设区的市都没有。下放权力承接不流畅是因为下放的行政权力与市（地）能力建设不匹配，事权与财权、要素配置权等不配套。技术承接不顺畅会导致许多项目无法落实到实践中去，这不仅会大大降低基层企业和社会公众关于权力下放工作的认同感，还会影响到改革效果的社会好评度。

（四）全覆盖事中事后监管格局尚未建立

在权力下放的大背景下，必须坚持“放”与“管”这两个轮子同时双向驱动，这样也使得权力下放的效果更为突出。因此，监管也就成为保证审批事项规范运行和优化创新创业环境的重要环节。黑龙江省工商系统各级登记部门在启动实施“先照后证”改革后，在便利了市场主体的同时，也给政府监管带来了始料未及的难题。一是市场行为监管凸显“认领盲点”。审批和监管是工商和市场监管部门的两大重要职能，实行后置审批是“放”，事后监管是“管”，改革行政审批，简化了相关流程，但从某种程度上来说，工商行政部门通过前置审批手续的简化、快捷导致其他相关部门“认领”困难，市场主体的“宽准入”以至于形成大多数企业因为没有主动上门备案而处于监管的“盲区”，当监管部门下放这部分权力之后，相关部门直接失去了部分监管权力，导致在市场监管中形成了部分真空区域。二是市场监管执法协作联动尚有差距。当前我国市场监管部门力量较为分散，呈现出区域化、碎片化的特征，因此需要将不同区域和各层级的市场监管部门整合起来，使之有机地联系起来，形成一个市场监管整体。①县市级政府虽然将工商局、食品药品监管局、质量监督局合并为“市场监管局”，但其工作机制还没有发生根本转变，仍习惯于“检查、巡查、抽查”等传统监管方式，多主体、层次化、重复性执法等现象屡有发生，存在“放管脱节”现象，呈现出监管不得力的态势。在创新监管模式方面仍需继续突破，应继续加大力度实行“双随机、一公开”的监管模式。“各部门缺乏统筹和衔接”被认为是政府监管存在的首要问题。要建立健全跨部门、跨区域执法联动监督协作机制，消除监管盲点。因此，形成自上而下、左右联动的监督管理合力也就成为简政放权过程中的一项重要环节。

① 来丽峰：《我国市场监管领域大部制改革设计研究》，《理论观察》2014 年第 2 期。

（五）行政审批中介服务清理规范尚不彻底

行政审批中介服务既能促进政府部门依法履职、强化服务意识；也能为申请人提供专业优质的技术服务。但同时其也暴露出些许问题，主要是服务事项环节繁多，从而导致办事耗时长、收费杂乱，抑或是一些从事中介服务的机构与政府部门存在某些利益关系，造成一定的垄断行为和现象，这在削弱行政审批制度改革成效的同时，也加重了企业和群众负担，扰乱了市场秩序，甚至成为滋生腐败的“温床”。2015 年 4 月底，国务院办公厅印发《国务院办公厅关于清理规范国务院部门行政审批中介服务的通知》，要求全面清理“红顶中介”，消除行政审批“灰色地带”，整治中介服务出现的乱象，规范和引导中介服务向良性方向发展。这一寄生于体制并不断蚕食改革红利的“红顶中介”之所以备受诟病，主要存在以下三个问题。一是中介审核评估耗时过长。现阶段的中介评审时间并不计入行政审批办理时限，而且现行相关法律也并没有对其进行硬性规定，这就使得部分项目的审批时间大大延长。虽然现在审批事项精简幅度较大，保留的审批事项也在不断地加快进度，但企业仍需把大量的时间和精力放在中介服务这个环节上，结果办事时间仍然很长。二是收费自由裁量权过大。中介服务需要收费，因为它要靠自己的专业水平和技术条件提供有偿服务，但是现在收费情况还不规范，整体而言费用偏高，企业负担比较重。有些涉企审批的前置要件需要中介机构进行评估认证并进行收费，这些中介机构往往是事业单位，提供的服务和进行的收费都有相应的法律法规依据，收费的自由裁量权大，大大提高了企业的投资成本，加重企业负担，破坏了市场公平竞争，甚至成为滋生腐败的“温床”。三是寄生垄断性经营过多。“红顶中介”的“官办”色彩浓厚，呈现出寄生性和垄断性特征，变为“二政府”“利益共同体”，即部门权力的延伸。这些机构经政府部门授权，获得了资质认证、经营登记等权利，又与政府部门存在千丝万缕的利益关联。部分与企业根本利益息息相关的审批权，如检测、认证、咨询、评估、鉴定等通通被转移到了政府部门所属的事业单位、行业协会和商会组织，或者交给一些拥有特殊利益关系的“红顶中介”组织。经调查发现，有些类别的服务机构只有一家，具有垄断性且服务专业化水平不高。这些“红顶中介”的寄生性、垄断性经营，截留简政放权的红利，使中介市场竞争不充分、不公平，扰乱了公平竞争的市场秩序，提高了企业的投资成本、时间成本，降低了企业的机会成本。

（六）“互联网＋政务服务”存在短板

推进“互联网＋政务服务”，把简政放权、放管结合、优化服务改革推向纵深的关键环节，对加快转变政府职能，提高政府服务效率和透明度，便利群众办事、创业，进一步激发市场活力和社会创造力具有重要意义。近年来，黑龙江省初步构建“互联网＋政务服务”平台，积极开展网上办事，取得了一定成效。但也存在网上服务事项不全、信息共享程度低、可办理率不高、企业和群众办事仍然不便等问题，同时还有不少地方和部门尚未开展此项工作。一是部分市、县尚未接入全省监管系统。2017 年第一季度电子监察分析显示，目前黑龙江省 13 个市（地）、2 个直管市中，有 14 个已将电子监察系统汇聚到全省监管系统，哈尔滨市电子监察系统正在建设中。全省 131 个县（市、区）中，有 84 个已将电子监察系统汇聚到全省监管系统，齐齐哈尔市所属 16 个县（市、区）虽已建成电子监察系统，但由于县（市、区）实体政务服务中心未联通电子政务外网，无法接入全省监管系统；其他尚未建成电子监察系统的 31 个县（市、区）中，哈尔滨市有 18 个，牡丹江市有 8 个，七台河市有 3 个，黑河市有 2 个。二是县级网上政务服务中心办件量小，尚未发挥实际作用。数据显示，目前已经接入全省监管系统的 84 个县（市、区）中，有 56 个第一季度网上办件量为零，有 10 个第一季度办件量少于 10 件，网上办事功能尚未发挥实际作用，基于电子监察系统的相关数据统计无法进行，这些县级网上政务服务中心尚未发挥实际作用。

三　黑龙江省深入推进简政放权改革的对策建议

改革，就是要打破固有的利益格局，必然阻力重重。越是重要改革，越要坚持顶层设计，从国家到省，再到市、县（区），保证改革的“轨道”和正确方向，减少自由裁量权。允许先行先试，但要有改革的总体原则方针，避免先行再走“回头路”，减损政府公信力。简政放权改革是政府、市场和社会协同发展的过程，需要政府上下协调、内外联动，加强政府管理的精细化、打造高效能政府。同时，深化简政放权改革要与转变政府职能同步进行，必须通过建立相应的制度机制，才能保证简政放权向纵深发展，在优化黑龙江省创新创业环境中发挥更大作用。深化黑龙江省简政放权改革，应从建立相应的机制入手。

（一）建立权责清单动态调整机制

政府权力的调整不是一蹴而就的，而是一个长期的过程，随着简政放权改革不断向纵深发展以及法律法规规章的调整，各级政府及其部门就需要及时调整行政权力事项、优化权力运行流程，建立权力清单动态调整机制，以适应经济社会发展和政府职能的转变。一是形成上下联动、协调运行的权责调整制度。要随着权力的下放和承接，形成上下联动的权责调整机制，上级下放管理职权以及下级承接后的部门职权调整要做到同步进行，力求形成上下衔接、相互贯通的权责规范体系，以确保下放的权力承接到位、顺畅运行，防止出现权责“真空”地带。同时，为了适应在经济发展过程中政府职能的变化，及时地对责任清单做出相应调整，不断地与时俱进，确保权责清单更具有科学化、规范化、法制化、高效化、精准化，进一步实现“权界清晰、分工合理、权责一致、运转高效、法治保障”的政府职能体系。二是明确权责清单调整的主体责任。行政权力与行政责任具有一致性和对应性，行政主体既要做到“法无授权不可为”，又要做到“法定职责必须为”。以“一把手”为第一责任人，明确工作分工和责任归属问题，目的是解决行政主体本身拥有行政权力却不作为或是乱作为的问题，通对申请动态调整的每项职权事项都要先由相关业务科室研究后，再经部门班子会议讨论决定，经部门“一把手”签字盖章方能上报。政府法制办严格进行职权调整的合法性审查，并且每项调整的职权事项都要求附有相关法律文本及文件依据，同时将部门权力清单动态调整列入对部门的绩效考核。三是权责清单调整及时。改革只有进行时，没有完成时。现行的清单如若不及时更新完善，会在制度层面制约简政放权改革向纵深推进，下放权力的工作难度也会随之增大。为了适应全面深化改革和政府职能转变的要求，需要对政府职能部门的权责依法进行适时的调整。对于所调整的权责事项，调整部门需在行政权力调整文件公布后15日内修订、上报权责清单。同时将调整后的权责清单及时公布在黑龙江政务服务网和本级政府门户网站。四是对权责清单实行标准化管理。推进管理标准化是克服权责清单改革随意性问题的制度保障，为了使政府部门简政放权更加高效，就要推进不同层级政府权责关系向协同性和规范性转变，加强对地方政府简政放权工作规范性的战略规划指导。建立行政权力事项库，除涉及极密的事项，其余的则要全部纳入权力库，努力做到规范权力运行条件、时限、流程、裁量标准，未经批准入库的权力无法行使。调整权力事项必须经过法制办、编办审核，省政府审批。促使行政机关严格按照法定权限和规范程序履行职责，对权力清单实行标准化管理，防止权力清单制度在执行环节走样。此外，还应对涉及简政放权和权责清单的相关文件进行集中清理。2013年以来，国家和黑龙江省深入推进各项改革，每年都会出台大量的改革决定及有关部署文件，且公布时间跨度较大，需要建立上下联动一致的清理工作机制，统一启动时间、清理范围、清理标准、完成时限，既避免不断追加清理任务，影响工作效率，又有利于统一清理标准和对照依据，提高清理质量。

（二）构建精准协同放权的协调机制

县市级政府提高权力的承接能力，与上级政府权力事项下放的质量息息相关。精准聚焦、协同发力，是省市两级政府促进县市级政府有效接权，进一步做好“放管服”这篇大文章的关键有三点。一是，放权要减数量、提质量，进一步提高精准性。积极开展精简放权时，需要把握工作节奏，要把“权力下放的数量和快慢是唯一标准”的错误思想根除。要从重“数量”的观念转变成重“质量”，加强放权质量的“含金量”。要紧扣发展主战略、群众需求和改革举措，加大省级审批事项削减力度，继续深化商事制度改革，着力打通简政放权“最后一公里”。为确保省市政府部门下放行政权力事项全部落实到位，一方面，对部门保留的行政权力清单进行了认真梳理比对；另一方面，县市级政府也应主动与上级业务对口部门沟通联系，力求使每一项承接项目做到精准落地，保证地方与基层政府对行政审批权下放接得住、管得好。二是开展协同放权，提高放权的协同性、联动性。开展多部门放权联动工作，使横向协调、纵向联通、纵横协同的放权体系有序推进。省市政府部门应做好主动协同放权工作，为县市级政府接权扫清障碍。为进一步合理界定层级和部门间的定理权限，做好部门主动协同放权，提升基层承接能力，切实做到接得住、管得好，建议省编办起草制定《黑龙江省做好协同放权工作的意见》，并以省政府办公室文件印发执行。在明晰各部门职责权限的前提下，各部门需要统筹好下放的权力事项，在相关联事务上确保下放的一致性，从而避免各级部门之间因互相掣肘而出现下放审批事项不同步不配套的问题。三是加大协同放权力度，发挥聚焦效应。省市两级政府部门应进一步厘清各部门、各层级之间的职能配置和职责关系，要以问题为导向，尤其是以人民群众关心和社会关注的热点突出问题为导向，大兴调查研究之风，依法制定科学的职能部门岗位职能，理顺职能范围、明确职能定位，从而厘清责任界限，打通放权过程中的“堵点”，切实增强放权的协同性，把该放的放出去，提升协同放权聚集效应，释放同步放权的改革红利。

（三）建立简政放权信息互联互通机制

任何一项权力运行都需要一定的技术支撑和人、财、物的保障，避免放权与接权之间出现权力运行真空或脱节现象，需要建立权力下放承接工作的精准衔接平台。一是健全和完善上下级政府间权力运行信息互联互通机制。重点解决如何接权和如何用权的问题。各级政府要落实简政放权改革的整体需要，重视统筹协调，规避某些政府因“部门利益”而进行有选择性地下放权力的行为，打破部门信息壁垒，通过运用各级部门简政放权工作的信息平台，加强政府各部门之间关于简政放权改革的沟通、协调和信息共享，按照统一规范、统一标准、统一运行的原则，着力推进权力承接的顺畅性和联通性，推动上下级政府间信息联动地、综合地运行，如应以省政府和各市地网上政务服务中心为基础，不断完善服务基层的公共服务体系，做好针对县（市）政府承接权力过程中相关问题的指导和培训，重点打造好一批县（市）政府承接权力运行的示范平台，从最大化发挥平台作用，有效地整合资源，提升服务效能，促进全省基层政府权力承接能力整体提升发展。二是建立权力下放承接责任捆绑机制。权力下放在承接过程中不仅表现在权力事项的增减上，还体现在行权主体的变更上，相关责任也随之发生了改变。因此，要调整放权部门与承接部门的职责，将“责任清单”落实到位。放权部门要加强业务的指导与监管；承接部门则要增加对新增工作的职责。放权的本质是为了提供更好地公共服务，在放权、接权过程中应建立共同责任机制，县市级政府与省市共同面对如何做好简政放权的问题，这有助于调动上级政府培训指导的积极性，督促上级部门通过集中培训、以会代训、研讨交流等多种形式，加强业务指导与培训，提高县市级政府审批部门的业务水平和综合服务管理能力，确保将上级部门下放的政务项目接稳管好，促进县市级能在权力转移过程更好更快地适应，进而提高公共服务效率。

（四）建立覆盖全省的统一监管机制

部分上级部门存在“重下放、轻监管”的问题，忽视对下级审批权承接单位权力行使的工作指导和监督，致使对下放的行政审批事项监管乏力，权力运行不规范，严重的会导致权力出现真空，大大削弱简政放权的实效性。一是实现事中事后监管转型。为进一步提高有效性，严格落实监管责任，应将监管重心从侧重众多前置审批事项的主体资格监管向加强经营行为的事中事后监管转变、从市场监管部门包打天下向部门各司其职协同监管转变、从无差别监管向风险分类监管转变、从全量监管向随机抽查监管转变、从注重检查处罚向注重信息公示信用约束转变、从单纯依靠人工手段监管向信息化智能监管转变、从注重政府监管责任向更加注重企业主体责任转变。

二是健全事中事后监管制度。为加强事中事后监管，促进服务效能提升，各层级政府应着力建立责任明确、程序规范的事中事后监管制度，各县（市）工作人员应强化监管意识，积极探索创新监管方式方法，避免互相推诿扯皮情况的发生，切实承担起监管责任，各部门之间相互协调、相互促进，加快建立全省统一的监管平台，尽快建立“双随机”抽查事项清单，加快实现部门公共信息共建共享、互联互通。同时，还可以运用大数据、云计算、互联网等高科技信息技术，提高监管智能化水平，建设实时监测管理系统，建立健全线上线下全覆盖一体化的监管体系。只有当不同层级、不同部门之间协同一致，才能形成推进简政放权改革的合力。三是积极探索事中事后监管新模式。坚持“宽准入”与“严监管”相结合，防止劣币驱逐良币，提高创办企业的积极性。各地方各部门应切实转变监管理念，积极探索精简事前审批与加强事中事后监管双轨道并行的市场监管新模式。要按照放管并重推进的要求，坚持问题导向、底线思维、稳中求进和信用监管、综合执法工作理念，围绕建立以企业信用信息归集为基础、以信息公示为手段、以信用监管为核心的市场监管新机制，形成企业自治、行业自律、社会监督、政府监管的共治格局。要全面推行“双随机、一公开”监管，按照“谁审批、谁监管，谁主管、谁监管”的原则，强化主体监管意识，落实履职监管责任。要建立以平台和国家企业信用信息公示系统（黑龙江）为载体、以信用为核心的政府部门之间信息共享与联合惩戒机制。新型监管机制能够充分发挥国家企业信用信息公示系统（黑龙江）和“信用黑龙江”网站的作用，有利于企业自我约束的强化，有利于市场交易风险的规避，有利于政府监管成本的降低，更大程度上激发市场活力和社会创新力，推动政府治理体系现代化。

（五）构建放权接权无缝衔接机制

简政放权，要处理好“放”和“接”的问题，既要“放得下”又要“接得住”。下放权力应与承接能力相匹配。但一些县市级政府确实存在“接不住管不好”的问题，导致简政放权的效果大打折扣。权力的下放不是目的，重要的是如何接好权力过渡的问题。在县市级政府调研过程中发现，有的上级部门主观上对于简政放权的内涵要义没有深刻的理解和领悟，片面地认为将监督管理责任同权力一同下放出去就已完成简政放权任务，缺少对承接部门的相关业务知识、政策法规的辅导培训。培训工作缺失也就成为影响基层政府接权质量的一个重要因素。应通过建立完善培训机制提升基层的承接能力，提升权力配置和运行的配套性和高效性。一是编制培训指南。编制政府培训指南，是做好政府简政放权工作的基础和核心保障，利于培训的规范化、制度化。按照“谁下放谁编制”的原则确定培训指南编制主体。把一些法律法规规章和政策要求，包括一些权力事项的办理流程、实施标准、操作程序及业务要求汇编成册，指导基层政府部门来办理。在培训指南中应对下放权力的事项流程进行逐项解释，运用案例教学和图文并茂的方式增强可操作性，也可制作详细的下放权力运行流程图。同时，在指南中明确培训指南的多种联系方式，便于为县市级政府接权过程中遇到的问题答疑解惑。但要值得注意的是，培训指南应与权力下放时间同步，否则就会出现理论原则与项目运行实际出现偏差，影响了权力承接的顺畅性。二是实施“互联网＋培训”工程。要顺应“互联网＋”时代的需要和特点，创新培训方式。新时代的科技传媒方式与传统的培训方式相比，从一定意义上来讲，操作更加技术化、先进化、便捷化、高效化。因此，为解决县市级政府“接得准、接得稳”的问题，在网络时代应善于运用微博、微信等现代科技手段，并将这些现代科技手段与政府工作结合起来，布局“互联网＋培训”战略，利用互联网技术对业务培训资源进行深度开发和整合，推动放权业务培训转型升级。“互联网＋培训”是传统业务培训的拓展，也是现代新技术与新理念结合形成的新模式。专门的网络学习平台，如开发手机客户端，在学习资源上共享互通，并推出简政放权业务培训在线选课、智能浏览、云端同步、兴趣部落等。提高“互联网＋业务培训”的核心目标是寻求以基层培训对象为中心，通过大数据分析，及时了解受培训者的需求动态，满足个性化学习需求，实现业务培训的“私人订制”，使得业务培训更具时效性、针对性，实现最大化培训效果。三是强化现场实践指导。目前，受

经费和一些规定的限制，上级政府部门对县市级政府放权的现场指导较少，更多凭借基层工作人员实践摸索。但由于基层部门对于新承接的项目工作，存在理论与经验上的非专业化和非熟练化，会在实际工作中出现不同程度的状况。仅仅靠下级部门人员自身通过实践摸索来解决在承接权力过程中出现的问题，未免太过于耗费时间，同时效率也低下。因此，强化现场实践指导工作无疑是重要且必要的。现场实践指导有利于发挥理论、经验对县市级政府接权能力提升的促进作用。建议出台《省政府简政放权业务培训指导规定》，由省政府办公厅下发文件，在规定中突出现场培训指导的作用。培训可采取专题讲座加辅导，或体验式、实战式的现场指导等模式，体现业务培训的现场感，有利于提升培训效果。培训主讲人应由长期从事简政放权一线工作的资深专家来执教。内容涉及下放权力类型、权力运行流程及常见问题咨询等。

（六）推进人权、事权、财权匹配机制

随着黑龙江省简政放权改革力度的加大，一些权力事项越来越多地放到县市级政府，在这个过程中，很多上级部门没有切实落实“权责一致、人随事走、财随事转”的原则，放的只是“事权”，相应的财权、人权却没有同步放下去，削弱了权力下放的整体效果。这就需要加强简政放权改革的配套和衔接机制建设：对于权力下放过程中人、财、物不协调问题，要配套出台相应的人事、财政等改革举措，加大对基层在机构、编制、人员、技术、装备、经费等方面的支持力度，减轻承接部门的压力和减少工作量，从制度上提高基层相应的承接能力。一是推进“事权”与“财权”同步。目前，县市级政府在简政放权过程中财政事权和支出责任不匹配的矛盾日益突出，严重影响其接权能力的提升。黑龙江省政府应按《国务院关于推进中央与地方财政事权和支出责任划分改革的指导意见》（国发〔2016〕49 号）的要求，加快出台实施方案。按照“谁的财政事权谁承担支出责任”的原则，确定各级政府的支出责任。通过有效授权，合理确定县市级政府的财政事权，使基本公共服务受益范围与政府管辖区域保持一致，激励县市级政府尽

力做好辖区范围内的基本公共服务，避免出现地方政府不作为，激励地方政府主动作为。同时，随着简政放权的全面推进，应逐步建立财政事权划分动态调整机制。做到县市级政府支出责任与财政事权相适应。二是推进“事权”与“人权”同步。在调研过程中普遍反映当行政审批事项下放后，上级政府的人员编制并没有随之下放，也没有相应减少，而下级政府的行政事务大量增加、监管责任明显加大，工作人员数量不足的问题更为突出。基于此类问题，当上级政府在简政放权、权力下放时，应相应压缩机构编制，及时地消除人浮于事的现象；而当县市级政府在承接权力时，应相应增加人员编制，使机构编制的匹配与职能、工作任务的调整相配套。在保持公务员整体编制不增加的情况下，通过政策引导和合理调配，充实县市级政府公务员队伍，保证承接的权力更高效运行。另外，在目前情况下，可考虑建立实施政府雇员管理和政府购买服务制度，解决因事权下放后职能部门人员不足的问题。事权下放后，县市级政府行政事务工作会大量增加，但是，在目前的行政体制下，县市级政府增加与事权匹配的公务员编制难度很大。而招聘政府雇员，增加全职化、专职化的基层工作人员队伍，采用政府购买服务，可以成为解决问题的可行性方案之一。三是实施技术人才引进政策。简政放权所追求的精简性使人们对政府人员的业务能力和专业能力有了深层次的追求，于是技术人才不足也就成为制约县市级政府接权能力提升的另一重要因素。应从创新高技术人才引进政策出发，全面实施人才强县（市）战略。尽快出台黑龙江省各县市级政府人才引进政策。鼓励国内外人才以各种方式参与黑龙江省各县市发展建设，实现政府部门人力资源的优质合理配置。如可以采取调动、兼职、咨询、讲学、科研和技术合作、技术入股、投资兴办企业等形式鼓励国内外人才来黑龙江省各县市长期工作或短期服务。引进人才实行来去自由的政策，建立人才引进绿色通道。引进人才的重点对象是黑龙江省简政放权后各县市级政府急需的高新技术、优势产业、新兴产业、科教文卫等领域具有中高级任职资格的专业技术人才。加大高层次人才柔性引进力度，建立健全不求所有但求所用的人才柔性引进机制。

（七）建立审批连带责任机制

为保证简政放权的效果，优化创新创业环境，应通过舆论宣传、优惠政策、法律制度保障等多种形式优化中介组织的外部发展环境，与此同时，通过建立中介服务行业主管和前置审批部门连带责任机制等方式，从制度上加以规范，才能从根本上解决这些问题。一是将对中介组织的诚信考核纳入审批部门的工作考核。中介部门作为社会组织，可以在政府的支持和培育下更大限度地发挥其社会责任和社会职能。因此，必须打破中介服务行业的垄断，培育更多专业化、高水平的中介服务机构，通过立法来规范社会组织使其良性健康地发展。建立中介机构信用管理体系，完善中介服务机构信用体系和考核评价机制。中介机构信用管理体系是社会信用体系的重要组成部分，要建立中介组织诚信记录台账，对参与无序竞争、不讲诚信和弄虚作假等现象予以曝光，将相关信用状况和考评结果定期向社会公示，加大中介机构诚信惩戒的力度，引入竞争机制，设立中介服务机构诚信资料库，真正体现公开、公正、透明，使权力在阳光下运行。同时，行业主管部门要负连带责任，并纳入相应审批部门和窗口的工作考核。二是协调中介机构与政府部门的审批时间。行政审批流程不仅包括政府部门内部的流程，而且包括中介机构的服务时间，为解决中介机构服务时间占据整个审批流程70%左右的问题，将中介机构的市场行为与政府部门的行政行为相挂钩，即从企业委托中介机构开始到审批部门做出审批决定的全过程，以审批部门为第一责任人，负责限时完成，监察部门对审批部门进行考核，对每一笔超期办理的业务实行责任倒查，从根本上解决中介服务和部门审批效能低的问题。三是政府部门对中介机构的监督与管理责任。中介服务机构要细化服务项目、明晰收费标准、规范服务流程，建立服务承诺、限时办结、执业公示、一次性告知、执业记录等制度。各行业主管部门要以中介服务标准和准则来切断中介机构和某些政府部门之间的利益往来；以法律法规规范和约束服务机构及从业人员执业行为，明晰自身权责范围，提供高质量服务，对中介机构的违规行为负有监督管理责任。

（八）健全“互联网＋政务服务”增效机制

“互联网＋政务服务”作为一种新型政务服务方式，以问题为导向，将现代信息技术创新与政府工作相结合，极大地促进了网上政务服务在运行过程中的规范便捷、运行结果的公开透明。网上政务服务平台其优势就在于加强了政务服务的主动性、公开性和便捷性，在优化办事流程的同时也降低了企业和群众的办事成本，为推进政府治理创新提供有力的支撑和保障。黑龙江应着力优化政务服务与推进“互联网＋”相结合以提高服务效率。一是加快网上一体化政务服务平台建设。黑龙江省加强基础平台体系建设涉及省内各地区各部门，针对网上政务服务数据共享平台沟通不畅、数据不共享等问题在平台架构、数据交换和信息共享等方面加强统一和协调。为避免线上线下政务服务平台“两张皮”、不同地区和部门现有平台无法交互等突出问题，在各类政务业务的申请、受理、办理、反馈、监督这五大环节上实现统一整合，实现就近办理、同城通办、异地可办。推进跨地区、跨部门、跨层级数据共享、身份互信、证照互用、业务协同。按照集约集成的原则，加强技术对接，推动与省政务服务平台信息共享和数据交换。各市县应加快一体化网上政务服务平台建设，打造“互联网＋”模式下方便快捷、公平普惠、优质高效的政务服务体系。鼓励和支持有条件的地区积极探索一体化网上政务服务平台。以工商登记制度改革为例，在实现“多证合一”的基础上，推进各类涉企审批事项线上并联审批，优化线上、线下办事流程，减少办事环节，简化办事手续，降低办事成本，实现“一网通办、一窗核发”。二是推进政务服务标准化建设。公共服务事项实现标准化管理，应以全面整合分类为基础，除了向社会完整公布事项目录和程序，还要明晰具体受理条件和办理标准，以及列明审查要求和时限。三是加强业务支撑体系建设，要以制定相关管理的标准和措施为基础，以业务关键环节，如发布与受理、服务事项办理、行政职权运行、服务产品交付、服务评价等为内容。黑龙江省各地区各部门应系统整合服务资源并建设政务服务事项库，在事项名称、事项类型、法律依据、基本编码方面实现统一，建立服务事项信息库动态更新机制和服务业务协作机制。同时，政务服务办理流程的优化、并联服务审批的深化、事中事后监管的强化，都有利于把政务服务延伸拓展到社区、乡镇，并与新型智慧城市建设、信息惠民建设等工作形成合力，不断推进政务服务方式朝着更科学的方向发展，进而不断提升政务服务供给的质量和水平。

B.3

黑龙江政府透明度指数评估报告（2016）

——以政府网站信息公开为视角

黑龙江省社会科学院课题组*

摘　要：　黑龙江省社会科学院政治学研究所“政府信息公开研究项目组”从政府网站信息公开情况入手，对黑龙江省直各部门和各市（地）政务公开政策情况进行评估。评估中发现黑龙江省政务公开存在政府信息公开目录标准不统一、政府信息公开与公众信息获取需求之间存在较大差距、信息技术支持尚不完善等问题。本文提出要通过加快推进政府信息公开标准化建设、增强政府网站的“亲民性”以及加强网站信息技术建设等措施提升黑龙江省政务公开水平。

关键词：　政府网站　政务公开　政府透明度

2017年，黑龙江省社会科学院政治学研究所“政府信息公开研究项目组”从政府网站信息公开情况入手，对省直各部门和各市（地）贯彻落实

---

* 课题组成员：许淑萍，本科，黑龙江省社会科学院政治学研究所，研究员，研究方向为行政学理论；高洪贵，博士，黑龙江省社会科学院政治学研究所，研究员，研究方向为行政学；唐晓英，本科，黑龙江社会科学院政治学研究所，研究员，研究方向为地方治理；李峰，硕士，黑龙江省社会科学院政治学研究所，副研究员，研究方向为行政学；姜欣桐，硕士，黑龙江省社会科学院政治学研究所，助理研究员，研究方向为政治学。

《中华人民共和国政府信息公开条例》《黑龙江省人民政府办公厅关于印发2016年全省政务公开工作要点》等相关政策情况进行评估。

一　评估对象、指标体系及方法

2016年6月~2017年2月，项目组对全省46个省直部门和13个市（地）政府信息公开情况进行评估。省直部门评估指标包括8个部分，总分100分。其中，政府信息公开平台建设25分、规范性文件12分、行政行为公开15分、财政信息5分、重点领域信息8分、政府信息公开年度报告10分、依申请公开15分、保障措施10分（见表1）。

表1　2016年政府信息公开指标体系（省政府直属单位）

<table>
<tr><td rowspan="18">政府信息公开平台建设(25分)</td><td rowspan="4">政府信息公开目录(4分)</td><td>政府信息公开栏目</td><td rowspan="4">《中华人民共和国政府信息公开条例》《黑龙江省办公厅关于印发2016年全省政务公开工作要点的通知》</td></tr>
<tr><td>政府信息公开指南</td></tr>
<tr><td>目录信息分类齐全</td></tr>
<tr><td>目录更新及时</td></tr>
<tr><td rowspan="5">政策解读(8分)</td><td>政策解读栏目设置</td><td rowspan="14">《中华人民共和国政府信息公开条例》《黑龙江省办公厅关于印发2016年全省政务公开工作要点的通知》</td></tr>
<tr><td>解读内容</td></tr>
<tr><td>解读方式</td></tr>
<tr><td>解读新颖性</td></tr>
<tr><td>年内规范性文件解读率</td></tr>
<tr><td rowspan="5">热点回应(8分)</td><td>回应栏目设置</td></tr>
<tr><td>热点回应情况</td></tr>
<tr><td>回应方式</td></tr>
<tr><td>回应及时性</td></tr>
<tr><td>重大决策征求意见反馈情况</td></tr>
<tr><td rowspan="2">互动交流(5分)</td><td>栏目设置</td></tr>
<tr><td>运行情况</td></tr>
<tr><td rowspan="5">规范性文件(12分)</td><td>栏目设置(2分)</td><td>规范性文件栏目设置</td><td rowspan="5">《中华人民共和国政府信息公开条例》</td></tr>
<tr><td>效力标注(3分)</td><td>标注是否有效</td></tr>
<tr><td rowspan="2">草案信息(5分)</td><td>草案信息公开栏目设置</td></tr>
<tr><td>草案征求意见</td></tr>
<tr><td>规范性文件公开率(2分)</td><td>100%公开</td></tr>
</table>

续表

行政行为公开（15分）	决策公开（3分）	重大决策预公开	《黑龙江省人民政府关于落实〈政府工作报告〉重点工作责任分工的意见》（黑政发〔2016〕6号）《黑龙江省人民政府关于做好〈政府工作报告〉确定的2016年33件民生实事的通知》（黑政办发〔2016〕13号）
行政行为公开（15分）	决策公开（3分）	反馈意见采纳情况及时性	
行政行为公开（15分）	执行公开（3分）	执行措施制定情况	
行政行为公开（15分）	执行公开（3分）	执行进展和完成情况	
行政行为公开（15分）	管理公开（3分）	权力清单	
行政行为公开（15分）	管理公开（3分）	责任清单	
行政行为公开（15分）	服务公开（3分）	政务服务事项公开	
行政行为公开（15分）	服务公开（3分）	办事过程公开	
行政行为公开（15分）	结果公开（3分）	制定行政执法结果公开规则	
行政行为公开（15分）	结果公开（3分）	行政执法结果公开情况	
财政信息（5分）	本部门预算信息	一般公共预算收支、政府性基金预算收支、机关运行费	《中共中央办公厅、国务院办公厅印发〈关于进一步推进预算公开工作的意见〉的通知》（中办发〔2016〕13号）
财政信息（5分）	本部门决算信息	一般公共预算收支、政府性基金预算收支、机关运行费	《中共中央办公厅、国务院办公厅印发〈关于进一步推进预算公开工作的意见〉的通知》（中办发〔2016〕13号）
财政信息（5分）	省本级预算信息（考察省财政厅）	一般公共预算收支、政府性基金预算收支、机关运行费	《中共中央办公厅、国务院办公厅印发〈关于进一步推进预算公开工作的意见〉的通知》（中办发〔2016〕13号）
财政信息（5分）	省本级决算信息（考察省财政厅）	一般公共预算收支、政府性基金预算收支、机关运行费	《中共中央办公厅、国务院办公厅印发〈关于进一步推进预算公开工作的意见〉的通知》（中办发〔2016〕13号）
财政信息（5分）	省本级三公经费预决算（考省财政厅）	因公出国经费、公务用车经费、国内公务接待	《中共中央办公厅、国务院办公厅印发〈关于进一步推进预算公开工作的意见〉的通知》（中办发〔2016〕13号）
财政信息（5分）	部门三公经费预决算	因公出国经费、公务用车经费、国内公务接待	《中共中央办公厅、国务院办公厅印发〈关于进一步推进预算公开工作的意见〉的通知》（中办发〔2016〕13号）
重点领域信息（8分）	栏目设置（2分）	重点领域栏目设置	《黑龙江省人民政府办公厅关于印发2016年全省政务公开工作要点的通知》
重点领域信息（8分）	重点领域工作信息（6分）	根据不同部门重点工作考核	《黑龙江省人民政府办公厅关于印发2016年全省政务公开工作要点的通知》
政府信息公开年度报告（2015年）（10分）	栏目设置（2分）	年度报告栏目设置	《中华人民共和国政府信息公开条例》
政府信息公开年度报告（2015年）（10分）	内容全面性（3分）	内容涵盖全面	《中华人民共和国政府信息公开条例》
政府信息公开年度报告（2015年）（10分）	公布及时性（2分）	规定时限内公布	《中华人民共和国政府信息公开条例》
政府信息公开年度报告（2015年）（10分）	形式新颖性（3分）	配有图表	《中华人民共和国政府信息公开条例》
依申请公开（15分）	栏目设置（1分）	依申请公开栏目设置	《中华人民共和国政府信息公开条例》
依申请公开（15分）	依申请公开指南（2分）	申请条件说明	《中华人民共和国政府信息公开条例》
依申请公开（15分）	依申请公开指南（2分）	申请范围说明	《中华人民共和国政府信息公开条例》
依申请公开（15分）	依申请公开指南（2分）	申请方式说明	《中华人民共和国政府信息公开条例》
依申请公开（15分）	依申请公开指南（2分）	申请流程说明	《中华人民共和国政府信息公开条例》
依申请公开（15分）	依申请公开指南（2分）	受理部门信息	《中华人民共和国政府信息公开条例》
依申请公开（15分）	受理平台设置（3分）	网上受理	《中华人民共和国政府信息公开条例》
依申请公开（15分）	受理平台设置（3分）	信函受理	《中华人民共和国政府信息公开条例》
依申请公开（15分）	受理平台设置（3分）	传真受理	《中华人民共和国政府信息公开条例》

续表

依申请公开(15分)	渠道畅通性(2分)	网上渠道畅通	《中华人民共和国政府信息公开条例》
		信函渠道畅通	
		传真渠道畅通	
	答复情况(3分)	答复时效	
		答复准确	
		答复规范	
	依申请公开引发争议处理情况(2分)	无引发投诉	
		无引发行政复议	
		无引发行政诉讼	
	依申请公开专人负责(2分)	设专人负责	
保障措施(10分)	技术保障(10分)	站内搜索	《中华人民共和国政府信息公开条例》
		相关链接有效性	
		查询便利性	

市（地）评估指标7个部分，总分100分。其中，政府信息公开平台建设25分、规范性文件10分、行政行为公开10分、重点领域信息25分、政府信息公开年度报告8分、依申请公开12分、保障措施10分（见表2）。

表2　2016年政府信息公开评估指标体系（市地）

政府信息公开平台建设(25分)	政府信息公开目录(4分)	政府信息公开栏目	《中华人民共和国政府信息公开条例》《黑龙江省办公厅关于2016年全省政务公开工作要点》《中共中央办公厅、国务院办公厅印发〈关于全面推进政务公开工作的意见〉的通知》(中办发〔2016〕8号)
		政府信息公开指南	
		目录信息分类齐全	
		目录更新及时	
	政策解读(8分)	政策解读栏目设置	
		解读内容	
		解读方式	
		解读新颖性	
		年内规范性文件解读率	
	热点回应(8分)	回应栏目设置	
		热点回应情况	
		回应方式	
		回应及时性	
		重大决策征求意见反馈情况	
	互动交流(5分)	栏目设置	
		运行情况	

续表

规范性文件(10分)	栏目设置(2分)	规范性文件栏目设置	《中华人民共和国政府信息公开条例》
	效力标注(2分)	标注是否有效	
	草案信息(3分)	草案信息公开栏目设置	
		草案征求意见	
	规范性文件公开率(3分)	100%公开	
行政行为公开(10分)	决策公开(2分)	重大决策预公开	《黑龙江省人民政府关于落实〈政府工作报告〉重点工作责任分工的意见》(黑政发〔2016〕6号) 《黑龙江省人民政府关于做好〈政府工作报告〉确定的2016年33件民生实事的通知》(黑政办发〔2016〕13号)
		反馈意见采纳情况及时性	
	执行公开(2分)	执行措施制定情况	
		执行进展和完成情况	
	管理公开(2分)	权力清单	
		责任清单	
	服务公开(2分)	政务服务事项公开	
		办事过程公开	
	结果公开(2分)	制定行政执法结果公开规则	
		行政执法结果公开情况	
重点领域信息(25分)	栏目设置(1分)	重点领域栏目设置	《黑龙江省办公厅关于2016年全省政务公开工作要点》 《中共中央办公厅、国务院办公厅印发〈关于进一步推进预算公开工作的意见〉的通知》(中办发〔2016〕13号) 《中共中央办公厅、国务院办公厅印发〈关于全面推进政务公开工作的意见〉的通知》(中办发〔2016〕8号) 《国务院办公厅关于印发2016年政务公开工作要点的通知》(国办发〔2016〕19号)
	公共资源配置信息(2分)	公共资源交易目录	
		交易平台服务管理细则	
		建设项目招投标交易规则	
		建设项目招投标技术标准	
	重大建设项目领域信息(1分)	审批、核准、备案、实施等信息的公开	
		监督执法信息	
	推进PPP项目和降费工作领域信息(无此项目的市此项分值计入“教育领域信息”)(1分)	公布纳入PPP项目库的信息	
		收费目录清单	
		乱收费、乱摊派查处结果信息	
		取消、停征的收费项目信息	
		定期向社会公布收支情况	
	教育领域信息(2分)	贫困地区义务教育及教育薄弱学校改善基本信息	
		义务教育划片工作相关信息	
		随迁子女入学转学相关信息	
		义务教育标准化、特殊教育领域信息	
		地方高校财务信息	

续表

重点领域信息（25 分）	户籍迁移政策领域信息（1 分）	户口迁移政策信息	《黑龙江省办公厅关于2016年全省政务公开工作要点》 《中共中央办公厅、国务院办公厅印发〈关于进一步推进预算公开工作的意见〉的通知》（中办发〔2016〕13号） 《中共中央办公厅、国务院办公厅印发〈关于全面推进政务公开工作的意见〉的通知》（中办发〔2016〕8号） 《国务院办公厅关于印发2016年政务公开工作要点的通知》（国办发〔2016〕19号）
		户口迁移程序和要求信息	
		居住证申领条件及程序信息	
		社会治安防控体系相关信息	
	社会救助领域信息（2 分）	城乡低保信息	
		特困人员供养信息	
		医疗救助信息	
		临时救助信息	
		减灾救灾信息	
	政府预决算领域信息（2 分）	财政预算信息	
		财政决算信息	
		三公经费预算信息	
		三公经费决算信息	
	“双创”领域信息（2 分）	就业创业政策、措施	
		相关补贴申领条件、程序	
		重点人群就业保障机制建立	
		煤城林区富余职工分流安置信息（非煤城、林区此项分值计入“人力资源市场供求信息”）	
		国有企事业单位人员招录信息	
		人力资源市场供求信息	
	环境保护领域信息（2 分）	城市空气质量预测预报信息公开	
		集中式生活用水水质监测信息	
	棚户区、危房改造和保障性住房信息（2 分）	棚户区改造用地和项目落实情况信息	
		农村危房改造相关信息	
		保障性住房信息	
		住房公积金年度报告	
	医疗卫生领域信息（2 分）	医疗机构院务公开	
		公立医院改革信息公开	
		涉及食品安全标准公开	
		法定传染病疫情及防控信息公开	

续表

<table>
<tr><td rowspan="11">重点领域信息
(25分)</td><td rowspan="2">食药领域信息(2分)</td><td>食品药品监管信息公开</td><td rowspan="11">《黑龙江省办公厅关于2016年全省政务公开工作要点》
《中共中央办公厅、国务院办公厅印发〈关于进一步推进预算公开工作的意见〉的通知》(中办发〔2016〕13号)
《中共中央办公厅、国务院办公厅印发〈关于全面推进政务公开工作的意见〉的通知》(中办发〔2016〕8号)
《国务院办公厅关于印发2016年政务公开工作要点的通知》(国办发〔2016〕19号)</td></tr>
<tr><td>食品安全战略信息</td></tr>
<tr><td rowspan="4">国有企业运营监督领域信息(1分)(无国有企业的市,此项分值计入“企业信用领域信息”)</td><td>国有企业运营情况信息</td></tr>
<tr><td>国有企业改组情况信息</td></tr>
<tr><td>国有企业人事信息</td></tr>
<tr><td>国有企业财务信息</td></tr>
<tr><td rowspan="2">减税领域信息(1分)</td><td>税收优惠和减免政策信息</td></tr>
<tr><td>落实国家结构性减税和征收征管措施</td></tr>
<tr><td rowspan="3">企业信用领域信息(1分)</td><td>更新经营异常名录</td></tr>
<tr><td>公布严重违法企业名单</td></tr>
<tr><td>抽查检查结果公示</td></tr>
<tr><td rowspan="4">政府信息公开年度报告(2015年)
(8分)</td><td>栏目设置(2分)</td><td>政府信息公开年度报告栏目设置</td><td rowspan="4">《中华人民共和国政府信息公开条例》</td></tr>
<tr><td>内容全面性(2分)</td><td>内容涵盖全面</td></tr>
<tr><td>公布及时性(2分)</td><td>规定时限内公布</td></tr>
<tr><td>形式新颖性(2分)</td><td>配有图表</td></tr>
<tr><td rowspan="15">依申请公开(12分)</td><td>栏目设置(1分)</td><td>依申请公开栏目设置</td><td rowspan="15">《中华人民共和国政府信息公开条例》</td></tr>
<tr><td rowspan="5">依申请公开指南(2分)</td><td>申请条件说明</td></tr>
<tr><td>申请范围说明</td></tr>
<tr><td>申请方式说明</td></tr>
<tr><td>申请流程说明</td></tr>
<tr><td>受理部门信息</td></tr>
<tr><td rowspan="3">受理平台设置(2分)</td><td>网上受理</td></tr>
<tr><td>信函受理</td></tr>
<tr><td>传真受理</td></tr>
<tr><td rowspan="3">渠道畅通性(2分)</td><td>网上渠道畅通</td></tr>
<tr><td>信函渠道畅通</td></tr>
<tr><td>传真渠道畅通</td></tr>
<tr><td rowspan="3">答复情况(2分)</td><td>答复时效</td></tr>
<tr><td>答复准确</td></tr>
<tr><td>答复规范</td></tr>
</table>

续表

依申请公开(12 分)	依申请公开引发争议处理情况(2 分)	无引发投诉	《中华人民共和国政府信息公开条例》
		无引发行政复议	
		无引发行政诉讼	
	依申请公开专人负责(1 分)	依申请公开专人负责	
保障措施(10 分)	技术保障(10 分)	站内搜索正常	《中华人民共和国政府信息公开条例》
		相关链接有效性	
		查询便利性	

评估时间从 2016 年 6 月 1 日开始，截至 2017 年 2 月 28 日。评估中主要是对评估对象的政府网站的目录、栏目以及信息进行观测、浏览，对其相关的信息链接、检索系统、依申请公开平台、互动交流平台等有效性进行验证。在评估过程中，为避免因网络原因影响评估的客观性和有效性，凡是遇到网页无法打开的情况，调查评估人员便利用多个搜索引擎进行查找，或在不同的时间段分别查找；凡是遇到无法查找所需的信息的情况，调查评估人员通过更换检索词反复进行查找验证。依申请公开的评估为评估对象做出答复预留了多于法定答复期限的时间。在提交依申请公开政府信息方面，项目组通过在线提交申请、快递和挂号信邮寄等方式进行验证。

二　评估的整体情况

2016 年，省政府高度重视政府信息公开工作，不断加大政府信息公开工作的推进力度，将政府信息公开贯穿于政府管理的各个方面。为贯彻落实《中华人民共和国政府信息公开条例》、《中共中央办公厅、国务院办公厅印发〈关于全面推进政务公开工作的意见〉的通知》（中办发〔2016〕8 号）、《国务院办公厅关于印发 2016 年政务公开工作要点的通知》（国办发〔2016〕19 号）的精神，发布《黑龙江省办公厅关于 2016 年全省政务公开工作要点》，细化政务公开工作任务，促进全省政府信息公开工作有序开展。

在对政府门户网站进行评估中，主要是对评估对象的政府网站的目录、栏目设置以及相关信息进行观测、浏览，对其相关的信息链接、检索系统、依申请公开平台、互动交流平台等有效性进行验证。在评估中排在前10名的省直部门依次是：省交通运输厅、省法制办、省地税局、省环保厅、省国资委、省畜牧兽医局、省质监局、省发改委、省林业厅、省教育厅。省直部门最高分为83.8分；市（地）排在前5名的依次是：大庆市、佳木斯市、哈尔滨市、伊春市和齐齐哈尔市，市（地）最高分为86.1。

从2016年的评估指标体系设置来看，对政务信息公开的要求要严于上年。与上年相比，要求信息公开的范围更广、内容更多且更细化，但从评估的总体情况来看，无论是省直部门还是各市（地），评估的成绩都好于2015年。省直最高分为83.8分，高于2015年的83.4分；市（地）最高分为86.1分，高于2015年的78.55分，市（地）提升的幅度较大。省直部门60分以下占23.9%，而2015年60分以下占46.8%；市（地）60分以下占7.6%，而去年60分以下的占15.4%。

从评估的总体情况来看，2016年略好于2015年。2016年全省政府透明度评估得分情况：省直部门得分为80～89分的占6.5%，70～79分的占34.7%，60～69分的占34.8%，60分以下的占23.9%（见图1）：

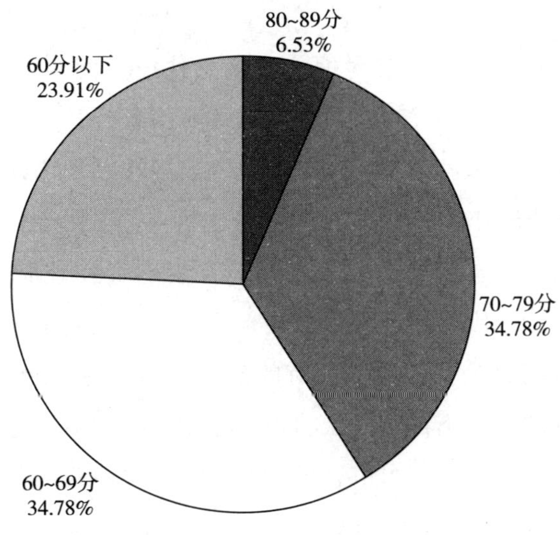

图1　2016年政府信息公开省直部门透明度评估分数段统计情况

市（地）得分为80～89分的占30.8%；70～79分的占30.8%；60～69分的占30.8%；60分以下的占7.6%（见图2）：

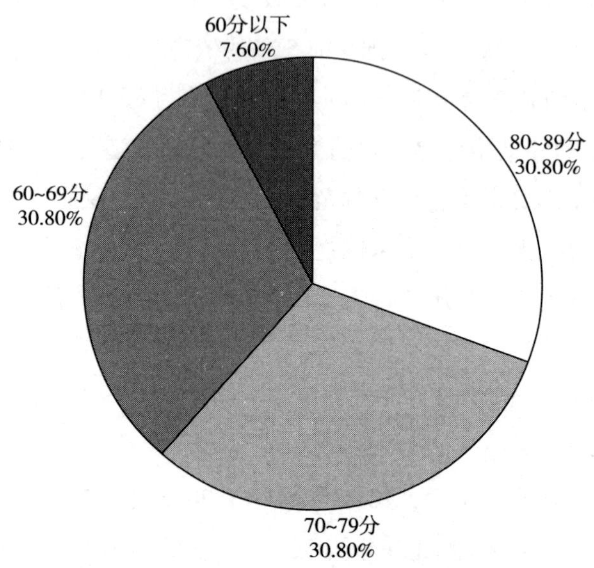

图2　2016年政府信息公开市（地）政府透明度评估分数段统计情况

从评估的整体情况看，市（地）在网站建设方面的提高要好于省直部门。项目组在评估过程中发现，黑龙江省政府信息公开工作虽然取得了一些进展，但仍存在一些不容忽视的问题，主要表现在以下几方面。

1. 政府信息公开目录标准不统一问题突出

在评估中发现，省直部门和各市（地）普遍存在政府信息公开目录不统一的问题。由于政府信息公开目录缺乏统一标准，从而导致信息分类五花八门，影响政府信息公开的效果。有的部门和市（地）网站信息分类虽然在逻辑上是合理的，但不符合公众的查询习惯；有的将不属于政府信息公开的类目归入政府信息公开。当信息日渐增多时，这种划分会导致目录的检索功能弱化，增加用户检索信息的难度。

2. 政府信息公开与公众信息获取需求之间存在较大差距

尽管近几年黑龙江省政府信息公开的范围不断扩大、力度不断增大，得到了公众的认可，但从评估结果来看，政府信息公开的内容、范围与公众的实际需求还存在一定差距。如财政预决算、行政事业性收费、环境保护等信息是公开的“短板”，这些本属于政府主动公开的信息，仍然存在不愿公开、公开不及时、公开形式不规范、公开内容不具体等问题，难以满足公众的信息需求。

3. 信息技术支持有待改进

门户网站的信息公开离不开信息技术的支持。要保证门户网站的有效运转和功能的充分发挥，这在很大程度上依赖于信息技术。项目组在测评过程中发现一些门户网站网页经常打不开，有些门户网站网速太慢，网页打开时间太长，有些门户网站站内搜索或相关链接无效，这些问题既限制了访问的流量，又降低了服务的效率。

三　政府信息公开平台建设

项目组对46个省直部门、13个市（地）政府信息公开目录、政策解读、热点回应、互动交流四个方面的内容进行了全面评估（见表3、表4）。

表3　2016年政府信息公开平台建设省直评估结果（总分：25分）

序号	部门	政府信息公开目录（4分）	政策解读（8分）	热点回应（8分）	互动交流（5分）	总分（25分）
1	地税局	4	7.5	5	4.4	20.9
2	交通运输厅	3.8	6	7	4	20.8
3	教育厅	3.7	7.5	3	5	19.2
4	质监局	3.2	6	5	4.7	18.9
5	发改委	4	8	3	3.8	18.8
6	国土资源厅	3.2	5.5	5	5	18.7
7	食药监局	3	5.5	6	4.1	18.6
8	农委	3.5	8	3	4	18.5
9	国资委	4	8	3	3.5	18.5
10	环保厅	2.9	4.5	6	5	18.4
11	工信委	3.8	7.5	3	4.1	18.4

续表

序号	部门	政府信息公开目录（4 分）	政策解读（8 分）	热点回应（8 分）	互动交流（5 分）	总分（25 分）
12	商务厅	4	4.5	6	3.8	18.3
13	工商局	4	5	5	3.8	17.8
14	农垦局	2.9	8	3	3.8	17.7
15	法制办	3.5	4	5	5	17.5
16	林业厅	3.5	7	2	4.4	16.9
17	科技厅	4	6	2	4.7	16.7
18	外办	3.6	6.5	3	3.5	16.6
19	畜牧兽医局	4	6	2	4.1	16.1
20	金融办	3.9	6.5	2	3.2	15.6
21	民政厅	3.6	7	2	3	15.6
22	文化厅	3.2	6	2	4.4	15.6
23	公安厅	3.8	5	3	3.5	15.3
24	住建厅	2.8	4.5	4	3.5	14.8
25	财政厅	3.4	5.5	2	3.8	14.7
26	审计厅	2.9	5	3	3.8	14.7
27	知识产权局	4	5	2	3.2	14.2
28	粮食局	4	4.5	2	3.5	14
29	卫生委	3.8	4.5	2	3.5	13.8
30	新闻出版广电局	3.8	0	5	4.1	12.9
31	监狱管理局	1.9	5	2	3.8	12.7
32	人社厅	1.3	5	2	4.1	12.4
33	水利厅	3.3	3.5	2	3.2	12
34	体育局	2.4	3.5	2	3.5	11.4
35	旅游局	1.7	3.5	2	3.8	11
36	森工总局	3.5	1	3	3	10.5
37	物价局	3.4	0	3	3.2	9.6
38	档案局	2.6	0	3	3.5	9.1
39	供销社	2	3.5	0	3.2	8.7
40	安监局	2.7	0	2	3.8	8.5
41	司法厅	2.1	0	2	3.8	7.9
42	民委	3.8	0	0	3.2	7
43	扶贫办	2.9	0	0	3.5	6.4
44	人防办	2.6	0	0	3.5	6.1
45	统计局	2.4	0	2	0	4.4
46	信访局	1	3	0	0	4

表4　2016年政府信息公开平台建设市（地）评估结果（总分：25分）

序号	市(地)	政府信息公开目录（4分）	政策解读（8分）	热点回应（8分）	互动交流（5分）	总分（25分）
1	大庆市	3.9	7	7	5	22.9
2	佳木斯市	3.6	8	6	4.5	22.1
3	大兴安岭地区	4	7.5	6	4.6	22.1
4	黑河市	3.9	8	5	4	20.9
5	齐齐哈尔市	3.3	7.5	5	5	20.8
6	哈尔滨市	3.5	7	5	5	20.5
7	伊春市	2.7	6	5	4.1	17.8
8	双鸭山市	3.7	7	2	4.5	17.2
9	鸡西市	3.9	6.5	2	3.7	16.1
10	绥化市	3.5	3	5	4.5	16
11	鹤岗市	2.9	4.5	5	3.6	16
12	七台河市	3	4.5	6	2.1	15.6
13	牡丹江市	3.7	4.5	2	3.3	13.5

（一）政府信息公开目录

政府信息公开栏目设置较好，在46个省直部门和13个市（地）中，均设置了政府信息公开目录，设置率为100%。但政府信息公开目录建设仍存在一些不容忽视的问题。

1. 公开指南信息不齐全

省直46个部门中有28个部门公开指南信息不齐全，占总数的60.9%；13个市（地）除大庆市、佳木斯、伊春市和大兴安岭地区外，其余9个被评估对象公开指南信息都不齐全。主要问题集中在联系方式信息公布不完整，如“办公时间”“联系电话”“传真号码”“电子邮件”等信息不全，与2015年相比，无太大的改进。

2. 目录信息分类不齐全

在目录信息分类的六项指标（机构职能、行政权力、法律法规、部门文件、重点工作、其他信息）中，行政权力、重点工作和其他信息得分较低。省直46个部门中30个部门存在信息分类不齐全的问题，占总数的

65.2%；13个市（地）中，有5个评估对象目录信息分类不齐全，占总数的38.5%。

3. 目录更新不及时

在目录更新及时（及时维护公开指南、机构职能、行政权力、法律法规、部门文件、重点工作、其他信息）方面，有33个省直部门存在目录更新不及时的问题，占总数的71.7%；13个市（地）中，有7个评估对象目录更新不及时，占总数的53.8%。

（二）政策解读

政策解读评估内容主要包括政策解读栏目设置、解读内容、解读方式、解读新颖性和年内规范性文件解读率5个方面。

1. 政策解读取得的成效

（1）政府对政策解读率较高。政策解读的主体包括政府解读和专家解读。就政府解读而言，较之2015年有所提高。除绥化市外，12个市（地）以及近78.2%的省直部门有政府解读的相关内容，且政府自身的解读主体也呈多元化趋势发展，有主要领导解读、各部门解读和新闻发言人解读等。

（2）政策解读内容较充分。政策解读的内容包括两方面：其一，对政策制定背景的解读；其二，对政策的主要制度设计进行解读。从评估结果来看，近78.2%的省直部门均有对这两方面内容的解读；除绥化市外，12个市（地）均有对这两方面内容的解读。

2. 政策解读存在的问题

（1）政策解读栏目设置情况仍不佳。省直部门政策解读栏目设置率虽然较之2015年有所提升，但仍不理想。46个省直部门中有21个评估对象未设置政策解读栏目，未设置率为45.7%。有些网站虽有政策解读栏目设置，却无内容，呈“空壳化”，如省森工总局。市（地）除牡丹江市外的其他12个市（地）均设置了政策解读栏目。

（2）政策解读形式过于单调。政策解读要求形式新颖，包括采用图解形式和问答形式两类。评估结果显示，政策解读多侧重于文字表述，缺少图解。在46个省直部门中有27个省直部门没有图解形式的解读，占总数的58.7%；13个市（地）中7个市（地）没有图解形式的解读，占总数的53.8%。

（3）年内规范性文件解读率不达标者居多。在46个省直部门中有36个省直部门年内规范性文件解读率不达标，占总数的78.3%；在13个市（地）中有5个市（地）年内规范性文件解读率不达标，占总数的38.5%。

（4）专家解读较少。政策解读只侧重于政府解读，而忽视了专家解读。在46个省直部门中有26个部门没有专家解读内容；在13个市（地）中有7个市（地）没有专家解读的内容。

（三）热点回应相关情况

热点回应主要从回应栏目设置、热点回应情况、回应方式、回应及时性以及重大决策征求意见反馈情况5个方面进行测评。其中，回应方式总体表现良好。多数部门和市（地）设有多重热点回应的方式，比如网上咨询回复、征求意见回复、监督举报电话信箱回复等。在46个省直部门中有39个省直部门设立了相应的回应方式；在13个市（地）中9个市（地）设立了相应的回应方式。其他4个方面评估结果不尽如人意，具体表现在以下几方面。

1. 热点回应栏目设置不佳

项目组通过浏览政府门户网站首页目录并以“热点回应”、“热点关注”和“回应关切”等为关键词进行搜索，结果显示，在46个省直部门中有33个未设置热点回应栏目，占总数的71.7%；在13个市（地）中仅伊春市、大兴安岭地区和七台河市设有栏目，其他市（地）均未设相关栏目。

2. 热点回应情况不理想

通过浏览政府门户网站并查找相关对百姓咨询、建议的回应情况，以及对公众来信的回复情况，省直有35个部门回应不及时，占总数的76.1%；其中有些部门无法查到回应的任何相关情况。相对而言，市（地）多数回应及时，10个市（地）回应及时。

3. 重大决策征求意见反馈率较差

46 个省直部门中仅省住建厅、省环保厅和省交通运输厅有重大决策征求意见反馈情况，仅占总数的 6.5%。一些部门设置征求意见栏目，并公开部分征求意见稿，但没有对征求意见的反馈情况，在搜索中也无法查找征求意见反馈相关信息；在 13 个市（地）中，仅佳木斯市和七台河市有征求意见反馈情况，占总数的 15.4%。

（四）互动交流

1. 栏目设置总体良好

从互动交流栏目设置来看，在 46 个省直部门中，除省统计局和省信访局之外，其余 44 个省直部门均设置了互动交流栏目，设置率为 95.7%；在 13 个市（地）中除七台河市外均设置了该栏目。

2. 各栏目运行良好

在所测评的 7 个运行指标中，设置 4 个以上并运行良好的有 30 个省直部门，设置 5 个以上并运行良好的有 16 个省直部门。省直部门除省信访局、省统计局无新闻发布会外，其他 44 个部门均运行良好。市（地）政府栏目运行明显好于省直部门，栏目设置相对齐全，并且能够及时更新和回复信息。

尽管互动交流栏目设置较好，整体运行良好，但某些栏目运行仍不佳。其中 18 个省直部门无厅长（局长、主任）信箱，35 个省直部门无百姓访谈，23 个省直部门无政务访谈，15 个省直部门无建言献策信息。

四　规范性文件

规范性文件是政府公开行政依据、办事程序，行政相对人明确自身权利和义务的重要的政府信息公开项目，其内容直接关系到公共利益、社会秩序和公民的自身利益。规范性文件范围广、数量多，其公开程度是考察政府信息公开透明度和政府行政行为法治化的重要评价指标。

项目组本次评估主要设置了规范性文件栏目设置、效力标注、草案信息（包括草案信息公开栏目设置和草案征求意见两项指标）以及规范性文件公开率四项指标（见表5、表6）。

表5　2016年规范性文件公开省直评估结果（总分：12分）

序号	部门	栏目设置（2分）	效力标注（3分）	草案信息（5分）	规范性文件公开率（2分）	总分（12分）
1	法制办	2	3	2.5	2	9.5
2	外办	2	3	2.5	0	7.5
3	畜牧兽医局	2	3	0	2	7
4	工商局	2	3	0	2	7
5	林业厅	2	0	2.5	2	6.5
6	财政厅	0	3	2.5	0	5.5
7	卫计委	0	3	2.5	0	5.5
8	质监局	2	3	0	0	5
9	教育厅	2	3	0	0	5
10	人社厅	0	3	0	2	5
11	档案局	0	3	0	2	5
12	地税局	2	0	2.5	0	4.5
13	民政厅	2	0	2.5	0	4.5
14	环保厅	2	0	0	2	4
15	食药监局	2	0	0	2	4
16	扶贫办	0	0	2.5	0	2.5
17	交通运输厅	2	0	0	0	2
18	发改委	2	0	0	0	2
19	国资委	2	0	0	0	2
20	科技厅	2	0	0	0	2
21	国土资源厅	2	0	0	0	2
22	商务厅	2	0	0	0	2
23	新闻出版广电局	2	0	0	0	2
24	文化厅	2	0	0	0	2
25	粮食局	2	0	0	0	2
26	农委	2	0	0	0	2
27	金融办	2	0	0	0	2
28	监狱管理局	0	0	0	2	2
29	工信委	0	0	0	2	2
30	司法厅	0	0	0	2	2

续表

序号	部门	栏目设置（2 分）	效力标注（3 分）	草案信息（5 分）	规范性文件公开率（2 分）	总分（12 分）
31	民委	0	0	0	2	2
32	公安厅	0	0	0	2	2
33	住建厅	0	0	0	2	2
34	森工总局	0	0	0	2	2
35	统计局	0	0	0	2	2
36	审计厅	0	0	0	2	2
37	供销社	0	0	0	2	2
38	人防办	0	0	0	2	2
39	信访局	0	0	0	2	2
40	农垦局	0	0	0	0	0
41	物价局	0	0	0	0	0
42	体育局	0	0	0	0	0
43	知识产权局	0	0	0	0	0
44	安监局	0	0	0	0	0
45	旅游局	0	0	0	0	0
46	水利厅	0	0	0	0	0

表 6　2016 年规范性文件公开市（地）评估结果（总分：10 分）

序号	地市	栏目设置（2 分）	效力标注（2 分）	草案信息（3 分）	规范性文件公开率（3 分）	总分（10 分）
1	大庆市	2	2	3	0	7
2	哈尔滨市	2	2	1.5	0	5.5
3	佳木斯市	2	2	0	0	4
4	伊春市	2	2	0	0	4
5	七台河市	2	2	0	0	4
6	绥化市	2	0	1.5	0	3.5
7	鹤岗市	0	0	0	3	3
8	齐齐哈尔市	0	2	0	0	2
9	大兴安岭地区	2	0	0	0	2
10	双鸭山市	2	0	0	0	2
11	鸡西市	0	2	0	0	2
12	牡丹江市	0	0	1.5	0	1.5
13	黑河市	0	0	0	0	0

（一）规范性文件公开取得的成效

从评估结果看，规范性文件整体指标较上一年度有了一定的提高和改善。

1. 绝大多数能够公开规范性文件信息，公开率有所提升

在参与评估的46个省直部门中有39个部门可以查询到规范性文件内容，占总数的84.8.%，较上一年度的70.6%提高了约14个百分点；13个市（地）中除黑河市外有12个市（地）查询到规范性文件内容，与上一年度一致。

2. 规范性文件栏目设置开始受到重视，设置率有所提高

在46个省直部门中有22个部门设置了规范性文件栏目，比2015年的9个部门增加了13个部门，设置率也从2015年的19.6%上升到2016年的47.8%，提高了28.2个百分点；在13个市（地）中有8个设置了规范性文件栏目，比2015年增加了2个市（地），市（地）设置率也从2015年的46.2%提高到了2016年的61.5%。由此可见，规范性文件在政府信息公开的重视程度开始加强，规范性得到了一定提高。

（二）规范性文件公开存在的问题

1. 规范性文件草案信息多数缺失

本次评估在规范性文件草案信息公开项目中设置了草案信息公开栏目设置和草案征求意见两项指标。但从评估情况来看，结果并不理想，与2015年相比基本没有变化。从规范性文件草案信息公开栏目设置指标来看，在评估的46个省直部门中均未设置草案信息公开栏目。13个市（地）中，仅有大庆市设置了草案信息公开栏目，设置率仅为7.7%，不足一成。从规范性文件草案征求意见指标来看，在46个省直部门中8个部门能够查询到草案征求意见的信息，得分率仅为17.4%；13个市（地）中，只有4个市（地）能够查询到草案征求意见的信息，得分率仅为30.8%。

2. 规范性文件公开率亟待加强

按照国务院及省政府相关文件的要求规范性文件应100%公开，且全文公开规范性文件得2分，未达到此标准不得分。从评估结果来看，在46个省直部门中仅有20个省直部门规范性文件公开率达到100%，达标率仅为43.5%，其余26个省直单位均未达标，未达标率为56.5%；在13个市（地）中，仅有鹤岗市达到标准，达标率仅为7.7%，其余12个地市均未达到标准，未达标率为92.3%。

3. 规范性文件效力信息标注不清

效力信息是规范性文件的重要内容。从评估结果来看，大多数评估对象在规范性文件中并未标注文件的效力信息，与2015年评估结果并无明显变化。在46个省直部门中，仅有10个部门在规范性文件中标注了效力信息，仅占省直部门的21.7%；在13个市（地）中，也仅有7个市有规范性文件效力信息，仅占总数的53.8%。同时对规范性文件效力信息的描述、公布形式不统一，有的以文件、通知、新闻动态的形式公布，有的公布规范性文件的清理结果，有的在规范性文件中单独设置“已废止规范性文件”目录，如哈尔滨市。由于规范性文件效力信息公布形式的不统一，信息查找困难。

五　行政行为公开

按照国务院围绕助力政府建设推进公开和省政府做好行政行为全过程公开的工作要点，评估组在行政公开项目中共设置了决策公开（重大决策预公开和反馈意见采纳情况及时性）、执行公开（执行措施制定情况与执行进展和完成情况）、管理公开（权力清单和责任清单）、服务公开（政务服务事项公开和办事过程公开）及结果公开（制定行政执法结果公开规则和行政执法结果公开情况）共5项二级指标和10项三级指标（见表7、表8）。

表7　2016年行政行为公开省直评估结果（总分：15分）

序号	部门	决策公开（3分）	执行公开（3分）	管理公开（3分）	服务公开（3分）	结果公开（3分）	总分（15分）
1	质监局	1.5	3	3	3	3	13.5
2	商务厅	1.5	3	3	3	3	13.5
3	交通运输厅	1.5	3	2.5	3	3	13
4	环保厅	1.5	3	2.5	3	3	13
5	林业厅	1.5	3	2.5	3	3	13
6	发改委	1.5	3	2.5	3	3	13
7	住建厅	1.5	3	2.5	3	3	13
8	地税局	0	3	2.5	3	3	11.5
9	国土资源厅	0	3	2.5	3	3	11.5
10	卫计委	1.5	3	3	3	1	11.5
11	安监局	0	3	2.5	3	3	11.5
12	畜牧兽医局	1.5	3	2.5	3	1	11
13	教育厅	1.5	3	2.5	3	1	11
14	人社厅	1.5	3	2.5	3	1	11
15	粮食局	0	2	2.5	3	3	10.5
16	农委	0	3	2.5	3	2	10.5
17	法制办	1.5	3	2.5	3	0	10
18	科技厅	1.5	3	2.5	3	0	10
19	工商局	1.5	3	2.5	3	0	10
20	食药监局	1.5	3	2.5	3	0	10
21	工信委	1.5	2.5	2.5	2.5	1	10
22	司法厅	1.5	3	2.5	3	0	10
23	文化厅	0	3	2.5	3	1	9.5
24	财政厅	0	3	2.5	3	1	9.5
25	水利厅	0	3	2.5	3	1	9.5
26	旅游局	0	2.5	2.5	2.4	2	9.4
27	新闻出版广电局	0	3	3	3	0	9
28	物价局	1.5	3	2.5	0.6	1	8.6
29	金融办	0	3	2.5	2	1	8.5
30	知识产权局	0	3	2.5	3	0	8.5
31	国资委	1.5	3	2.5	1.1	0	8.1
32	民政厅	1.5	2	2.5	1.9	0	7.9

续表

序号	部门	决策公开（3分）	执行公开（3分）	管理公开（3分）	服务公开（3分）	结果公开（3分）	总分（15分）
33	统计局	0	3	2.5	2.4	0	7.9
34	档案局	1.5	3	2.5	0.6	0	7.6
35	农垦局	0	2	2.5	3	0	7.5
36	民委	0	2.5	2.5	2	0	7
37	公安厅	1.5	3	2.5	0	0	7
38	人防办	0	2.5	2.5	2	0	7
39	监狱管理局	0	1	2.5	2	1	6.5
40	外办	0	3	2.5	0.6	0	6.1
41	体育局	1.5	2	2.5	0	0	6
42	森工总局	0	3	3	0	0	6
43	审计厅	0	2	2.5	1.1	0	5.6
44	供销社	0	3	2.5	0	0	5.5
45	扶贫办	0	3	2.5	0	0	5.5
46	信访局	0	0	0	0.6	0	0.6

表8　2016年行政行为公开市（地）评估结果（总分：10分）

序号	部门	决策公开（2分）	执行公开（2分）	管理公开（2分）	服务公开（2分）	结果公开（2分）	总分（10分）
1	佳木斯市	1	2	2	2	2	9
2	伊春市	1	2	2	2	2	9
3	黑河市	1	2	2	2	2	9
4	双鸭山市	1	2	2	2	2	9
5	大庆市	1	2	1.5	2	2	8.5
6	哈尔滨市	1	2	1.5	2	2	8.5
7	齐齐哈尔市	1	2	1.5	2	2	8.5
8	牡丹江市	1	2	1.5	2	2	8.5
9	绥化市	1	2	1.5	2	2	8.5
10	鹤岗市	1	2	2	2	1	8
11	鸡西市	1	2	1.5	2	1	7.5
12	大兴安岭地区	1	2	1.5	2	0	6.5
13	七台河市	1	1	1.5	1	0	4.5

（一）行政公开取得的成效

从评估结果看，行政公开整体得分较高，情况基本令人满意。

1. 执行公开情况较为理想

本次评估执行公开包括执行措施制定情况、执行进展和完成情况等指标，从本次评估得分来看，无论执行措施制定情况还是执行进展和完成情况公开都较好。

从执行措施制定情况来看，在46个省直部门中除省信访局未找到执行措施制定情况的信息，其余45个省直部门均查找到关于执行措施制定情况的信息，且在这45个省直部门中，也仅有省监狱管理局缺少实施步骤信息和责任分工信息，其余44个省直部门在执行公开项目上均为满分，满分率高达95.7%。13个市（地）均查到了执行公开的相关信息，在执行措施制定的四级指标上也均为满分。

从执行进展和完成情况评估结果来看，在46个省直部门中有36个部门公开了执行进展信息且信息准确，公开率达到78.3%；46个省直部门中有38个部门公开了执行完成情况信息且信息准确，公开率达到82.6%。13个市（地）执行进展和完成情况均为满分。

2. 服务公开情况较好

服务公开主要包括政府服务事项公开（在线咨询信息、办理条件信息和所需材料信息）和办事过程公开（公开网上申请办理、进展查询、结果告知、电子监察信息）2项三级指标及7项四级指标。

从政府服务事项公开评估结果来看，46个省直部门中除了省扶贫办、省公安厅、省供销社、省森工总局、省物价局、省信访局6个部门未查询到政府服务事项信息外，其余40个单位均查询到政府服务事项信息，信息公开率达到87%，在这40个单位中，仅有省国资委、省档案局、省民政厅、省审计厅、省统计局、省物价局6个单位有失分项目。46个省直部门在政府服务事项公开相对完善，达到73.9%。在13个市（地）中，政府服务事项公开信息均较完善。

从办事过程公开情况来看，在46个省直部门中，有32个部门查询到办事过程信息，公开率达到69.6%，有28个部门的办事过程公开情况相对完善，达到全部评估省直单位的60.9%。在13个市（地）中有12个地市办事过程公开情况相对完善，仅有七台河市未查询到办事过程公开，公开率达到92.3%。

3. 权力清单及监管流程百分百公开，更新及时

权力清单包括及时公布、更新和行政审批、职业资格认定信息四项指标。从评估结果来看，全省46个省直部门和13个市（地）权力清单信息已经达到100%公开，而且更新及时。各部门行政审批和职业资格认定信息以及责任清单中的监管流程信息在黑龙江省机构编制网都能够查询，信息有效准确。从监管流程评估结果来看，全省46个省直部门和13个市（地）监管流程信息已经达到100%公开，信息完善。

（二）行政公开存在的问题

1. 行政执法结果公开情况不佳

行政执法结果公开包括制定行政执法结果公开规则和行政执法结果公开情况两项指标。

从制定行政执法结果公开规则指标来看，46个省直部门中有25个部门未查询到制定行政执法结果公开规则信息，仅有21个部门查询到相关信息，公开率不足一半，仅为45.7%。13个市（地）情况较好，但仍然有七台河市和大兴安岭地区未查询到制定行政执法结果公开规则信息。

从行政执法结果公开情况来看，46个省直部门中有33个部门未查询到行政执法结果公开信息，仅有13个部门查询到相关信息，公开率刚刚超过1/4，仅为28.3%。13个市（地）相对省直部门有所改善，但仍然有七台河市、鹤岗市、鸡西市和大兴安岭地区4个市（地）未查询到制定行政执法结果公开规则信息。

2. 决策公开尚需强化

决策公开包括重大决策预公开和反馈意见采纳情况及时性两项指标。

从重大决策预公开指标来看，46个省直部门中有23个部门未查询到重

大决策预公开信息，只有23个省直部门查询到相关信息，公开率仅为一半，占省直部门的50%，在公开重大决策预公开的23个省直部门中，信息量仍然不足。13个地市虽然均查询到了本地区的重大决策信息，但是2016年重大决策信息更新较少。

从反馈意见采纳情况及时性指标来看，46个省直部门均未查询到相关信息，公开率为零；13个市（地）中也仅有双鸭山市查询到了反馈意见采纳情况的信息，其余12个市（地）均未查询到相关信息，未公开率为92.3%。

3. 事中事后监管信息严重缺乏

事中事后监管信息是管理公开的重要指标，然而从评估结果来看，事中事后监管信息严重缺乏。

在46个省直部门中，仅有省森工总局、省商务厅、省外办、省卫计委、省新闻出版广电局、省质检局6个部门公开了事中事后监管信息，其余40个单位均未公开事中事后监管信息，未公开率为87%。在13个市（地）中仅黑河市、鹤岗市、七台河市查询到了事中事后监管信息，其余10个市（地）未查询到相关信息，未公开率为76.9%。

六　财政信息

财政信息公开是建设法治政府、创新政府、廉洁政府和服务型政府的重要环节。其评估指标主要包括预算信息、决算信息和三公经费信息。省直部门和市（地）评估指标略有差异。省直单位的评估指标具体包括：本部门预算信息、本部门决算信息、省本级预算信息、省本级决算信息、省本级三公经费预决算和部门三公经费预决算；市地评估指标具体包括：财政预算信息、财政决算信息、三公经费预算信息和三公经费决算信息。

（一）财政信息公开取得的成效

从评估结果分析，地市财政信息公开情况略好于省直部门。

1. 年度预决算信息公开情况较好

此项内容为政府财政资金信息公开的最大亮点。无论是省本级、省直部门本级和地市本级，大多数单位的年度预决算信息都已经公开。在46个省直部门中，除省工信委和省供销社没有公布公共预算信息，省发改委、省农垦总局、省人防办、省森工总局、省商务厅、省审计厅未公布财政预决算信息外，其余省直38个部门公开了财政预决算信息，公布率达82.6%。与2015年同比下降11个百分点。各市（地）政府预决算领域信息公开情况相对较好。除鹤岗市无任何相关信息外，其他评估对象都公开了年度预决算信息，公布率为92.3%，同比增长6个百分点。大多数市（地）政府在其本级网站或下属财政局网站上有明确的“财政信息”栏目设置，查询便利，信息完整。

2. 三公经费预决算信息公开透明度较高

三公经费信息公开是社会公众关注的焦点。本次测评结果显示，省直部门和市（地）本级三公经费决算信息公开有很大进展，信息公开的完整性、透明度较好。省直部门中除省发改委、省农垦总局、省人防办、省森工总局、省商务厅、省审计厅6个单位外，本级三公经费预决算信息均已公开，公开率为87%。在13个市地中，除鹤岗市外，其他评估对象都公开了三公经费预决算信息，公布率为92.3%，同比增长近6个百分点。

（二）财政信息公开存在的主要问题

1. 财政预决算信息不完整

在46个省直部门中，有26个部门公布的财政信息比较完整，完备率为56.5%。有14个省直部门（包括省国资委、省地税局、省扶贫办、省工商局、省工信委、省公安厅、省供销社、省监狱管理局、省粮食局、省林业厅、省民委、省统计局、省外办、省物价局）未公布2016年本部门机关运行费预算信息，占30.4%；有4个部门（包括省扶贫办、省工信委、省公安厅、省供销社）未公布机关运行费和政府基金预算；有2个部门（省工信委和省供销社）未公布2016年度公共预算信息。

2. 财政资金信息查询便利性有待加强

大多数评估对象在其本级网站或下属财政局网站上有明确的“财政信息”栏目设置，但仍存在部分网站需在搜索引擎检索才能查找相关信息的情况，如鸡西市。有的市（地）本级及市属部门财政信息公开混杂在一起，查询不方便，如绥化市、佳木斯市、牡丹江市、双鸭山市、鸡西市等。此外，鹤岗市、双鸭山市、鸡西市无财政局官方网站。

七　重点领域信息公开

评估省直部门和市（地）政府重点领域信息公开的指标有所差异。省直部门的评估指标包括重点领域栏目设置和重点领域工作信息；市（地）政府重点领域信息公开评估指标包括栏目设置，公共资源配置信息，重大建设项目领域信息，推进 PPP 项目和降费工作领域信息，教育领域信息，户籍迁移政策领域信息，社会救助领域信息，政府预决算领域信息，“双创”领域信息，环境保护领域信息，棚户区、危房改造和保障性住房信息，医疗卫生领域信息，食药领域信息，国有企业运营监督领域信息，减税领域信息和企业信用领域信息（见表9）。

（一）重点领域信息公开取得的成效

1. 省直部门重点领域工作信息公开情况良好

在 46 个省直部门中，有 25 个部门网站有重点领域栏目设置，设置率为 54.3%，仍有 21 个省直部门没有栏目设置；在重点领域工作信息测评中，有 35 个省直部门公布了重点领域工作信息，并且信息查询便利，一目了然，所占比例为 76.1%，但仍有 10 个省直部门重点领域工作信息公布不完整。省信访局未公布重点领域工作信息。

2. 户籍迁移政策领域信息透明度高

户籍迁移政策领域信息与公众生活密切相关。13 个市（地）政府网站评估结果显示，多数评估对象公开的户籍迁移政策领域信息准确、有效，信

表 9　2016 年重点领域信息公开市(地)评估结果(总分:25 分)

序号	地市	栏目设置(1分)	公共资源配置信息(2分)	重大建设项目领域信息(1分)	推进PPP项目和降费领域信息(1分)	教育领域信息(2分)	户籍迁移政策领域信息(1分)	社会救助领域信息(2分)	政府预决算领域信息(2分)	"双创"领域信息(2分)	环境保护领域信息(2分)	棚户区、危房改造和保障性住房信息(2分)	医疗卫生领域信息(2分)	食药领域信息(2分)	国有企业运营监督信息(1分)	减税领域信息(1分)	企业信用领域信息(1分)	总分(25分)
1	哈尔滨市	1	0	1	1	1.6	1	1.8	2	1.8	1.8	1	1.8	2	1	1	0.6	20.4
2	齐齐哈尔	0	0.5	1	0.9	1.2	1	1.9	2	2	1.3	1.8	1.8	2	1	1	0.6	20
3	伊春市	1	1.5	0.9	1	2	0.3	1.3	2	1.8	1.3	1.2	0.8	2	0.75	0.75	1	19.6
4	大庆市	1	0	1	0.7	1.6	0.9	0.6	2	1.8	1.8	1.2	1.6	2	1	1	1	19.2
5	牡丹江市	1	1	1	0.9	1.6	1	1.8	2	1.8	0.6	0.9	1	2	1	1	0.6	19.2
6	双鸭山市	1	0.5	1	1	0.8	0.8	0.8	2	1.8	1.3	1.8	1.4	2	0.5	0.75	0.6	18.1
7	黑河市	1	0.5	1	0.7	1.2	1	0.6	2	1.8	1.5	1	1	2	1	0.75	1	18.1
8	佳木斯市	0	0	1	0.6	1.6	0.8	0.9	2	1.8	1.3	1.4	0.8	2	0.75	1	1	17
9	大兴安岭	1	0	1	0.6	0	1	1.2	2	1.7	1.5	1.2	1	2	1	1	0.6	16.8
10	绥化市	1	0.5	1	0.9	1.2	0.2	1.1	2	1.4	1.7	1	0.6	2	0.25	0.75	0.6	16.2
11	七台河市	1	0.5	1	0.7	1.6	1	0.7	2	0.8	0.4	1.2	0.2	1.5	0.75	0.75	0.3	14.4
12	鸡西市	1	0	1	0.8	0.4	0	0.8	2	1.2	0.6	1.2	0.4	2	0	0.75	0.6	12.8
13	鹤岗市	1	0.5	0.8	0.5	0	0.8	0	0	1.8	1.8	0.5	0.2	0.8	0.25	0.75	0.6	10.3

息内容丰富，查询方便。如哈尔滨市、大庆市、齐齐哈尔市、大兴安岭地区、牡丹江市、黑河市、七台河市7个市（地）公开的户籍迁移政策信息比较完备，而且查询便利，便民利民。部分评估对象存在信息缺失和查询不便问题。佳木斯市、鹤岗市、双鸭山市、伊春市有关居住证申领条件及程序信息内容缺失，同时伊春市的社会治安防控体系相关信息公开程度不够，无有效信息查询。绥化市和鸡西市在户籍迁移政策领域信息公开中，没有户籍迁移和社会治安防控体系相关信息，其网站查询便捷程度有待改善，信息有待充实。

3. “双创”领域信息公开总体较好

“双创”领域信息公开是优化经济发展环境的重要举措。

此项工作总体上进展较好。一是13个市（地）就业创业政策、措施信息实现全部公开。二是相关补贴申领条件、程序信息公开情况良好。除七台河市和鸡西市外，其余11个市（地）都已公开，公开率为84.6%。三是重点人群就业保障机制基本建立。有12个市（地）公开此项信息，所占比例为92.3%。四是国有企事业单位人员招录信息和人力资源市场供求信息公开情况较好，分别有12个和10个市（地）实现公开，公开率分别达到92.3%和76.9%。七台河市没有公布国有企事业单位人员招录相关信息。绥化市、七台河市和鸡西市未公开人力资源市场供求信息。

4. 国企、减税和企业信用领域信息公布较好

国有企业运营监督信息公开测评中，除鸡西市外，13个市（地）中有12个市（地）实现信息公开，公开率达到92.3%。大庆市、大兴安岭地区、齐齐哈尔市和牡丹江市等此项信息比较完善。13个市（地）中减税领域信息公开普遍较好，13个市（地）全部公布。13个市（地）中，企业信用领域信息实现全部公开，其中，大庆市、伊春市、佳木斯市和黑河市信息公开较为完备。哈尔滨市、双鸭山市、绥化市、鸡西市、七台河市以及鹤岗市信息公开还不充分。

5. 食药领域信息公开整体良好

从食品药品监管信息公开指标测评结果来看，在13个市（地）中除鹤

岗市外，其他12个市（地）此项指标均已全部公开，公开率为92.3%。鹤岗市网站中未能检索到食品药品监督信息，仅能查找到抽验信息。关于食品安全战略信息公开情况，除七台河市外，其他12个市（地）都已公开，公开率为92.3%。在食品安全战略信息公开指标评估中，能够检索到绿色食品信息，或其他涉及食品种植、培育、销售信息的，均视为有效。七台河市未能检索到相关信息。

（二）重点领域信息公开存在的问题

1. 社会救助领域信息缺失

从测评结果看，社会救助领域信息公开很不完善。在13个市（地）中，只有哈尔滨市和齐齐哈尔市在网站上公布了较为丰富的社会救助领域信息。有10个市（地）此项信息公开内容不多，而且信息不易查询，相关信息较少且分散，多数相关信息隐含在新闻报道中，信息更新不及时也是一个比较突出的问题。信息不完备率为84.6%。在鹤岗市网站中查询不到关于社会救助领域任何信息。

2. 环保领域信息不完善

各市（地）集中式生活用水水质监测信息公开情况不够完善。13个评估对象均未在其本级网站和下属环保局网站中公开供水厂出水和用户水龙头水质信息。绥化市未公开饮水水源信息。部分评估对象的环保局网站无搜索引擎，查询不方便。如大兴安岭地区、鹤岗市和双鸭山市。牡丹江市、七台河市和鸡西市空气质量预测预报公开信息内容不完备。伊春市、佳木斯市、齐齐哈尔市、牡丹江市、双鸭山市缺少排污单位依法向社会公开的内容。

3. 医疗卫生领域信息公开整体较差

从医疗卫生领域信息公开测评结果看，医疗机构院务公开与公立医院改革信息公开两项指标公开情况均较差。除齐齐哈尔市、哈尔滨市、大庆市外，其他10市（地）处于信息公开不全面或完全没有公开状态。大多数市（地）都没有公开食品安全标准的信息，此项信息主要是以新闻的形式进行公开。一般食品安全标准解读信息隐含于食品安全标准宣传信息之中。多数市（地）未公布法定传染病疫情及防控信息。

4. 棚户区、危房改造和保障性住房信息公开不全面

各市（地）基本都公开了棚户区改造用地和项目落实情况信息，但多数情况下需要检索才能看到相关信息。个别市（地）的此项信息是暗藏在新闻报道中的，查询不方便，如鹤岗市。农村危房改造相关信息公开不全。除大庆市外，其他12个市（地）关于农村危房改造相关信息都未完全公开，尤其是农村危房改造的信息公开情况更差。保障性住房信息公开状况较差。多数市（地）存在保障性住房信息公开不全面的问题，如牡丹江市、黑河市、大兴安岭地区。住房公积金年度报告公示结果不理想。此项指标以查询市本级网站及链接住房公积金中心网站为主，仍存在近一半市（地）无住房公积金年度报告的相关信息。

此外，重大建设项目领域信息公开不足，推进PPP项目和降费工作领域信息公开不完备，公共资源配置信息公开因政策落实原因总体较差，教育领域信息公开仍需要加强。

八　政府信息公开年度报告

政府信息公开年度报告的评估内容主要包括栏目设置、内容全面性、公布及时性以及形式新颖性四个方面（见表10、表11）。

表10　2016年政府信息公开年度报告省直评估结果（总分：10分）

序号	部门	栏目设置（2分）	内容全面性（3分）	公布及时性（2分）	形式新颖性（3分）	总分（10分）
1	交通运输厅	2	3	2	3	10
2	畜牧兽医局	2	3	2	3	10
3	林业厅	2	3	2	3	10
4	发改委	2	3	2	3	10
5	国资委	2	3	2	3	10
6	科技厅	2	3	2	3	10
7	工商局	2	3	2	3	10

续表

序号	部门	栏目设置（2分）	内容全面性（3分）	公布及时性（2分）	形式新颖性（3分）	总分（10分）
8	商务厅	2	3	2	3	10
9	新闻出版广电局	2	3	2	3	10
10	文化厅	2	3	2	3	10
11	粮食局	2	3	2	3	10
12	食药监局	2	3	2	3	10
13	外办	2	3	2	3	10
14	民政厅	2	3	2	3	10
15	卫计委	2	3	2	3	10
16	农垦局	2	3	2	3	10
17	物价局	2	3	2	3	10
18	民委	2	3	2	3	10
19	体育局	2	3	2	3	10
20	统计局	2	3	2	3	10
21	法制办	2	2.5	2	3	9.5
22	森工总局	2	2.5	2	3	9.5
23	人社厅	0	3	2	3	8
24	环保厅	0	2.5	2	3	7.5
25	地税局	2	3	2	0	7
26	教育厅	2	3	2	0	7
27	公安厅	2	3	2	0	7
28	安监局	2	2.6	2	0	6.6
29	质监局	2	2.5	2	0	6.5
30	金融办	2	2.5	2	0	6.5
31	财政厅	2	2.5	2	0	6.5
32	监狱管理局	2	2.5	2	0	6.5
33	国土资源厅	2	2.1	2	0	6.1
34	旅游局	2	2.1	2	0	6.1
35	知识产权局	2	0.6	2	0	4.6
36	司法厅	0	3	0	0	3
37	农委	2	0	0	0	2
38	审计厅	2	0	0	0	2
39	工信委	0	0	0	0	0
40	住建厅	0	0	0	0	0
41	水利厅	0	0	0	0	0
42	供销社	0	0	0	0	0
43	档案局	0	0	0	0	0
44	扶贫办	0	0	0	0	0
45	人防办	0	0	0	0	0
46	信访局	0	0	0	0	0

表 11　2016 年政府信息公开年度报告市（地）评估结果（总分：8 分）

序号	部门	栏目设置（2 分）	内容全面性（2 分）	公布及时性（2 分）	形式新颖性（2 分）	总分（8 分）
1	大庆市	2	2	2	2	8
2	佳木斯市	2	2	2	2	8
3	伊春市	2	2	2	2	8
4	大兴安岭地区	2	2	2	2	8
5	黑河市	2	2	2	2	8
6	牡丹江市	2	2	2	2	8
7	鸡西市	2	2	2	2	8
8	七台河市	2	2	2	2	8
9	哈尔滨市	2	1.7	2	2	7.7
10	绥化市	2	1.7	2	2	7.7
11	双鸭山市	2	2	2	0	6
12	鹤岗市	2	2	0	2	6
13	齐齐哈尔市	2	1.2	2	0	5.2

（一）政府信息公开年度报告取得的成效

1. 年度报告的公布率较高

36 个省直部门公布了 2015 年政府信息公开年度报告，公布率为 78.3%；13 个市（地）均公布了政府信息公开年度报告，公布率为 100%。

2. 年度报告公布的及时性较高

在 36 个已公布政府信息公开年度报告的省直部门中，只有司法厅公布不及时，35 个部门公布及时，公布及时占比为 76%；13 个市（地）只有鹤岗市公布不及时，公布及时率为 92.3%。

（二）政府信息公开年度报告存在的问题

1. 年度报告形式不新颖

政府信息公开年度报告不仅要求内容规范，也要求形式新颖。测评结果显示，在 36 个已公布政府信息公开年度报告的省直部门中，有 12 个未配有图表。在13个市（地）中，双鸭山市和齐齐哈尔市政府信息公开年度报告未配有图表。

2. 年度报告栏目设置情况不佳

测评结果显示，省直明显弱于市（地），13个市（地）均有栏目设置。46个省直部门中，有11个部门未设置政府信息公开年度报告栏目，未设置比例为23.9%。在35个设置栏目的部门中，有2个部门只有栏目设置，栏目中无内容，出现“空壳”现象。

3. 年度报告内容不全面

按照《中华人民共和国政府信息公开条例》规定，政府信息公开年度报告应包括“政府信息公开制度建设情况”“政府信息公开机构建设情况”“政府信息公开人员经费投入情况”“主动公开数据情况”“因政府信息公开被诉情况”“依申请公开数据”“问题与对策”七个部分。在36个已公布2015年政府信息公开年度报告的省直部门中，有1个省直部门未公布政府信息公开制度建设情况，1个省直部门未公布政府信息公开机构建设情况，10个省直部门未公布政府信息公开人员经费投入情况，1个省直部门未公布主动公开数据的情况，4个省直部门未公布因政府信息公开被投诉情况。

九　依申请公开及其引发争议处理情况

自2016年10月19日起，项目组成员陆续以个人名义，采取电子邮件和信函等方式向46个省直部门、13个市（地）提出政府信息公开申请，共发出65份电子邮件和信函，其中向省直部门提出52份申请（16份信函方式、36份电子邮件形式）；向市（地）提出13份申请（7份信函方式、6份电子邮件形式）。根据评估对象对依申请公开答复的情况，项目评估组对依申请公开指南、渠道畅通性、答复情况、依申请公开引发的争议和依申请公开专人负责等方面进行了全面的测评（见表12、表13）。

表 12　2016 年依申请公开省直评估结果（总分：15 分）

序号	部门	栏目设置（1 分）	依申请公开指南（2 分）	受理平台设置（3 分）	渠道畅通性（2 分）	答复情况（3 分）	依申请公开引发争议情况（2 分）	依申请公开专人负责（2 分）	总分（15 分）
1	交通运输厅	1	2	3	2	3	2	2	15
2	法制办	1	2	3	2	3	2	2	15
3	地税局	1	2	3	2	3	2	2	15
4	环保厅	1	2	3	2	3	2	2	15
5	畜牧兽医局	1	2	3	2	3	2	2	15
6	发改委	1	2	3	2	3	2	2	15
7	国资委	1	2	3	2	3	2	2	15
8	科技厅	1	2	3	2	3	2	2	15
9	工商局	1	2	3	2	3	2	2	15
10	商务厅	1	2	3	2	3	2	2	15
11	新闻出版广电局	1	2	3	2	3	2	2	15
12	文化厅	1	2	3	2	3	2	2	15
13	粮食局	1	2	3	2	3	2	2	15
14	外办	1	2	3	2	3	2	2	15
15	民政厅	1	2	3	2	3	2	2	15
16	工信委	1	2	3	2	3	2	2	15
17	物价局	1	2	3	2	3	2	2	15
18	民委	1	2	3	2	3	2	2	15
19	知识产权局	1	2	3	2	3	2	2	15
20	供销社	1	2	3	2	3	2	2	15
21	扶贫办	1	2	3	2	3	2	2	15
22	教育厅	1	1. 8	3	2	3	2	2	14. 8
23	农委	1	1. 8	3	2	3	2	2	14. 8
24	财政厅	1	1. 8	3	2	3	2	2	14. 8
25	监狱管理局	1	1. 8	3	2	3	2	2	14. 8
26	质监局	1	1. 55	3	2	3	2	2	14. 55
27	公安厅	1	1. 4	3	2	3	2	2	14. 4
28	人社厅	1	2	3	2	3	1. 3	2	14. 3
29	农垦局	1	2	3	2	3	1. 2	2	14. 2
30	金融办	0	2	3	2	3	2	2	14
31	体育局	0	2	3	2	3	2	2	14
32	旅游局	0	2	3	2	3	2	2	14

续表

序号	部门	栏目设置（1分）	依申请公开指南（2分）	受理平台设置（3分）	渠道畅通性（2分）	答复情况（3分）	依申请公开引发争议情况（2分）	依申请公开专人负责（2分）	总分（15分）
33	审计厅	0	2	3	2	3	2	2	14
34	人防办	0	2	3	2	3	2	2	14
35	统计局	1	2	2.75	2	2	2	2	13.75
36	司法厅	1	0.6	3	2	3	2	2	13.6
37	安监局	0	1.55	3	2	3	2	2	13.55
38	国土资源厅	1	2	3	2	3	0.5	2	13.5
39	卫计委	1	2	3	2	3	0.5	2	13.5
40	住建厅	0	1.5	3	2	3	1.3	2	12.8
41	水利厅	0	0.6	3	2	3	2	2	12.6
42	信访局	0	0.6	3	2	3	2	2	12.6
43	森工总局	1	2	3	2	0	2	2	12
44	食药监局	0	0.6	3	2	3	1.3	2	11.9
45	林业厅	1	1.4	3	2	3	2	2	14.4
46	档案局	0	0	2	1.2	3	2	2	10.2

表13　2016年依申请公开市（地）评估结果（总分：12分）

序号	部门	栏目设置（1分）	依申请公开指南（2分）	受理平台设置（2分）	渠道畅通性（2分）	答复情况（2分）	依申请公开引发争议情况（2分）	依申请公开专人负责（1分）	总分（12分）
1	大庆市	1	2	2	2	2	2	1	12
2	佳木斯市	1	2	2	2	2	2	1	12
3	伊春市	1	2	2	2	2	2	1	12
4	齐齐哈尔市	1	2	2	2	2	2	1	12
5	大兴安岭地区	1	2	2	2	2	2	1	12
6	鸡西市	1	1.6	2	2	2	2	1	11.6
7	牡丹江市	1	2	2	2	2	1.3	1	11.3
8	黑河市	1	0.9	2	2	2	2	1	10.9
9	哈尔滨市	1	1.5	2	2	2	0.5	1	10
10	双鸭山市	1	1.8	1.8	2	0	2	1	9.6
11	七台河市	1	1.6	2	2	0	2	1	9.6
12	鹤岗市	1	1.1	1.6	2	0	2	1	8.7
13	绥化市	1	0.6	1.8	2	0	2	1	8.4

（一）依申请公开及其引发争议处理情况取得的成效

1. 依申请公开专人负责落实到位

项目组通过对“政府网站—工作机构”信息公开的情况进行测评，46个省直部门及13个市（地）均公布了依申请公开负责人和机构的信息。

2. 依申请公开渠道畅通

评估组以信函和电子邮件的方式提出依申请公开的及时受理情况总体很好。通过电子邮件向省直部门发出36份依申请公开的申请，只有档案局没有设置网上受理平台，其他35个部门均收到及时受理的反馈信息；以信函方式提出的16份申请，均及时收到受理反馈信息；向13个市（地）发出6份电子邮件和7份以信函方式提出的申请，均收到及时受理反馈信息。

3. 依申请公开的答复比较规范

依申请公开答复的规范性主要是通过对“答复时效”“答复内容是否规范、准确”指标进行测评。测评结果显示，依申请公开答复的规范性较强。“答复时效”方面的测评显示，46个省直部门中，除省森工总局无答复情况、省统计局答复超时外，44个省直部门回复及时，及时答复率为95.7%；在13个市（地）中，除双鸭山市、绥化市、鹤岗市、七台河市外均回复及时，及时答复率为69.2%。“答复内容是否规范、准确”方面的测评显示，46个省直部门中除省森工总局和省统计局外44个部门答复内容规范、准确，占总数的95.6%；13个市（地）部门中除双鸭山市、绥化市、鹤岗市、七台河市外，9个市（地）答复内容规范、准确，占总数的69.2%。

4. 依申请公开受理平台设置有显著提升

测评结果显示，该项设置情况良好，46个省直部门中有2个部门存在网上受理未及时反馈现象，反馈率为95.7%；13个市（地）中有3个市（地）存在网上受理未及时反馈现象，反馈率为76.9%。2014年评估显示，47个省直部门，有11个部门未设置或提供依申请公开网上受理平台，反馈率为76.6%；13个市（地）中5个市（地）未设置或提供依申请公开网上受理平台，反馈率为61.5%。同比2015年依申请受理平台设置有显著提升。

（二）依申请公开及其引发争议处理情况存在的问题

1. 依申请公开指南信息不完备

省直46个部门中有13个部门依申请公开指南内容不完备，占总数的28.3%；13个市（地）中没有得满分的有7个部门，占总数的53.8%。存在的主要问题集中在“申请条件说明”、“申请范围说明”、“申请方式说明”及“申请流程说明”信息不够完备。

2. 依申请栏目设置不完备

46个省直部门中有11个部门未设置依申请栏目，占总数的23.9%；13个市（地）均有该项设置。

十　对策建议

1. 加快推进政府信息公开标准化建设

为满足社会公众对政府信息公开需求不断增长的趋势，黑龙江省应以标准化建设为重点，规范和推动黑龙江省政府信息公开工作。一是建立信息公开目录标准化。以国务院办公厅下发的《政府信息公开目录系统实施指引（试行）》为依据，结合黑龙江省政府信息公开的实际工作，编制政府信息公开的主题类目表和机构类目表等，规范类目名称及类目设置，制定省直部门和市（地）信息公开目录标准。目录建立应按照统一的标准进行分类，建立索引编码，对同类信息采用相同术语，避免由标准不同给公众信息查询带来困难。二是信息公开格式内容标准化。依据《中华人民共和国政府信息公开条例》对公开的范围、公开的方式和程序、监督和保障等内容要求，黑龙江省统一规范信息公开指南、规范性文件、年度报告等项目的格式和内容。

2. 增强政府网站的“亲民性”

推进政府门户网站信息传播，使政府信息成为公众生活的一部分。一是政府要更加注重公开与社会公众相关性更高的信息内容。如可以增加民生、行政收费、环境保护等方面的信息比重，从而使政府信息更加“接地气”。二是政府要拓宽与公众的互动渠道。政府不仅要提高在门户网站互动问答中的效率和质量，还应拓宽渠道，通过微博、微信公众平台等新媒体渠道与社会公众进行互动。三是树立“以公众为中心”的服务理念，认真对待公众的意见和建议，对于公众所提出的意见和建议，要有专人予以及时反馈。

3. 加强网站信息技术建设

一是对政府门户网站进行技术升级，加大硬件建设力度，特别是要升级网络服务器功能，确保网站有效运行。二是增加网站维护经费，定期进行信息技术检查与更新，避免页面错误、网站响应慢等问题，为公众获取信息提供最大的便利。三是优化页面设计，使门户网站的设计更具风格、更具特色。四是制定统一的网站模板。将各类信息和功能的具体名称及其在网站中的大致位置统一要求，从而更方便公众查找信息。

B.4

黑龙江省网络舆情治理对策研究

汤 辉*

摘 要： 网络舆情作为社会舆论的一个重要组成部分，日益成为政府治理的一个重要对象。黑龙江省作为一个在全国各省市发展水平处于中等的省份，接触网络舆情的时间比较晚，网络舆情的治理经验不足。本文分析了黑龙江省网络舆情治理所经历的三个过程、当前黑龙江省网络舆情治理存在的现状及不足，并结合黑龙江省情对现状背后的原因进行了分析，最后结合网络舆情的发展规律和黑龙江省情，在处置预案、治理制度、治理技术等方面为黑龙江省网络舆情治理提出相应的对策。

关键词： 黑龙江 网络舆情 治理制度

党的十八大以来，习近平总书记在网络安全和信息化工作座谈会、全国宣传工作会议等重要会议上多次提到网络舆情工作。在 2018 年 4 月召开的全国网络安全和信息化工作会议上，习近平总书记发表重要讲话时强调："要提高网络综合治理能力，形成党委领导、政府管理、企业履责、社会监督、网民自律的综合治理格局。"网络舆情越来越受到党和政府的重视，采取适当的治理策略来应对网络舆情已成为社会各界的共识。

---

* 汤辉，硕士，黑龙江省社会科学院政治学研究所，助理研究员，研究方向为互联网治理。

一 黑龙江网络舆情的主要特点

（一）网络舆情的内涵及其产生条件

“舆情”是一个现代社会中常使用的术语，根据角度的不同，定义也有多种。本文研究的舆情是指公众关于现实社会以及社会中的各种现象、问题所表达的信念（Beliefs）、态度（Attitudes）及意见与（或）情绪表现（Presentation of Opinions and/or Sentiments）的总和。舆情是指，国家决策主体在决策活动中必然涉及的、关乎民众利益的民众生活（民情）、社会生产（民力）和民众中蕴含的知识、智力（民智）等社会客观情况，以及民众在认知、情感和意志基础上，对社会客观情况以及国家决策产生的主观社会政治态度。舆情是民众对政府决策和社会客观情况的态度反映，舆情在一定程度上能够对国家治理、社会稳定和发展产生重要影响，是一件必须要重视的“大事情”。舆情的重要性体现在两个方面。一方面，通过舆情可以了解民众对国家管理者及其决策行为的评价、认同倾向，而民众对国家管理者地位和作用的认可、认同和接受等则关系到国家政权稳固、经济发展和社会稳定，也关系到国家安全和国际声望；另一方面，掌握和了解舆情也是国家管理者对民众的管理责任、服务人民的义务。随着经济社会的发展和国家治理水平的提高，舆情在国家治理中的作用也愈发重要。

随着互联网普及率的不断攀升，“舆情”与“网络”的关系也愈发紧密。根据人民网舆情监测室发布的2017年上半年舆情分析报告，“微博、微信、知乎等社交媒体依然是舆情发生的主要信息源及舆情发酵关键渠道”。此外，互联网去中心化的特点使信源发生了颠覆性的改变，影响了舆情的生成和发展。同时，移动互联网时代的悄然来临也带来了网络舆情环境的新变化——移动传播的快速、全媒体和互动性凸显，“十亿量级”的全民围观时代到来。在这样一个传媒新时代，网络舆情已经引起党和政府的高度重视。结合互联网的作用并结合舆情的定义阐释，网络舆情的定义也愈加清晰。

“网络舆情是指在一定的社会空间内，通过网络围绕中介性社会事件的发生、发展和变化，民众对公共问题和社会管理者产生和持有的社会政治态度、信念和价值观。”在信息技术和新媒体高速发展的社会转型期，各种利益诉求并未消减，互联网仍然是中国社会最大的舆论出口。互联网的发展使网络舆情与传统舆情相比来源更为复杂、参与者更加广泛，网络舆情的影响范围和影响力都有逐渐扩大的趋势。分析网络舆情的定义及其发展过程，其产生的条件主要有两个。

（1）诱发因素。通过对以往的网络舆情事件进行分析得知，网络舆情的诱发因素可以归纳为两种：公共事件（客观事实）和虚假信息（不良信息）。其一，公共事件能成为网络舆情的诱发因素主要是自媒体的发展及信息技术的快速普及。自媒体的发展拓宽了传统的信息传播渠道，公共事件不再像以往在小范围内缓慢传播，而是借助自媒体像病毒一样在全球快速蔓延。信息技术的快速普及比历史上历次变革都更加开阔了普通民众的视野，并使得他们有机会在网络上发表对某件公共事件的看法，以此来表达他们的主观社会政治态度。此外，经过 40 年的改革开放，中国的经济社会的发展已经达到一个新高度，促进普通民众比以往更加关心公共事件。其二，虚假信息能成为网络舆情的诱发因素主要是因为信息在传播和接收的过程中存在信息不对称、信息鸿沟等信息获取不平等的现象，导致一部分缺乏相应的信息支持的普通民众辨别能力差。而且虚假信息有一个重要的特征就是与普通民众的利益相关或者以后这种事情有可能发生在普通民众自己身上。虚假信息加剧了公众的焦虑，会诱导参与者发出非理性的声音。此外，法国著名社会心理学家古斯塔夫·勒庞在其代表作《乌合之众：大众心理研究》中指出：每个人都有一种从众心理，坏的情绪可以互相影响。虚假信息一旦在网络上出现就会引起快速传播，成为引起网络舆情的导火索之一。

（2）物理传播网络和设备。信息技术的快速发展和网络通信的普及为网络舆情的产生提供了物理条件。根据 2018 年发布的第 41 次《中国互联网络发展状况统计报告》提供的数据：“截至 2017 年 12 月，我国网民规模达到7.72亿，互联网普及率为55.8%；中国网站总数达到553万个。”此外，手机网民占网民总数的97.5%，移动互联网已成为网络主流。截止到2017年12月中国手机网民达到7.535亿，较2016年底增加5734万人。新增网民的发展趋势——向两极发展，19岁以下和40岁以上的网民占新增网民的大多数，[①] 按照这种发展势头，网民将成为一个覆盖全国各个年龄段的最庞大的群体。快捷的通信网络加上庞大的网民数量使很多社会话题、事件和虚假信息迅速在网络空间蔓延，最终形成社会反响强烈的网络舆情。

（二）目前黑龙江网络舆情的主要特点

黑龙江省网络舆情主要包括以下两种情形：一是该网络舆情的发生地点在黑龙江境内或者与黑龙江地区具有重要关联性；二是该网络舆情对黑龙江地区的经济社会发展、社会稳定、对外声誉、公共秩序等有重要影响。分析2015～2017年公开的黑龙江省网络舆情数据，可以发现黑龙江省网络舆情除具有突发性、交互性、随意性、多元性、偏差性等基本特点外，还具有以下几个明显的特征。

（1）网络舆情数量呈现逐年增加的趋势。2015年黑龙江省网络舆情才真正开始引起公众的注意。黑龙江省每年都有重大的网络舆情发生，网络舆情逐渐成为黑龙江省地方治理的一个重要对象。2017年，黑龙江网络舆情在全国的排名有较大的改观。但是黑龙江省网络舆情的数量没有减少，依然呈现上升的趋势。2018年受到“毛振华事件”的影响，“赵家大院事件”“强制消费事件”等负面网络舆情陡然增多。

（2）网络舆情主要集中在公共管理领域。与全国网络舆情的诉求多样化相比，黑龙江省网络舆情的诉求比较单一且问题主要集中在公共管理和行政管理方面。“哈尔滨天价鱼事件”“赵家大院事件”“强制消费事件”等

① 第41次《中国互联网络发展状况统计报告》，http：//www.cnnic.net.cn/hlwfzyj/hlwxzbg/hlwtjbg/201803/P020180305409870339136.pdf。

消费者维权事件属于行政管理类，“哈尔滨大火事件”属于公共安全管理，“毛振华事件”“黑龙江严查学校暑假乱补课”则属于行政管理类事件，“大庆大学生被骗贷款”属于公共管理领域事件。

（3）负面网络舆情消减，正面网络舆情增加。网络舆情作为一种新生事物，将会随着互联网的发展而一直存在。网络舆情按照宣传作用可以分为正面网络舆情和负面网络舆情。随着互联网的管理日益完善和网信工作的深入推进，黑龙江省的负面网络舆情得到控制，正面网络舆情也在日益增多。新华网舆情中心的数据显示，2017 年尚志抗洪救灾、黑龙江省严查暑期乱补课、高考生免费壮游龙江等正面舆情事件逐步成长为黑龙江省的网络舆情热点。

二　黑龙江省网络舆情治理取得的成就

网络舆情在黑龙江省算得上是一种新生事物，黑龙江省与东南沿海地区相比接触网络舆情的时间较短，处置网络舆情的经验也不足。面对新事物，通过不断摸索，在经历“哈尔滨天价鱼”“庆安枪击事件”等网络舆情事件的洗礼之后，黑龙江省在网络舆情治理方面丰富了经验，掌握了相关的网络舆情治理技巧。黑龙江省网络舆情治理取得了一定成就。

（一）主体意识提升

在经历“哈尔滨天价鱼事件”“庆安枪击事件”“雪乡宰客事件”等网络舆情的冲击之后，全省网络舆情治理相关部门加强了对网络舆情治理的研究。各级政府不断重视网络舆情，坚决规避鸵鸟心态、“绝缘体”方式，组织相关人员学习网络舆情及其治理知识，对网络舆情治理的思想认识有大幅度提升，对网络舆情的治理观念产生全新认识。各级党委政府基本掌握了网络舆情治理的规律和方法，主体意识明显提升。网络舆情治理中存在的推诿、不作为等消极应对行为明显减少。以 2018 年发生的“毛振华事件”为例，上至省政府，下至管委会，事件一经爆出，各涉事主体主动作为，积极配合省政府调查组的工作，为黑龙江省挽回了声誉，打破了社会上部分不良团体、个人“唱衰龙江”的企图。

（二）应对能力提升

黑龙江省网络舆情治理能力得到明显提高，实现了从鸵鸟心态、被动回应到积极应对的明显转变。从“庆安枪击事件”时面对网络舆情的无所适从、消极应对，到“毛振华事件”时及时妥当地出台各种应对举措，黑龙江省各级政府的网络舆情应对能力从弱到强，实现了大幅度提升。尤其是面对 2018 年“雪乡宰客事件”时，多部门能快速联动，主动传达官方声音，及时采取补救措施，平息网络质疑和网民的愤怒。在极短暂的时间内，减轻了因搭乘“毛振华事件”而备受全国关注的宰客事件对黑龙江省旅游业的影响。不断涌现的多样化、专业化的网络舆情治理手段，有力地见证了黑龙江网络舆情治理应对能力的提升。

（三）正面引导提升

很长一段时间，黑龙江省经常因负面网络舆情而引起全国公众的关注。通过各级党委和政府的努力，黑龙江省网络舆情的负面效应得到了有效遏制。现在，正面网络舆情也日益走向网络舆论的中央。“尚志救灾”“哈尔滨雪博会”等正面网络舆情开始向国内外传播黑龙江省的正能量。齐齐哈尔“首届民俗庙会暨踏青节”、大兴安岭“点赞兴安·八个十佳”等正面内容吸引亿万群众点赞。发生在 2017 年的“尚志救灾”是网络舆情治理正面引导的一个典范。尚志水灾过后，有关单位和部门及时召开新闻发布会，专题跟踪报道救灾情况。在网络上首先营造出一股体现黑龙江正能量的网络舆情，带动人民网、新华网、凤凰网等主流网络媒体对该事件进行公开正面的报道。针对网络上有人对伤亡人数的质疑，及时公布相关的调查数据进行释疑解惑，非常及时地引导网络舆论向正面发展。“尚志救灾”是一次非常成功的网络舆情治理案例，塑造了勤政爱民的黑龙江省政府形象，提高了政府的公信力。

三　黑龙江省网络舆情治理存在的问题

分析最近两年黑龙江省网络舆情，不难发现黑龙江省在网络舆情治理这个“新生事物”上尚存在以下问题。

（一）处置网络舆情的经验不足

网络舆情的产生需要一些客观因素，国内东南沿海经济社会较发达地区最早具备了这些条件。网络舆情首先出现在经济社会发达的东南沿海地带，经过十几年的经验探索，东南沿海发达地区基本摸清了网络舆情发生和消退的规律，基本掌握了网络舆情治理的方法策略。而反观黑龙江省的情况，黑龙江省网络舆情真正被全国关注是在 2015 年。黑龙江省对网络舆情的接触时间短、对网络舆情的处置次数少等客观因素，使黑龙江省在网络舆情治理方面处于一个新手的位置。特别是基层政府在网络舆情处置方面存在诸多问题，面对突然发生在自己管辖范围内的网络舆情这种新生事物，大部分基层政府缺少网络舆情的治理经验，不能采取合理、科学的措施来加以应对。这种现象在“庆安枪击事件”“哈尔滨天价鱼事件”中表现得尤为突出。

（二）对网络舆情的重视程度不足、敏感度低

网络舆情在黑龙江省出现的次数较少，出现的时间也比较晚，对广大基层政府部门和工作人员来讲网络舆情还是一件新鲜事物。网络舆情是一把双刃剑，处理得当会为黑龙江省树立良好的形象，处理不好会影响黑龙江省在全国民众心中的形象。对待网络舆情不但需要上级政府的重视，而且更加需要基层工作人员对网络舆情的高度重视，任何时候都不可随意、随性处置。在“哈尔滨天价鱼事件”的网络舆情处置中，在媒体曝光之后，政府相关部门的工作人员对待这件事情不够重视，面对媒体的疑问没有及时发布相应的处置结果，对消费者的合法权益维护力度不足，直接导致事件的升级。此后经中央媒体的调查和披露之后，黑龙江省相关部门才对此给予足够的重

视，该网络舆情才得以平息。为避免日后网络舆情为黑龙江省相关的工作带来被动，这就要求相关部门必须提高对网络舆情的重视程度和敏感度。

（三）新媒体时代政府治理思维有待转变

网络舆情可以看作新媒体时代政府治理在网络舆论方面的一个新的挑战。新媒体（包括 BBS、微信、微博、贴吧等网络传播平台）在全国范围的快速发展一定程度上促成了网络舆情的发展壮大。现在黑龙江省许多地方的政府管理部门及其工作人员对于政府治理的理解还没有跟上时代的发展。对于很多负面的网络舆情的处置仍然保持“家丑不可外扬”“哪儿漏水堵哪”“不明真相的群众”等旧思维，遇到网络舆情这种新事物可能就出现了处置不灵的问题。在黑龙江省以往的网络舆情事件中，政府发布信息抓不住网民关切的重点，忽视网络上民众对事件真相的追寻，最终导致网络舆情朝更加不可控的方向发展，扩大了网络舆情的负面影响。在网络舆情治理工作中，还暴露出网络舆情治理中正向思维的不足，没有充分理解网络发展的内在逻辑、环境条件、变化特点等要素，没有精准把握互联网“平等、公开、包容、监督、互动、快速、主动”等内涵实质，缺乏互联网思维、工作模式的关键环节，导致黑龙江省在发展过程中存在的个案问题在互联网推动下，形成具有重大杀伤力的网络舆情事件。此外，黑龙江省缺少运用新媒体的思维技巧。新媒体接近普通民众，更容易被普通民众接受。对于一些能弘扬龙江正能量的网络舆情，黑龙江省在网络舆情治理方面还需要充分发掘和利用新媒体的力量。

（四）缺乏网络舆情的处置标准和程序

网络舆情是一种比较特殊的政府治理对象，任由其发展对地方治理起到的负面作用远远大于其正面效应；如果对其处置不当，非但不能消除网络舆情，反而很可能加速甚至使网络舆情失控。对网络舆情进行治理，要把握特殊性与普遍性之间的联系。在掌握网络舆情发展消亡的科学规律的基础上，有必要制定一套适合大部分网络舆情的处置标准和程序。反观最近几年黑龙江省网络舆情处置的历史经验，可以清晰地看到当前黑龙江省网络舆情处置中缺少相应的处置标准和程序。一方面，很多网络舆情都是在中央知名媒体报道之后，甚至可以说是媒体倒逼着政府相关部门被动地采取措施处置相关的网络舆情。另一方面，通过分析公开报道的黑龙江省网络舆情可以看出，不同地方、不同部门对于网络舆情的处置可谓千差万别，对网络舆情的处置的效果也参差不齐。考虑到地区和部门差异，黑龙江省缺少一种有效的网络舆情处置标准和程序。

（五）网络舆情治理中部门协作有待加强

网络舆情治理不仅仅是网信、宣传部门的责任，网络舆情治理还是一项系统工程，特别需要涉事部门的参与和配合。网络舆情由网信、宣传部门发现，然后提供给涉事部门进行处理，最后又由网信、宣传部门进行宣传引导，进而平复网民情绪，化解网络舆情。当前政府主导的网络舆情工作模式还是一种被动反应的模式，还需要在体制机制、科研技术等方面强化主动意识，尤其许多网络舆情需要多部门联动，特别是“源头部门”要主动作为。但黑龙江省网络舆情治理中涉事主体部门不主动、相关部门不愿动的问题依然存在。分析过往黑龙江省发生的网络舆情事件，可以发现一个共同点，就是面对紧急网络舆情的诉求，相关涉事部门暴露出媒介素养缺失的短板，一般都不会在第一时间采取措施来应对网络舆情，多数是在宣传和网信部门发现网络舆情之后，通过正式通知才会勉强采取措施应对，往往错过网络舆情治理黄金时间，造成次生、衍生舆情叠加，2018 年发生的“强制消费事件”就是一个鲜活的例子。该事件的解决方式是强制游客消费事件引起新华社等权威媒体的关注和广泛报道，国家旅游局责成黑龙江旅游委进行调查处理。该网络舆情首先得到网信、宣传部门的注意，该信息也被报送到政府。但很遗憾的是没有部门负责协调旅游管理部门进行处理，黑龙江旅游委被动地处置该事件，严重损害了黑龙江省一直以来在旅游业方面的正面形象，与黑龙江省委、省政府打造旅游强省建设背道而驰。

（六）鸵鸟策略依然存在

网络舆情治理的鸵鸟策略是面对波涛汹涌的网络舆情，相关部门不敢正视，基本不采取有效措施，任凭网络舆情蔓延，依靠时间来淡化网络舆情。在2016年的“哈尔滨天价鱼事件”、2015年的“哈尔滨大火事故”和“庆安枪击事件”等网络舆情治理中黑龙江省相关部门均存在鸵鸟策略的痕迹。对这些事件的处置所采取的共同做法就是面对媒体和网民的质疑，不予正面回应，导致网络舆情反弹；或者是在权威媒体介入后再回应公众质疑，依靠时间的流逝使民众淡忘相关网络舆情。这几起网络舆情事件比较典型，而“庆安枪击事件”尤为典型，该事件一发生就经各种通信方式在各个网络平台上形成了参与人数众多、社会关注度极高的网络舆情。网民对该事件的质疑声不断，各种猜测和小道消息满天飞，一直发展到质疑当地政府的公信力，对当地政府的调查表示各种不满，甚至一些大的门户网站和权威媒体都发文追寻这件事情的真相。例如，腾讯网在《庆安枪击事件，别再捂下去》文中表示对事件的质疑，要求公开调查该事件。而新华网则发出《真相别总靠“倒逼”》一文，呼吁：“既然事发在众目睽睽之下，现场也有监控录像，不妨公开完整的视频，邀请更权威中立的部门参与调查，以此赢获公信力。认真负责的调查，及时主动的公开，是对突发事件最好的应对。掌握了更多传播主动权的公众，需要更多真相，而且真相不能总靠‘倒逼’。”此外，针对该网络舆情中大家比较关心的问题，一些媒体对政府的行为提出了质疑，比如《新京报》，其非常关注该事件，并在初期就发表了评论——《车站枪击案，究竟有无安检“截访”》，该文章不仅关注枪击本身，也非常关心该事件中社会公众关心的另一个问题——当地政府是否存在截访、阻塞其诉求表达。而另外一些网站，如凤凰网和红网，则对于警察枪击的必要性及合理性发出质疑，它们认为徐纯合后来的做法已经涉嫌袭警，民警可以采取强制措施，但对是否有必要一枪毙命提出质疑。再有，对未调查清楚之前，当地政府就与其家人达成赔偿协议，是否存在用钱封口的嫌疑。此外，财经发表评论——《庆安枪案，被维稳压倒的真相》，对为维稳而忽视事件真相、忽视鲜活的生命表示质疑。针对这些主流媒体的质疑和汹涌澎湃的网络舆情，当地政府却没有能够在第一时间对网民和社会的关注进行回应，没有做出迅速平息舆情的措施，网络舆情的主动权完全丧失。直到央视、新华社等权威媒体公布相关视频，网络舆情才趋于平息，以至于事后《人民日报》人民时评发表的《庆安枪案一波三折谁该反思》一文指出："这本是一次正当履行职务行为，却演变成一波三折的舆论事件，如果当地政府在应对舆论时能够处理得当，或许就能避免无谓的'次生灾害'。""庆安枪击事件"虽然已经过去，但是鸵鸟策略在黑龙江省网络舆情治理中仍然存在。

（七）治理主体主动性不足

黑龙江省网络舆情治理存在的一个突出问题就是治理主体的主动性不足，特别是涉事部门的主动性更有待提高。这个问题在"哈尔滨天价鱼事件"中表现得非常明显。该事件在网络上一经曝出，哈尔滨有关部门就迅速给出了所谓的"结论"。该"结论"并没有让爆料者信服，更没有平息网民的质疑，反而引起网络舆情的聚集和传统媒体的介入。在网络和媒体的压力之下，相关部门重新开启调查，回应网络舆情中相关问题，最后对相关涉事饭店、责任人予以惩处，该波网络舆情才算得到缓解。整个网络舆情的应对过程都是被动的，一直跟着网络舆论和传统媒体的追问往下走，没有掌握网络舆情和社会舆论的主动权，该事件给城市形象和政府的公信力带来了伤害。该事件过后，网络舆情治理主体主动性不足的问题虽然得到了重视，但是2018年发生的"赵家大院事件"再一次表明这个问题仍需要采取进一步措施来加以解决。

四 提升黑龙江省网络舆情治理能力的路径

网络舆情是社情民意的集中反映，也是检验政府公共服务能力的有效工具。在推进国家治理体系和治理能力现代化的背景下，网络舆情作为一种新的政府治理对象，需要各级政府及网络舆情治理的相关部门研究和摸索其发展规律，并针对其特点制定相应的对策。目前全国各地对网络舆情的治理还处于摸索阶段，还没有放任全国各地都适用的一套完善的治理对策。为更好地应对网络舆情，服务龙江经济社会的发展，本节在借鉴全国其他地区网络舆情处置的相关经验的基础上，针对黑龙江省网络舆情的特点提出相应的网络舆情治理对策。

（一）制定网络舆情处置预案

对网络舆情要勇于面对，不逃避不回避。黑龙江省现在面临的网络舆情问题可以归结为发展中的问题，很多类型的网络舆情在东南沿海省份早就出现过，这些网络舆情是黑龙江经济社会发展到一定程度必然会出现的。借鉴外省市成功处置网络舆情的经验，对网络舆情进行科学分类，根据不同的类别分别制定预处置方案。争取做到处置网络舆情时不盲目，有方案可参考。比如，在应对和处置重大负面网络舆情时，首先要根据其所属类型查找相应的处置预案，第一时间以正确的方式回应网络关切。这样不仅能提高处置网络舆情的反应速度和效率，而且有利于凝聚人心，重塑政府形象，提高政府公信力，从容处置相关问题。

（二）建立部门网络舆情处置协作机制

在新媒体时代，网络舆情的影响打破了空间地域限制。“好事不出门，坏事传千里”的效应会更加显现。为响应习总书记提出的“经常上网才能了解群众所思所愿，经常上网才能收集好想法好建议，经常上网才能及时了解网民之所想、之所盼，及时回应网民关切、解疑释惑”和提高网络综合治理能力，网络舆情的治理需要多部门联合应对。网络舆情治理不仅要求网信、宣传部门参与，更要求网络舆情涉事部门积极地配合网信、宣传部门采取行动。要建立网络舆情处置协作机制，形成一种网信、宣传部门主导，多部门参与的协作机制，提高网络舆情治理的效率，改善处置的效果。在协作机制中，网信部门作为网络舆情的监管部门，发现舆情要及时向上报告并通知相关涉事部门开展应对工作。涉事部门是应对和处置网络舆情的主体，必须积极主动，不能缺位，更不能无所作为，而应该在接到网信部门的相关通报之后，抓住处置应对的最佳时机，针对网络上的关切点，在网信部门的指导下拿出可行的行动方案，第一时间对网络舆情做出反应，采取恰当的措施化解网络舆情。宣传部门有引导舆论的义务，对于出现的网络舆情要及时解疑释惑，引导公众理性看待相关问题，时刻维护党和政府的形象。其他部门要配合网信部门、宣传部门的工作，及时介入，联合采取措施来落实政府的处置决定。

（三）提高应对网络舆情的能力

由于黑龙江省处于产业升级和社会的转型期，网络舆情在一个阶段将会呈现出一种增长的态势。网络舆情作为一把双刃剑，处置得当将会促进黑龙江省经济社会的发展，处置不当将会严重影响黑龙江的形象。这就要求黑龙江地区的政府工作人员要了解网络舆情的一般规律，每一名参与网络舆情处置的人员要谨言慎行，不随意发表一些未经许可的言论，在化解网络舆情的过程中要规范自己的言行，提高自身应对网络舆情的能力。不管网络舆情治理策略多么可行，最终还要人去执行。反观最近几年黑龙江省网络舆情的处置案例，可以发现黑龙江省相关网络舆情处置人员的应对网络舆情的能力并不尽如人意。为更好地开展网络舆情治理工作，黑龙江省可以采取 3 种措施来提高应对网络舆情的能力。一是结合网络舆情发展的科学规律和黑龙江省的省情，举办一些有针对性的网络舆情治理的基础知识讲座。具体可以采取当面聆听和网络学习相结合的形式。通过学习，提高工作人员自身处置网络舆情的能力，依靠人才素质的提升促进黑龙江省网络舆情治理水平的提高。二是与科研机构进行合作，建立网络舆情的双边工作机制。借助科研院所及智库的力量，及时掌握网络舆情的发展特点，预测黑龙江网络舆情的发展趋势。联合制定网络舆情的处置预案，做到有的放矢，提高网络舆情治理效果。三是引进网络舆情治理的人才，完善网络舆情监管体系。人才是干事业的核心，引进网络舆情治理的人才，完善地市一级的网络舆情监管体系。形成全方位、多层次的网络舆情监管体系，及时发现网络舆情，为其他部门治理网络舆情提供最佳的介入时机。

（四）制定网络舆情的处置标准和程序

当前黑龙江省网络舆情中出现处置的主体不规范、程序模糊、处置标准不统一等问题。由于对网络舆情治理没有一套相应的标准，很多部门和多数基层政府在网络舆情处置中甚至觉得无所适从、不知所措。网络舆情和舆情一样，大都产生于基层，对网络舆情的处置需要基层的努力。此外，对于网络舆情的应对能力也表现出省直（市）强于基层的问题。为规范和引导黑龙江省网络舆情治理工作，可以考虑制定一套合乎黑龙江省网络舆情特点的处置标准和程序。该网络舆情处置标准和程序要在网络舆情治理中处置主体、处置方式、处置程序、效果评价等方面做出相应规定。先把该处置标准和程序下发到各个单位，在运行一段时间后根据反馈情况对其进行修正。最终形成一套适合黑龙江省情和网络舆情发展规律的处置标准和程序。此外，可以吸取政府信息公开的一些先进做法，对参与网络舆情处置工作的单位和个人根据治理效果进行奖惩考核安排。制定网络舆情治理的奖惩措施，进一步约束那些面对网络舆情无动于衷，实施鸵鸟策略的单位和个人，调动网络舆情治理的主动性，进一步提升黑龙江省网络舆情的处理能力。

（五）创新黑龙江省网络舆情治理手段

网络舆情作为一种新的治理对象，要求黑龙江省在治理手段方面进行创新。不同类型的网络舆情其治理手段也不相同，但是无论哪种类型的网络舆情都可以按照其对政府治理的作用划分为两类：正面网络舆情和负面网络舆情。在网络舆情治理中，要创造条件利用好正面网络舆情，转化中性的网络舆情，降低负面网络舆情对黑龙江经济社会发展的影响。在以后的网络舆情治理中，要结合全国各地一些好的治理经验，探索在这两种不同的网络舆情治理上的新手段。

正面网络舆情治理方面。任何事物都可以分为两面，网络舆情同样具有这种性质。对于正面网络舆情，要宣传好、传播好。要利用传播龙江好声音，宣扬龙江正能量。黑龙江省在改革开放过程中，取得了辉煌的成绩。在地方治理过程中，有很多开创性的工作值得推广。在以后的治理工作中可以采取以下措施来治理正面网络舆情。首先，培养互联网思维，综合利用新媒体（包括BBS、微信、微博、贴吧等网络传播平台）和传统媒体。在各种网络平台上建立和健全公众号，发挥好政务微信、政务微博等政府信息发布平台的网络舆情正面引导作用。加强与有影响力的传统媒体和新媒体之间的联系，利用一切可以利用的宣传平台来传播龙江正能量。其次，积极回应正面网络舆情传播过程中公众及网民的关切，及时通过合适的方式进行答疑解惑。针对网络舆情传播过程中产生的对这些正面网络舆情的吐槽与恶搞，要及时进行制止和纠正，避免产生“破窗效应”，使正面网络舆情产生负面效应。再次，网络舆情治理要走人民路线，特别是正面网络舆情要深入百姓、发动群众参与。正面网络舆情是宣传龙江的正能量，公众是受益者或者利益相关者。多产生正面网络舆情就需要黑龙江省各级政府在政府决策时要立足于维护人民的利益，在决策过程中要多听取百姓呼声，事先模拟绝大多数民众对于将要实施的政府决策或者政府行为的态度，尽量做到科学决策。只有政府决策和政府行为被民众认可，网络上才会出现更多宣传黑龙江正能量的声音——正面网络舆情才会越来越强大。

负面网络舆情治理方面。负面网络舆情对政府的公信力、当地的社会秩序、政治经济社会发展等有重要影响，特别是处置不当会引起的一系列的负面影响。治理负面网络舆情需要了解该类网络舆情传播中极易产生的新问题。这些新问题主要包括：“刻板印象”和扶弱抗强的“罗宾汉情结”对网民的影响；“搭车效应”导致的连锁反应，问题复杂化；吐槽与恶搞等泛娱乐化的传播模式；网络炒作与水军；网络谣言和虚假信息传播所带来的问题。结合这些新问题，治理负面网络舆情要充分利用互联网的治国理政的辅助功能，采取科学严谨的措施来加以应对。首先，要及时回应民众（网民）的关切，稳定民众的情绪，不在民众（网民）失去理智的时刻盲目采取措施激化矛盾。在负面网络舆情治理中，政府的态度很重要，在负面网络舆情传播的第一时间政府需要采取合适的手段来获得网民的认可，这种认可将为下一步在核心层面解决网络舆情奠定基础。其次，甄别负面网络舆情中涉及问题的种类，分门别类采取合适的措施。对于反映政府治理过程中存在的问题及维护正当权益的负面网络舆情，政府要敢于直面问题和维护民众的合法权益，并在合适的时机以公开公正的方式解决问题。对于恶意炒作和调侃类型的负面网络舆情，相关部门要公开予以澄清，公布相关事实。对那些持续炒作网络水军、恶意炒作者要依据互联网管理的相关法规给予惩戒。对于造谣诽谤类的负面网络舆情要坚决予以查处，产生严重影响的要追究相关人员责任并责成其利用互联网等平台公开修复相关影响。对于其他出现的新型的负面网络舆情要查找相关案例、制定处置方案，然后根据网络舆情发展态势予以处置。

（六）抓住主要矛盾，重点关注网络舆情中的新阶层

网络舆情治理要抓住其主要矛盾，重点关注网络舆情中起主要作用的群体。通过研究全国的网络舆情可以发现一个新的共同阶层——网络舆情中的“新意见阶层”。所谓的“新意见阶层”主要是指那些关注新闻时事、在网上直抒胸臆的网民，其中包括草根、中产阶级、专家名人、明星、媒体人等群体，这些人是新意见阶层的主要组成部分。新意见阶层具有以下特点：“其一是年轻化；其二是草根群体话语权的崛起；其三是形成了‘职业共同体’的网络话语体系；其四是网络‘意见人士’从无所不谈的时政大 V 向专业型大 V 转型，在舆情事件中发挥着主导作用。”黑龙江省在网络舆情治理中应重点关注这个阶层，顺势强化管理机构，理顺管理体制，大力发展依法管网。结合新意见阶层的特点，尽快形成符合黑龙江省情的“政府主导、企业参与、网民自律”的网络综合治理体系，做好网络管理和舆论引导工作。

（七）借鉴国际互联网管理经验，完善黑龙江网络舆论空间法治化

在依法治国的大背景下，完善的法制体系是网络舆情治理的根本保障。

美国作为互联网的发源地，早在1995年就通过了《传播净化法案》，保护公民权益的同时加大对互联网行为的监管力度。法国于2006年通过《信息社会法案》，以立法的形式加强对互联网的“共同调控”。同样，发达国家如德国、韩国等也通过了一系列网络管理法规，维护公共社会秩序和国家信息安全。在2016年4月19日召开的网络安全和信息化工作座谈会上，习近平总书记指出：“要加快网络立法进程，完善依法监管措施，化解网络风险。”2018年4月在全国网络安全和信息化工作会议上，习近平总书记再次强调要强化网络综合治理能力。当前我国虽然在互联网管理方面的法律法规已初步建立，但是还远远称不上完善。在这种情况下，黑龙江省可以借鉴国外互联网立法的有益经验，在遵循国家互联网相关法律法规的前提下，在保障网民正常表达权、监督权的基础上，尽快制定体现黑龙江的特点、具有针对性和富有前瞻性的地方性网络管理法律法规，明确黑龙江地区各级政府网络舆情治理的任务边界、治理责任及治理行为。

四　总结与展望

黑龙江作为一个正在快速振兴的东北省份，在发展过程中出现一些新的问题也是事物发展的必经阶段。网络舆情就是这些新问题之一，其不可怕也不可避免。在网络舆情治理中，需要以发展的眼光来正确看待这个问题，只要黑龙江发展好了这个问题也就会迎刃而解。但是这并不意味着对网络舆情不采取任何措施，任其发展。我们仍然需要给予其足够的重视，科学地研究其发展规律。这是由以下原因决定的：一是网络舆情作为一种新的治理对象，对黑龙江治理手段和治理能力的现代化建设提出了新要求；二是黑龙江未来的发展也需要正面的网络舆论的支持。在此背景之下，本文对黑龙江省网络舆情的治理现状进行分析，剖析了黑龙江省网络舆情治理存在的问题，并提出黑龙江省网络舆情治理的相关对策，希望本文的研究能对黑龙江省的网络舆情治理有所裨益。

B.5
黑龙江省社会组织参与地方治理问题研究

李　峰*

摘　要： 党的十九大多次提及“国家治理体系和治理能力现代化”，并要求将其贯彻到社会主义现代化建设的每个阶段。同时在打造共建共治共享的社会治理格局中提出要加强社会治理制度建设，完善党委领导、政府负责、社会协同、公众参与、法治保障的社会治理体制，提高社会治理社会化的水平。近年来，黑龙江省社会组织稳步发展，遍布全省城乡各地，涉及政治、经济、社会、文化、生态以及生产生活的各个领域，形成了门类齐全、层次合理、覆盖广泛的社会组织格局。社会组织在促进黑龙江省经济发展、参与社会治理、供给公共服务、开展公益活动等方面都显示出越来越重要的价值和作用。社会组织在黑龙江省的稳步发展扩大了黑龙江地方治理主体，提供了治理资源，发挥了重要的治理作用。本文通过对黑龙江省社会组织现状的梳理考察，总结了黑龙江省社会组织经济治理、社会治理、政治治理、文化治理和生态治理的五个作用，分析了黑龙江省社会组织参与地方治理面临的问题并提出了对策。

关键词： 黑龙江省　社会组织　地方治理

* 李峰（1981～），男，黑龙江加格达奇人，吉林大学行政学院博士研究生，黑龙江省社会科学院政治学研究所副研究员，研究方向为社会组织理论与应用。

引言

社会组织主要指的是改革开放后，公民自发成立的，或者由政府支持成立的，不属于政府，也非企业，同时是具有一定公益性或者互异性的多种组织形式及其网络形态的总和。清华大学王名教授认为社会组织应该是在政府与企业之外，是向社会某个领域提供社会服务，并具有公益性、非营利性、自治性、志愿性等特点的组织机构。①

党的十九大多次提及“国家治理体系和治理能力现代化”，并将其贯彻到社会主义现代化建设的每个阶段。地方治理作为国家治理体系的重要内容在社会转型期同样面临着巨大的现代化压力。从治理主体的维度看，国家治理的主体不仅包括政府，更应该包括社会组织和企业，甚至公民个体。社会组织作为多元治理主体之一，在经济、政治、社会、文化、生态等诸多治理领域，发挥了巨大作用。因此，激发社会组织参与地方治理活力，发挥社会组织治理能力将成为推进国家治理体系和治理能力现代化的重要内容。近年来，黑龙江省社会组织稳步发展，遍布全省城乡各地，涉及政治、经济、社会、文化、生态以及生产生活的各个领域，形成了门类齐全、层次合理、覆盖广泛的社会组织格局。社会组织在促进黑龙江省经济发展、参与社会治理、供给公共服务、开展公益活动等方面都显示出越来越重要的价值和作用。黑龙江省正处于全面建成小康社会决胜阶段、全面振兴发展关键时期，新的形势为黑龙江省社会组织参与地方治理提供了新的机遇、创造了新的条件。社会组织在黑龙江省的稳步发展，扩大了黑龙江省地方治理主体范围，提供了治理资源，发挥了重要的治理作用。截至2016年12月，全省社会组织数量达16073家，涵盖商业、文化、环境、科技、教育、慈善、就业等众多领域。

① 王名：《社会组织概论》，中国社会出版社，2010，第8页。

一　黑龙江省社会组织发展现状

近年来，黑龙江省社会组织与全国同步，稳步发展，无论是发展速度还是发展质量均得到了有效提高。

（一）社会组织整体情况

截至 2016 年底，黑龙江省登记注册的社会组织共有 16073 家。其中，社会团体 6661 家，占社会组织总数的 41.44%；民办非企业单位 9315 家，占社会组织总数的 57.95%；基金会 97 家，占社会组织总数的 0.60%（见图 1）。

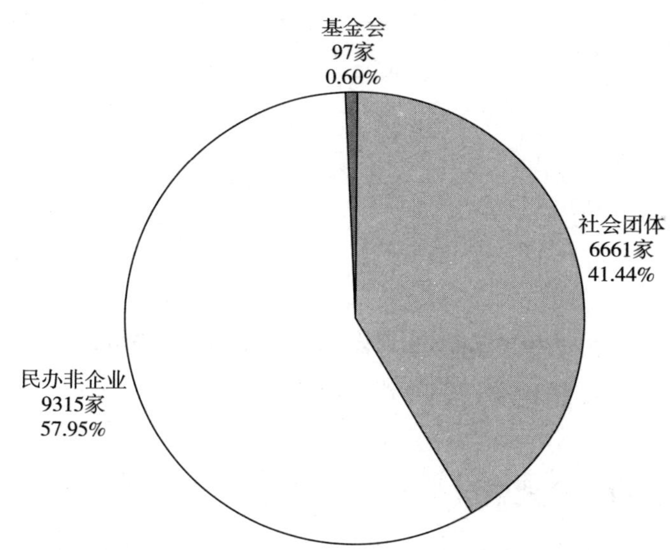

图 1　2016 年黑龙江省社会组织构成

资料来源：黑龙江省社会组织管理局提供。

目前，黑龙江省社会组织数量居于全国中游水平，每万人拥有社会组织 4.22 个。黑龙江省社会组织在组成结构上，社会团体和民办非企业占社会组织的绝大部分，基金会数量少比例较低。

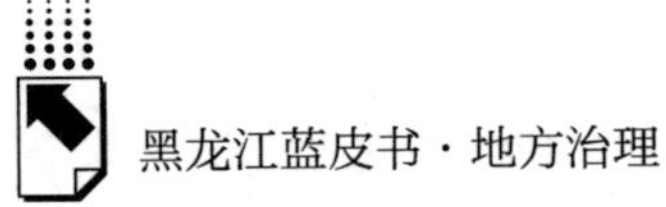

（二）社会团体情况

截至2016年底，在黑龙江省社会组织中社会团体6661家，占社会组织总数的41.44%。每万人社会团体数量1.7家。其中，省级社会团体1072家，占社会团体总数的16.09%；市县级社团5589家，占社会团体总数的83.91%（见图2）。

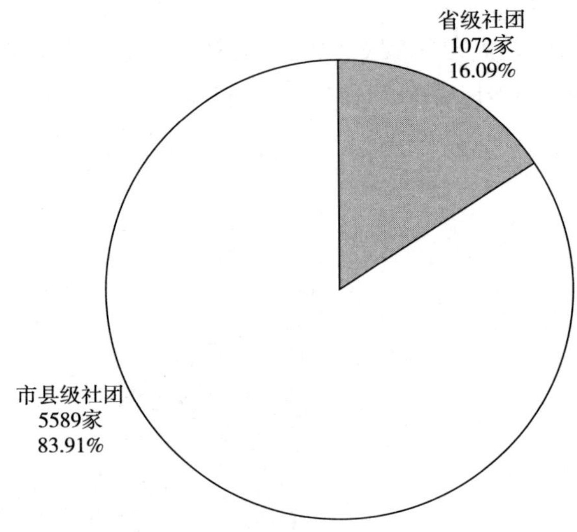

图2　黑龙江省社会团体在三级体系中的分布情况

资料来源：2016年社会组织年鉴。

（三）民办非企业情况

截至2016年，黑龙江省民办非企业单位共计9315家，占社会组织总数的57.95%，是三类社会组织中数量最多的组成部分。每万人民办非企业单位数量为2.44家。

黑龙江省本级民办非企业单位共计471家，其中，教育类157家，占总数的33.33%；卫生类3家，占总数的0.64%；文化类80家，占总数的16.99%；科技类105家，占总数的22.29%；体育类85家，占总数的

18.05%；劳动类5家，占总数的1.06%；民政类19家，占总数的4.03%；法律服务类2家，占总数的0.42%；其他行（事）业15家，占总数的3.18%（见图3）。

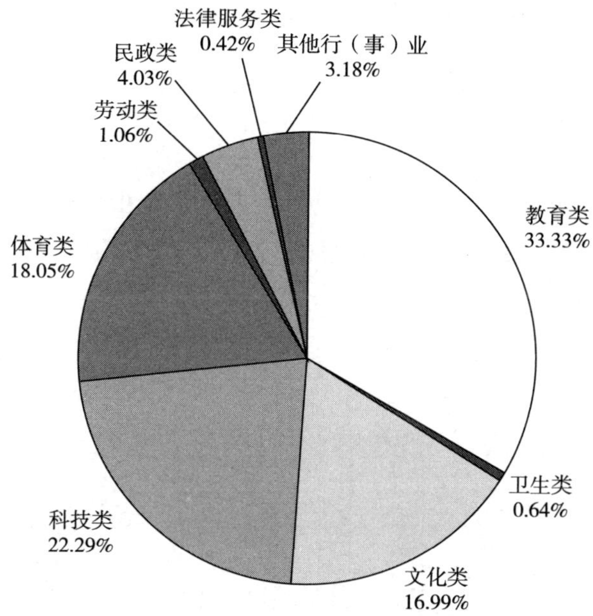

图3　黑龙江省民办非企业单位行业分布情况

资料来源：2016年社会组织年鉴。

（四）基金会情况

截至2016年底，黑龙江省基金会共计97家，占社会组织总数的0.60%。每万人拥有基金会数量2.54家。其中，公募基金会41家，占基金会总数的42.27%；非公募基金会52家，占基金会总数的53.61%。在行业分布上，基金会主要集中在教育类和社会福利救助类，其中教育类31家，占31.96%；社会福利类48家，占49.48%。两大类的基金会约占全省基金会的4/5。目前，基金会从业人员共计271人，大学本科以上学历180人，年龄为36~45岁。

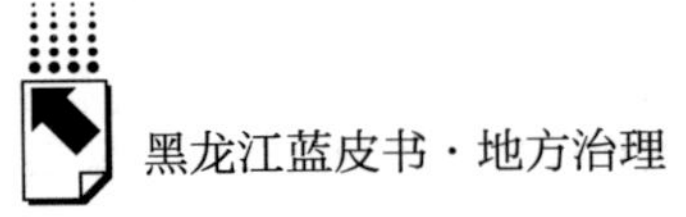

二 黑龙江省社会组织发展的特征分析

通过黑龙江省社会组织的发展现状来看，黑龙江省社会组织也呈现了一些规律性的特征。

（一）总体数量持续增长

近十年来，黑龙江省的社会组织在数量上呈现出增长的态势，从2007年的11062家增长至2016年的16073家（见图4），平均年增长率为8.86%。

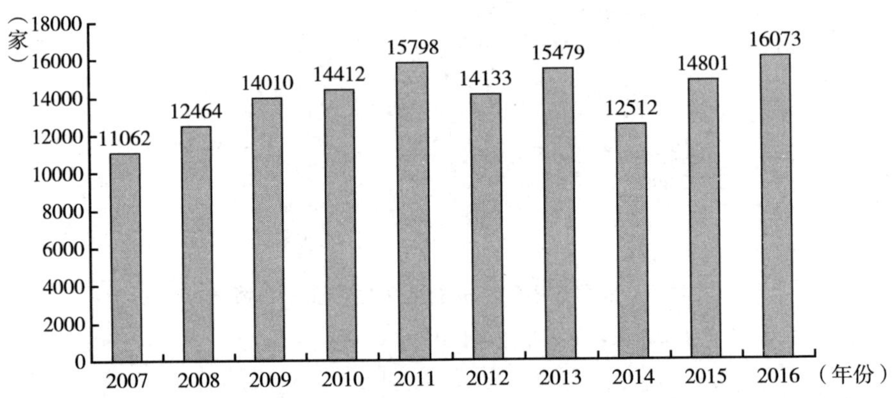

图4 2006~2016年黑龙江省社会组织数量

资料来源：2016年社会组织年鉴。

2007~2016年黑龙江省社会组织数量增长最多的是民办非企业，从2007年的6044家发展到2016年的9315家，十年间增加了3271家，年均增幅9.06%。涨幅最快的是基金会，从2007年的26家增加到2016年的97家，增长了3.7倍。社会团体从原来的2007年的4992家增长到2016年的6661家，年增速3.41%。

（二）层级结构市县多省级少

在社会组织三级层级体系中，县级社会组织占总数一半以上，省级相对薄弱。截至 2016 年底，在省级民政管理部门登记注册的社会组织有 1640 家，仅占全省社会组织总数的 10.2%，在市县两级民政部门登记注册的社会组织有 14433 家，占全省社会组织总数的 89.8%，形成了市县多、省级少的特点。

（三）地域分布不均衡

从地域分布来看，黑龙江省社会组织在地域上主要分布在南部地区，而北部地区则较少，形成了南部多、北部少的特点。这与黑龙江省南部地区经济较发达、人口较多且集中有关。黑龙江省 13 个市（地）社会组织相对集中在哈尔滨、齐齐哈尔、牡丹江、佳木斯、大庆和绥化六市。从数量上看，这六个地区登记注册的社会组织共有 11200 个，几乎占黑龙江省社会组织的近 70%。而鸡西、双鸭山、鹤岗等其他七市（地）社会组织数量仅约占 30%。

（四）行业分布逐步拓展

随着黑龙江省社会组织的稳步发展，其行业分布也逐步拓展，开始向新兴领域发展。以行业协会为例，在黑龙江省行业协会布局谋划中，黑龙江省社会组织管理局在审核中注重科学引导，使黑龙江省行业协会朝着有利于本省生产力发展和产业升级、符合国际惯例的行业协会群体的目标而努力。从行业分布格局的发展情况看，随着产业结构的调整，黑龙江省行业协会正在从医药、机械、食品等传统行业，向优势行业、新兴产业、高科技行业逐步拓展，金融、保险、中介服务、电子信息方面的行业协会数量近年来呈现不断增加的态势。黑龙江省行业协会的行业布局呈现出从传统行业向新兴行业拓展的特点。

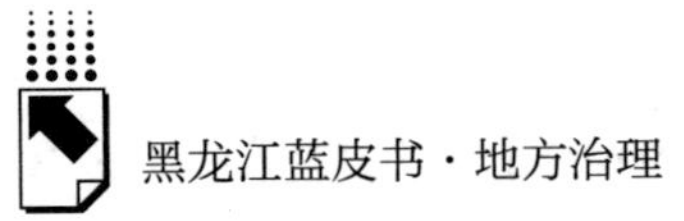

三　黑龙江省社会组织参与地方治理的作用

随着黑龙江省社会组织快速发展，其治理作用逐步凸显，治理领域逐步扩展，涉及经济治理、政治治理、社会治理、文化治理、生态治理等地方治理领域。

（一）维护市场公平、强化行业自律，参与地方经济治理

近年来，黑龙江省社会组织逐步发展壮大，各类行业协会不断涌现，在维护企业合法权益、营造良好市场环境、协调政企关系、维护市场公平、降低企业费用、提高企业经营管理水平等经济治理方面发挥了重要的作用。一是维护市场公平。在市场经济条件下，各行业之间以及各行业内部企业之间的激烈竞争是市场经济规律的内在体现和客观现实。如何正确处理、协调和规范这种竞争关系，避免行业、企业之间的不合理竞争，这就需要各类行业协会发挥协调、处理、规范行业和企业之间的竞争关系和各类经营关系的作用，达到协调和维护企业之间合理有序竞争的目的。首先，实行动态管理。黑龙江省粮食行业协会制定了《放心粮油监督管理办法》，每年协会都会同有关部门对企业生产经营情况，开展定期检查、不定期抽查，实行跟踪监督。对出现问题的企业，根据情节分别采取给予警告、责令整改、取消称号、收回牌匾和证书等措施，形成了确保“放心粮油”活动有效开展的长效监督机制。其次，发挥多方监督。协会注重整合发挥合力作用，既有广泛的媒体监督，也有有力的部门监督，更有时时的消费监督。协会还会同工商、质检等部门进行经常性的质量安全等专项检查。通过地方新闻媒体和协会网站，定期登载“放心粮油”活动情况，对出现质量问题的企业进行曝光，起到以案说法的警示作用。同时设立监督电话，在网站和《协会通讯》上进行公开公布，接受消费者的监督和投诉。再次强化行业自律。行业协会作为一种自治性民间社会组织，通过行业规则实行自律管理。行业规则是典型的内部规则，它是在对行业内各个企业的权利和

利益进行协调、平衡的过程中，通过谈判、协商、妥协等方式，达成的一种共识，由协会成员共同遵守。行业自律管理能够培养协会成员的理性自律精神，避免非理性的集体行动，促进利益和权利诉求的理性化和程序化，同时在行业内部形成一种自生自发的秩序——自律秩序，即一种“私序”。相对于国家制定法所建立的秩序而言，当国家制定法缺位或有局限时，行业规则所建立的“私序”就成为国家制定法所建立秩序的一种重要补充和替代。因此，行业协会通过自律功能实现了对经济秩序的自我调控，成为促进社会经济秩序建立的重要力量。一是，信用管理。黑龙江省粮食行业协会每年对黑龙江省粮油企业进行信用评价，同时对原有信用企业进行复评，树立信用示范企业，引领企业重视信用。二是，落实公开承诺。在活动中协会十分注重企业的自律，并向企业提出了开展“从我做起，诚信经营”的倡议，要求示范企业公开进行承诺，签订质量承诺书，做出以保证产品质量、实行诚信经营为主要内容的承诺，自觉生产放心产品，维护消费者利益，做遵守法纪的模范，以实际行动抵制低劣产品和损害消费者利益的行为，让广大消费者都能够吃到安全粮、放心粮。经过多年来黑龙江省粮食协会的治理参与，近年来，全市的粮油示范企业没有出现质量方面的问题。

（二）实现建言献策、制定地方标准，参与地方政治治理

社会组织作为公民自组织团体，在利益表达方面与其他组织相比有不可替代的优越性。社会组织来自基层，贴近群众，其民间性、自治性、组织性、志愿性、公益性，以及处于社会与个人中介地位的特点，决定了其可以充当调整利益、化解矛盾的润滑剂、缓冲器。社会组织有效地参与地方的政治治理可以起到减少不和谐因素、缓解社会矛盾、维护社会稳定、促进社会和谐的作用。

一是实现建言献策。2017 年民政部等 9 部委联合出台了《关于社会智库健康发展的若干意见》（以下简称《意见》）。为了推动《意见》迅速平稳落地，黑龙江省社会组织管理局广泛征求社会组织意见，商讨黑龙江省

社会智库建设发展对策。黑龙江省冰雪产业研究院、黑龙江当代中俄区域经济研究院、黑龙江省省情研究会、黑龙江省就业理论研究会、黑龙江省招商引资研究会等社会组织智库和专家围绕黑龙江省社会智库发展现状、当前存在问题、未来发展方略等展开了热烈的讨论，并积极建言献策。二是制定地方标准。2012 年成立的黑龙江省女创业者协会在省民政厅社会组织管理局的指导下从 2014 年起连续三年成功承接了中央财政支持社会组织参与社会服务项目，在实施“援助女性创业就业”和“援助贫困女大学生创业就业指导服务”两大中央财政示范项目的过程中，该协会经受了锻炼、提升了能力，不断总结积累经验，根据黑龙江省的实际情况和问题起草了《女大学生创业基地孵化规范》《女性创业孵化基地服务规范》《老年人健康养护培训服务规范》《催乳师培训服务规范》等九项地方标准，并通过省质量技术监督局审核批准。该协会成为省内首个主导制定服务业地方标准的社会组织。此举是黑龙江省社会组织参与社会治理的创新探索。目前，黑龙江省推进行业协会商会与行政机关脱钩工作，鼓励行业协会商会参与制定相关立法、政府规划、公共政策、行业标准和行业数据统计等事务。而黑龙江省女创业者协会主导制定地方标准这一实例与做法为黑龙江省行业协会商会脱钩后不再依附于行政机关、走市场化道路、主动作为、勇担社会责任、真正实现独立自主办会起到了示范引领作用，也为社会组织成为政府好助手、助推经济社会发展、发挥更大作用提供了一个可借鉴的“样本”。

（三）助力精准扶贫，供给社会服务，参与地方社会治理

社会组织扎根于社会，服务于社会，其最重要的价值与作用也体现在社会治理方面。近年来，黑龙江省社会组织积极服务社会，发挥社会治理功能，在助力精准扶贫、供给公共服务方面发挥了巨大作用。一是助力精准扶贫。社会组织是社会性力量的典型形态，是我国贫困治理的重要参与主体，为扶贫开发做出了突出贡献。2001 年，中国扶贫基金会的一项研究显示，在“八七扶贫攻坚”期间，社会组织或准社会组织的

扶贫贡献超过28%。2016年7月25日黑龙江省民政厅制定下发了《关于进一步动员社会组织参与扶贫开发工作的通知》，号召全省各级各类社会组织积极参与到扶贫工作中来，针对黑龙江省贫困地区和贫困人口，结合自身特色和优势，选准帮扶对象，实现社会资源与帮扶对象的准确对接，探索出有特色的扶贫开发服务项目，进一步彰显社会组织的社会责任和自身价值。省民政厅组织开展千百名社会组织负责人走基层活动，通过走访、调研、论证掌握第一手材料，对具有指导性、普遍性的扶贫项目，各级民政部门将一同研究、论证、制定方案，找准帮扶开发的结合点。建立一对一、一帮一的结对子帮扶形式，实现帮扶项目逐一对接。2015年，共组织470个社会组织及4591名社会人士参与扶贫济困事业，共捐赠资金、物资折款1.44亿元，社会力量已经成为扶贫开发的重要补充。引导、支持各类非公有制企业、社会组织和个人自愿采取定向、包干等方式参与扶贫，培育引导公益慈善类社会组织等社会力量自发自愿参与扶贫。省慈善总会“金秋助学”行动是以帮助品学兼优、家庭困难、渴望求学的学子摆脱困境、圆梦求学之路为主旨的专项慈善助学项目，近三年来投入资金420余万元，资助5000多名贫困学子。二是供给社会服务。社会组织参与社会公共服务供给，减轻了政府的负担，降低了社会治理的成本，满足了公众多样化的需求，提高了社会治理的效果。社会组织作为公共服务职能转变过程中部分社会化职能的主要承担者，承接政府社会性公共服务的职责，由于其接近群众，运作成本低、效率高，具有灵活性、创新性的优势，能弥补因政府能力不足而存在的“治理真空”和“公益真空”。既增加公共服务的供应总量，同时提高了公共服务的供给效率。2017年黑龙江省社会组织7个公共服务项目获得了中央财政支持，总额度达335万元，比2016年同期增长45万元。由社会组织承接立项，委托齐齐哈尔医学院组织实施的公共服务项目已为省内首批的27位患者进行了免费治疗。凡符合条件的贫困户、低保户可到当地的民政部门、社区、村委会出具证明，获取免费治愈疾病的名额。

（四）开展文化活动、保障文化权利，参与地方文化治理

随着黑龙江省文化类社会组织不断发展，极大地促进了黑龙江省文化的繁荣和发展，为地方文化软实力的提高注入了生机和动力，日益成为推动黑龙江省文化大繁荣大发展、参与文化治理一支不可或缺的重要力量。一是开展文化活动。在黑龙江省文化领域活跃着大量的学术团体和民办文化服务机构，这些社会组织是开展公益性文化活动的重要主体之一。这些民间文化团体始终坚持将社会效益放在首位，多年来走基层、下农村、到边区，贴近群众、贴近实际、贴近生活，开展了大量人民群众喜闻乐见、便于参与的文化活动，为基层、农村和偏远地区的群众带去了形式多样、内容健康的文化产品，提供了生动活泼、时代感强的文化服务，既弘扬了社会文化主旋律，宣扬了社会主义核心价值观，更丰富了广大人民群众，特别是基层群众的文化生活，满足了人民群众在精神文化方面的需求。以黑龙江省庆安县为例，在庆安县城乡长期活跃的民间小剧团有 58 个，全县 11 个社区办起 10 个老人艺术说唱团，最大的说唱团有 70 多人，最小的也有 20 多人，同时还吸纳一些中小学生参加演出，全年经常参加文化活动的老人有 600 多人。除此之外，庆安县还建起 4 支秧歌队、3 支舞蹈队。据不完全统计，全县在广场、社区、校园、院落举办文艺演出 186 场，直接观看演出的观众有 6 万多人次，丰富了城乡居民的文化生活。二是保障文化权利。近年来，随着人民群众物质生活的极大改善，群众文化活动需求日趋多样，为了保障群众文化权利，黑龙江省很多社会组织承担起培训群众文化职责，保障文化权利的地方文化治理功能。五大连池市文化广电体育局将市书法家协会、摄影家协会、舞蹈家协会等 13 个专业社会组织的 700 多名会员集中起来，组建群众文化人才培训群，从而彻底解决了群众文艺辅导队伍师资不足的问题。经过两年多的努力，全市成立了包括 10 余个综合艺术团体及水兵舞、街舞、军乐队等近百支群文队伍，这都得益于人才培训群的创建。通过依靠文化类协会这些社会组织组建的人才培训群而聚集起的优秀培训资源，近 3 年来，五大连池市举办了包括声乐舞蹈、管乐弦乐、美术书法等各类培训班 200 多期，培训学员上万人。

（五）促进生态建设、宣传环境保护，参与地方生态治理

党的十八届三中全会提出：“生态环境治理作为国家治理的重要组成部分，事关全面深化改革总目标的实现和人民生活的幸福；建设生态文明，必须实现环境治理主体的多元。”① 近年来，黑龙江省相继成立了很多生态环保类社会组织，如黑龙江省环境保护联合会、黑龙江省环境保护教学学会、黑龙江环保志愿者联合会、绿色龙江等社会组织，这些社会组织积极参与黑龙江省地方生态治理，发挥了重要作用。一是促进生态建设。社会组织参与社会环境保护、生态文明建设中广泛存在一支极为重要的力量，它就是环保类社会组织。环保类社会组织是指以环境保护与生态建设为主旨，不以营利为目的，独立于政府和企业之外，从事环境公益志愿服务的社会组织，具有公益性、志愿性、非营利性、服务性、生态性等特点。绿色龙江自 2005 年成立以来，一直致力于黑龙江流域生态保护和公众环境教育事业。绿色龙江以青年环保力量为核心，服务于本地社区与公众、高校环保社团和本地政府环境保护部门等，关注黑龙江流域生态环境和公民社会发展，优先考虑水生态环境、公众环境教育和公民社会等领域的工作。绿色龙江号召政府、公众、企业、媒体等共同参与，采取考察实践、宣传教育和专业化技术等方式，传播环境保护理念，解决生态环境问题。绿色龙江为高校环保社团等民间环保力量提供支持和交流平台，团结并培养青年环保人才，推动地方生态建设。二是宣传环境保护。《中共中央国务院关于加快推进生态文明建设的意见》（以下简称《指导意见》）指出，要引导生态文明建设领域的社会组织健康有序发展，发挥社会组织和志愿者的积极作用。《指导意见》旨在加大对环保社会组织的扶持力度和规范管理，做好环保社会组织工作，进一步发挥环保社会组织的号召力和影响力，使其成为环保工作的同盟军和生力军，推动形成多元共治的环境治理格局。近年来，在黑龙江省委、省政府高度重视和引导下，黑龙江省环保社会组织不断发展，在提升公众

① 《中共中央关于全面深化改革若干重大问题的决定》，《人民日报》2013 年 11 月 16 日，第 1 期。

环保意识、促进公众参与环保、开展环境维权与法律援助、参与环保政策制定与实施、监督企业环境行为、促进环境保护国际交流与合作等方面做出了贡献。2004 年，黑龙江省率先成立了“环境保护联合会”环保社会组织，2007 年 3 月 7 日经省民政厅批准登记，其成为黑龙江省最大的环境保护组织。“环境保护联合会”是由各界爱护环保事业的有识之士、企事业单位和其他有环保意识的社会组织自愿结成的非营利的联合性的社会组织，是一个环境保护综合性的社会团体，是政府与民间的环保沟通的桥梁与纽带。黑龙江省各市县在各地政府的积极引导下，相关的民间社会组织陆续成立。以佳木斯为例，2007 年其成立了全国第一家地市级的环保组织——佳木斯市环境保护联合会，此外，在佳木斯社会组织管理局还注册了环境保护志愿者协会。另一生态协会正在筹备注册中。还有未注册的社会组织，如黑龙江省地区性环保组织“绿色龙江”、佳木斯地市级的“健康自由行”户外团体等，它们经常自发地组织保护环境的活动。

四　黑龙江省社会组织参与地方治理的主要问题

黑龙江省社会组织地方治理的能力和作用已经显现，成为重要的地方治理主体，但是随着治理范围和领域的不断扩展，也出现了很多问题。

（一）黑龙江省社会组织发展相对滞后

一是整体数量不足。社会组织是参与地方治理的基础，其发展程度决定地方治理的广度和宽度。按照黑龙江省民政厅提供的数据显示，截至 2016 年底，黑龙江省社会组织共计 16073 家。在全国处于中游水平。虽然在绝对数量上尚可，但是每万人仅拥有社会组织 4.2 家，人均社会组织数量较低，数量相对不足。二是增速不足，且发展放缓。黑龙江省社会组织近十年来从 2007 年的 10442 家到 2016 年的 16073 家，仅增加了 5631 家。近十年的平均增速仅为 4.41%，平均每年增加 560 多家，同样明显低于国家的 8%，同样人均拥有社会组织也变化不大。三是地域结构失衡。从地域分布来看，黑龙江省社会组织在地域上主要分布在南部地区，而北部地区则较少，形成了南部多、北部少的特点。这与黑龙江省南部地区经济较发达、人口较多且集中有关。四是行业结构失衡。黑龙江省社会组织在行业结构上发展失衡，其主要集中分布在教育、文体等领域，而对事关经济社会发展的其他领域则鲜有问津。从行业分布来看，仅以黑龙江省本级民办非企业单位为例，教育类、科技类、文化类占比接近70%。此外，以基金会为例，一般基金会根据其行业和领域的不同也区分为多种类型，如教育文化类、科学研究类、环境保护类、社会服务类、国际交流合作类以及综合类等，但是目前黑龙江省绝对多数的基金会都属于教育科学类，其他类型的基金会较少。

（二）黑龙江省社会组织治理能力不足

一是资金不足。黑龙江省社会组织的经费短缺问题尤为突出，大部分社会组织的处境都比较尴尬，有一些社会组织陷入难以为继的窘境。黑龙江省社会组织自身筹款寻援的能力非常有限，导致经费格外紧张。扶持社会组织的政策法规也不够完善，一些对社会组织减免税收或者给予补贴的待遇仍然没有落到实处。由于缺乏经济支撑，社会组织难以开展工作，最终形成无经费—无作为—无动力的恶性循环。在这种拮据的状况下，组织活动也难以开展。有的社会组织几年都没有一次活动，“形具”而“神无”，根本就谈不上发挥社会组织的应有作用，组织成员也往往缺乏归属感；有的社会组织尚能开展一些活动，但活动经费都是靠有经济实力的组织成员个人垫付或者多人集资的方式才得以维系。社会组织特别是公益类社会组织，它们大多以生活困难的弱势群体为服务对象，所以只能进行免费服务或者仅仅收取象征性的费用。社会组织的服务人群与经费盈余成反比，他们服务的对象越多，亏损反而越严重。二是人才不足。黑龙江省社会组织的发展整体来说不尽如人意。首先，社会组织在智力结构上缺乏支撑，缺乏专业性技术人才和管理人才。黑龙江省社会组织从业人员的文化结构总体偏低，大学专科及以下学历占了主体，缺乏高层次的人才。其次，没有建立吸引人才的机制。人才是社会组织能否持续发展的关键性因素，没有社会组织发展所需要的技术型人才、管理型人才以及广大的志愿者作为后盾，社会组织就不能在市场中具备竞争实力，就不能保证社会组织所应具备的办事效率，开展活动也必然难以实现预期，而这就直接限制了社会组织的潜能。当前，黑龙江省社会组织缺乏吸引人才的管理机制，大多数社会组织没有专门编制，个别社会组织即便有编制，数量也严重不足。社会组织自身存在的缺陷和不足，再加上外部环境对于社会组织及其工作人员的诸多限制，很多社会组织面临招人难、留人难的困境。当前黑龙江省关于社会组织工作人员特别是专业人才在户籍、报酬标准、社会保障和福利、职称评定、晋升交流等方面还没有建立起一套较为健全完善的制度和政策体系，从业人员待遇偏低、社会保障不到位、社会地位不高等因素导致社会组织人才大量外流。再次，自我管理不足。当前，黑龙江省多数社会组织内部管理有序性较差，缺少规范的工作流程，使得工作效能较低，不能很好地实现社会治理和公共服务的目标和要求。在社会组织内部同样缺少有效的监督机制，组织活动的公开性、透明度较低，因而社会公信力不高。黑龙江省内很大一部分社会组织具备了形式上的组织架构，但是其实质管理和运行仍十分松散或缺少必要的程序和规则。有的社会组织内部没有健全的规章制度，有的虽有制度却形同虚设。有的社会组织的设立也只是应景而作，其更不会实际而严格地贯彻执行民主自律的管理原则和机制。在管理上的松散模式、组织运行的不规范、内部管理技能的欠缺，导致许多社会组织处于“作坊式”的简单化、低水平的运行模式上，这也使得整个行业的管理存在诸多问题和缺失，降低了整体的社会认同感。

（三）政府理念转变仍待加强

一是对社会组织治理作用认识不足。思维决定行动，思维是行为和态度的根基，同样，理念在某种程度上可以说对创新行动和社会实践具有深远甚至是决定性的影响。治理理念是推动治理体系和治理能力现代化的前提和基础，政府的治理理念必须转变原有的管理思维模式，突破和超越旧思维、旧模式，改变对社会组织的认识。推动治理体系和治理能力的现代化已经成为全面深化改革的总目标之一，但是要想“治理”理念在政府层面达到观念上认同、思想上接受、实践中发展，必须转变政府的理念。现在黑龙江部分政府对社会组织作为治理主体的认识普遍不足，并没有广泛地将社会组织当作与政府和企业并列的社会治理的三大主体之一，而因在鼓励、推动社会组织更加广泛有效地参与社会公众治理方面的力度还是远远不足的。二是治理理念仍未深入。对于社会组织参与治理而言，当前最重要和最突出的首先就是治理理念的问题。现在部分政府部门认为治理仅仅是新瓶装旧酒，认为治理与原来的管理没有什么本质的区别，仅仅就是概念上的变化，属于穿新鞋走老路，并没有什么实质上的改变，对待政府治理方式的巨大转变、政府简政放权、政府职能转变没有清醒的认识和理念上的转变。同时忽视了社会组织在社会治理中应当扮演的角色和承担的职责。甚至还有一部分政府部门对社会组织存在偏见，认为其发展会挑战中国特色社会主义的发展道路，社会组织参与治理会挑战政府的权威甚至会对抗政府。谈“社”色变，对社会组织过度敏感甚至反感，千方百计压制社会组织的发展。这些旧理念成为制约社会组织发展，限制社会组织参与治理的巨大阻力，不利于社会组织治理作用的发挥。

（四）黑龙江社会组织政策体系尚不完备

社会组织要实现健康有序发展并在社会治理中有效发挥其职能作用，需要以健全的法律制度体系为其规范和保障，但是从目前情况来看，我国关于社会组织的法律规定仍然存在欠缺，尚未形成完备的法律制度体系。一方面，立法滞后于社会组织的发展。目前关于我国社会组织管理与运行的法律法规只有6部，并且颁布实施的时间集中于2000年前后，并且各项规定的法律层次多数不高，真正意义上的法律并不多，并且没有一部专门关于社会组织的人大立法。这种情况明显与社会组织数量不断增加、规模不断扩大、作用日益明显、活跃度不断提升的现状需求和发展趋势不相适应。另一方面，法律规定的内容限制了社会组织作用的发挥。从现行有关法律法规的内容上看，其规定多为对社会团体的设立、登记、运行和管理等事项做出规范和限制，而对于社会团体发展的鼓励性规定和扶持措施条款则相对较少，这种法律规定内容方式，为社会组织构建了一个设立运行的框架，但也在无形中束缚了社会组织的发展，影响其作用的正常发挥。例如目前社会组织的“双重管理”模式，就是源于《社会团体登记管理条例》和《民办非企业单位管理条例》中的相关条款规定，既依照这两项条例的规定，社会组织的设立要经民政部门审批登记批准，其运行过程中要按照民政部门的要求履行年审等程序，而社会组织的日常活动则由其业务主管部门进行监督和指导。要依法成立社会组织，就必须先确定自身的业务主管部门，类似于将组织“挂靠”到一个单位之上。但一般符合条件可以成为主管部门的机构多数为行政机关，其本身承担着各项业务职能，很难分出精力对社会组织的活动给予充分的指导，并且作为主管部门不能从管理过程中获得利益的同时，还需要对社会组织的活动承担责任，加之法律法规中并没有明确哪些机构和单位一定要承担社会组织主管部门责任，而且很多机构不愿意或拒绝担任社会组织的主管部门，缺少了这一要件，社会组织便无法依法成立，这样的规定便成了社会组织成立环节的一项障碍。可见，法律法规内容设置的不完善，非但不能起到规范社会组织发展的作用，反而会阻碍、限制其成立和运行。

（五）政社互动不足

社会组织与政府同为社会治理的主体，二者不是孤立的存在，也不能在社会治理中“独善其身”“各自为政”，只有二者建立起良好的合作关系、伙伴关系，形成良性的互动，才能更好地发挥各自在社会治理中的优势，达到一加一大于二的效果。但是目前我国社会组织和政府之间的互动存在明显的不足。一方面，尚未建立政府与社会组织之间的沟通协作机制。政府及其职能部门是社会治理的核心机构，除了一部分具体的治理活动和服务行为外，政府主要起统一指挥和调配的作用，类似于人体的大脑中枢。而各类社会组织则是按照政府的安排和指令，协助政府部门的工作，从事具体的社会公共服务活动，类似于人体的四肢。但是到目前为止，我国还没有建立起一套系统完善的社会治理机制，没有一套成熟的适用于政府和社会组织之间的协作模式。大部分政府部门没有对社会组织形成准确的认识，也没有给予其充分的重视，在培育社会组织发展、营造良好的社会环境等方面的投入也较为有限。而政府与社会组织之间的日常联系更是少之又少，即便有联系也多体现为传达行政命令或决策、工作汇报等方式的单向联系，二者之间双向的沟通交流较少。同样，社会组织也缺少必要的经常的交流与沟通，由于归属于不同的主管部门，社会组织间的活动也缺少统一指挥和协同意识，这就使得总量本就不高的社会组织处于分散的状态，整体的活动效率不高。非典期间，政府对于接收捐款渠道的安排，将红十字会、中华慈善总会之外的社会组织排除在社会募捐发起者的范围之外，“这也或多或少地导致当时的募捐活动只能以被动接收为主，潜在的捐赠资源无法充分调动。而没有非政府组织的协助，政府又缺乏足够精力去主动开展募捐活动，非政府组织的许多倡议没有得到真正的实施。”另一方面，政府与社会组织互动缺少明确的边界。近年来，世界各国纷纷开展政府改革，转变社会治理方式，将更多的社会管理与公共服务职能由政府转交到社会手中。目前我国也在大力开展政府体制改革，但是在此过程中，对于政府应当承担哪些职能、社会组织应当承担哪些职能并没有做出明确的划分，对于政府与社会组织在社会治理过程中各自活动的边界也没有清晰的界定，也就使二者在社会治理过程中出现交叉重复或是缺位错位的情况，同时也限制了社会组织向公众提供公共服务、处理公共事务等功能和作用的发挥。社会组织在我国起步发展时间较短，其参与社会治理、有效提供公共服务都离不开政府的扶持与帮助，需要政府为其营造良好的发展空间和社会环境。同时，政府对于社会组织的正确定位，才能使其充分认识到社会组织在社会治理中的能力。但边界的模糊，使政府仍将社会组织看作管理的对象，而非合作的伙伴，也没有为社会组织参与社会治理和公共服务让渡出合理的职能和空间。

五　黑龙江省社会组织参与地方治理路径

针对黑龙江省社会组织参与地方治理的一系列问题，结合黑龙江省的实际情况，可以采取下列对策路径加以解决。

（一）加快黑龙江省社会组织发展

从目前黑龙江省社会组织发展的问题来看，现有体制存在较大的弊端，对于社会的发展有着诸多的限制和束缚，阻碍了社会组织的发展。要充分发挥社会组织参与地方治理的优势和价值，就必须切实推进政府职能转变。

1. 加快黑龙江各级政府转型

西方发达国家市场经济建设的经验和教训表明，全能政府是行不通的。在现代社会建设过程中，要实现国家治理现代化，打造现代治理国家需要改变政府职能，由管理转向治理，并推动社会和公众参与社会治理。特别是黑龙江省治理问题趋势日益凸显，同时面临复杂的国内外形势，社会建设存在很大的问题。而现存的政府行政体制也制约了社会的良性运行。在此情况下要使社会组织广泛地参与到黑龙江的地方治理领域中，就需要政府由全能型政府转向有限政府，使政府职能由管理转变为治理和服务，加速社会组织的发展，为社会组织发展提供宽松的环境和广阔的空间，有效改革黑龙江社会组织准入机制和审批设立制度，减少对社会组织设立的限制性规定，增加扶持性的政策，推动社会组织的设立、发展和运行，并发挥社会组织参与地方治理的作用，形成政府主导和社会组织参与的现代地方治理体系。

2. 打造社会组织治理平台

黑龙江省社会组织近年来的快速发展，使其成为地方治理的重要参与主体之一。政府提出了“政府主导、社团协作、公民参与”的社会治理工作方针，正是基于这一实际，上海、广州、深圳等经济发达地区在社会组织参与地方治理领域也取得了很好的效果，为黑龙江省打造社会组织参与地方治理合作的新平台，为提高地方治理效能提供了很好的经验和借鉴。例如，上海市对参与地方治理的社会组织，采取的是初期扶持后期推动其自主运行发展的模式；广州市社会组织发展较为迅速，各区政府积极与社会组织合作，采用“政府推动，民间运作”的方式，政府将经过专家论证的项目通过招、投标的方式或其他方式让社会组织参与社会治理。[①] 政府与社会组织的合作，为社会组织参与地方治理提供了良好的平台，也加速了社会组织发展。

（二）提高黑龙江省社会组织治理能力

1. 加大省内社会组织经济扶持

资金是社会组织运行和发展不可缺少的物质基础，也是影响社会组织发展和社工服务质量的一个重要因素。目前省内大部分社会组织资金吸收的能力还比较弱，会员缴纳会费的额度有限，社会捐助体系不健全也影响了社会捐助的总量和效果，所以目前大多数社会组织的收入还是以政府财政拨款为主要来源。黑龙江省可以通过财政手段对社会组织给予一定的资金扶持，并给予其税收等方面的优惠政策，同时完善社会捐助制度，扩充社会组织的经费来源，保证社会组织工作的独立性。

2. 加快黑龙江社会组织人才专业化

新时期下的社会组织肩负着创新社会治理和改善民生的重任。而“人”是事业发展的根本，专业人才更是社会组织得以发展进步的关键，因而，要促进社会组织更好地参与黑龙江地方治理就必须尽快建立起一支专业的社会组织人才队伍。要建立起一支数量充足的社会组织专业人才队伍，就必须为这些专业人才提供基础的物质保障，改善和提高社会组织人才的待遇水平，提供充足的社会保障，建立起科学的激励奖励制度，提高社会组织的吸引力，从而激发社会组织专业人才的工作热情，维护社会组织专业人才队伍的稳定性。

3. 提升黑龙江社会组织内部治理能力

社会组织的内部治理能力和管理效果，直接影响着社会组织参与地方的实际效果。因此，要保证和不断提升社会组织参与黑龙江地方治理的质量与效率，就不能仅仅从政府自身着眼，还应当对社会组织内部治理能力建设给予充分的重视和支持，通过内部管理能力的提升，带动社会组织治理能力的

---

① 卓彩琴：《从“广州”模式看广州社工发展雏形》，《中国社会导刊》2008 年第 16 期。

提升，补齐社会组织参与地方治理整体过程的短板。可以采取提高社会组织管理者的综合能力、建立科学高效的社会组织内部管理体系、完善社会组织内部的督导和监督机制及不断增强社会组织的民主参与性等办法。

（三）转变黑龙江省政府思维和理念

1. 重视社会组织治理作用

现代地方治理不同于以往的政府管理，其突出特点是政府与社会公共机构、社会组织共同参与社会公共事务，参与地方治理。在这一过程中，只要是能够得到社会公众认可的组织和机构，不论政府、公共机构或是社会组织，都可以成为某个共同领域的治理主体，政府不再是唯一。在世界各国包括很多发展中国家，政府都在将自身的一些职能逐步向社会转移，由社会组织来承担起公共事务。按照这一发展趋势，各类社会组织将逐步成为社会治理领域中相对独立的一方，并与政府合作，承担起地方治理的职能。黑龙江各级政府必须充分运用现代的管理方法和新的技术手段，引导和实施社会组织参与地方治理，从而充分调动起各方社会力量的积极性和参与性，利用好各项社会资源，建立起包容参与、公正透明、有效回应的社会治理机制，为社会公众提供更好的社会治理。

2. 转变对社会组织的理念

社会组织要转变政府自身的固有思维和错误认识，对社会组织给予合理定位。从国外地方治理的成功经验可以看出，这些政府往往充分重视社会组织在地方治理方面的作用，与社会组织开展了充足的互动合作，并且大力鼓励支持社会组织的发展，推动其成为地方治理中的一个有着较强实力的主体，收到了很好的效果。近年来，黑龙江经济社会快速发展，在取得明显成效的同时，也出现了很多不容忽视的社会问题。仅仅依靠政府来解决这些问题，既有很大的难度，也要消耗较大的成本。我们有必要借鉴国内外的成功经验和做法，将社会组织引入黑龙江地方治理领域，从根本上转变以往对于社会组织的忽视和错误定位，重新审视政府与社会组织的关系，以及双方在地方治理中的职责定位，将一些社会治理问题交给社会组织独立完成，支持推动社会组织发展，使其发挥专业优势，更好地协助政府解决社会治理问题，成为政府实施地方治理的有力伙伴。

（四）完善黑龙江省社会组织政策体系

规范社会组织参与地方治理需要以健全的制度体系为基础和保障。社会组织参与治理的行为，需要健全的制度来推进、规范、培育。健全明确的法律法规政策，才能够明确政府和社会组织在地方治理中的地位和各自的权利义务，才能为社会组织参与地方治理提供明确的衡量标尺，才能为双方的合作提供稳定的保障，提高社会服务供给的效率和质量。

1. 宏观规划引导省内社会组织

黑龙江各级政府对于社会组织的管理，不应直接地干预社会组织的具体活动和内部事务，而应当从制度制定、顶层设计、发展规划等宏观层面出发，对社会组织进行规范、管理和引导。例如，明确社会组织在参与地方治理领域中可以获得政府支持的项目，对于社会组织的发展重点进行有方向、有目的的引导。各类社会组织通过顶层设计获得地方治理的主体地位，参与各种地方治理项目，也可以促进社会组织本身的发展，使社会组织获得更好的发展空间和发展环境。

2. 加快省内扶持性制度建设

要想将社会组织参与黑龙江地方治理普遍化、可持续，就要通过制定明确的扶持性制度推动社会组织发展。要完善对于社会组织的管理方式，放宽社会组织参与地方治理的准入条件，简化社会组织的登记程序，鼓励更多的社会组织参与地方治理。支持行业协会建设，发挥行会协会在自管自律方面的积极作用，将目前政府所承担的从业人员登记管理、注册审验、在职教育等职能，逐步向行会协会转移，更加直接有效地开展人员管理和培训。

3. 优化配套制度

社会组织参与黑龙江地方治理的实施常常跨领域、跨部门，因而构建社会组织参与地方治理良好的制度环境，不单单需要针对这项工作本身进行立法，制定相关环节领域的法律制度，还需要社会组织参与黑龙江地方治理涉及的教、科、文、卫、法等各领域的政府职能部门，从黑龙江各部门的职能角度出发，制定配套性的政策措施来予以保障和落实。

（五）建立社会组织与黑龙江各级政府的互动机制

1. 加快黑龙江各级政府与社会组织的互动关系建立

社会组织参与地方治理充分体现了多元主义的价值观，在此过程中政府和社会组织是一种平等的伙伴关系，彼此间建立起了良好的互动关系。这种互动伙伴关系，不仅使政府和社会组织可以在地方治理中更加协调地发挥各自的作用，同时也激发了广大社会公众参与地方治理的热情，提高了政府回应社会需求的能力。目前黑龙江的社会组织处于发展的起步阶段，要彰显社会组织的治理价值，就必须建立起黑龙江各级政府与社会组织的平等对话和良性互动机制，这需要省内各级政府和社会组织的共同努力。

2. 建立社会组织内外的有机联系

逐步使专业的社会组织融入地方治理的大体系之中，发挥社会组织的治理实施、资源配置、运行和评估等方面的地位和作用。目前，黑龙江地方治理的主体多是体制内的、非专业的、行政性的社会组织，而体制外的、专业的社会组织则刚刚兴起、介入，还不是主流。要改变这种结构和体制，就需要将体制内与体制外、非专业与专业性的社会组织进行有机整合并形成良性互动。在不影响社会组织正常活动的前提下，从社会组织中吸纳专业的社会组织人才到政府行政部门工作，提高其工作的实践性和专业性。

3. 强化黑龙江社会组织沟通能力

社会组织要建立起与政府间的平等对话机制和良好的互动关系，不仅需要政府改革现有的相关制度和工作机制，还需要社会组织自身的积极努力。第一，专业的社会组织应当了解黑龙江省政府机构和部门的社会组织方式和职能划分，学习行政部门成熟的工作经验。同时，要积极地参与到各级政府关于社会组织的决策之中，参与到政府相关工作计划的制定之中。特别是当政府制定出台与社会组织相关的政策法规时，社会组织一定要主动地、经常地、及时地与政府进行沟通和对话，表达自身的需求，反应社会公众的需求。第二，社会组织应当建立工作意见和建议反馈工作机制，了解政府对社会组织地方治理的需求，并积极主动地向政府推介自身，请政府对自身的工作进行监督评估。第三，社会组织必须不断提升自身的建设水平和服务能力，不断提高自身工作的独立性，并通过改变人员构成、拓展资金来源等方面，减少对政府的依赖，为平等的互动关系的建设打下良好基础。

结　语

黑龙江省社会组织广泛参与到黑龙江省的社会治理之中，发挥了巨大的作用，成为社会治理重要的主体，但仍然面临着自身能力的不足和外部环境的制约。随着黑龙江经济社会的快速发展，社会治理的不断创新，社会组织参与黑龙江地方治理将向更广的范围和更有深度的合作发展。

B.6

黑龙江省生态环境状况及治理措施

陈晓辉　崔耀志*

摘　要： 黑龙江省的生态环境状况总体向好发展：森林覆盖率和森林质量都有所提升，自然保护区和生态示范县再增国家队，工业固体废物的排放量已明显减少。这些成就的取得，与黑龙江省的各级领导干部和广大群众认真学习和贯彻落实习近平总书记两次视察黑龙江讲话精神有直接关系。但由于一些特殊的因素，黑龙江省的生态环境也存在环境昼间向好夜间仍超标严重、城市的空气质量开始出现下滑趋势等不尽如人意的问题。本文通过深入分析问题产生的六方面原因，提出强化环保教育、加强金融补贴、完善法律等六个促进黑龙江省生态环境好转的措施。

关键词： 生态环境　治理措施　黑龙江省

2016年5月，习近平总书记到黑龙江省考察调研时强调指出环境生态对发展具有重要意义，“环境就是民生，青山就是美丽，蓝天也是幸福，绿水青山就是金山银山，黑龙江省的冰天雪地就是金山银山”。良好的生态环境，是黑龙江省今后发展的重要依托。为此，黑龙江省干部群众要按照中央的要求大力推进生态文明建设，使黑龙江省的生态环境向好发展。当然，由于一些特殊因素的

* 陈晓辉，硕士，黑龙江省社会科学院政治学所，研究员，研究方向为中国特色社会主义理论与实践；崔耀志，硕士，黑龙江省统计局综合处副处长，研究员级高级统计师，研究方向为数据统计与分析。

存在，黑龙江省的生态环境也存在一些不尽如人意的方面，这就需要黑龙江省有关部门高度重视，针对存在的问题深入分析原因，并采取相应的治理措施。

一　考量黑龙江省生态环境状况及治理措施所涉及的指标

指标体系的建立是进行预测或评价研究的前提和基础，它是将抽象的研究对象按照其本质属性和特征的某一方面的标识分解成具有行为化、可操作化的结构，并对指标体系中每一构成元素（即指标）赋予相应权重的过程。为此，为了科学、清晰地描述黑龙江省的生态环境状况与生态环境治理状况，本文借鉴并综合了如下指标体系中的一些指标，设计适合本研究的指标体系。

（一）关于省域生态环境状况指标体系的研究概述

经过对目前能查阅到的 10 个生态环境状况指标体系进行比较，对最专业或最可操作的两个指标体系的优缺点进行分析后，我们设计了适合本调研报告所要考量的省域生态环境状况指标体系。

1. 环保部设计的县域及以上的生态环境状况评价指标体系及分析

为贯彻《中华人民共和国环境保护法》，加强生态环境保护，评价我国生态环境状况及变化趋势，我国于 2006 年首次颁布了《生态环境状况评价技术规范》，并于 2015 年 3 月颁布了修改后的标准。在该标准中设计了一套县域及以上的生态环境状况评价指标体系和各指标计算方法。本报告在研究中就使用了该标准中的区域生态环境状况评价指标体系和评价方法。

（1）评价指标体系的构成及权重

县域及以上的生态环境状况评价指标体系见表 1。

表 1　县域及以上的生态环境状况评价指标体系

一级评价指标	二级评价指标	三级评价指标
生态环境状况指数（EI）	生物丰度指数（0.35）	林地（0.35）
		草地（0.21）
		水域湿地（0.28）

续表

一级评价指标	二级评价指标	三级评价指标
生态环境状况指数（EI）	生物丰度指数（0.35）	耕地(0.11)
		建设用地(0.04)
		未利用地(0.01)
	植被覆盖指数（0.25）	林地(0.38)
		草地(0.34)
		耕地(0.19)
		建设用地(0.07)
		未利用地(0.02)
	水网密度指数（0.15）	河流长度
		水域面积
		水资源量
	土地胁迫指数（0.15）	土地重度侵蚀面积(0.4)
		土地中度侵蚀面积(0.2)
		建设用地面积　(0.2)
		其他土地胁迫面积(0.2)
	污染负荷指数（0.10）	化学需氧量
		氨氮
		二氧化硫
		烟粉尘
		氮氧化物
		固体废物
		总氮等其他污染物
	环境限制指数（约束性指标）	突发环境事件
		生态被破坏环境污染

（2）评价指标的计算方法

生物丰度指数 =（BI + HQ）/2；式中：BI 为生物多样性指数，评价方法执行 HJ623；HQ 为生境质量指数，当生物多样性指数没有动态更新数据时，生物丰度指数等于生境质量指数的变化。

生境质量指数 = Abio ×（0.35 × 林地面积 + 0.21 × 草地面积 + 0.28 × 水域湿地面积 + 0.11 × 耕地面积 + 0.04 × 建设用地面积 + 0.01 × 未利用地面积）/区域面积；式中：Abio，生物丰度指数的归一化系数。

植被覆盖指数 = Aveg ×（0.38 × 林地面积 + 0.34 × 草地面积 + 0.19 × 耕地面积 + 0.07 × 建设用地 + 0.02 × 未利用地）/区域面积；式中：Aveg，即植被覆盖指数的归一化系数。

水网密度指数 =（Ariv × 河流长度/区域面积 + Alak × 水域面积（湖泊、水库、湖渠和近海）/区域面积 + Ares × 水资源量/区域面积）/3；式中：Ariv，即河流长度的归一化系数；Alak，即水域面积的归一化系数；Ares，即水资源量的归一化系数。

土地胁迫指数 = Aero ×（0.4 × 土地重度侵蚀面积 + 0.2 × 土地中度侵蚀面积 + 0.2 × 建设用地面积 + 0.2 × 其他土地胁迫面积）/区域面积；式中：Aero 为土地胁迫指数的归一化系数。

污染负荷指数 = 0.4 ×（100 − ASO_2 × SO_2 排放量/区域面积）+ 0.4 ×（100 − ACOD × COD 排放量/区域年均降雨量）+ 0.2 ×（100 − Asol × 固体废物排放量/区域面积）；式中：ASO_2 为 SO_2 的归一化系数；ACOD 为 COD 的归一化系数；Asol 为固体废物的归一化系数。

生态环境状况指数（EI）= 0.25 × 生物丰度指数 + 0.2 × 植被覆盖指数 + 0.2 × 水网密度指数 + 0.2 ×（100 − 土地胁迫指数）+ 0.15 × 环境质量指数。

（3）环境限制指数

环境限制指数是生态环境状况的约束性指标，指根据区域内出现的严重影响人居生产生活安全的生态破坏和环境污染事项，如重大生态破坏、环境污染和突发环境事件等，对生态环境状况类型进行限制和调节（见表 2）。

表 2　环境限制指数约束内容

<table>
<tr><th colspan="2">分　类</th><th>判断依据</th><th>约束内容</th></tr>
<tr><td rowspan="4">突发环境事件</td><td>特大环境事件</td><td rowspan="4">按照《突发环境事件应急预案》，区域发生人为因素引发的特大、重大、较大或一般等级的突发环境事件，若评价区域发生一次以上突发环境事件，则以最严重等级为准</td><td rowspan="2">生态环境不能为“优”和“良”，且生态环境质量级别降 1 级</td></tr>
<tr><td>重大环境事件</td></tr>
<tr><td>较大环境事件</td><td rowspan="2">生态环境级别降 1 级</td></tr>
<tr><td>一般环境事件</td></tr>
</table>

续表

<table>
<tr><th colspan="2">分　类</th><th>判断依据</th><th>约束内容</th></tr>
<tr><td rowspan="4">生态破坏环境污染</td><td>环境污染</td><td rowspan="2">存在环境保护主管部门通报的或国家媒体报道的环境污染或生态破坏事件(包括公开的环境质量报告中的超标区域)</td><td rowspan="2">存在国家环境保护部通报的环境污染或生态破坏事件,生态环境不能为“优”和“良”,且生态环境级别降1级;其他类型的环境污染或生态破坏事件,生态环境级别降1级</td></tr>
<tr><td>环境破坏</td></tr>
<tr><td>生态环境违法案件</td><td>存在环境保护主管部门通报或挂牌督办的生态环境违法案件</td><td>生态环境级别降1级</td></tr>
<tr><td>被纳入区域限批范围</td><td>被环境保护主管部门纳入区域限批的区域</td><td>生态环境级别降1级</td></tr>
</table>

（4）生态环境状况评价标准

根据生态环境状况指数（EI），将生态环境状况分为五级，即优、良、一般、较差和差（见表3）。

表3　生态环境状况评价标准

级别	优	良	一般	较差	差
指数	$EI \geq 75$	$55 \leq EI < 75$	$35 \leq EI < 55$	$20 \leq EI < 35$	$EI < 20$
状态	植被覆盖率高,生物多样性丰富,生态系统稳定	植被覆盖率较高,生物多样性较丰富,适合人类生活	植被覆盖率中等,生物多样性一般水平,较适合人类生活,但有不适合人类生活的制约性因子出现	植被覆盖率较差,严重干旱少雨,物种较少,存在明显制约人类生活的因素	条件较恶劣,人类生态环境恶劣

（5）生态环境状况变化分级

生态环境状况变化分级见表4。

表4　生态环境状况变化分级

级别	无明显变化	略有变化	明显变化	显著变化
变化值	$\mid\Delta EI\mid \leq 1$	$1 \leq \mid\Delta EI\mid < 3$	$3 \leq \mid\Delta EI\mid < 8$	$\mid\Delta EI\mid \geq 8$
描述	生态环境状况无明显变化	如果 $1 \leq \Delta EI < 3$,则生态环境状况略微变好;如果 $-1 \geq \Delta EI > -3$,则生态环境状况略微变差	如果 $3 \leq \Delta EI < 8$,则生态环境状况明显变好;如果 $-3 \geq \Delta EI > -8$,则生态环境状况明显变差	如果 $\Delta EI \geq 8$,则生态环境状况显著变好;如果 $\Delta EI \leq -8$,则生态环境状况显著变差

环保部的指标体系最大的优点是细致、全面、专业性强，尤其环境限制指数是该指标体系的创新之处。但该指标体系的缺点是计算方法过于专业、难于操作，尤其是生物丰度、水网密度、植物覆盖等指数的数据获取成本相对较高；并且数据的变化数值如不大，对整个生态环境状况的值影响也不大。因而，这样的指标体系适合考量县域及以上的中期或长期生态环境状况。该指标体系的一些指标还适合描述县域及以上的总体状况。在考量黑龙江省的生态环境总体状况时，本调研报告使用了该指标体系中的一些易获取的指标。

2. 北京林业大学生态文明研究中心设计的省域生态环境建设状况指标体系

北京林业大学生态文明研究中心设计的中国省域生态文明建设评价指标中关于生态环境状况的指标体系及分析见表5。

表5　省域生态环境建设状况指标体系

一级评价指标	二级评价指标	三级评价指标
生态环境状况指数（EI）	生态活力	森林覆盖率
		森林质量
		建成区绿化覆盖率
		自然保护区的有效保护
		湿地面积占总面积的比重
	环境质量	地表水体质量
		环境空气质量
		水土流失量
		化肥施用超标量
		农药施用强度

森林质量：森林蓄积量/森林面积。

自然保护区的有效保护：自然保护区占辖区面积比重。

地表水体质量：优于三类水河长比例。

环境空气质量：省会城市空气质量达到及好于二级的天数占全年比例。

水土流失率：水土流失面积/土地调查面积。

化肥施用超标量：化肥施用率/农作物总播种面积 – 国际公认安全使用

上限值。

农药施用强度：农药施用率/农作物总播种面积。

北京林业大学课题组的指标体系最大的优点是简单、易操作，而且与国际接轨，并有专业机构连续多年跟踪全国各省份生态环境治理状况并进行考核，便于进行横向、纵向的比较，所以本研究报告在用比较的方法描述黑龙江省的生态环境总体状况时，基本采用的是本指标体系中的一些指标。该指标体系的不足是没有把突发性环境事件和生态破坏环境污染事件纳入指标体系，考量的内容也相对粗线条，缺少对声环境质量、工业固体废弃物污染等指数的考量。

3. 本调研报告设计省域生态环境状况指标体系

本着可行、易操作，综合以上两个权威指标体系的优点，本研究报告设计了考量黑龙江省生态环境状况指标体系（见表6）。

表6　黑龙江省生态环境状况指标体系

一级评价指标	二级评价指标	三级评价指标
生态环境状况指数（EI）	生态活力指数	森林覆盖率
		森林质量
		自然保护区的有效保护
		生物多样性
	环境质量指数	空气质量
		水环境
		城市声环境
		工业固体废物
		核与辐射
		农村环境
		土壤环境质量状况
	环境限制指数	突发环境事件
		生态破坏环境污染

（二）考量省域生态环境治理措施的指标体系

经过对目前能查阅到的8个省域生态环境状况指标体系进行比较，对最全面或最可操作的两个指标体系的优缺点进行分析后，设计了适合本调研报告所要考量的省域生态环境治理状况指标体系。

1. 省域生态环境治理状况指标体系

省域生态环境治理状况指标体系见表7。

表7　生态环境治理评价指标体系

一级评价指标	二级评价指标	三级评价指标
生态环境治理评价指标体系	生态环境治理的观念强度指标	生态环保型生活方式的人口占总人口的比重
		农村文明生态村占自然村总数的比例
		城市文明生态社区占城市社区总数比例
		环保宣传教育普及率
	生态环境治理的制度与组织完善程度指标	产业技术准许制度实施面
		环境影响评价制度实施面
		排污许可证制度实施面
		污染限期治理制度实施面
		政府绿色采购制度实施面
		环境指标纳入领导干部考核指标体系考核制度实施面
		环保领导班子建设
		环保人力资源战略开发规划战略
	生态环境治理过程的绩效指标	工业废水排放达标率
		工业固体废物处置利用率
		工业烟尘去除率
		工业粉尘去除率
		城市生活污水集中处理率
		生活垃圾无害化处理率
		噪声达标区覆盖率
		城镇燃气普及率
		建成区绿化覆盖率
		森林覆盖率
		生态公益林覆盖率
		集中式饮用水水源地水质达标率
		城市水功能区水质达标率
		退化土地（水土流失、矿山）生态恢复率
		工业废水排放达标率
		工业固体废物处置利用率

续表

一级评价指标	二级评价指标	三级评价指标
生态环境治理评价指标体系	生态环境治理的运作效能	公民对生活环境的满意度
		公民对环境违法案件查处的满意度
		公民对政府行政效率的满意度
		公民对政府行政诚信的满意度

该指标体系的突出特点是细致、全面，缺点是生态环境治理过程的绩效指标与描述生态环境状况的指标有重复，而且其中的一些指标数据也不容易获得，如“退化土地（水土流失、矿山）生态恢复率”。

2. 北京林业大学生态文明研究中心设计的省域生态环境治理状况指标体系

北京林业大学生态文明研究中心设计的中国省域生态文明建设评价指标中关于生态环境治理状况的指标体系及分析见表8。

表8 省域生态环境治理状况指标体系

一级评价指标	二级评价指标
生态环境协调指数	环境污染治理投资占 GDP 比重
	工业固体废物综合利用率
	城市生活垃圾无害化率
	COD 排放变化效应
	氨氮排放变化效应
	二氧化硫排放变化效应
	氮氧化合物排放变化效应
	烟(粉)尘排放变化效应

该指标体系的优点是简单、易行、可操作，但因该指标本身从属于生态文明建设指标体系，所以对生态环境治理采取的措施、制定的制度等内容没有考量。

3. 本调研报告省域生态环境治理指标体系

本着可行、易操作的原则，综合以上两个权威指标体系的优点，本研究报告设计了考量黑龙江省生态环境治理状况指标体系（见表9）。

表9　黑龙江省生态环境治理状况指标体系

一级评价指标	二级评价指标
生态环境治理评价指标体系	农村文明生态村占自然村总数的比例
	环保宣传教育普及率
	环境污染治理投资占 GDP 比重
	工业固体废物综合利用率
	城市生活垃圾无害化率
	COD 排放变化效应
	氨氮排放变化效应
	二氧化硫排放变化效应
	氮氧化合物排放变化效应
	烟(粉)尘排放变化效应

二　黑龙江省生态环境的总体状况

近年来，黑龙江省对于生态环境保护工作投入了大量的人力和财力，制定了相关的生态环境治理和保护政策，使生态状况得到了一定程度的改善；但是目前黑龙江省的环境现状仍不乐观，各种环境问题还依然存在。

（一）生态优势进一步巩固

由于自然禀赋，黑龙江的生态活力一直处于全国领先位置。党的十八大以来，在大力推进生态文明建设的大背景下，黑龙江省的生态优势进一步巩固。

1. 森林覆盖率和森林质量都有所提升

截至 2016 年底，黑龙江省拥有林地面积 2324. 19 万公顷，森林蓄积量达 18. 89 亿立方米，省森林覆盖率为 46. 74%，比 2015 年提高 3. 58 个百分点；森林覆盖面积 85. 86 立方公顷，比 2015 年增加 2. 48 立方公顷。

2. 自然保护区和生态示范县再增国家队

2016 年 5 月 2 日，国务院批复翠北湿地、碧水中华秋沙鸭、北极村和公别拉河为国家级自然保护区，截至 2016 年底，黑龙江省共建立各种类型、

不同级别的自然保护区251个，其中，国家级40个、省级84个、市级55个、县级72个，总面积达805万公顷。自然保护区总面积占黑龙江省面积的17%，比2015年提升2个百分点。2017年9月，虎林获国家生态文明建设示范市称号，截至2017年年底，黑龙江省已建国家级生态县（市）1个，国家级生态乡（镇）126个，国家级生态村16个，省级生态市3个，省级生态县（市、区）69个，省级生态乡（镇）824个，省级生态村5735个。黑龙江省有51个县（市、区）和重点国有林区所属40个林业局列入国家重点生态功能区。

随着森林覆盖率的提升、自然保护区的增加，截至2016年底，黑龙江省高等植物已达2000多种，其中红豆杉、野大豆等国家级保护植物有10种；陆生野生植物已达476种，其中东北虎、丹顶鹤等一级保护动物有77种，驼鹿、白顶鹤等二级野生保护动物有66种。

森林覆盖率较高、生物多样性较丰富、适合人类生活，这些无疑表明黑龙江省的生态质量已显现出良好的态势。

（二）环境质量升中有降

2016年，黑龙江省环境质量总体评价良好。其中，生态环境状况优秀的县（市）有18个，生态环境状况良好的县（市）有53个，生态环境状况合格的县（市）有5个。具体状况呈现为以下几方面。

1. 城市的空气质量开始出现下滑趋势

与2016年同期相比，省会城市哈尔滨1~8月重度污染及以上天数由4天增加至16天，2017年累计增加12天，增幅为300%。对黑龙江省13个市（地）的环境空气质量按照《环境空气质量标准》监测的结果看，有5个月的平均达标天数比例同2016年相比呈下降趋势，其中，1月、4月、5月、6月、7月呈下降趋势，降幅分别为22.3%、6.6%、3.9%、0.5%、2.5%，其中1月的降幅最大。1月黑龙江省市（地）达标天数占比为41.9%~96.8%，平均达标天数占比仅为65.0%。2月、3月、8月虽呈上升状态，但上升最高的仅为1.8%，上升最低的为0.3%。由此看来，黑龙江省的空气质量总体出现了下滑，各项首要污染物所占天数最多的为PM2.5，并且污染物的浓度绝大多数的市（地）都有所升高。在13个市（地）中哈尔滨、七台河、齐齐哈尔的空气质量分别位列倒数第一、倒数第二、倒数第三。

2. 水环境在保持稳定的同时有所改善

水环境的状况可以从河流水质状况、集中式生活饮用水水源和废水排放情况三个方面考量。

2016年，黑龙江省河流水质状况总体为轻度污染，Ⅱ类水质占6.6%，Ⅲ类水质占57.9%，Ⅳ类水质占25.6%，Ⅴ类水质占4.1%，劣Ⅴ类水质占5.8%，达标率为67.8%，主要污染指标为高锰酸盐指数、化学需氧量和总磷。松花江干流水质良好，同比水质无明显变化，松花江干流高锰酸盐指数浓度同比下降0.523mg/L，化学需氧量浓度同比下降2.12mg/L。乌苏里江和黑龙江都为轻度污染，同比水质无明显变化，主要污染物为高锰酸盐指数和化学需氧量。镜泊湖的水质为Ⅲ类，属中营养，污染指标为总磷。兴凯湖的水质为Ⅲ类，属轻度富营养。磨盘山水库的水质为Ⅲ类，属中营养，污染指标为总氮、高锰酸盐指数和总磷，同比水质无明显变化。尼尔基水库的水质为Ⅴ类，属中营养，污染指标为总氮、高锰酸盐指数和总磷，同比水质有所恶化，水质类别由Ⅳ类变为Ⅴ类。莲花水库的水质为Ⅳ类，同比水质无明显变化。

2017年，黑龙江省个别城市集中式生活饮用水水源地铁锰超标情况依然存在。数据显示，2017年前8个月，黑龙江省13个地级及以上城市35个集中式生活饮用水水源，共监测32个（1月、2月、3月）或33个（4月、5月、6月、7月、8月），其中地表水水源16个（河流型5个，湖库型11个），地下水水源16个（1月、2月、3月）或17个（4月、5月、6月、7月、8月）。监测结果显示，水源的达标率皆在60%以上，但在稳定中有恶化趋势，尤其是6月、7月水源超标率为39.4%，主要污染物为锰、铁。超标水源分布比较集中，主要分布在齐齐哈尔、大庆、佳木斯、绥化。齐齐哈尔有6个水源，长年超标的为4个，即铁西水源、龙沙水源、铁锋水源、建华水源；大庆有8处水源地，有4处长年超标，即前进水源、西二水源、西水源、南二水源；佳木斯只有1处水源地，却长年超标；绥化有两处水源地，皆长年超标。

2016年黑龙江省废水排放总量为13.83亿吨，2015年为14.9亿吨，减少了1.07亿吨；2016年主要污染物化学需氧量排放量为29.63万吨，2015年为139.3万吨，减少了109.67万吨；2016年氨氮排放量为4.37万吨，2015年为8.1万吨，减少了3.73万吨。同2015年相比，2016年，松花江流域采集到物种类和物种数量增加，水生昆虫EPT种类有小幅增加，水环境质量处于缓慢改善状态。

3. 声环境是昼间向好，夜间仍超标严重

城市噪声污染早已成为城市环境的一大公害。2016年，黑龙江省环境污染投诉总数为16500件，其中涉及噪声污染的投诉为5717件，占34.6%，投诉数量与2015年相比增加了7.8%。尽管黑龙江省一直很注意噪声污染的整治工作，但总体看效果不太明显。2016年黑龙江省平均等效声级为53.8dB（A）（面积加权），比2015年降低0.7%。有1个城市的声环境质量跨入好的行列。但黑龙江省各类功能区的夜间达标率未见改善。具体情况仍是，昼间达标率高于夜间，4b类功能区昼间达标率好于其他类功能区，4b类功能区夜间超标严重。由图1可以看出，黑龙江省除0类功能区的夜间达标率略高于全国的平均值57.3%以外，其他的五类功能区皆低于全国平均值，尤其是4b类功能区夜间达标率基本为0，而同期全国达标率的平均值是72.1%。

4. 工业固体废物的排放量已明显减少

工业固体废物排放量减少的原因，一方面是产生量减少，另一方面是综合处置率提高。工业固体废物分为一般固体废弃物和危险废弃物两种。2016年黑龙江省一般固体废弃物产生量为6940.42万吨，2015年为7494.5万吨，减少554.08万吨；2016年黑龙江省综合利用量为3582.09万吨，2015年为4308.2万吨；2016年黑龙江省处置量为1675.1万吨，2015年为480.6万吨；2016年黑龙江省储存量为1685.3万吨，2015年为2771.6万吨，储存

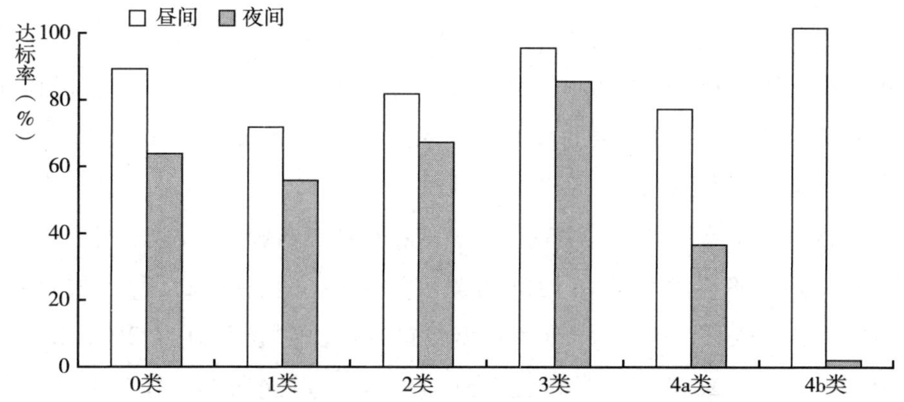

图1　2016年城市各类功能区昼、夜声环境质量达标率

率下降；2016年黑龙江省倾倒丢弃量为1.61万吨，2015年为1.8万吨，倾倒丢弃量减少0.19万吨。2016年黑龙江省危险废弃物产生量为57.48万吨，2015年为32.6万吨，减少24.88万吨；2016年黑龙江省综合利用量为24.51万吨，2015年为8.7万吨；2016年黑龙江省处置量为29.1万吨，2015年为23.5万吨，增加了5.6万吨。

5. 辐射环境的质量依然保持良好状态

2016年，黑龙江省辐射环境的质量总体良好。黑龙江省共有9个辐射环境质量监测站，有6个分布在黑龙江省边境线上。实时连续监测环境空气吸收剂量率小时均值范围为（49.4～140.0）nGy·h－1，均在历年涨幅范围之内，无明显差异。

6. 仍有近三成地方的乡村处于轻度污染

在2008年国家首次召开农村环境保护工作会议后，黑龙江省在“八大经济区”、“十大工程”和构建城乡一体化发展新格局等重大战略中，把农村环境保护、生态省建设和改善环境民生问题摆在重要位置。2012年，党的十八大提出生态文明的建设后，黑龙江省更是把治理农村环境工作作为重中之重的工作。经过近10年的努力，黑龙江省农村环境得到明显改善。2015年，在进行监测的37个县（市、区）中，还有8个县（市、区）的农村环境质量综合状况级别为较差、中度污染；3 个县（市、区）的农村环境质量综合状况级别为差、重度污染。到了 2016 年，在进行监测的 39 个县（市、区）中，就没有中度污染和重度污染的县（市、区）了。但仍存在 10 个（27.78%）轻度污染的县（市、区）。

7. 土壤污染地区的比例高于全国平均值

首次全国土壤污染状况调查公报显示：长江三角洲、珠江三角洲、东北老工业基地等部分区域土壤污染问题较为突出，土壤总的点位超标率为 16.1%，其中轻微、轻度、中度和重度污染点位比例分别为 11.2%、2.3%、1.5%和 1.1%。2016 年，黑龙江省监测了 20 个风险场地，有 7 个存在污染，其中：轻微污染 4 个，占比为 20%；轻度污染 1 个，占比为 5%；重度污染 2 个，占比为 10%。比例明显高于全国。首次全国土壤污染状况调查公报的内容也印证了这一事实：表层土壤中无机污染物含量增加比较显著，在华北、东北和西部地区增加了 10% ~40%。

（三）环境限制指数为零

由于各级政府和环保部门制定了突发环境事件应急预案，完善了处置程序和体系；开展了环境风险隐患排查整治，提升了突发环境事件预防处置能力，2016 ~2017 年，黑龙江省的重大生态破坏、环境污染和突发环境事件发生率为零。

三　黑龙江省生态环境存在问题的原因分析

黑龙江省的生态环境之所以能总体向好，与省委、省政府的高度重视有着密切的关系，与各级环保部门的积极作为有着直接关系。2016 年 2 月 15 日，黑龙江省审议通过《黑龙江省大气污染防治专项行动方案（2016 ~2018 年)》，方案将 PM2.5 作为约束性指标，对省辖城市进行考核。同年 9 月 9 日，黑龙江省委省政府出台《党政领导干部生态环境损害责任追究实施细则（试行)》《党委政府及其有关部门环境保护工作职责》，明确提出了黑龙江省各级党委、政府及部门的环境保护工作职责。2016 年，黑龙江省环保部门开展“冬病夏治”、“百日攻坚”、违法违规建设项目“清仓”、排污费征收“清缴 ”等专项行动。共出动执法人员 2.1 万人（次），检查企业 7000 余家（次），清理违法违规建设项目 1.4 万个，清缴排污费 1265.8 万元，办理行政处罚案件 1094 起，罚款总额 1.1 亿元。在总结成绩的同时，我们更应该分析现状中存在不足的原因，只有找准原因，才可以制定出切实可行的方案，实施正确的措施。

（一）燃煤和焚烧秸秆是导致大气污染的重要元凶

黑龙江省大气污染的主要污染物是烟尘和二氧化硫，此外，还有氮氧化物和一氧化碳等。由此判断，燃煤和焚烧秸秆是黑龙江大气污染的重要元凶。“据环保部的通报：黑龙江省是全国唯一大型燃煤电厂没有安装脱硝设施的省份，省内各城市热电联产机组热力管网覆盖的地区仍存在大量燃煤小锅炉。”① 根据环保部卫星应用中心发布的秸秆焚烧遥感监测周报，2016 年 10 月 31 日至 11 月 6 日，环境卫星监测到全国有 15 个省 756 处秸秆焚烧点，其中，黑龙江省位列第一，共有 580 个秸秆焚烧点，山西省位居第二，有 66 个秸秆焚烧点。由此可看出，焚烧秸秆也是造成黑龙江空气污染的主要原因之一。

表 10　全国 15 个省的秸秆焚烧点

排序	省　份	火点数（个）	火点强度（个/千公顷耕地面积）	2015 年同期火点数（个）	与 2015 年同期相比（个）
1	黑龙江	580	0.0496	1072	-492
2	山　西	66	0.0201	24	42
3	吉　林	43	0.0086	174	-131
4	内蒙古	27	0.0048	29	-2
5	河　北	17	0.0027	4	13
6	辽　宁	6	0.0019	77	-71

① 《环保部：黑龙江燃烧秸秆是国内大气污染元凶》，《人民日报全媒体平台》2016 年 11 月 9 日。

续表

排序	省　份	火点数（个）	火点强度（个/千公顷耕地面积）	2015 年同期火点数（个）	与 2015 年同期相比（个）
7	新　疆	6	0.0027	0	6
8	甘　肃	2	0.0007	1	1
9	湖　北	2	0.0005	0	2
10	宁　夏	2	0.0026	0	2
11	江　西	2	0.0005	0	2
12	山　东	1	0.0001	5	-4
13	广　西	1	0.0003	0	1
14	安　徽	1	0.0002	0	1
15	河　南	0	0.0000	2	-2

（二）人为活动与原生地质共同导致部分水源污染超标

黑龙江省的水源污染是自然和人为合力作用的结果。根据黑龙江省第六地质勘查院的论证，地表水中的铁、锰来源于含铁离子较高的岩层，并且铁、锰多为伴生矿，含铁离子高的岩层也会存在一定数量的锰，岩石风化后铁便会在融雪期和汛期随着水流冲刷进入河道或渗入地下并在枯水期侧向渗入补给河。因此，黑龙江省嫩江、松花江干流沿岸地表水含铁、锰超标的原因为沿岸多为含铁较为丰富的岩石山地。研究表明三江平原地区地下水中普遍富集一定含量的铁、锰、可溶性二氧化硅，嫩江、松花江流域沿岸地下水含有过量的铁和锰，地下水铁、锰含量较高是历史性的，是由来已久的，并且地下水铁、锰含量超标具有广泛性。历史延续性以及延续的基本稳定性在以往地下水铁、锰超标的研究数据分析中，未曾表现出局部地区点状分布的状况，这表明黑龙江省地下水铁、锰含量超标不是由工业生产污染造成的，实际上省内也没有铁、锰的工业污染来源，因此可以说“黑龙江省嫩江、松花江沿岸地表水铁锰的本底值高于地表水Ⅲ类水质标准是由原生地质环境造成的”。[①] 齐齐哈尔市的饮水水源主要来自嫩江，大庆市的水源主要来自

① 孙国敏、王春雷、张淑霞：《黑龙江省地表水铁锰超标成因分析》，《东北水利水电》2013年第4期。

嫩江、松花江等水系，绥化市的饮水水源主要来自松花江和呼兰河，佳木斯的水源主要来自黑龙江、松花江、乌苏里江三大水系。由此，可看出齐齐哈尔、大庆、佳木斯、绥化的水源铁锰超标皆是由原生地质环境造成。但至于水源中的氮、高锰酸盐指数和总磷超标则是由人类活动产生的污染物造成的，如尼尔基水库和莲花水库。

（三）取证难和多部门管辖是导致噪声污染治理难的重要因素

噪声污染没有污染物和后效作用，当声源停止发声后，污染也就终止了，执法取证难度较大。按照国家发改委、司法部、环保部等部委编制的《环境投诉指南》中的规定，对于噪声污染的投诉做如下划分：环保部门负责工厂、企业及建筑工地晚上施工的执法权；建筑工地白天施工、城市路边摊点及餐饮、商店的噪声归属于城管部门；交通运输、机动车船、铁路、民用航空器、文化娱乐场所、道路噪声等分别归属于交通运输、铁路、民航、文化、路政等按各自专业范围进行管辖；社会生活噪声的执法权属于公安部门。面对如此复杂的分类，即便是民众想去投诉也是很难的。重要的是，有些噪声的来源并非法律上的绝对细分而成的，很多噪声往往带有交叉性质，如半夜大型货车运输渣土发出的噪声，属于交通运输噪声或道路噪声，还是属于夜间建筑施工噪声？实际上是难以判定的。加之，这些不同的部门也没有出台相应的执法标准，在执法过程中往往因为证据不足而难以采取实质性措施。这种条块化的噪声治理机制，使噪声污染治理难。

（四）经费不足是部分农村污染不能彻底解决的关键因素

黑龙江省近三成地方的农村环境不能有效治理是由多种原因导致的，但其中经费不足是主要原因。中国环境科学研究院的研究结果显示：要基本控制环境污染，治理投资就应占 GDP 的 1%；要基本解决环境污染，治理投资就应占 GDP 的 1.5%；要明显改善环境，治理投资就要占 GDP 的 2% 以上。黑龙江省没有对农村环境污染治理资金数据做过专门统计，所以只能通过黑龙江省环境污染治理资金投资总额来间接反映。黑龙江省环境污染治理投资总额2011年为152.7亿元，占GDP比重为1.21%；2012年占GDP比重为1.59%；2013年占GDP比重为2.08%；2014年占GDP比重为2%；由这些数据可看出，2012年、2013年和2014年环境污染投资总额占GDP比重为1.2%~2.5%，所以黑龙江省属于总体环境污染的问题基本得到解决。但由于农村投资回报率小、周期长，长期以来黑龙江省的各级政府治理环境污染的资金大多投入治理工业企业污染和城市环境污染中，导致治理农村环境污染的资金严重短缺。统计显示，2011~2014年黑龙江省城镇环境基础设施建设占环境污染治理投资总额的比重分别为57.11%、74.83%、67%、76.75%。

（五）除化肥农药的污染外地膜覆盖物等也是土壤污染的罪魁

黑龙江省土地污染主要是由化肥施用超标和农药施用强度大所致。为了追求高产，黑龙江省农民大量使用化肥和农药。黑龙江省农科院五常所研究员刘会对《经济观察报》记者表示，农民为了提高产量，大量使用化肥农药，导致目前土壤出现一些问题。黑龙江农垦总局下属农场种粮大户曾庆喜承包土地种植农作物已经有30多年了。他的经验是“没有千斤肥，难打万担粮”，他说：“这些年合计下来每公顷土地每年要施1000公斤左右化肥。”使用化肥不仅污染了农产品，而且会留在土壤中，造成长期的污染问题，有很大的潜在危害。黑龙江农业监测站杜桂德站长说：“目前，农药和化肥的实际利用率不到30%，其余70%以上都污染环境了。”黑龙江垦区佳兴化肥农药店经销商张青峰说：“化肥残留物留在土壤中，钙化后久而久之对土壤有板结作用。如果农场这样大量使用化肥耕种60年，土地就会进一步硬化，地越来越硬。也许三代人、四代人之后就没有土地可耕种了。”① 另外，黑龙江省也存在个别地区的废气及固体废物污染土壤和地膜覆盖物污染土壤。因低于0.008毫米的地膜覆盖物不易回收，残留在大地上就会成为白色污染物，为此，我国1992年制定的国家标准规定，聚乙烯地膜的厚度不应低于

① 庞丽静：《东北：化肥浸染黑土地》，《经济观察报》2014年6月21日。

0.008 毫米。但“监测发现，在我国一些地方，农民为了减少成本，往往使用0.006 毫米的超薄膜，甚至还有0.005 毫米的地膜。《经济参考报》记者在甘肃、黑龙江、宁夏、陕西等地采访时看到，这种现象比较多见”。[①] “在鸡西，石墨的过度开发，已经不是仅仅污染空气和地下水，当地的生态环境已经遭受到了严重的破坏。”

（六）环保意识薄弱和法律的不完善是阻滞环境治理的重要原因

一般情况下，环保意识与受教育水平呈正比例关系。2016 年中国统计年鉴的数据显示，高中文化程度人口占黑龙江省 6 岁及以上受教育人口总数的 12.35%，全国平均值为 32.03%；大学专科文化程度人口占 6.68%，全国均值为 6.68%；大学本科文化程度人口占 6.28%，全国均值为 5.93%；研究生文化程度人口占 0.33%，全国均值为 0.59%。这几组数据可看出黑龙江省居民受教育程度总体上是低于全国平均水平的。另外，由于自然资源的丰富，黑龙江人长期形成靠天吃饭的观念，人们的生态环保意识也相对淡薄。农民为了追求粮食高产，明知超量用化肥对环境有污染，仍继续超标使用化肥；企业为了方便，不惜污染环境就近排污；居民为了省事，不愿意对垃圾进行分类投放。

环保法的不完善，一方面，表现在法律的效力上。《中华人民共和国环境保护法》（简称《环保法》）不是中国的环境基本法。在法律效力等级上并不高于专项法律，这就使其在实施过程中受到一些专项法律的抵制。比如，在实践生态红线制度、加强自然生态区域保护、加强生态修复、保护生态安全、开展生态补偿、重视农业生态保护等制度时，农业、林业、海洋、国土资源等部门就会因《环保法》的法律效力等级不比《农业法》《林业法》《草原法》《水法》等专项法律高，而抵制环保部门的统一指导和监督。所以，若不提高《环保法》的权威性，其部分规定将会被逐渐架空，乃至最后形同

① 刘家昌：《我国大棚菜地土壤污染严重　地膜残留成最大污染源》，国内新闻 - 新闻频道 - 水母网，2012 年 6 月 12 日。

虚设。另一方面，表现在内容上。如《环保法》没有明确宣告和承认公民的环境权，这将不可避免地使公民环境权无法得到保障，使公民参与权无法充分实现。部分较为严格的处罚权并未完全下放。比如，要关闭严重违法企业必须报请有批准权的人民政府批准，如果政府庇护企业而不采纳环境保护部门的建议，《环保法》就没有明确、具体的措施来保障环保部门执法。

四　黑龙江省生态环境问题的治理措施与建议

探寻到黑龙江省生态环境建设中存在的问题及产生的原因后，就需有针对性地采取相关措施来改善这一现状，在绿色发展理念的指导下，黑龙江省的经济建设与生态环境保护协调发展，最终实现人类生存和生态环境建设和谐发展的目标。

（一）通过强化环保教育提升公民环保意识

虽然伴随着生态文明建设进程的逐步推进，黑龙江省公民的环保意识不断加强，但客观地说，目前还停留在觉醒的层面。之所以这样，与黑龙江省公民环保意识的形成是被动的有直接关系。黑龙江省许多公民环保意识的产生是通过宣传途径获得的。宣传的特点是被动灌输，而教育的特点是主动启发，所以黑龙江省应将二者结合起来共同提升公民的环保意识。应建构环保教育全覆盖体系。让环保教育课成为中小学的必修课并酌情增加课时，旨在告知学生环境保护的权利和义务，教育学生从小认识环保的重要性及违法的危害性，以及在中小学普及垃圾分类、辨别生活用品等环保常识。政府部门的特殊地位决定，要把政府部门领导者和工作人员列为教育重点，教育他们增强生态意识，提高生态文化自觉，并将生态文化贯彻到政府的各种规划、决策和行动中，推动生态文化建设顺利发展。企业是节约资源和保护环境的中坚力量，为此，要把企业管理者作为重点教育对象，要特别重视向他们传授循环经济理论、清洁生产理论和可持续发展理论等生态知识，提高他们的生态文化自觉，使他们在带动企业提高经济效益的同时，也要担负节约资源和保护环境的责任。公众不仅是生态教育的接受者，还是生态文化建设的实践者和监督者，所以要通过生态文化社会教育，让公众不仅能掌握基本的生态知识，树立人与自然和谐发展的价值观念，而且还能在生产和生活实践中自觉履行节约资源和保护生态的义务。

（二）通过完善环保法律提升环保执法效力

鉴于《环保法》权威性不够的问题，建议全国人民代表大会在适当的时候将《环保法》上升为基本法。新《环保法》是 2014 年 4 月 24 日修订，2015 年 1 月 1 日开始施行，所以对于内容上存在的不足不宜马上修改，但可以通过最高人民法院颁布司法解释的方式解决。比如，2016 年 6 月 1 日发布的《关于审理环境侵权责任纠纷案件适用法律若干问题的解释》效果就特别好。该解释旨在解决环境污染审判实践中责任不清、法律适用不统一等相关问题，不仅重点规范了污染者如何承担责任等具体问题，还为法院审判提供了裁判归责指南，为污染者提供了自我约束指南，为被侵权人提供了精准维权指南。自 2015 年 6 月 3 日实施以来反响一直都很好，细化了责任之举，牵住了环保法治的“牛鼻子”。生态保护形势的复杂性和多变性，决定了环境污染问题不可能一揽子解决，审判实践中难免遇到这样或那样的问题。立法机关、最高人民法院和最高人民检察院等部门必须密切关注环境污染发展态势，要根据实际不断完善保护生态环境的法律制度。

（三）通过加大资金投入健全农村环保设施

目前，黑龙江省一些农村没有生活污水处理厂、垃圾处理厂和中转站导致生活垃圾乱堆、生活污水横流。要改善这一切亟须投入资金，建设环保设施。对农村环保项目建设，在中央预算上要预留资金，在城乡规划中要明确布局，在涉农项目中要予以倾斜。地方各级财政也要加大农村环境保护资金保障力度，把农村环境保护作为公共财政支持和保障的重点，切实加大资金投入。要整合涉农项目和资金，将农村环境连片整治项目与基本农田改造、农村新能源开发、农业结构调整相结合，有效发挥财政资金的聚集效应。要落实配套经费。建议国家在安排污水、垃圾处理项目时，结合实际给足污水收集管网、垃圾转运配套设施建设资金，补助一定量的营运经费，保障农村环保设施正常运行。要创新投入方式，建立政府主导、村民参与、社会支持的投入机制。要推动政府通过委托、承包、采购等方式向社会购买村庄规划建设、垃圾收运处理、污水处理、河道管护等公共服务。

（四）通过金融补贴引导公众实施环保行为

黑龙江省可以通过实施金融补贴的办法减少公众的损失，以此引导公众实施环保行为。在治理燃煤污染时，黑龙江省可以借鉴山东一些地区的好做法。根据黑龙江省各级财政的实际情况，效仿山东省济南市推进“电代煤”的做法，或者对居民用户购买电取暖设备的费用实行一次性补贴，或者是对居民采暖期的用电进行补贴，或者规定年用电量超出4800度部分，暂不执行居民阶梯电价第三档用电价格。参考山东省潍坊市推进散煤清洁化治理的补贴政策，根据黑龙江省的实际，从以下方面制定补贴政策。①对农村居民使用清洁型煤和生物质成型燃料的每户每年补贴一吨或给予等额补贴资金。②对更换使用省、市列入推广目录的节能环保炉具，每台（套）补贴购置价格的30%，设置补贴上限。③对镇街驻地及农村集中居住区，按照宜电则电、宜气则气的原则，实施煤改电、煤改气工程，对工程建设方实施财政奖补，按每项工程实际投入资金的30%，上限不超过5万元的政策实施等。另外，为了减少化肥对土壤的污染，黑龙江省可以从生产、流通、使用三个环节进行补贴，引导农民购买有机肥。

（五）通过强化技术研发根治环境治理难题

技术研发是治理污染的最根本措施。鉴于当前各级政府财力有限的现实，黑龙江省可以效仿国外分阶段、分步骤地实施科技研发、秸秆综合开发利用。第一步，学习丹麦和日本处理秸秆的做法。丹麦将秸秆卖给电厂发电，满足上万户居民的用电和供热需求。这样做的好处是，一方面电厂降低了原料成本，居民获得了实惠的电价；另一方面，秸秆燃烧后的草木灰又无偿地还给农民做了肥料，从而形成了一个工业与农业相衔接的循环经济圈。日本的做法是分类处理秸秆，先是把容易处理的秸秆翻入土层中还田用作肥料，或把秸秆用作粗饲料喂养家畜；对部分难以处理的秸秆，则通过专门组织，采取统一地点和时间进行就地焚烧。第二步，随着各级政府财力的增长，可以效仿美国和日本使用更高技术处理秸秆。美国把秸秆作为新兴的替代燃料特别是生物燃料，从中提取乙醇进行开发利用，使秸秆综合回收利用有了新发展。目前，日本也在积极挖掘秸秆的燃料转化潜力，已研制出从秸秆所含纤维素中提取酒精燃料的技术，向着秸秆的科学化、实用化迈出了新步伐。

（六）通过理顺各种关系强化环保管辖权限

黑龙江省噪声污染取证难有客观原因也有主观原因。其中，一个重要的主观原因就是一些环保部门执法人员的专业水平低。一般情况下，绝大多数的噪声污染案件是由区县、乡镇及街道一级的环境执法机关首先受理的。然而，目前在我国，中央和省级环保部门力量较为强大，专业化色彩突出，高级研究人才较多，而市、县一级环保部门的力量明显要单薄得多。为此，黑龙江省要强化区县、乡镇及街道一级的环境执法机关，让更多的高级研究人才、专业人才充实到基层的环保部门。另外，黑龙江省还需出台专门的文件明晰环保部门与相关业务部门的职责，以防止出现部门间利益争抢、问题推诿的情况。

B.7

黑龙江省自然灾害治理的现状分析与对策建议

初智勇*

摘　要： 黑龙江省位于中国东北部，地理位置与自然地貌使其气候深受东亚季风影响，风向、温度、降水随季节交替变化较大。受西伯利亚寒流影响，全年平均气温偏低。黑龙江省自然灾害具有明显的季节性集中与不均衡的特点，主要包括春旱、夏涝、秋霜冻、风雹等。黑龙江省自然灾害具有频发、高发、交替连发、受灾面积大等特征。近年来，黑龙江省从政策规划、气象监测、科技创新、队伍建设等方面完善了灾害治理体制机制，提高了灾害防治能力。但是，黑龙江省灾害治理部门与人员的思想观念、工作模式，不断发展变化的自然灾害与社会经济形势，不断拓展延伸的职能与任务之间，还存在诸多不相适应的环节与问题。今后一个时期，全球气候变化及经济社会发展对黑龙江省自然灾害治理提出了新要求、新任务。黑龙江省应着力“从注重灾后救助向注重灾前预防转变，从应对单一灾种向综合减灾转变，从减少灾害损失向减轻灾害风险转变”，全面提升全社会抵御自然灾害的综合防范能力。

关键词： 黑龙江省　自然灾害　自然灾害治理　自然灾害管理

---

* 初智勇，博士，黑龙江省社会科学院政治学研究所，副研究员，研究方向为国际政治。

黑龙江省位于中国东北部地区，最北端在漠河以北的黑龙江主航道，位于北纬53°33′，最南端在东宁市的南沿，位于北纬43°25′，最东端在抚远以东、乌苏里江与黑龙江汇流处，位于东经135° 05′，最西端在大兴安岭北部的大林河源头以西，位于东经121°11′。全省东西最长距离为930公里，横跨14°经距，时差54分钟；南北最长距离约1120公里，纵越10°纬距。黑龙江省以黑龙江、乌苏里江主航道为界与俄罗斯接壤，中俄水陆边界黑龙江省段长达3045公里。黑龙江省西部与内蒙古自治区接壤，南部与吉林省相邻。

黑龙江省的气候条件与其地理位置和自然地貌密切相关。由于纬度高（全省位于北纬43°～53°），同时地势平均海拔较低（黑龙江省地形以平原为主，以松嫩平原、三江平原为主体，北部、东南部有部分山地地形，大部分平原地貌海拔为50～200米），黑龙江省受西伯利亚寒流影响较大，跨中温带和寒温带，年平均气温为－4℃～5℃，年平均积温较低（1900℃～2700℃不等），是中国最寒冷的省份之一。

黑龙江省属大陆性季风气候，包括寒温带－温带、湿润－半湿润季风气候，冬季漫长寒冷，夏季短促，但日照充分。全年无霜期为90～120天，年降水量为400～700毫米。

一　黑龙江省自然灾害基本概况

黑龙江省气温、降水随季节交替出现周期性较大幅度的变化，呈季节性集中与不均衡分布结构。与之相应，黑龙江省自然灾害以春旱、夏涝、秋霜冻、风雹为主。

1. 干旱、洪涝灾害

黑龙江省的干旱与洪涝灾害具有发生频率高，受灾、成灾面积大，旱涝交替，连旱连涝等特征。①

① 黑龙江省春夏秋季连旱出现次数最多，春旱夏秋涝为其次，年年自春至夏秋季既有旱涝，并有连旱连涝交替的规律。参见季山《黑龙江省旱涝特性及其对农业生产的影响》，《东北水利水电》1992年第6期，第52～56页。

20 世纪 90 年代以来，黑龙江省干旱灾害的发生频率明显提高，几乎达到十年九春旱的程度。干旱范围持续扩大，开始严重波及原来非旱灾发生的地区，包括佳木斯、牡丹江、鸡西、七台河、鹤岗、双鸭山等地区。近几年，旱情不同程度地扩大到除大兴安岭地区黑龙江沿岸以外的全部省区。灾情明显加重，持续无雨天数增加，土壤干涸层增厚。小型河流、库塘断流、干涸。泵站低水位吊泵，地下水位连年下降，受灾与成灾面积呈倍增态势。①

而黑龙江全省耕地面积的一半左右（6000 万亩）易发生洪涝灾害。年均成灾面积达千万亩。1716 ~ 1998 年的 282 年间，有 103 年、约占全部考察时段的 36.5% 出现洪涝灾害。而黑龙江省进行大规模农业开发之后，洪涝灾害频率呈现进一步上升趋势。1958 ~ 1998 年的 40 余年间，出现洪涝灾害 16 次，占全部考察时间段的 40%，比 1716 ~ 1755 年的 40 年间的洪涝发生次数，增加一倍。1998 年洪水是这一期间洪涝灾害的典型案例。与此同时，1958 ~ 1998 年有 14 年发生旱灾，正常年份只有 11 年。

受含水汽丰富的太平洋东南季风的影响，黑龙江省全年降水的 60% 集中在 6 ~ 8 月，即夏秋季节，是该省干旱、洪涝灾害的自然气候因素。干旱、洪涝灾害除破坏农作物生长、造成人身财产损失外，还能造成水土流失、河道淤积、森林火灾等连锁、继发灾害。黑龙江省耕地集中的平原地带河道纵横，一旦发生洪涝灾害，对河流两岸的农田影响较大。城市建设、拓荒营田、伐木取材占用了大量的原本处于自然状态的湿地、林地、荒地，导致自然植被的大规模破坏，土壤涵养水分的能力遭到破坏甚至枯竭。洪涝灾害往往同时造成水土流失、河道淤塞。干旱易引起森林火灾，森林火灾是常常伴随旱灾发生的又一严重灾害。

2. 低温冷害

黑龙江省的低温冷害以延迟型冷害为主。延迟型冷害指农作物生长发育

① 金玲、王玉、王忠波：《黑龙江省干旱问题研究》，《黑龙江水利科技》2008 年第 5 期，第 36 卷。

期间——以营养生长期为主，也包括生殖生长期——遭遇低温，使作物生理活性下降，导致其生育期延迟不能正常成熟而产量下降的现象。延迟型冷害的发生与农作物生长期内气温持续偏低、积温不足密切相关，导致作物发育进程延迟，出苗晚、发棵迟、成熟晚、颗粒不实，从而发生减产，是东北地区低温冷害的主导类型。延迟型冷害在黑龙江省具有发生频率高、影响范围大、成灾作物种类多、减产幅度大等特点。大兴安岭地区、伊春市发生冷害的概率很大。黑龙江省冬小麦区受冻害影响较大。

统计结果显示，新中国成立以来东北地区频繁遭遇冷害，平均约4年发生一次，影响范围较大的冷害约6年发生一次。而从地区差异观察，黑龙江省冷害出现频率最高。1951～1960年、1968～1977年，冷害较其他年份为重。黑龙江省平原地区冷害发生频率为20%～30%，长白山地区、大小兴安岭及附近地区冷害发生频率为30%以上。[①] 黑龙江省冻害发生时间一般为上年秋末至次年夏初（11月至3月）。

1969年、1972年、1976年低温冷害最为严重，东北地区粮食较上年减产50亿公斤，黑龙江省遭遇农业减产损失非常严重。1976～1977年，冻害导致黑龙江省牡丹江地区损失30多万株果树。2010年4月12～13日，大到暴雪天气导致黑龙江省9.2万座育苗大棚损毁，直接经济损失约6亿元。[②]

此外，低温导致的降雪，还会对交通运输产生不利影响。冰雪会导致许多路段的通行危险系数上升。近年来，黑龙江省大部分地区冬季气温偏低。低温导致作物生长发育延迟，同时，低温也是呼吸系统疾病和过敏症状高发、频发的主要诱因。

黑龙江省冬季受亚洲大陆中心冷高压形成的西北季风影响，西伯利亚高压与阿留申低压相互作用导致西北季风盛行。来自北方大陆西伯利亚和蒙古地区的西伯利亚气团具有低温干燥的特征，黑龙江省纬度较高，地跨寒温带

① 《低温冷害》，中国天气网，2009年7月27日，http：//www.weather.com.cn/static/html/article/20090727/43209.shtml？ylc。

② 高春阳：《生活报》2010年4月15日。

和中温带，且与大陆冷气团之间缺乏地形障碍，成为黑龙江省低温冻害天气形成的主要原因。

3. 风雹灾害

风雹灾害形成于强烈对流的较厚的积雨云层，云层厚度可达万米以上。云层分为上部的冷层和下部的暖层。冷暖层的含水空气在强烈对流过程中形成冰雹，并可形成大风、暴雨或雷暴等灾害。黑龙江省地处温带季风性气候区，是我国风雹灾害高发频发地区之一。黑龙江省小兴安岭和张广才岭迎风坡地区的自然条件便于风雹形成，是风雹灾害发生频率较高的地区。

强雷暴云的宽度通常在10～100公里，而成灾范围的宽度一般为数十米至数千米，长度则从数百米至数万米，直到数十公里不等。因此，风雹灾害具有较强的局地性。灾害发生时间较短，一般不超过15分钟，超过30分钟的较少见。但是，风雹灾害一旦形成，成灾的概率很大，危害程度较重，对农业地区来说，造成粮食绝收的概率很高；同时，对人身财产造成的损失也常常较为严重。而强雷暴云形成与演化的气候系统特征导致其在移动过程中对所经过的较大范围地区先后造成灾害性影响。

大风能够造成农作物倒伏和建筑物受损。小麦灌浆期发生倒伏，将对灌浆过程产生严重的阻碍作用，导致小麦严重减产。冰雹和暴风雨除了对人畜生命、房屋、其他财产造成严重威胁外，对耕种期、生长期的果木庄稼的破坏常常是毁灭性的，一场风雹导致颗粒无收的情况是屡见不鲜的。此外，暴雨可导致农作物受淹，形成的暂时性积水常常困扰甚至阻断城市交通。雷电常可导致人畜的伤亡。

《黑龙江省综合防灾减灾规划（2016～2020年）》指出，“十二五”时期，黑龙江省自然灾害多发频发，特别是风雹、洪涝、干旱、暴雪等灾害给受灾地区经济社会发展造成了较大影响。[①] 据黑龙江省减灾第六次全体会议

① 《黑龙江省人民政府办公厅关于印发黑龙江省综合防灾减灾规划（2016～2020年）的通知》，黑龙江省发展和改革委员会网站，2017年7月31日，http://www.hljdpc.gov.cn/art/2017/7/31/art_293_19353.html。

暨省减灾委专家委第二届会议发布的信息，“十二五”期间，黑龙江省居民遭受自然灾害 2813 万人次，直接经济损失约合 650 亿元。[①]

二　黑龙江省自然灾害治理的基本成就

黑龙江省着力落实党中央、国务院有关防灾、减灾、救灾方面的决策与部署，坚持以人民群众利益为本的发展思路，充分尊重经济、社会、自然发展的客观规律，针对本省自然灾害多发、频发的特点，对各类自然灾害及其发展过程进行综合分析，坚持以防灾为主，防灾、抗灾、救灾相结合，坚持日常减灾与突发救灾相结合，力争实现工作重点从灾后救助转向灾前预防、从应对单一灾害转向综合减灾、从减轻灾后损失转向降低灾害风险，以政策规划、气象监测、科技创新、队伍建设等方面措施为抓手，大力推进适应经济社会发展需要的防灾、减灾、救灾体制机制建设，全面提升整体防灾、减灾能力。

1. 灾害应对规划日趋完善

近年来，黑龙江省先后出台有关灾害应急、防灾减灾、灾害救助等领域的预案、规划、意见多部，从指导思想、基本原则、规划目标、主要任务、体制机制改革、项目设立、措施保障等方面，对防灾、减灾、救灾工作进行了全面而深入的规划，使黑龙江省灾害应对规划得到进一步提高与完善。

2016 年 7 月 15 日印发的《黑龙江省自然灾害救助应急保障预案》对应对突发重大自然灾害的救助体系与机制做出规定和要求，对提高灾害救助能力、规范灾害救助行动，具有重要的政策指导和规划作用。[②]

2017 年 2 月 17 日《黑龙江省特大自然灾害救灾应急总预案》是应对特大自然灾害保障救灾应急及时、协调、有效的行动方案。对特大自然灾害救

① 《十二五期间黑龙江自然灾害造成经济损失约 650 亿》，中国网，2016 年 5 月 12 日，http：//jiangsu. china. com. cn/html/finance/finances/5544105_ 1. html。

② 《黑龙江省人民政府办公厅关于印发黑龙江省自然灾害救助应急保障预案的通知》，黑龙江省政府信息公开网，2016 年 7 月 15 日，http：//gkml. dbw. cn/web/CatalogDetail/48289EA9176BD5E3。

灾应急的启动条件、启动程序、组织机构和职责、救灾准备、应急反应、灾后救济等方面工作做出明确要求与部署。①

2017年7月24日印发的《黑龙江省综合防灾减灾规划（2016～2020年)》（以下简称《规划》），对“十二五”期间应对各类灾害的主要工作进行了总结，并对“十三五”期间灾害发展趋势进行了分析，对灾害应对的任务与目标做出规划与部署。②《规划》是“十三五”期间黑龙江省防灾减灾事业建设的蓝本，是各级政府履行该领域服务职能、政策制定、项目建设、政府投资的重要依据。《规划》强调要加快法规和制度建设，健全管理体制机制，切实加大投入，努力培育防灾减灾专业队伍等，确保规划的目标和任务的有效落实。③

2017年8月31日出台的《中共黑龙江省委黑龙江省人民政府关于推进防灾减灾救灾体制机制改革的实施意见》，坚持以防为主、防抗救相结合、常态减灾和非常态救灾相统一，突出注重灾后救助向注重灾前预防、应对单一灾种向综合减灾、减少灾害损失向减轻灾害风险的“三个转变”。从指导思想，基本原则，改革目标，健全灾害管理体制，完善灾前预防体系，统筹综合减灾，减轻灾害风险，强化措施保障等多层次、多纬度、多领域，对黑龙江省推进防灾减灾救灾体制机制改革工作做出了全面、深入的规划与指导。④

2. 气象监测能力大幅提高

气象灾害监测预警是预防和减少自然灾害的关键环节之一。根据《黑龙江省人民政府办公厅关于加强气象灾害监测预警及信息发布工作的实施意

---

① 《黑龙江省特大自然灾害救灾应急总预案》，黑龙江省民政厅网站，2017年2月17日，http：//www. hljmzt. gov. cn/1369/24229. html。

② 《黑龙江省人民政府办公厅关于印发黑龙江省综合防灾减灾规划（2016～2020年）的通知》，黑龙江省发展和改革委员会网站，2017年7月31日，http：//www. hljdpc. gov. cn/art/2017/7/31/art_ 293_ 19353. html。

③ 《黑龙江省出台综合防灾减灾“十三五”规划》，黑龙江省减灾网，2017年8月8日，http：//www. hljdrc. gov. cn/jianzaidongtai/gongzuodongtai/2017－08－08/5055. html。

④ 《中共黑龙江省委黑龙江省人民政府关于推进防灾减灾救灾体制机制改革的实施意见》，黑龙江省人民政府网，2017年10月4日，http：//www. hlj. gov. cn/zwfb/system/2017/10/04/010849839. shtml。

见》的要求，“十二五”期间，黑龙江省气象灾害监测预警及信息发布工作以构建气象灾害实时监测、短临预警和中短期预报无缝衔接，预警信息发布、传播、接收快捷高效的监测预警体系为目标。①

2017年6月印发的《黑龙江省生态环境监测网络建设工作方案》要求加强气象监测预报预警，重点推进预报预警系统建设，将气象监测预警纳入生态环境网络建设工作。气象监测网络覆盖至县级城市；通过发展大数据平台，使气象信息实现共享；建设生态环境监测、气象信息的统一发布机制。②

经过全省各有关部门长期坚持不懈的努力，黑龙江省已实现突发气象灾害监测率超过90%，对重点区域主要灾害性天气实现连续监测。短时气象灾害预警和信息发布以及地方自动气象站的多要素实时观测为有关部门组织救灾减灾预留了一定的时间，信息公众覆盖率超过95%。集梯度观测、热平衡观测、小气候观测等要素信息于一体的全面准确、发布及时、覆盖面广的气象灾害监测预警体系正在黑龙江省稳步建成。

3. 科技创新能力不断增强

近年来，黑龙江省防灾减灾救灾科技支撑能力建设取得新进展，全省大力推进落实防灾减灾救灾科技创新驱动发展战略，加强科技减灾能力建设，推进监测预警、风险防范、评估分析智能化，加快科技成果转化和推广力度，加大软件与硬件建设的结合力度，发挥现代科技在防灾减灾救灾中的支撑作用。完善专家咨询制度，建立专家智库，着力培养科技人才，健全产学研协同创新机制，完善政府应急平台建设，实现防灾减灾救灾大数据共享，引导新技术、新产品、新装备、新服务发展。加快航天、航空、地面、地下和水下配套发展的地理信息数据获取与处理技术装备升级。

为提高气象预测能力，黑龙江省气象部门持续强化科技创新能力，全省

① 《黑龙江省人民政府办公厅关于加强气象灾害监测预警及信息发布工作的实施意见》［EB/OL］，黑龙江省人民政府网，2011年12月16日，http：//www. hlj. gov. cn/wjfg/system/2011/12/29/010279326. shtml。

② 《黑龙江：气象监测预警纳入生态环境网络建设工作》，中国气象局网站，2017年6月19日，http：//www. cma. gov. cn/2011xwzx/2011xgzdt/201706/t20170619_ 425593. html。

气象科技创新系统已具雏形，科技创新推动业务、服务发展的动力强劲。

黑龙江省气象局大力推进气象科技创新，进一步明确气象科技创新体系建设的总体要求、主要任务，推出系列配套举措促进气象科技创新发展。其中包括，中国气象局东北地区生态气象创新开放实验室建设、黑龙江省气象院士工作站建设、发展智慧气象等。加快中国气象局东北地区生态气象实验室建设，以此为基础，建设生态气象研究创新团队，将该实验室建设成为开放式的科技创新和成果应用主体。加快黑龙江省气象院士工作站建设，针对与黑龙江省经济发展密切相关的气象灾害预报等问题和课题进行研究和技术引进。依托该工作站提高针对东北亚气候和气象灾害的监测预警能力。围绕智慧气象发展目标和全省气象发展“十三五”规划，大力推进重点领域关键技术的突破。充分应用云计算、大数据、移动互联等现代信息技术，加快推进气象信息化等关键应用技术研发和省市县管理与业务一体化平台（二期）建设。①

为此，黑龙江省气象局出台多项具体措施，推进气象科技创新和科技成果的转化与推广。一方面立足于优化全省气象科技创新布局，在提升省级科研、业务单位的科技创新能力的同时，通过科研交流与成果转化的相关机制，强化对下级气象业务的技术支持，提升核心业务的科技支撑力度。另一方面，建立并完善与气象业务密切相关的科研组织机制。通过建立健全科研立项机制，针对具有重大现实意义的科研问题，集中科研资源，积极申报重大项目，大力推进卫星遥感、气象信息化、精细化气象格点要素预报、高分辨率中尺度数值预报产品解释应用等多项关键技术研发，并促进省市县管理与业务一体化平台建设。②

4. 人才队伍建设与时俱进

近年来，黑龙江省进一步完善了以军队、武警部队和公安现役部队中的

① 《黑龙江：推进气象科技创新明确多项“硬”措施》，中国气象局网站，2016 年 10 月 31 日，http：//www. cma. gov. cn/2011xwzx/2011xgzdt/201610/t20161031_ 340091. html。

② 《黑龙江：多举措推进气象科技创新和人才工作》，中国气象局网站，2016 年 10 月 14 日，http：//www. cma. gov. cn/2011xwzx/2011xgzdt/201610/t20161014_ 333083. html。

专业救援队伍为骨干力量，以基层应急救援队伍、社会应急救援队伍为辅助力量，以专家智库为决策支撑的灾害应急处置人才队伍体系。进一步提升了专家智库在灾害应对领域的决策参与水平，力求对自然灾害做出科学应对、有效应对。

《黑龙江省综合防灾减灾规划（2016～2020年）》统计数据显示，全省有各类灾害信息员2.8万人，自然灾害预警监测能力大幅提高。依托武警、消防、民兵及预备役组建了省、市、县三级应急救援队伍，应急抢险救援能力显著提升。① “十三五”期间，黑龙江省气象系统拟从专家引领、资金支持、绩效评估等方面入手，进一步加强气象研究和业务创新团队建设。首先，加大高级人才培养和引进力度，充分发挥科研骨干、专家对科研创新活动的带头引领和示范作用；其次，加大从科研项目立项到科研经费支持力度，为科研创新活动提供物质保障；建立健全科学的考核、评价与激励机制，为科研创新活动提供持续动力。②

在科技人才与队伍培养、建设方面，省气象局不断创新人才考核、评价、激励机制的具体实施办法，打造全省科技创新的核心队伍，对急需紧缺的高级人才，采取精准引进、柔性汇聚的办法，逐步匹配、补充。针对高纬度、短临天气预报、生态、农业气象、数据分析应用等关键技术的攻关任务，建设高水平的创新团队；大力培养各种类型的人才，如青年人才、骨干人才、技术带头人、基层人才等，加快复合型人才的培养，通过开展多种形式的科研、技术交流、培训与合作，打造符合新时期气象事业建设需要的与时俱进的人才队伍。③

为贯彻落实民政部灾害信息员培训班和社会力量参与救灾培训班精神，进一步提升黑龙江省灾害信息员防灾、减灾、救灾的业务能力，黑龙江省民

① 《黑龙江省人民政府办公厅关于印发黑龙江省综合防灾减灾规划（2016～2020年）的通知》，黑龙江省民政厅网站，2017年7月25日，http：//www.hljmzt.gov.cn/71/27658.html。

② 《黑龙江：推进气象科技创新明确多项“硬”措施》，中国气象局网站，2016年10月31日，http：//www.cma.gov.cn/2011xwzx/2011xgzdt/201610/t20161031_340091.html。

③ 《黑龙江：多举措推进气象科技创新和人才工作》，中国气象局网站，2016年10月14日，http：//www.cma.gov.cn/2011xwzx/2011xgzdt/201610/t20161014_333083.html。

政厅连续多年举办全省灾害信息员培训工作。参加培训人员来自全省十三个市（地）及其所属七十四县（市、区），以及森工、农垦系统的相关救灾和灾情管理部门，还包括省民政厅救灾救济处、省减灾中心、省仓储中心的工作人员。针对灾情统计、灾情管理系统操作，以及减灾救灾工作中实际遇到的问题进行具体指导，通过国家、省、市、县各级灾情管理人员的直接交流与辅导，运用示范引导、操作演示、重点解析等方式提升各级灾情管理人员的政策理论水平和业务管理能力。近年来，黑龙江省民政厅还要求市（地）、县两级相关行政单位组织乡（镇）、村两级灾害信息员的政策与业务培训，全面提升全省灾害信息员的综合素质。①

三　黑龙江省应对自然灾害的挑战与机遇

随着全球气候变化的日益加剧，人口、资源、环境问题与人类发展的矛盾益发凸显，这必然对黑龙江省进一步的改革与发展产生不可避免的重大影响。全球气候变化与经济社会问题耦合形成的综合性、结构性影响，在未来一个较长时期还将继续存在。极端天气引发的气候事件及其次生衍生的各类自然灾害将呈增加趋势，在黑龙江省所处的温带季风气候区，这一趋势则更为明显。因此，未来黑龙江省各类自然灾害的突发性、极端性和不确定性将显著提高，防灾、减灾、救灾的形势愈加严峻。

此外，在防灾、减灾、救灾方面，黑龙江省各级相关部门与人员既有的思想观念、传统经验和工作模式与不断拓展的职能、日益加重的任务不相适应的矛盾日益凸显，主要表现在以下几个方面。首先，现有管理体制，运行机制与自然灾害监测、防范、管控、救助的复杂性、难以预见性、社会关注的聚焦性不相适应，易使自然灾害与社会稳定发生彼此联动

① 《黑龙江省举办 2015 年全省灾害信息员培训班》，国家减灾网，2015 年 4 月 14 日，http：//www. jianzai. gov. cn/DRpublish/kpxj/0000000000008185. html。《黑龙江省举办 2017 年灾害信息员培训班》，黑龙江省民政厅网站，2017 年 5 月 20 日，http：//www. hljmzt. gov. cn/71/24834. html。

的复合影响；其次，防灾、减灾、救灾方面的资金投入、物资储备与自然灾害的频发、突发、高危害性不相适应，易使自然灾害的负面影响超出相关防控能力所及的范围；再次，防灾、减灾、救灾领域的综合性法律与政策规范建设和有法可依、执法必严、违法必究的要求不相适应，与依法行政、依法防灾、依法救灾的要求尚存在一定差距；复次，防灾、减灾、救灾领域的基层基础工作，如机构、队伍、投入、规范、机制、技术保障等方面的建设工作仍然比较薄弱，与新时期防灾、减灾、救灾的新要求不相适应；最后，新时期防灾、减灾、救灾的职能与任务的拓展与延伸，要求进一步组织、发动社会与市场力量深度参与防灾、减灾、救灾的工作流程与机制，充分发挥其积极能量与作用。当前，社会力量与市场机制的培育和发展与防灾、减灾、救灾工作对市场化、社会化的要求不相适应的情况还比较普遍。

但与此同时，为了应对防灾、减灾、救灾的新形势与新任务，党中央、国务院正在大力推动防灾、减灾、救灾的相关机制与体制的建设与完善，届时，防灾、减灾、救灾的各类相关机制与体制将更加顺畅与成熟，在防灾、减灾、救灾的过程中，其功能与作用的发挥也将取得更加良好的实际效力与效果。此外，近年来，黑龙江省经济始终保持平稳快速发展，社会财富持续积累，现代科技（特别是信息）技术大范围普及，广大人民群众的防灾、减灾、救灾意识与能力的进一步提高，对防灾、减灾、救灾工作的支持将更加有力。经过多年经验总结和理论探索，黑龙江省初步形成了切合实际、较为成熟的有关防灾、减灾，社区综合减灾和避灾场所营建，社会化减灾宣传等方面的管理体制，为推进防灾、减灾、救灾奠定了扎实的工作基础。同时，随着我国经济、社会诸领域全方位的快速发展，社会组织与志愿服务等社会力量正在不断发展壮大，并逐渐成长为防灾、减灾、救灾工作的力量中坚之一，住房、大灾保险等市场化机制在减灾、救灾工作中的作用也逐步得到有效发挥，并日益凸显，成为健全与完善救灾、减灾工作的新动力。

四　黑龙江省应对自然灾害的对策建议

为应对全球气候变化及经济社会发展形势对黑龙江省防灾、减灾、救灾工作的新要求，克服黑龙江省在防灾、减灾、救灾工作领域存在的问题与不足，应“坚持以防为主、防抗救相结合，坚持常态减灾和非常态救灾相统一，努力实现从注重灾后救助向注重灾前预防转变，从应对单一灾种向综合减灾转变，从减少灾害损失向减轻灾害风险转变，全面提升全社会抵御自然灾害的综合防范能力”。[①] 黑龙江省应立足以下 5 个方面，进一步提升全省的灾害应对能力。

一是进一步建立健全防灾、减灾、救灾工作体制机制。保障防灾、减灾的综合协调联动机制无障碍运转，救灾人员、物资、信息等相关资源能够顺畅有序地配置与展开。

二是大力提升灾害预测、预警水平。在大幅提升灾害监测、预报、预警能力的同时，进一步完善信息发布环节的相关工作，提高灾害信息发布的社会覆盖率和准确率以及时效性。

三是增强社会防灾、减灾能力，提高基础设施与公共服务设施的设计防灾能力。

四是积极推进救助保障体系的建设。自然灾害救助项目与内容的设置应符合经济社会发展需要，各级政府救灾物资储备应与灾情发生预测信息相吻合，并提高覆盖范围。

五是提高广大人民群众的防灾、减灾意识与能力。通过减灾示范、防灾知识普及、设置城乡社区灾害信息员，提高广大人民群众防灾、避灾、自救、互救意识与能力。

1. 加强自然灾害应对的相关科学研究

通过对灾害性质和相关管理规律的总结，能够在科学理论与实践经验的

① 《习近平：全面提高国家综合防灾减灾救灾能力》，中国网，2016 年 7 月 28 日，http：//www. china. com. cn/news/2016 - 07/28/content_ 38978786. htm。

可靠基础上，规范和提高灾害管理机构与人员从事灾害管理的认知及技术水平，为防灾、减灾、救灾工作提供思想指导和行动指南。

中国（包括东北地区）在历史上既是一个自然灾害频发、多发的地区，在与自然灾害的长期抗争中，人们总结了丰富而宝贵的经验。比如，“防灾重于救灾，防灾、抗灾、救灾相结合；以群众为主体，群众、集体、国家力量相结合；以生产自救为主，生产自救、互助互济、国家救济扶持相结合”的防灾减灾指导方针。但是从科学化管理与应对的层面上观察，中国各级政府（包括黑龙江省各级政府）工作人员和广大人民群众对自然灾害的认知还处于比较粗浅的层次，科学指导自然灾害管理与应对的基础理论和可操作性的行动规范尚比较缺乏。

因此，需要高度重视并加强对灾害规律和灾害管理与应对的科学研究，建立规范性的灾害管理与应对概念和理论框架，以利于广大灾害管理者与人民群众统一认识，规范工作方法与程序，以提高灾害管理与应对的科学性、前瞻性。

随着第三次科技革命的迅猛发展，科技进步在人类生产与生活中发挥着越来越重要的作用，各种科技手段在防灾、减灾、救灾过程中的作用日益突出，特别是现代通信技术，如干旱、洪涝预警预报、气象预警、遥感预警等高新技术，在自然灾害预警和救助中的作用愈发不可小觑。黑龙江省应结合本省省情，有效利用我国既有卫星定位和遥感技术优势，与既有的干旱、洪涝预警预报、气象预警、遥感预警系统充分进行资源整合，开发、完善相应的管理平台，使上述高新通信技术最大限度地应用于灾害预防和救援工作之中，充分发挥其强大的科技效用，以减轻自然灾害的威胁与危害。

2. 加强自然灾害应对的组织与规范建设

组织与规范是实现社会效率的重要手段与基本保障，也是社会现代化的重要内涵与标准之一。法规、政策为自然灾害应对与管理提供了经过科学论证与实践检验的行动规范；组织、结构则为自然灾害应对与管理的决策与实施提供了必要的社会关系架构，它使资源的统一、合理配置成为可能。

尽管黑龙江省对防灾、减灾、救灾的相关法规、政策的制定一贯比较重

视，也出台了一定数量的相关法规与政策。但是，从防灾、减灾、救灾的实际，特别是未来需要来看，还存在若干不足和薄弱领域。自然灾害应对与管理方面的综合性、基础性地方法规与政策，尚存在进一步改进、完善的空间。对各类防灾、减灾、救灾问题及其应对与管理的概念、性质、分类、特征、原则、方法、目标、计划、实施，资金、物资来源与使用，其主体的组织、结构，权利、责任、义务关系等的相关规范，尚有进一步论证与改进的余地。

结构统一、行动协调的灾害应对与管理体制是取得防灾、减灾、救灾领域较高社会效率的组织保障，强有力的指挥协调与技术保障在防灾、减灾、救灾事业中发挥的作用是无可替代的。黑龙江省既有的自然灾害应对与管理体制尚在一定程度上存在“分部门”与“条块分割”管理现象，虽然适用于特定自然灾害的应对与管理，具有很强的针对性，但是，由于统一应急管理常设机构的缺乏，在自然灾害应对与管理的组织协调与资源调配方面还面临某些不易解决的问题，特别是在面对大范围、复合型自然灾害的突发方面，仍存在某些组织协调方面的短板。

自然灾害应对与管理，与人民群众的生命以及国家、集体、公民财产的安危，是政府公共服务领域的基本职能，属于服务型政府建设的重要内容。进一步建立健全相关法规与政策规范以及组织架构，完善政府相关职能与结构，是增强防灾、减灾、救灾应对与管理能力的重要途径之一。

3. 加强自然灾害应对的信息与资源整合

一般来说，应对和管理自然灾害是在相对紧急的情况下进行的。由于自然灾害从发生到成灾，其转化通常比较急遽，能否在灾害刚刚发生尚未成灾的紧要关头，迅速采取决策和行动，对于减灾和救灾具有异常重要的意义与价值。

就未来所要面对的自然灾害发展形势对相应的应对和管理的需要而言，黑龙江省对自然灾害相关信息的集成管理程度、互通共享程度尚有待进一步提高。由先进的信息系统搭建的决策支撑平台，可以为应对和管理机构与人员对自然灾害的发展阶段、危害后果、可控程度迅速做出精确判断提供必要的信息保障，从而为有效调配相应的组织、人力、物资资源，并制定相应的行动计划赢得先机。同时，信息集成与共享应该具有跨越部门与区域的一体化、无障碍功效，从而大力改善灾害信息在应对与管理主体之间及不同区域、部门之间的不对称与阻滞，充分实现经不同来源、不同渠道传输的各类灾害信息的有效整合，形成一体化、无障碍的信息集成、共享机制，为提高灾害应对与管理的一体化水平与决策效率提供助力。

既往的灾害应对与管理情况表明，当自然灾害发生时，特别是重特大自然灾害以及多种自然灾害并发或相互诱发的时候，自然灾害应对和管理主体（包括区域、部门）之间应加强沟通与协调，特别应加强各主体之间，特别是部门与区域之间的资源统一调配与整合，避免贻误时机、浪费资源，从而提高防灾、减灾、救灾的决策与行动效率和效用。

高效的信息集成与共享机制，有利于自然灾害应对和管理主体之间（包括区域和部门之间）的沟通与协调，从而高效整合各类资源，使其能够在防灾、减灾、救灾过程中充分发挥应有作用。一方面可避免因资源整合不力，错失减灾、救灾的宝贵时机，另一方面也可避免资源使用不当或浪费现象的发生。

4. 加强自然灾害应对的知识与技能宣教

当自然灾害发生时，无论具备怎样现代化、高效的灾害应对、管理体系，救援力量如果要在事先或第一时间赶到灾害发生现场，都存在诸多困难。这时，受灾人员的自救、互救就显得尤为重要。近年来，在黑龙江省发生的各种自然灾害中，受灾人员不具备基础的自救和救助他人常识，导致不必要的人员伤亡时有发生。

尽管黑龙江省灾害应对和管理部门、政府有关部门和媒体通过电视、广播、互联网、现场宣教等多种方式对灾害自救及救助他人的知识和技能进行了大范围、多频次的宣传，已经做到了广而告之。但是，当自然灾害真正发生的时候，大多数人仍然对基本的求生知识与技能颇为陌生。产生这种情况的原因，其一是广大人民群众的防灾意识尚比较淡薄；其二是相当一部分灾害救助知识宣教存在形式化倾向，防灾、救灾的相关知识与技能未能深入人

心。近年来黑龙江省灾害发生的实际情况表明，增强灾害知识宣教系统的全面、深化开发，提高广大人民群众防灾、避灾的意识与技能，提高灾害中的自救与互救能力，是一件刻不容缓的重要工作。

应建立以相关职能部门、新闻媒体、社会组织共同协作的多元化灾害救助宣传教育机制。以提高全民防灾意识、普及防灾、救灾科学知识为目标，充分利用传统媒体与新媒体各自在信息传播方式、渠道、受众方面的优势与特色，在相关信息、知识宣教中优化电视、广播、报刊、微博、微信、客户端等不同媒体的配置与组合，拓宽相应宣教渠道。组织相关技术专家、学者参与灾害科普、宣讲活动，进一步以社区、中小学、幼儿园为灾害科普、宣教基地，宣传推广减灾、救灾的经验、案例和知识，提高科普、宣教的水平，扩大科普、宣教活动的受众范围，提高广大人民群众防灾意识和自救、互救能力。

5. 加强自然灾害应对的市场与社会机制

一般来说，自然灾害往往发生突然、涉及范围广、短时危害性大，应对和管理不当，将给广大人民群众的生产、生活及生命、财产造成很大危害或损失。自然灾害应对和管理，涉及范围广、层面多，需要动员的主体、资源较多，仅依靠政府部门及其掌控下的资源，并不能适应未来益发严峻的灾害治理目标和任务，应充分发挥市场和社会主体在防灾、减灾、救灾中的潜力与作用。政府在灾害预防、应急救助、资金提供、医疗救助、卫生防疫、灾后重建、心理帮助等领域的职能均存在或缺位或不到位等瓶颈或困窘，而市场和社会力量恰恰在这些领域拥有相当的潜力能够弥补政府职能的缺失与不足。如自然灾害专项与巨灾保险，即有利于推进市场化分担，从而提高自然灾害风险的社会均摊程度，降低其对个体造成的风险程度。在这方面，未来较具发展潜力的保险类别有企业、事业单位、个人意外保险，农村住房保险，农业保险，农业财政巨灾指数保险等。黑龙江省应通过市场和社会力量的积极参与，加强防灾、减灾工作的国际交流与合作，如承接上合组织防灾、减灾合作项目；应积极利用市场和社会力量，推进政府外包农业公共服务，鼓励跨区域提供公共服务，建设区域性农业社会化服务机制。

此外，应高度重视社区在自然灾害应对与管理的一线地位，将其作为自然灾害应对与管理的基本出发点。由于社区位于社会治理结构的基层，是自然灾害的直接面对者与受害者，但与此同时，社区也是科学、高效自然灾害治理的直接受益者，在应对与管理自然灾害方面，具有天然的积极性与潜力。从既往防灾、减灾、救灾的经验观察，社会基层（包括社区）的自助互助是减少灾害损失最具潜力和效力的灾害治理环节。社区灾害治理的关键是：灾害应急、救助的组织；灾害应急、救助的计划与办法；灾害应急、救助的公共意识。这三个方面的建设与培育工作做好了，就可以极大地提高社区防灾、减灾工作的能力，并促进全社会防灾、减灾工作的实效。

可以通过社区应急工作站的建设，提高社区在面对自然灾害时的自救自助能力。社区应急工作站的主要任务应集中于制定社区救灾方案、组织灾害自救自助、普及灾害知识等方面。志愿者灾害治理模式具有传统政府灾害治理模式所不具备的优势：首先，因为志愿者组织身处灾害发生的第一线，能够极大地加快灾害应急反应的速度，及时降低灾害破坏程度；其次，志愿者的组织与行为模式决定，这是耗费资源最少的灾害治理模式；再次，志愿者灾害治理模式还具有积极的外溢效应，它在提高社区——既是社会基层组织，又是人民群众家园——的安全性的同时，还培育和造就了人民群众的责任意识与主人翁意识。志愿者的团结与互助精神，有利于将社区建设成富有积极性与责任感的社会基层组织，为打造积极、稳定的社会基础提供助力。

目前，黑龙江省各级党政机构对自然灾害治理问题高度重视，但政府自然灾害治理战略、规划，社会基层组织与个体行为和规范之间尚缺乏有效关联与衔接。以社区为主体的灾害治理模式的提倡与建设，恰好可以弥补这一不足之处。将灾害治理工作的责任主体下移，大力推动社区防灾减灾救灾建设，是提高黑龙江省灾害治理能力与效能的重要举措。

自然灾害治理是一个随着自然气候和经济社会发展、演化形势的需要而不断调整、适应的动态过程：其一，随着客观形势发展、演化的需要，自然灾害治理体现为一个动态的发展过程，随着相关新职能、新任务的不断拓展与延伸，对与时代要求不相适应的既有的思想观念、行为模式应不断予以调整与更新；其二，对未来自然气候和经济社会形势发展、演化形势，应依据可靠资料和科学方法，进行前瞻式的分析与预测，对未来形势发展的轨迹与结果，做到心中有数，未雨绸缪。只有这样，才能真正做到习总书记针对灾害治理工作强调的“三个转变”，全面提升黑龙江省全社会对自然灾害的综合防范能力。

B.8
黑龙江省脱贫攻坚的现状及对策建议

田　芸*

摘　要：　党的十九大报告提出，坚决打赢脱贫攻坚战。让贫困人口和贫困地区同全国一道进入全面小康社会是我们党的庄严承诺。本文以《中共中央国务院关于打赢脱贫攻坚战的决定》和中共黑龙江省委、黑龙江省政府《关于建立贫困退出机制的实施意见》为指导，以消除黑龙江省农村绝对贫困，促进区域社会公平正义为对策目标，对黑龙江省脱贫攻坚做了系统考察和分析；剖析了制约黑龙江省脱贫攻坚的主要问题，并提出了具有较强创新性、针对性和可操作性的对策建议。

关键词：　黑龙江省　贫困　扶贫　脱贫攻坚

一　黑龙江省脱贫攻坚的现状

2015 年 11 月 29 日颁布的《中共中央国务院关于打赢脱贫攻坚战的决定》明确提出，我国扶贫开发已进入啃硬骨头、攻坚拔寨的冲刺期，实现到 2020 年让 7000 多万农村贫困人口摆脱贫困的既定目标，时间十分紧迫、任务十分繁重。为深入贯彻中央上述决定，2016 年 1 月，中共黑龙江省委

* 田芸，黑龙江省社会科学院政治学研究所助理研究员，党建研究室副主任，研究方向为社会公平正义、党的建设。

和黑龙江省政府颁发了《关于打赢脱贫攻坚战的实施意见》。两年来，黑龙江省脱贫攻坚工作持续推进，取得了较为明显的成绩。截至2018年4月初，黑龙江省脱贫攻坚的基本情况如下。

（一）贫困人口总量和结构状况

1. 贫困人口、贫困村和贫困县总量变化

2017年5月起，全省开展脱贫攻坚“回头看”。通过严格依据识贫标准，对贫困户逐一审核，全面重新建档立卡统计贫困户、贫困人口、贫困村工作，截至2018年初的复查工作，黑龙江省对原有的数据做出了新的调整，全省贫困人口的底数更加精准。

（1）贫困人口、贫困村和贫困县的基本数据。截至2017年底，黑龙江省现行标准下的农村贫困户为143331户，贫困人口为296150人，未出列贫困村973个，国家级贫困县20个（含已申请摘帽但尚未得到核准的5个国家贫困县）。与2017年8月底有关数据比较：黑龙江省贫困人口减少了148850人，降幅33.4%；贫困村减少了805个，降幅45.3%。贫困人口减少的主要原因是识贫更加精准，贫困村减少的主要原因是达到脱贫标准的原贫困村出列。

（2）8个省级贫困县进入摘帽审批程序。截至2017年底，黑龙江省8个省级贫困县均已达到贫困发生率2%以下的退出标准［巴彦县（0.86%）、木兰县（1.8%）、依安县（1.45%）、克山县（1.29%）、杜蒙县（1.34%）、勃利县（1.37%）、绥棱县（1.12%）、孙吴县（0.59%）］。若8个省级贫困县在2018年下半年复查评估验收合格，省级贫困县将全部摘帽。

（3）5个国家级贫困县进入摘帽程序。截至2017年底，黑龙江省被列为国家扶贫重点县和连片贫困县合计为20个。经过长期的扶贫支持尤其是近几年的脱贫攻坚的实施，黑龙江省5个申请摘帽的国贫县的贫困发生率均达到小于2%的退出标准［甘南县（1%）、富裕县（0.63%）、抚远市（0.21%）、饶河县（0.36%）、望奎县（1.02%）］。目前，正在报请国家评估阶段，预计2018年第三季度有望核准。若上述5个国贫县全部摘帽，

黑龙江省的国贫县将减至15个，降幅25%。

2. 贫困人口地域分布

截至2017年底，黑龙江省除了有973个未出列的贫困村、20个未摘帽的国贫县外，还有经国务院扶贫主管部门核准的107个深度贫困村和3个深度国贫县。为了更加清晰地了解黑龙江省贫困人口在不同地域的分布，我们从贫困人口的市（地区）分布、贫困人口的国贫县分布和深贫村人口的县域分布三个层面划分，对黑龙江省贫困人口的分布特点进行全面考察。

（1）贫困人口在黑龙江省13个市（地区）的分布及主要贫困指标见表1。

表1　2017年黑龙江省贫困人口市（地区）分布

地　　区	贫困人口（人）	贫困人口占比(%)	贫困人口排序	贫困发生率(%)	贫困发生率排序
全省合计	296150	100		1.64	
哈尔滨	44624	15.1	3	0.98	8
齐齐哈尔	79577	26.9	2	2.33	3
鸡　西	3459	1.2	10	0.66	10
鹤　岗	8997	3.0	7	6.38	1
双鸭山	2689	0.9	12	0.55	11
大　庆	14829	5.0	5	1.15	7
伊　春	4525	1.5	9	3.03	2
佳木斯	27509	9.3	4	2.32	4
七台河	2963	1.0	11	0.28	13
牡丹江	5438	1.8	8	0.47	12
黑　河	10585	3.6	6	1.48	6
绥　化	90386	30.5	1	2.23	5
大兴安岭	569	0.2	13	0.71	9

资料来源：据2018年4~5月对省扶贫办等部门调研获得资料并计算得出。

从表1可看出如下主要特征。一是全省13个市（地区）均有贫困人口。最多的绥化市贫困人口达90386人，占30.5%；最少的大兴安岭地区贫困人口只有569人，占比仅为0.2%。二是80%以上的贫困人口集中在五个市。贫困人口比重依次排序前五位的分别是：绥化（30.5%）、齐齐哈尔

(26.9%)、哈尔滨(15.1%)、佳木斯(9.3%)、大庆(5%)。上述五市贫困人口合计为256925人，占比高达86.8%。三是贫困发生率高于2%的地区还占相当比重。有五个市的贫困发生率高于现行贫困村、贫困县出列或摘帽标准。贫困发生率由高到低是：鹤岗(6.38%)、伊春(3.03%)、齐齐哈尔(2.33%)、佳木斯(2.32%)和绥化(2.23%)。五市贫困人口合计达210994人，占比高达71.2%。

(2)贫困人口在黑龙江省20个国家贫困县的分布及主要贫困指标见表2。

表2　2017年黑龙江省贫困人口在国贫县的分布

地　区	贫困人口(人)	贫困人口占比(%)	未出列贫困村(个)	未出列贫困村占比(%)	贫困发生率(%)	贫困发生率由高至低排序
全　省	296150	100	973	100	1.64	
20个国家贫困县(市)	170205	57.5	722	74.2	3.25	
延　寿	7742	2.6	33	3.4	4.03	6
龙　江	7566	2.6	12	1.2	1.53	15
泰　来	4060	1.4	25	2.6	1.69	14
甘　南	2591	0.9	9	0.9	1.0	17
富　裕	1072	0.4	0		0.63	18
克　东	11472	3.9	48	4.9	4.94	4
拜　泉	25306	8.5	94	9.7	5.06	3
桦　南	12389	4.2	82	8.4	4.2	5
桦　川	4900	1.7	30	3.1	3.09	12
汤　原	4992	1.7	43	4.4	3.26	10
抚　远	67	0.02	0		0.21	20
同　江	2193	0.7	27	2.8	3.16	11
林　甸	6987	2.4	38	3.9	3.37	8
饶　河	209	0.1	0		0.36	19
绥　滨	8197	2.8	51	5.2	8.72	1
望　奎	3912	1.3	0		1.02	16
兰　西	9626	3.3	29	3.0	2.33	13
青　冈	22696	7.7	69	7.1	6.02	2
明　水	9161	3.1	48	4.9	3.29	9
海　伦	25067	8.5	84	8.6	3.99	7

资料来源：据2018年4～5月对省扶贫办等部门调研获得的资料并计算得出。

从表2可看出如下主要特征。一是贫困人口超过5000人的县（市）有11个，占比为55%。其中，贫困人口超万人的县（市）有5个，占比为25%。二是国贫县人口占全省贫困人口半数以上。2017年黑龙江省20个国贫县的贫困人口合计达170205人，占比为57.5%。三是国贫县数量占全省未出列贫困村近3/4。同期黑龙江省20个国贫县未出列贫困村合计为722个，占比为74.2%。四是大部分国家贫困县的贫困发生率处于较高水平。同期黑龙江省有13个国贫县的贫困发生率高于2%的摘帽标准，占比为65%。其中，12个国家贫困县的贫困发生率高于3%，占60%；有6个国家贫困县的贫困发生率高于4%，占30%。五是有3个国家贫困县的贫困人口超过22000人。同期拜泉县、海伦市和青冈县的贫困人口分别达25306人、25067人和22696人，合计73069人，占20个国家贫困县贫困人口总量的43%，占全省贫困人口总量的25%。依据这三个县（市）贫困人口总量及贫困发生率等指标，国务院扶贫主管部门已将其列为国家“深度贫困县”序列。

深度贫困村和贫困人口县域分布。2017年，根据国务院扶贫主管部门的要求，根据贫困人口总量及贫困发生率等重要指标，黑龙江省有107个村被国务院扶贫主管部门列为“深度贫困村”序列。

107个深度贫困村及其贫困人口的分布等主要贫困指标见表3。

表3　2017年黑龙江省107个深度贫困村的县域分布

分布县域	分布乡(镇)(个)	深度贫困村(个)	贫困人口(人)	平均贫困发生率(%)	贫困发生率范围(%)
8县(市)	58	107	22189	9.10	7.94～15.63
延寿	7	10	1496	8.94	3.85～16.64
拜泉 克东	20	37	7483	7.94	2.37～15.31
林甸	5	10	1951	7.99	2.49～15.35
绥滨	4	4	749	15.63	12.04～21.15
海伦 兰西 青冈	22	46	10510	10.15	4.67～17.29

资料来源：据2018年4～5月对省扶贫办等调研所获的资料。

从表3及相关资料可看出如下特征。一是深度贫困村在县（市）和乡（镇）的分布相对集中。全省107个深度贫困村分布在8个县（市）和58个乡（镇）中。每个县（市）平均有13.4个深度贫困村，每个乡（镇）平均有1.8个深度贫困村。除绥滨县位于黑龙江省的东北部外，其余7个县（市）均集中于黑龙江省中西部，分布较为集中。二是贫困发生率高。第一，107个深度贫困村的平均贫困发生率为9.1%，为同期全省平均贫困发生率的5.5倍。第二，按所在县（市）计算的深度贫困村的平均贫困发生率显著高于全省水平：延寿县10个深度贫困村的平均贫困发生率为8.94%，为同期全省水平的5.5倍；同属齐齐哈尔市的拜泉县和克东县的37个深度贫困村的平均贫困发生率为7.94%，为同期全省水平的4.8倍；林甸县的10个深度贫困村的平均贫困发生率为7.99%，为同期全省水平的4.9倍；绥滨县的4个深度贫困村的平均贫困发生率高达15.63%，为同期全省水平的9.5倍；归属绥化市的海伦市、兰西县、青冈县的46个深度贫困村的平均贫困发生率为10.15%，为同期全省水平的6.2倍。第三，从相关统计资料中看出，有39个深度贫困村的贫困发生率超过10%，占比为36%。有8个深度贫困村的贫困发生率超过15%，占比为7.5%。

3. 主要致贫原因

为贯彻中央“精准识贫”和“精准脱贫”的战略部署，2017年5月起，黑龙江省各级扶贫主管部门对全省143331户贫困家庭实施逐一建档立卡摸清底数。其中，全省贫困人口的致贫主要原因有九大类。在此，我们选择占绝对优势比重的前五类原因予以考察。

2017年，黑龙江省贫困户主要致贫原因见表4。

表4　2017年黑龙江省贫困户主要致贫原因统计

单位：户，%

地　区	贫困户总数	全省前五类致贫户数					五类户数合计	
		因病	因残	缺劳动力	缺资金	缺土地	户数	占比
全　省	143331	88020	18898	14060	10861	4369	136208	95.0
哈尔滨	21550	13654	3605	777	950	1404	20390	94.6
齐齐哈尔	39013	19969	4514	5905	5455	1267	37110	95.1
鸡　西	1637	1010	303	141	82	51	1587	96.9

续表

地　　区	贫困户总数	全省前五类致贫户数					五类户数合计	
		因病	因残	缺劳动力	缺资金	缺土地	户数	占比
鹤　　岗	4261	3040	650	205	162	59	4116	96.6
双鸭山	1363	1052	219	30	8	8	1317	96.6
大　　庆	6813	3880	1184	646	77	218	6005	88.1
伊　　春	2492	1584	454	203	52	138	2431	97.6
佳木斯	13365	8710	1748	1427	929	178	12992	97.3
七台河	2017	1607	213	72	12	31	1935	96.0
牡丹江	2532	1622	576	159	49	49	2455	96.9
黑　　河	5936	4650	716	146	81	182	5775	97.3
绥　　化	42030	27077	4629	4313	3002	759	39780	94.6
大兴安岭	322	165	87	36	2	25	315	97.8

资料来源：据 2018 年 4～5 月对省扶贫办等部门调研所获资料并计算得出。

（1）全省层面看。据表 4 可以看出，截至 2017 年底，因病、因残、缺劳动力、缺资金、缺土地五个因素是导致全省贫困户陷入贫困的主要原因。其主要特征有两点。第一，因病、因残、缺劳动力、缺资金和缺土地而致贫的分别占全省贫困户的 61.4%、13.2%、9.8%、7.6% 和 3.0%。其中，因病致贫超过 60% 占有绝对比重，是黑龙江省贫困户致贫的首要原因。第二，上述五类致贫户合计 136208 户，占全省贫困户（143331 户）的 95%。

（2）从市（地区）层面看。据表 4 可以看出，各市（地区）贫困户的致贫原因与全省总趋势大致相同，主要表现为：一方面，因病致贫是贫困户致贫的首要原因；另一方面，因病、因残、缺劳动力、缺资金、缺土地五类致贫因素导致的贫困户，占各市（地）贫困户总数的 90% 左右［哈尔滨（94.6%）、齐齐哈尔（95.2%）、牡丹江（96.9%）、佳木斯（97.3%）、大庆（88.1）、鸡西（96.9%）、双鸭山（96.6%）、伊春（97.6%）、七台河（96.0%）、鹤岗（96.6%）、绥化（94.6%）、黑河（97.3%）、大兴安岭（97.8% ）］。

4. 主要脱贫攻坚指标与全国比较

为了更清晰地把握黑龙江省主要脱贫攻坚指标的态势，我们采取系统的比较方法，即把黑龙江省放到全国这个更大的系统中进行比较。比较的时间为2017～2020年，比较的主要指标为同口径的12项数据（见表5）。

表5　2017～2020年黑龙江省主要脱贫攻坚指标比较

序号	指标	黑龙江	全国	黑龙江/全国(%)
1	2017年贫困总人口(万人)	29.6	3046	0.97
2	2017年贫困发生率(%)	1.64	3.1	52.9
3	2017年国贫县(个)	20	680	2.9
4	2017年深度贫困县(个)	3	334	0.9
5	2017年深度贫困县贫困发生率(%)	4.9	11	44.5
6	2017年深度贫困村(个)	107	30000	0.36
7	2017年贫困户因病致贫比重(%)	61.4	>40	约150
8	2018年拟脱贫人口(万人)	15	>1000	1.5
9	2018年拟摘帽国贫县(个)	10	>200	5
10	2020年(现已建档立卡)贫困人口(人)	0	0	
11	2020年(现已建档立卡)贫困村(个)	0	0	
12	2020年(现已建档立卡)国贫县(个)	0	0	

资料来源：第1项、第3～7项和第9项全国数据来自“扶贫办主任刘永富答记者问”，中国网，2018年3月7日；第2项、第8项全国数据来自李克强总理在十三届全国人大一次会议上的《政府工作报告》，新华网，2018年3月22日；第10～12项全国数据来自中办国办印发《关于建立贫困退出机制的意见》，人民网，2016年5月6日。第1～4项、第6～7项和第9项黑龙江省数据来自2018年4～5月对黑龙江省扶贫办等的调研资料；第5项黑龙江省数据为作者依据调研资料中的省内3个深度贫困县相关数据计算得出；第8项黑龙江省数据来自黑龙江省第十三届人大一次会议的《政府工作报告》，东北网，2018年1月31日；第10～12项黑龙江省数据来自《关于建立贫困退出机制的实施意见》，《黑龙江日报》2016年9月19日。

（1）2017年指标比较。从表5可看出如下主要特征。一是贫困总人口较少。全国贫困总人口为3046万人，黑龙江省为29.6万人，占比为0.97%。二是贫困发生率低于全国平均水平。全国贫困发生率为3.1%，黑龙江省为1.64%，比全国低1.46个百分点。三是国家贫困县数量较少。全国的国家级贫困县为680个，黑龙江省有20个（截至2018年5月，黑龙江省申请摘帽的5个国贫县正在评估阶段，尚未得到国家核准，故未减除），占2.9%。四是深度贫困县数量较少。全国深度贫困县为334个，黑龙江省为3个，占比为0.9%。五是深度贫困县贫困发生率低于全国平均值。全国为

11%，黑龙江省为4.9%，黑龙江省深度贫困县贫困发生率比全国低6.1个百分点。六是深度贫困村数量占比较低。全国深度贫困村为30000个，黑龙江省为107个，占比为0.36%。七是因病致贫比重高于全国。全国因病致贫比重为高于40%，黑龙江省为61.4%，黑龙江省因病致贫比重高于全国约20个百分点。比较看出，因病致贫比重偏高是黑龙江省贫困户的重要特征。

（2）2018年预期指标比较。一是脱贫人口数量。全国脱贫人口1000万以上，黑龙江省脱贫人口为15万，占1.5%。二是国家贫困县摘帽数量。全国摘帽数量大于200个，黑龙江省10个，占比约为5%。

（3）2020年预期目标比较。按中央脱贫攻坚的统一目标和要求，2020年前，全国现行标准下的贫困人口全部销号、贫困村全部出列、贫困县全部摘帽。这是多么伟大的民生工程！在习近平总书记的统领下，在各级党委和政府及全体人民的共同努力下，这一伟大工程必将实现！

（二）脱贫攻坚主要政策措施

1. 及时颁发纲领性文件和制定具体推进措施

据不完全统计，自2015年6月《中共中央国务院关于打赢脱贫攻坚战的决定》颁布至2018年4月，除中共黑龙江省委办公厅、黑龙江省政府办公厅和省直有关部门转发中央或中央有关部门的文件外，中共黑龙江省委办公厅、黑龙江省政府办公厅及省直有关部门单独或联合颁发有关脱贫攻坚的指令性或指导性文件（含实施细则）等合计125篇。这些文件的颁布，对于坚定贯彻中央部署，打赢黑龙江省脱贫攻坚战，起到了重要的指导作用。按文件的主旨内容划分，大致有如下五类。

（1）精准识贫和精准脱贫及目标性战略部署文件。这类文件共收集了15篇，占比12%。其主要内容是：界定贫困户尽快达到现行标准下的人均收入水平，即2017年黑龙江省脱贫或人均收入标准为3335元；实现“两不愁”，即吃不愁、穿不愁及饮水安全；“三保障”，即教育、医疗、住房保障的脱贫标准，并逐一建档立卡到每一个贫困户、每一个贫困人口；界定贫困村或贫困县的贫困发生率低于2%的脱贫标准，并逐村、逐县建档立卡。这些文件紧密结合黑龙江省实际，把握精准识贫、精准脱贫达标等难点问题，及时并有针对性地提出宏观指导方针和具体方案。

（2）贫困户和贫困地区尽快脱贫的推进措施文件。这类文件共收集了80篇，达到64%。一是有关实施产业扶贫的文件10篇，占8%。二是有关鼓励创业就业的文件9篇，占7%。三是多渠道获得资金支持的文件19篇，占15%。四是实施安全饮水达标的文件9篇，占7%。五是提升教育保障水平的文件8篇，占6%。六是提升医疗保障水平的文件18篇，占14%。七是提升住房保障水平的文件7篇，占6%。黑龙江省强有力的推进措施，加快了区域脱贫的进程。

（3）确保“精准退出”的规定性文件。“精准退出”贫困序列，是实现“真脱贫”的保障条件。我们共收集到有关文件9篇，占7%，如《全省脱贫攻坚精准识别、精准退出实施方案》、《黑龙江省贫困退出机制实施细则（试行）》、《2017年黑龙江省国家级贫困县退出实施方案》和《2017年黑龙江省省级贫困县退出实施方案》等。这些文件，为贫困户脱贫销号、贫困村出列和贫困县摘帽，制定了翔实的规划。

（4）扶贫资金使用和管理的文件。针对国家扶贫资金管理上的共性问题，以及黑龙江省扶贫资金监管上出现的漏洞等问题，黑龙江省持续加大扶贫资金管理力度。我们共收集到该类文件12篇，占10%。调研看出，黑龙江省注重整合扶贫资金的使用并加强监管，资金管理的规范性和资金利用效率在较快提升。

（5）动员社会力量积极参与扶贫攻坚的文件。社会服务组织是脱贫攻坚的重要资源。我们共收集到黑龙江省引导社会服务组织积极参与脱贫攻坚的文件9篇，占7%。其中，黑龙江省工商联等《“百企帮百村联万户”精准扶贫行动实施方案》、黑龙江省妇联的《关于开展“巾帼脱贫行动”的意见》和黑龙江省残联的《“十大脱贫攻坚行动”实施方案》等，助力黑龙江省脱贫攻坚成效显著。

2. 明确实施“识贫标准”和“退出标准”

黑龙江省在全面贯彻国家脱贫攻坚规范性要求的同时，结合黑龙江省的物价变化情况，计算出了2017年界定贫困人口的人均收入额标准。这样，就大大提升了“识贫标准”和“退出标准”的精确性和可操作性。

（1）贯彻落实国家制定的贫困户“识贫标准”和“退出标准”。将现行标准下（2010年的2300元不变价）的人均收入水平和“两不愁”，以及“三保障”作为判断贫困户（贫困人口）的“识贫标准”和“退出标准”，即达到上述标准条件的，贫困户销号退出；未达上述标准的，通过重新建档立卡确认为贫困户。

（2）贯彻实施贫困村、贫困县“识贫标准”和“退出标准”。将贫困率2%作为判断贫困村和贫困县的主要标准。贫困发生率小于2%及相关指标达标的贫困村、贫困县出列或摘帽，贫困发生率2%及以上的通过重新建档立卡予以确认。

（3）将人均收入3335元作为2017年黑龙江省贫困户现行收入标准。根据国家规定的2010年不变价2300元的贫困人口标准，黑龙江省有关部门把3335元制定为2017年黑龙江省贫困户现行人均收入标准，使其更加具体精准。

3. 强化脱贫攻坚的组织领导和责任

组织高效合理、层级责任明确既是中央打赢脱贫攻坚的基本要求，也是黑龙江省脱贫攻坚战的重要保障。黑龙江省在如下方面做出了明确规定。一是省委书记和省长出任脱贫攻坚“回头看”领导小组的组长。二是实行省、市（地）、县（市）和乡（镇）的党政主要负责人领衔的脱贫攻坚层级领导体系。三是明确省负总责、县（市）具体落实、乡（镇）推进的责任机制。四是由乡（镇）及以上党委、政府或部门选派得力人员组成驻村帮扶工作队。同时，要求工作队为3人及以上，年驻村时间为240天以上，派驻工作队对全省贫困村全覆盖。

4. 严肃查处扶贫领域违法违纪行为

近年来，扶贫领域的腐败行为令人深恶痛绝。为遏制并惩治扶贫领域的违法违纪行为，确保如期打赢脱贫攻坚战并取信于民，2016年以来，黑龙江省持续加大了对扶贫领域违法乱纪的惩治力度。

（1）连续出台两个靶向性文件。一是2016年制定了《黑龙江省脱贫攻坚督查巡查工作实施办法》。该文件适用于对省内13个市（地）、有扶贫任务的73个县（市、区）党委和政府、省委和省政府有关单位脱贫攻坚工作的督查和巡查。同时，还翔实划定了巡查的重点问题：如干部在落实脱贫攻坚目标任务方面存在失职渎职，以及不作为、假作为、慢作为；贪占挪用扶贫资金，违规安排扶贫项目；贫困识别、退出严重失实，弄虚作假搞“数字脱贫”；违反贫困县党政正职领导和脱贫攻坚任务较重乡（镇）党政正职领导队伍稳定纪律要求及贫困县约束机制；以及根据实际工作需要应纳入巡查的其他内容。二是2017年8月黑龙江省纪委在全国率先出台了《关于脱贫攻坚监督执纪问责办法》。加大力度查处贪污、受贿、行贿、巨额财产来源不明、挪用公款、滥用职权、玩忽职守、私分国有资产等严重腐败问题，其中，明确规定实行脱贫攻坚终身问责机制，不论其责任人是否调离转岗、提拔或者退休。

（2）腐败查处力度空前加大。一是2017年7月全省各级纪检监察机关就立案审查扶贫领域案件67件，查处违纪干部101人。二是2017年黑龙江省纪委共立案70件查处省管干部57人。同时，严肃查处虚报冒领、截留私分、吃拿卡要等腐败问题1430个，给予党政纪处分1295人。严肃查处扶贫领域的腐败行为，为全省脱贫攻坚提供了重要保障。

二　黑龙江省脱贫攻坚存在的主要问题

通过调查研究，我们不难看到，黑龙江省在脱贫攻坚中仍存在很多问题。认识不足、统计数据不精准、国家贫困县贫困程度偏高、扶持力度不足、宣传不到位等问题，都制约着黑龙江省脱贫攻坚战役的完成速度和质量。

1. 贫困人口统计不够精准

自2015年11月中央打赢脱贫攻坚战的决定颁布，到2018年3月，黑龙江省贫困人口总量有5个完全不同的数据。一是2016年1月的中共黑龙江省委和黑龙江省政府颁发的《关于打赢脱贫攻坚战的实施意见》中明确：确保现行标准下211万农村贫困人口实现脱贫。二是2017年4月的《黑龙江省脱贫攻坚“十三五”规划》中明确：全省有183.7万贫困人口，占农村总人口的11%。三是2017年8月15日《人民日报》（网站）记者采访后报道：截至7月21日，黑龙江“回头看”后核定的贫困人口总数为422765人。四是据黑龙江省扶贫办相关资料：截至2017年8月31日“回头看”结束，全省共有贫困户20.5万，贫困人口44.5万人。五是据2018年4～5月对黑龙江省扶贫办调研资料：截至2017年底，全省贫困人口为296150人。尽管贫困人口在一定程度上呈动态变化，但两年多的时间，黑龙江省官方给出的贫困人口数据差异巨大。一方面，贫困人口数据忽高忽低。按时间序列出现不同变化，数据曾经由大变小，也曾由小变大。另一方面，贫困人口数量精确度差。有两次数据仅精确到千位数，有一次仅精确到万位数。这与中央要求的逐户、逐人建档立卡和不丢下一户一人的精准识贫、精准脱贫要求是不相适应的。从这里可以看出，黑龙江省对打赢脱贫攻坚战这一政治任务和重大民生工程的认识明显不足。

2. 扶贫成效考核存在不足

据新华社2017年5月26日报道，2017年4月国务院扶贫开发领导小组通报了黑龙江省2016年扶贫开发工作成效考核情况，考核结果为综合评价一般。

考核结果具体主要体现在帮扶工作群众满意度低、贫困人口识别和退出不精准、住房安全和基本医疗保障薄弱、扶贫资金使用管理违纪违规等方面。国务院扶贫开发办对黑龙江省扶贫开发存在的问题进行了提醒性谈话。尽管新一届中共黑龙江省委对上述考核问题高度重视，采取重新建档立卡等“回头看”措施努力补齐短板，国务院扶贫开发领导小组给出的考核评价仍充分证明，黑龙江省脱贫攻坚工作成效存在不足。

3. 国家贫困县贫困程度显著偏高

2017年，黑龙江省的8个省级贫困县和5个贫困发生率较低的国家贫困县已进入摘帽评估和待验收核准程序，2018年下半年黑龙江省的国贫县有望减至 15 个。但这并不意味着扶贫脱贫攻坚工作，因贫困县的减少而变得轻松。

现有国家贫困县尤其是深度贫困村和深度贫困县多是难啃的硬骨头，脱贫攻坚任务更加艰巨。一是国家贫困县贫困程度显著偏高。15 个国家贫困县的贫困人口比重高。2017 年，15 个国家贫困县的贫困人口为 162354 人，占同期全省贫困人口的 55%。同期，15 个国家贫困县中有 14 个贫困发生率超过 2%，占比为 93%；有 7 个国家贫困县的贫困发生率大于 4%；1 个国家贫困县（绥滨县）的贫困发生率高达 8.72%，贫困人口高达 94052 人，占同期全省贫困人口的 31.8%。如不给予高度关注和支持，国家贫困县近些年摘帽几乎是不可能的。二是贫困人口因病致贫比重偏高。2017 年，黑龙江省因病致贫的贫困人口占比为 61.4%，高于全国水平约 20 个百分点。因病致贫人口要如期脱贫，需要更多的主观努力并付出更高的物质成本。三是高龄贫困户比重偏高。2017 年，黑龙江省 65 周岁以上的贫困人口占比 36%，比全国水平高出近 20 个百分点。如果因病和高龄叠加于贫困人口，这些贫困人口的脱贫路径则更加狭窄。四是深度贫困村更是贫中之贫。黑龙江省 107 个深度贫困村平均贫困发生率高达 9.1%，贫困发生率大于 9% 的村就有 55 个，占比为 51%。这 107 个深贫村更是贫中之贫、难中之难、坚中之坚。如不采取超常措施，如期脱贫是极其困难的。

4. 帮扶力度仍需加强

2017 年 5 月新一届中共黑龙江省委精心组织脱贫攻坚“回头看”以来，相关激励制度的出台尤其是问责力度的加大，黑龙江省各级党委和政府及帮扶单位的工作积极性和责任意识空前提升。但是，从 2020 年贫困人口要全部销号、贫困村要全部出列、国家贫困县要全部摘帽的硬目标来看，目前的帮扶力度仍需大幅增强。一是帮扶与被帮扶理念尚需升华。据调研，从帮扶单位和派驻工作队员的视角看，目前派驻单位的帮扶者大多是积极完成派驻任务，为完成单位委托的任务而积极努力，主要秉承“要我帮扶，我要努力”的工作理念；从一些被帮扶贫困户看，多是表现为“帮我脱贫，我要感谢”的恩情心态。这显然是必要的。但从攻坚克难以及 2020 年全部贫困人口不仅要脱贫，还要跟上小康进程的发展目标来看，上述理念还处于较低层次，亟待进一步升华，即帮扶人的理念应从“要我帮扶”向“我要帮扶”转变，被帮扶人的理念应从“帮我脱贫”向“我要脱贫”转换。这一理念的转换，将会生成脱贫攻坚的巨大内在动力。二是扶贫资源仍需集中整合。目前的扶贫资源一定程度上实现了整合使用，但力度仍然不够。从全省一些深度贫困村、国家贫困县的实际情况来看，一些资源投入还处于“撒芝麻盐”形态，距集中资源攻克一户、一村或一县还相差甚远；从现有资源整合的程度来看，预期 2020 年被帮扶贫困村能够全部实现真脱贫、脱真贫，并走上持续富裕之路，尚不乐观。

5. 脱贫路径亟待创新

中央提出贫困人口的五个一批的脱贫方案，对黑龙江省同样具有重要的指导意义。目前，从总体上看：黑龙江省如何依据五个一批并结合因病、因残、缺劳力、缺资金和缺土地的贫困家庭合计 136208 户（占全省贫困户的 95%）的具体致贫原因，选择适宜的具体脱贫路径，就成了全省绝大多数贫困户实现脱贫的重点难点。从这个意义上看，全省贫困户的具体脱贫路径亟待创新。

6. 脱贫攻坚战宣传舆论氛围尚需增强

应该肯定，黑龙江省主流媒体对脱贫攻坚战给予了一定的关注，对省内的脱贫攻坚事例也有所报道。但是，从脱贫攻坚是全党全国今起至 2020 年的三大战役之一、重大政治任务、最大民生工程的重要性来看，省内主要媒体关注度仍显不足，报道频次低，跟踪报道少、深度报道贫乏。全省打赢脱贫攻坚战相关的宣传舆论氛围亟待增强。

7. 奖励制度有待完善

黑龙江省除颁发了《黑龙江省脱贫攻坚督查巡查工作实施办法》和《关于脱贫攻坚监督执纪问责办法》，还有散布于其他文件中的诸多约束条款。但从总体上看：系统的脱贫攻坚奖励规定尚属缺失。黑龙江省完善脱贫攻坚系统奖励制度是十分必要的。一是有系统惩戒规定的同时也要有系统的奖励规定，否则，是不全面的。二是既是战役就要有艰辛的付出甚至牺牲。

据国务院扶贫办主任刘永富介绍，我国已有500人倒在了脱贫攻坚战场，有的付出了生命代价。党和政府要给予这样高尚的生命足够的尊重和奖励。三是脱贫攻坚战需要更多勇士们的鼎力付出。黑龙江省打赢脱贫攻坚战，呼唤更多的勇士们参与其中，尽快制定并完善系统的《黑龙江省脱贫攻坚战役奖励条例》。

三 黑龙江省脱贫攻坚的政策建议

1. 提高对脱贫攻坚重大意义的认识

一是编撰《黑龙江省脱贫攻坚政策要览》，即将党和国家及黑龙江省的脱贫攻坚重要文件编辑成册，公开出版。一方面，免费发行，分发至全省各级党和政府的相关部门、帮扶单位派驻的驻村工作队、村两委会以及所有建档立卡尚未销号的贫困户，确保每户一册。另一方面，建议编辑内容涵盖三个部分。第一部分为习近平总书记的关于脱贫攻坚的重要讲话，以及中央的脱贫攻坚的决定和退出机制等重要指令性文献。第二部分为黑龙江省贯彻中央文件的相关实施办法和具体规定等。第三部分为政策解读。考虑到农村贫困群体的特点，解读采取问答形式为宜。《黑龙江省脱贫攻坚政策要览》的出版发行，对于宣传把握党的脱贫攻坚政策，提升并规范人们对脱贫攻坚意义和政策的认识，以及自觉接受包括贫困户在内的群众监督，都是十分有益的。

二是所有与脱贫攻坚职责相关的中共党员均应重新宣誓。同时，上述所有相关人员均应与本单位或同级扶贫主管部门签订《脱贫攻坚战役尽责自律保证书》。建议保证书的内容由黑龙江省扶贫办统一内容、制式，全省统一使用。重温入党誓词和签订保证书，有助于不忘初心并规范人们对脱贫攻坚的认识，增强自觉投身脱贫攻坚工作的主动性。

三是强化打赢脱贫攻坚战的宣传舆论氛围。首先，黑龙江电视台推出脱贫攻坚相关专题节目，同时，每天的《全省新闻联播》节目要安排几分钟的时间重点报道全省的脱贫攻坚战役情况。报道的主要内容可划分政策解读、观点分析、县市经验、村县脱贫、奖励惩戒等板块。其次，《黑龙江日报》要继续加大对全省脱贫攻坚的报道力度。一方面，要多刊载脱贫攻坚中对重点难点问题的探讨及操作性较强的文章。另一方面，及时刊载国家和省内相关的脱贫攻坚政策动态。再次，注重舆论宣传上的五个结合，即脱贫攻坚与推动农业高质量发展相结合，脱贫攻坚与推动乡村治理相结合，脱贫攻坚与推动乡村振兴战略相结合，脱贫攻坚与推动农村公共服务改善相结合，脱贫攻坚与推动农村人才建设相结合。

2. 制定具体脱贫攻坚方案

一是每个贫困户都要制定完整的、可操作性的脱贫方案。这一方案由驻村工作队实施，村两委协助完成。方案经县（市）初审合格报省扶贫办核准，省扶贫办对核准后的脱贫方案给予一定数额的资助。二是完善针对不同致贫人口的扶持政策。一方面，公示各种政策规定，使贫困户家喻户晓。另一方面，实施组合性支持政策。比如，既是因残致贫又是缺乏土地的贫困人口，可同时享受两类不同的扶持政策支持。

3. 加大帮扶力度

一是提升帮扶质量。第一，要将帮扶人员的品行和帮扶能力作为重要标准。第二，稳定帮扶队伍。为帮扶人员提供尽可能不错的工作和生活条件。目前，规定驻村工作队员年驻村不少于 240 天的时间过长，考虑到帮扶人员不是驻在那里才是帮，还需要协调各个部门等，年驻村 150 天就足够了。二是对帮扶人员的考核要与奖励和惩戒制度挂钩。优秀者要给予奖励，考核不合格者要严肃问责。三是鼓励帮扶人员对帮扶对象做深入研究。对有价值的文字成果，省扶贫办网站和省日报、省电视台优先采用。四是统一使用扶贫资源。建议由省扶贫办协调全省扶贫资源的整合利用。“分则力散、专则力全”，集中使用各种资源打歼灭战，应是黑龙江省强化帮扶力度的主要形式之一。

4. 创新脱贫路径

一是全面实施“以粮（油）助贫”。黑龙江省是全国闻名的农业大省，粮食产量多年居全国首位。政府可直接从贫困村、贫困县的生产者那里采购粮、油、肉、蛋、奶等，用于专供建档立卡的无劳动能力的贫困人口。这样，一方面可解决这些贫困人口的“吃不愁”，属于精准扶贫；另一方面，可拓展贫困村、贫困县的产品销售渠道，同时有效降低销售成本，这是产业助力精准脱贫。二是以省农垦、省森工的土地资源吸纳贫困户劳动力。2017年，全省缺土地、缺资金、缺技术和因灾致贫的贫困户合计19549户，占同期全省贫困户的13.6%。据资料，省农垦系统和省森工系统的经营面积分别为0.45亿亩和1.5亿亩，合计近2亿亩。黑龙江省有充分的理由恳请国家有关部门，促成19549户（约4万人）全部或部分使用这2亿亩土地。其一，国有土地吸纳贫困人口合情合理。其二，符合国家倡导“五个一批”中的“易地扶贫搬迁脱贫一批”的转移路径。其三，这些贫困原居住地资源相对匮乏。其四，这些贫困户对农林生产过程较为熟悉。其五，省农垦和省森工的国有土地资源具备吸纳能力。

5. 严厉查处违法违纪并实施“劝返”行动

一是对脱贫攻坚期间的截留、私分、挪用、贪腐等违法违纪问题实行零容忍。这里，国家贫困县之一的汤原县设立“脱贫攻坚战区指挥部”和“战区督导组”的做法值得借鉴。既然是“脱贫攻坚战役”时期，对严重违法违纪者就要实行“战场纪律”，就要从重、从速予以严惩。二是加大对“懒政”等督查力度。坚持在全省脱贫攻坚所涉及的各个层面，将《黑龙江省脱贫攻坚督查巡查工作实施办法》和《关于脱贫攻坚监督执行问责办法》全文公开展示。同时对违背上述“办法”的操作决不姑息。三是实施“劝返”行动。2017年，全省立案和处理的扶贫领域贪腐案件为历年之最，但尚有多数逍遥法外。第一，由省检察院、省高级人民法院、省公安厅（或加省纪委、省监委）公开发布《告全省扶贫领域贪腐人员书》。主要内容：一方面，截至2018年12月底，主动返还贪腐款并坦白真相或举报他人属实的，给予从轻或免于处罚；另一方面，自2019年起，2018年前未主动自首的人员，一经查实，无论是否提拔、调出和退休，一律从重从快严惩，同时，将处理结果予以公布。第二，由《告全省扶贫领域贪腐人员书》发布单位派出人员驻全省各市（区）、县（市），公布办公地址、接待电话和电子邮箱。第三，争取国家有关部门支持，即同意黑龙江省将“劝返”人员返回的贪腐资金一部分存于省财政，专项用于全省脱贫攻坚。

6. 制定《黑龙江省脱贫攻坚战役立功奖励条例》

一是给予相应的荣誉及现金奖励。可按奖励等级由低到高排序，分为嘉奖、三等功、二等功、一等功、特等功、终身荣誉称号，并给予与此对等的奖励额度。二是提职晋升奖励。如国家贫困县的党政一把手在本县脱贫攻坚中成绩卓著，在享受上述奖励的同时，还可给予职级破格提拔的奖励。三是对脱贫攻坚有功人员还可给予相应的物质奖励。在打赢脱贫攻坚战役中，这些人将付出超常的辛苦、努力，甚至生命的代价。

脱贫攻坚是一场硬仗，是只能赢不能输的战役。黑龙江全体干部群众要上下一心，凝神聚力以百倍的努力迎接它、攻克它，给党和人民交出满意的答卷。

B.9 黑龙江省城市社区治理现状及对策研究

王建武*

摘 要： 党的十九大提出打造共建共治共享的社会治理格局，加强社会治理制度建设，完善党委领导、政府负责、社会协同、公众参与、法治保障的社会治理体制，提高社会治理社会化、法治化、智能化、专业化水平。黑龙江在社区治理体制机制改革中进行了积极探索，但是黑龙江城市社区在新时代呈现不同的空间样态："单位制"社区与新兴社区并存，城镇化带来的"村改居"社区，"本地—外地"混合型社区；与此同时，城市社区治理面临新的挑战与困境：社区居委会行政承载能力超限，社会组织参与社区治理的机制不完善，社区居民公共参与度不高。因此，建议从以下几个方面加强和改进社区治理能力：整合黑龙江城市社区治理资源，优化社区治理结构；健全城市社区居民公共参与渠道；大力发展和培育社会组织，使之参与到社区治理中。

关键词： 黑龙江 城市社区 社区治理

2017年5月，《中共中央国务院关于加强和完善城乡社区治理的意见》（以下简称《意见》）的出台，提出我国社区建设"和谐有序、绿色文明、创新包容、共建共享"的目标要求，将城乡社区工作重心由加强基础设施

---

* 王建武，博士，黑龙江省社会科学院社会学所副研究员，研究方向为发展社会学与政治社会学。

建设向实现有效治理转移。黑龙江省要以《意见》出台为标志，今后城乡社区的工作重心将由加强基础设施建设向实现有效治理转移。这既是落实以习近平同志为核心的党中央关于国家治理体系和治理能力现代化一系列决策部署的必然要求，也是全省城乡社区面临的新的发展机遇。从黑龙江省实际来看，加强和完善社区治理面对的情况较为复杂，黑龙江省地广人稀，区域发展不平衡问题较为突出，特别是林区、垦区、矿区、油区与地方管理体制不同，辖区相互交错，将社区治理统筹起来具有一定难度。因此，必须在中央确定的大原则内，更加灵活有效地开展工作，分类施策、分类推进，既要创造性的落实中央关于城乡社区治理的部署，又要突出本地特色，因地因事制宜地推动工作，避免一刀切，切实解决实际问题。本文从黑龙江省城市社区治理现状出发，找到社区治理存在的问题，揭示问题产生的原因，提出相应的改进和提升城市社区治理的对策。

一　黑龙江城市社区的空间样态

作为东北老工业基地，黑龙江能源极其丰富，为国家建设和发展贡献了巨大的力量。石油、煤炭、森林、粮食等是重要的经济战略资源，由此，黑龙江省在发展过程中，因人口聚集而形成很多“单位制”社区。加强和改进黑龙江省城市社区治理能力和水平，首先要厘清黑龙江省城市社区的空间样态，概括起来，黑龙江城市社区有以下几种样态：计划经济体制时代遗留的“单位制”社区与新兴商品化住宅社区并存、城镇化进程的推动在城乡结合区域建立起来的“村改居”社区、城市流动人口不断增加带来的“本地—外地”混居型社区。

（一）“单位制”社区与新兴商品化住宅社区并存

单位制解体与城市住房体制改革使城市空间和居住生态呈现复杂化特征。单位制是社会转型前城市社会管理中重要的制度设置。在计划经济的时代，单位制在社会动员、资源配置以及满足人民需求、实现社会稳定等方面发挥了极其重要的作用。对于单位人来说，单位是他们的“衣食父母”，是其生活福利基本的，甚至是唯一的来源，单位作为“小福利国家”向单位成员提供生活福利保障，一个人一旦进入单位，就意味着单位对其生老病死等负有无限义务，同时，单位人享有单位体制外成员所不能享有的各项优惠待遇，是实实在在的“国家人”。而在改革开放以后，黑龙江省高度集中的计划经济体制向市场经济体制转变，单位制的功能及地位不断弱化，最终失去了它的全能功能。一方面，人们对单位选择的自主权利加大，个人、单位双向选择，单位人在逐渐地弱化。另一方面，社会公共服务增加，社会保障、户籍制度等改革势在必行。在城市，除了原有单位体制下的单位社区，20 世纪 90 年代末期的住房体制改革使由房地产商开发的商品房成为更主流的社区模式，住房商品化在一定程度上改变了城市社区治理模式。“单位人”逐渐转变成了“社会人”。养老、医疗等也都发生了变化，产生了许多新的问题。① 与此同时，由于旧的社会与经济体制惯性对东北老工业基地的影响，“单位制”社区在黑龙江依然广泛存在，随着市场化经济发展，一些新型商品化住宅小区也与日俱增，因此，“单位制”社区与新型社区并存，同一化的社区治理模式弊端显现，“单位制”社区与新型社区居民的利益诉求不同，这就要求进一步改进社区治理模式，积极应对城市社区发展的不平衡性。

（二）城镇化进程的推动在城乡结合区域建立起来的“村改居”社区

进入 21 世纪第二个 10 年，中国的城镇化水平快速发展。城镇化是指在社会化、工业化、集聚区域不断发展扩大的同时，人口、产业、交通、文化设施与建筑物的高度集中引起农村地域变为城市地域的质变过程。② 黑龙江

① 李强、王拓涵：《基层社会治理创新与新清河实验》，《社会治理》2017 年第 7 期，第 56 ~ 63 页。

② 刘延年：《陕西省城镇化进程的综合评价研究》，《统计与信息论坛》2005 年第 5 期，第 5 ~ 8页。

省近些年来城镇化水平发展十分迅速，国家统计局统计数据显示，截至2017年初，中国的城镇化率平均为57.35%，有十个省份的城镇化率超过全国的平均水平，其中黑龙江省城镇化率为59.2%，高于全国平均水平。中国的城镇化归根结底就是人的城镇化，也就是有更多的农业人口转变为非农业人口，在这一过程中有更多的农民变为市民，其中有两条路径，一条路径是农民进城务工并定居，甚至举家留在城市，无形中扩大城市人口规模；另一条路径是就地城镇化，乡镇转变为城镇，社区管理机构与职能发生改变，原有村委会转变为居委会，也就是“村改居”。应该说这两种路径都是当前黑龙江省人口城镇化的主要路径，农村城镇化是以农业发展为前提的、非农要素或产业在城镇聚集而引起农村的人口结构、产业结构、消费结构、生活方式乃至思想观念变化的复杂过程，是我国经济和社会发展中的一个综合性问题。[①] 在城镇化进程中，“村改居”的社区又是城市社区的特殊形态，具有区别于城市社区的独有特点，是城市和乡村的纽带，“村改居”形成的新社区的治理水平直接关系到城市治理的深度和质量，由于目前“村改居”工作很大程度是由政府主导的，因此新社区一开始就带有行政管理的印记。如哈尔滨市道里区的群力街道社区，早在2001年就撤村建立了居委会，并建成了社区，其服务中心内设有老年棋牌活动室、老年日间照料室、未成年人活动室、社区农民工大讲堂、小型影院等，这些“村改居”后建设的相应基础设施和城市社区一模一样，但事实上其并未完成深层次社区管理体制的改变，其组织架构上居委会主任仍由原来村主任担任，原村里干部直接相应地转变为居委会相关责任人，领导班子依然保留，管理风格也未改变。甚至原村财务还会支付社区的物业费、卫生费等费用，而这些费用理应由社区居民自觉缴纳。[②] 因此，在城镇化过程中，黑龙江城市中的“村改居”在短期内并没有改变原有的治理方式与结构，与城市原生态的社区内在治理方式还存在差别。

---

① 陆央央、徐维祥、沈阳松等：《温州各县农村城镇化水平的评价和比较分析》，《经济论坛》2006年第10期，第18~20页。

② 参见张艺凡《新型城镇化背景下“村改居”社区治理问题研究》，2016年东北财经大学硕士论文。

（三）城市流动人口不断增加带来的“本地—外地”混居型社区

“六普”数据显示，2010年黑龙江省流动人口规模为676.84万，占总人口的17.64%，较“五普”增长1.81倍，其中省内跨县市流动人口增加了84.36万人，增幅为59.95%。[①] 相信随着城镇化步伐的加快，近几年来流动人口还会增加，其中大部分流动人口在城市生活就业，并定居城市，特别是随着户籍制度改革的深化，极大地带动了流动人口进入城市，尤其是农民工群体是城市流动人口的主体，所以在黑龙江省的城市包括县城，很多社区是“本地—外地”混合型的社区。由于流动人口的增加，城市社区治理也迎来挑战与困难。“本地—外地”混合型社区有如下特点：一是本地居民与外地居民存在心理认同感差异，本地居民大多从出生就在本地城市生活工作，生活方式以及心理认同感已经本地化，而外来居民来到新的城市以及社区工作生活时间相对较短，短时间内难以迅速融入当地的文化，这就造成本地人与外地人的心理差异，随着流动人口的增加，社区从原来的“熟人社会”“半熟人社会”进入了“陌生人社会”，这是“本地—外地”混合型社区的一个显著特点；二是本地居民与外地居民社会融合难，由于地区发展水平差异，外来流动人口尽管在城市就业，但是其社会保障、子女教育及养老问题没有获得同城市本地居民同等待遇，所以尽管在社区生活，但是并没有本地居民同样的社会认同感，甚至本地居民在心理上一时也难以接纳外来居民，这就造成“本地—外地”混合性社区社会融合难的问题；三是本地居民与外来居民公共参与存在差异，本地居民对城市的文化认同感高于外来居民，所以对本地公共事务参与的热情更高，更愿意参与本地公共事务，而外来居民由于身份与户籍的限制，特别是心理认同感较弱，较少甚至不参与本社区的公共事务，因此，本地居民与外地居民在公共参与上存在显著差异。

---

① 黑龙江省统计局、黑龙江省第六次人口普查办公室：《黑龙江省2010年人口普查资料》，中国统计出版社，2012。

二　城市社区治理典型经验

在当前经济社会改革不断深化的背景下，黑龙江省一些城市在社区治理领域进行了诸多有益探索，并取得了显著效果。

（一）从单一管理到多位一体治理：哈尔滨城市社区治理能力走在全省前列

哈尔滨市作为黑龙江省省会城市，充分利用资源优势，在社区治理方面走在了全省前列。哈尔滨市道里区在几年之内迅速改变社区治理面貌，优化治理格局，各类社会组织得以蓬勃发展。一是加强“中心社区”建设。得益于道里区委、区政府充分发挥引导作用，将“中心社区”建设列为全区大项目和“民心工程”。同时，道里区在人力资源调配、社会资源整合、经济资源集中等方面均发挥了积极的作用。为了给中心社区建设提供人才支撑，配齐配强中心社区党组织、居委会和服务站工作人员，道里区从区机关单位、相关业务部门选派副科级以上干部到中心社区任职“挂职书记”，既锻炼和培养了机关干部的素质，也方便了各业务部门直接指导中心社区开展自我管理和提供便民服务，同时开展社会工作人才招聘，为每个社区招聘1名专职社工，协助社区完成各项工作。为了整合辖区内资源，实现社会关系网络化治理的系统效应，使各方力量共同致力于社区公共事业建设和发展，道里区区政府发挥自身优势，采取多种形式，充分整合社区内资源。比如辖区内可利用锅炉房的改造、为新建小区配建公益用房、棚户区改造、学校改造等，为“中心社区”建设提供空间布局。为了集中经济资源优势，道里区建立以政府财政为主的多渠道、多形式、多层次的资金筹措机制和经费投入机制，并出台相关办法、规定完善资金使用制度和项目推进方法，针对中心社区面积大、活动人员多，造成社区运营经费和办公经费增加的问题，设立中心社区专项办公经费补助资金，积极鼓励、引导社会各界对中心社区提供人力、物力和财力支持。

二是加强社区党组织建设，以此带动社会组织成长发育。道里区还通过完善组织体系和组织手段，促进社区党组织建设，从而带动社会组织成长发育，为社区建设提供了强有力的组织保障。在开展社区治理与服务创新实验之初，道里区面临社会组织参与社会治理的认知度不高、社会组织活动场所紧张以及社会组织参与社会服务自身能力不足等问题。虽然道里区已经成立了多种行业的社会组织，但这些社会组织是根据群众的不同兴趣、不同爱好组织起来的松散性的群众团体，存在体系不完善、结构不合理等问题，需要基层政权组织鼓励和引导其参与社区治理与服务，从而实现各类社会组织“集中协调、协同共进”。为此，道里区首先从建立正式的组织体系入手，积极开展党建工作新模式，探索推行社区党委、社区居委会、物业公司、业主委员会、共建单位和社区社会组织“六位一体”的社区治理模式。不仅丰富了基层党建工作的内容，还使基层党组织的力量得以强化。同时按照“政府支持、社会运作、多元互动、合作共赢”的原则，制定了一系列政策文件，鼓励社会组织申报具有公益性、创新性和区域性的社会服务项目，并且统一规范社会组织中心的标志、工作内容与流程，推行目录式管理，通过制定注册登记建档和制定备案管理制度，创新社会组织的管理方式，促进社会组织规范发展；其次完善社会组织参与社区治理的工作机制，搭建社区社会组织服务平台，为社会组织规范化管理和运作提供平台支撑，同时抽调政治素质好、协调能力强、责任心强的干部负责社会组织工作，增大社会组织培育力度。从组织体系和组织手段两方面强化了党组织对社会组织的引导和扶持，为各类社会组织的发展提供了强有力的组织保障。总之，道里区从人力资源、社会资源、经济资源等方面为开展中心社区建设实验、破解社区治理难题提供了条件，为其他城市社区治理提供了样板模式。

（二）从管治到治理：大庆社区治理的积极探索

大庆市社区建设工作自 2001 年启动，截至 2012 年重组整合之前，共有 29 个街道，200 个社区。多年来，在大庆市委、市政府的高度重视下，坚持“以人为本，建设社区”理念，突出“政企共建、资源共享”的特点，从加强和创新社会治理入手，大庆市形成了“两级政府、三级管理、四级网络”的社区治理体系。这一社区治理体系属于政府主导型的社区管理模式。这一阶段大庆城市社区建设主要是从以下几个方面重点推进。一是抓社区基础设施建设，为社区治理与服务提供物质保证。这一时期集中对社区办公场所和活动场所进行了新建和改建。到2011年，市区190个社区全部解决了办公场所，办公用房达标率占89%，室内活动场所达标率占90%，与此同时，注重信息化建设和运转经费的节约。二是抓社区队伍建设，为社区管理与服务提供人才保证。大庆市在人员选配上建立了选举制、聘用制、协理制、义务制、志愿制五种制度，对社区工作人员进行上岗统一培训和统一管理。三是抓社区职能建设，为社区管理与服务拓展领域。大庆从社区职能建设抓起，建立了社区卫生服务中心（站）、社区警务室、义务治安巡逻队和社区各类文化团体，培育社区服务性、公益性、互助性社会组织，成立体育单项协会和俱乐部等，使计划生育、法律、安全、城管、环保、文明建设等工作都在社区得到延伸。四是抓社区服务提升，不断完善社区管理与服务的功能。大庆市立足改善民生，把社区公共服务、商业服务和自助服务有机结合，通过社区服务站和各类社会组织等载体建设来完善服务内容和提升服务水平。五是抓社区党建工作，充分发挥社区管理与服务中党员的先锋模范作用。社区党建工作是大庆城市社区建设的主要亮点之一。工作重点围绕从干部队伍建设入手，实行社区党组织书记“职业化”；从组织创新入手，加强社区党组织建设；从制度创新入手，不断完善社区共建机制等几个方面展开。

针对传统社区管理体制存在居委会行政化色彩较强、社区自治和服务功能较弱、管理层级较多等问题，2012年9月大庆市委八届二次全体（扩大）会议审议通过了《加强社会管理创新三年行动计划》（2013～2015年）和《中共大庆市委关于深化社会管理体制改革的决定》，对大庆市城市社区建设进行了新的总体规划和战略部署，启动了社区管理体制改革。为扎实推动社区改革，大庆市民政局确定2013年为“社区规范化建设年”；2014

年大庆市制定了《智慧大庆2014～2016年行动计划》，开始了建设“智慧社区”的工作，计划到2016年建成50个。2012年9月，大庆以提升社区自治功能和服务为目标，以减少社区管理层级为突破，以理顺社区治理体制为重点，对全市五区和大庆高新区的200个社区进行改革，整合为70个新社区。2014年，大庆市县域城市社区体制改革开始启动，将四县现有32个城市社区整合为18个新社区。大庆城市社区改革体现了以下特点。一是减少管理层级，推行扁平化管理。新社区的设置主要以地域面积和服务半径为依据，兼顾考虑居民认同感、公共服务资源配置、治安管理、城市未来发展规划等因素，按照居住人口2万～4万人的规模，将原有市区街道和社区整合为70个新社区，使城市社会管理层级由市、区、街、社四级变为市、区、社三级。新社区实行“一委一站一会”模式，实行“居政分离”“一社多居”，居委会作为基层群众性自治组织，不再参与行政管理性事务，而且一个社区可设置3～4个居委会。这样就构建起了以社区党工委为领导核心，以社区工作站为管理和服务平台，以居委会和居民议事会为自治主体，以社会组织为有效补充的新社区运行架构。二是整合各类资源，推进规范化建设和管理。在人事管理方面，改革社区工作人员构成复杂的情况，将原街道819名工作人员、社区1703名工作人员、各部门2551名协管人员全部整合到新社区，进行统一调剂使用、考勤考核、规范管理。在办公场所建设利用方面，将原街道约3.1万平方米办公场所与原社区34万平方米办公和活动场所统一由新社区安排使用，并提出建设标准化社区服务综合体且建筑面积要达到2000平方米以上。在信息整合方面，对原有社区信息进行分类整理，对相互割裂的信息网络进行有效整合，实现基础信息数据共享和网上业务办理。三是坚持以人为本，拓展服务功能。大庆城市社区改革始终坚持以人为本的原则，使社区回归服务百姓的“本位”。比如社区服务综合体建设，既要有服务大厅，为居民办理就业、医疗、低保、贷款担保等30余项业务，也要有图书阅览、文体活动、老人照料、健身康复等活动场所，以满足居民多重需要，另外在服务设施方面，还考虑了建设医疗卫生、家政服务、居民缴费、老人餐桌、便民超市等项目。可见，大庆城市社区改革突出公共服务的特点，完善了社区功能，方便了居民生活。①

三 城市社区治理面临的困境与挑战

黑龙江作为东北老工业基地，历史包袱重、历史欠账多，反映在社区治理中，首先是“单位制”退出缓慢以及不彻底，“单位人”并未完全转化为“社区人”，这就造成政府负担重，社会治理成本高，导致当前黑龙江省城市社区治理面临诸多困境。

（一）社区居委会行政承载能力超限

随着“单位制”社会逐渐消解，并向作为生活共同体的“社区”转型，原来政府承担的诸多社会职能不断下放，城市社区居委会承接了许多原来由政府承担的大量行政性事务，普遍出现了行政化倾向，成为基层政府的延伸。在调查中发现，社区居委会工作大部分是由政府下达任务，服务内容包括民政、计生、居民养老、维护稳定、调解群众矛盾、居民医保、低保救助、社区教育、残疾人管理、司法援助、社会治安等百余项，导致一些城市社区承担的行政事务过多，由此也产生城市社区治理面临的一个矛盾：一方面，国家政策主张社区自治；另一方面，在具体社区治理层面，政府对社区治理干预和管辖过多。社区治理行政化倾向的弊端在于“单位制”向“社区”转型的过程中造成治理主体的缺位、错位。由此，社区居委会行政化过度的倾向为城市社区治理转型带来了挑战。

（二）社会组织参与社区治理的机制不完善

很多实践已经证明，在东部沿海发达地区，社会组织在一些城市的社区

① 参见王华《从管理到治理：大庆城市社区治理问题研究》，《大庆社会科学》2017 年第 2 期，第 120～122 页。

治理中发挥了非常重要的作用，但是黑龙江省的社会组织建设与发展还相对落后，社会组织在社会治理中的功能与作用还没有显现。目前，在黑龙江一些城市，参与社区治理的社会组织发育明显不足，主要受到两个因素制约。一是社会组织专业人员少，尤其是缺少专业的社会工作者。黑龙江省一些大专院校培养的专业社会工作人才，绝大部分去南方发达地区就业，还有一部分转换了就业方向，导致在社区治理过程中缺乏专业的社会组织人才。二是缺少支持社会组织发展的资金，社会资本投入和政府财政支持是有限的，这就限制了社会组织的发展。当前黑龙江省有一些社会组织，这些社会组织绝大部分不是纯粹的非政府社会组织，而是由政府扶持建立起来的社会组织，这些社会组织的运作还存在一些体制机制性障碍和问题，阻碍了其在社区治理中发挥积极的作用，有些社会组织还存在组织结构松散、管理不完善等诸多问题，影响了社会组织在社区治理中的作用发挥。因此，下一步应该首先充分认识到社会组织在社区治理中的作用，其次是理顺社会组织和城市社区居委会之间的关系，避免社区居委会的错位和越位。

（三）公共参与无法满足城市社区居民需求

随着中国市场化改革的不断推进，原有的“单位制”社会逐渐消解，“单位人”逐渐回归“社区”，日常生活世界与社区紧密的联系到了一起，而原有以单位为管理主体的社会治理形态已不再适应转型社会发展之需要，其中一个重要因素便是城市社区居民对社区公共事务管理提出了更多的需求，特别是在住宅从分配制向市场化机制转变过程中，商品化住宅小区日渐兴起，围绕商品化住宅小区建构起来的城市社区，作为新兴的城市业主群体日渐壮大，他们的利益诉求多元化，而公共参与建设还存在诸多不足，无法满足城市社区居民的需求。

具体来看，当前城市社区公共参与还存在如下两点不足。首先，城市社区公共参与需求与途径不匹配。黑龙江省作为东北老工业基地，原来的国有企业单位众多，在市场化转型过程中，单位制逐渐消解，单位人向社会人转变，在原来体制机制背景下，单位人的生活由单位包办，利益诉求对象更多的是工作单位，市场化改革的多年以后，这种对单位的体制性依赖还没有完全祛除，城市社区相应提供的公共参与渠道与城市居民的参与需求相背离，特别是城市社区提供的公共服务还多由上级政府部门安排和部署，与社区自治还相去甚远。其次，业主委员会没有为居民搭建起公共参与平台。当前黑龙江省城市有很多商品化住宅小区，但是很多社区都没有业主委员会，即使有也形同虚设。多年的市场化改革，提高了居民的收入，逐渐增强了商品房产权业主阶层的权利意识和参与意识。他们对小区的物业管理部门，以及相关政府管理部门的利益诉求逐渐增多。面对多元化的需求增长，城市社区治理迎来了新的挑战。

四　提升黑龙江省城市社区治理能力和水平的对策建议

十九大报告提出，要打造共建、共享的社会治理格局。因此我们首先要加强城市社区治理的制度建设和体系建设，结合黑龙江省情进一步提升“党委领导、政府负责、社会协同、公众参与、法治保障”的城市社区治理能力和水平；其次还要加强城市社区治理体系建设，构建社会协同、共同参与的社区治理体系。

（一）整合城市社区治理资源，优化社区治理结构

传统地看，黑龙江城市社区治理也是沿着“街居制——单位制——社区制”的体制路径演进，相应地形成了“政府主导的行政型社区——政府推动与社区自治结合型的合作社区——社区主导与政府支持的自治型社区”等社区类型，[①] 黑龙江省的一些城市，由于经济社会发展程度不一，以及一些历史因素，当前存在多种类型的社区，其中政府主导的自治社区占多数，相应地，各种类型社区的资源也就不尽相同，因此，为提高城市社区治理能

① 魏娜：《我国城市社区治理模式：发展演变与制度创新》，《中国人民大学学报》2003 年第 1 期，第 135～140 页。

力与水平，需要整合各类社区治理资源。

社区居民是最重要的社区治理资源，要充分调动社区居民参与社区治理的积极性，这就需要增强社区居民对生活社区的归属感和认同感，提高社区居民之间、社区居民与服务管理部门之间的信任感，这些资源是促进社区良性运行的重要社会资本，社会资本在社区治理中的重要作用已被实践证明，一个社区充足的社会资本可以增强社区凝聚力，提高社区治理效能，进而优化社区治理结构。

（二）健全社区居民公共参与的平台和渠道

广泛而平等的社区公共参与有利于提高社区治理水平，当前社区公共参与主要有：社区居民、社区居委会、物业管理部门，以及逐渐兴起的社会组织，其中主体是社区居民，而社会组织对社区治理的积极作用不言而喻。当前社区居民参与社区治理的平台与途径主要有常态化和非常态化，常态化包括社区党支部、社区居委会、业主委员会；非常态化包括社区居民会议、社会组织。此外，随着互联网的广泛普及，网络化平台也为社区公共参与创建了新的渠道与平台，比如业主论坛、各种微信群等，一般由社区积极分子作为版主或群主，广泛搜集社区居民各类利益诉求以及各类议题。网络平台优势是信息可交互，同时信息传播迅捷，这方便了社区居民的公共参与，降低了现实参与的成本，特别是对黑龙江城市居民中的工薪族，可以利用非工作时间让他们参与到社区公共事务中，提高了社区治理的效能。

（三）支持社会组织发展，使其在社区治理中发挥重要作用

社会组织在社区治理中的积极作用已被实践证明，社会组织参与到社会治理中，可以弥补社区居委会以及政府部门在社会治理中的局限性，特别是对于“大政府、小社会”而言更是如此，在改革政府职能、提高政府管理效能背景下，我们要把社会或自治组织承担的职能回归社会或自治组织。社会组织是政府部门和社区居民之间的弥合剂，对于政府部门来说，社会组织能够为社区居民提供更为个性化的服务，能够满足社区居民的个体需求，而

政府部门服务对象是针对群体而言。社会组织参与到城市社区治理，也能够弥补政府部门服务居民的局限性，承担起很多社区居委会职责范围外甚至没有能力承担的事务，比如居民养老、对特殊人群的照料，以及就业服务、各类困难援助等多样化的服务。政府可以通过购买社会组织的服务，将更多的公共服务交给专业社会组织，以此提高社会组织在社区治理中的参与性，进而促进黑龙江省社会治理能力和水平的提高。

B.10 黑龙江省优化经济发展环境中政府履责问题与对策研究

唐晓英*

摘　要： 一个地区的经济发展环境对于这个地区的经济发展水平具有重要的决定性意义。黑龙江省政府在优化经济发展环境的过程中取得了显著成效，但同时还存在诸如行政审批改革有待完善、政府诚信建设仍需加强、法治政府建设急需加快、廉洁政府建设存在缺位、政务信息公开存在短板等一系列问题，应着力强化廉洁政府建设责任、高效政府建设责任、诚信政府建设责任、法治政府建设责任和透明政府建设责任，争取最大限度地消解对当前优化经济发展环境整体目标的不利影响，以实现经济发展环境的最优化，为黑龙江省全面振兴发展提供良好的环境支持。

关键词： 黑龙江省　经济发展环境　政府履责

我国现已迈向社会主义新时代，社会的发展进步使责任的内涵也在不断发展变化。改革开放和社会主义现代化建设的伟大实践，赋予了政府责任日益丰富的时代内容。负责任的大国、负责任的政府已成为党和政府的“新名片”。按照党的十九大和中央经济工作会议精神，改革创新体制机制，进

* 唐晓英，本科，黑龙江省社会科学院政治学研究所，研究员，研究方向为行政学、地方治理。

一步优化营商环境，是建设现代化经济体系、促进高质量发展的重要基础，也是政府提供公共服务的重要内容。黑龙江省现正处于经济发展方式转型的重要战略机遇期，各级地方政府更应充分地认识和把握现阶段的经济发展态势，转变政府职能，强化政府责任，这将对全省经济发展有着重要且深远的意义。2017 年 7 ~8 月，“黑龙江省优化经济发展环境背景下强化政府责任对策研究”课题组到省人社厅、佳木斯市、汤原县进行调研，通过召开座谈会了解省、市、县三级政府履责的情况，同时，将黑龙江省政府投诉中心在网上公布的 2016 年全省经济发展环境专项治理的典型案例通报作为分析样本。在此基础上形成研究报告。

一　政府责任内涵：优化经济发展环境背景下政府责任定位

从社会学的角度来说，每个个体、每个社会团体等都在社会这个大舞台上扮演着不同的角色，每种角色往往也被赋予不一样的责任。从某种意义上来说，责任是伴随着人类社会的发展而出现的，有社会就有责任，承担责任是带有强制性的。政府责任是政府属性的本质。政府责任有广义和狭义之分：从最广意义上来看，政府责任是指政府能够积极地对社会民众的需求做出回应，并采取积极的措施，公正、有效率地实现公众的需求和利益。① 从狭义的角度来看，国内大多数学者认为政府责任就是行政责任，既包括积极责任，同时也包括消极责任。学者张国庆认为，“行政责任是政府及其构成主体行政官员因其公权地位和公职身份而对授权者和法律以及行政法规所承担的责任。行政主体不仅要对消极的后果承担责任，也要对积极的义务承担责任”。② 还有学者根据责任关系的范畴将责任分为政治责任、法律责任、经济责任和道德责任。③ 从黑龙江省政府发展的实际情况出发，本文主要讨

① 张成福：《责任政府论》，《中国人民大学学报》2000 年第 2 期，第 76 页。
② 张国庆：《行政管理学概论》，北京大学出版社，2000，第 486 页。
③ 魏英敏、金可溪：《伦理学简明教程》，北京大学出版社，1990，第 346 页。

论政府的行政责任，在优化经济发展环境背景下，政府责任可分为廉洁政府建设责任、高效政府建设责任、诚信政府建设责任、法治政府建设责任和透明政府建设责任。

二　黑龙江省优化经济发展环境中政府履责的现状

从一定意义上说，一个地区的经济发展环境对于该地区的发展具有决定性意义，良好的经济发展环境会在为该地区的经济发展持续注入新活力的同时提供不竭动力。总体上讲，经济发展环境的建设与优化的主体是各级政府。一直以来，黑龙江省政府在优化经济发展环境方面做出了多方面的努力，使全省经济发展环境得到不断优化和改善。黑龙江省政府在优化发展环境方面主要做了以下几个方面工作。一是坚持推进深化行政体制改革，转变政府职能，构建运转协调的行政运行机制，为市场主体提供良好廉洁高效的政务环境。二是不断完善促进经济政策体系，研究制定科学合理的经济发展政策，并抓好政策的贯彻落实，为经济社会发展营造良好的政策环境。三是厘清政府与市场的关系，营造公平有序、完备成熟的市场环境。政府与市场之间是共生互补的关系，市场在资源配置中起决定性作用。四是健全立法、执法、守法的法律机制，坚持依法行政，规范权力运行，营造有利于经济社会发展的法治环境。2018 年，全省各级政法机关加大对破坏营商环境案件的查办力度，着力解决懒政怠政、服务质量不优、破坏营商环境等突出问题。共清理涉企积案 1212 件，化解涉企矛盾纠纷 8533 件，打击涉众型经济犯罪 334 件，纠正错案 78 件，打击破坏营商环境黑恶势力 429 个，解冻违规扣押、查封涉案款物 4786 万元，执行涉企案件款物 15.2 亿元。

政策环境是构成区域经济软环境的重要方面，黑龙江省要优化经济发展环境，必须根据全省各地的实际情况，形成符合国家宏观经济导向，有利于黑龙江省经济发展的政策比较优势，充分发挥政府的宏观指导政策推动作用。近年来，黑龙江省委、省政府高度重视优化发展环境工作，着力强化政府责任建设，采取一系列务实举措，先后出台了《关于进一步规范行政执法行为优化经济发展法治环境三年工作方案》(2012 年)、《关于创建优良经济发展环境的意见》(2014 年)、《关于清理规范省政府部门行政审批中介服务的实施方案》(2015 年)、《关于进一步优化全省发展环境的意见》(2016 年)、《黑龙江省降低实体经济企业成本实施细则》(2017 年)等相关政策，有力地推动了发展环境持续优化，为全省经济社会平稳健康发展提供了有力保障。2017 年，全省 GDP 实现年度预期目标，初步核算，全省 GDP 总量首次突破 16000 亿元大关，实现 16199.9 亿元，按可比价计算，比上年增长 6.4%，增幅提高 0.3 个百分点，为近四年来最高，充分体现了政府责任建设的成效。

三 黑龙江省优化经济发展环境中政府履责存在的问题

黑龙江省政府在优化经济发展环境的过程中取得了显著成效，但同时还存在诸如行政审批改革有待完善、政府诚信建设仍需加强、法治政府建设急需加快、廉洁政府建设存在缺位、政务信息公开存在短板等一系列问题，在一定程度上制约着全省经济发展环境的进一步优化。主要表现在以下几个方面。

1. 行政审批改革有待完善

自 2001 年行政审批改革正式启动以来，黑龙江省的行政审批改革取得了显著成效，对于优化经济发展环境具有重要意义。在审批体制改革方面，如大部制改革使政府相同或相近的职能得到了整合，使政府最大限度地避免了职能的交叉①，提高了政府的办事效率，为黑龙江省经济发展环境提供了良好的政治保障，对于全省经济发展环境的优化起到了积极影响。又如积极推进政务服务标准化建设试点工作，使行政审批流程得到进一步优化，并加强了事中事后监管，加快实施企业投资项目网上核准和并联核准等方面的改

① 黎军：《行政审批改革的地方创新及困境破解》，《广东社会科学》2015 年第 4 期，第 211 ~ 222 页。

革，为全省经济发展环境提供了一系列的政策支持和保障。行政审批制度领域的一系列改革与创新，对于优化经济发展环境起到了重要的促进作用。

但是，从长远发展角度来看，黑龙江省的行政审批改革工作仍存在一些问题。黑龙江省政府投诉中心成立三年以来共处理600多个投诉事项，在这些事项中随机抽取200个事项进行统计分析。分析结果显示，在黑龙江省优化经济发展环境政府履责存在的问题中，“违规行政”和“不正确履职”分别占有近1/3的比例，也就是说，黑龙江省政府在行政审批相关领域所存在的问题还是相对比较严重的（见图1）。总体看来，主要表现在以下几个方面。首先，一些政府部门政策执行不及时的现象相对比较严重，在被投诉的事项中占有较大比例，如曾以“政策执行不及时”而被投诉过的政府部门有讷河市社保局、佳木斯市住建局、哈尔滨双城区社保局、鸡西市公安局等①。其次，存在的比较典型的问题是相关政府部门对行政审批相关程序等工作掌握不熟练，如曾经出现过的行政处罚决定书填写错误，出具不实证明材料，对政策理解存在偏差，工作不规范，未及时调整行政审批、备案条件，未按照规定进行审批等一系列问题。最后，行政审批的违规操作问题比较严重，如2015年齐齐哈尔市铁锋区卫生监督所的违规审批行为，且在未进行检测的情况下即收取监测费、发放卫生许可证的行为；哈尔滨市南岗区“服装城池区管理处”违规设置机构，行政乱作为：增设初审环节，违反法定程序实施处罚和强制措施，并存在跨区域执法行为等②。在黑龙江省当前全面优化经济发展环境的大背景下，行政审批环节存在的这一系列问题必然会对经济发展环境带来一系列的负面影响，因此，进一步完善行政审批制度改革刻不容缓。

2. 政府诚信建设需不断加强

政府诚信建设是指政府及其工作人员在行使其职能时，要严格遵守国

① 王春颖：《省政府投诉中心成立三年来共办理投诉事项608件》，东北网，http：//story.dbw.cn/system/2017/01/11/057506542.shtml。

② 王春颖：《省政府投诉中心成立三年来共办理投诉事项608件》，东北网，http：//story.dbw.cn/system/2017/01/11/057506542.shtml。

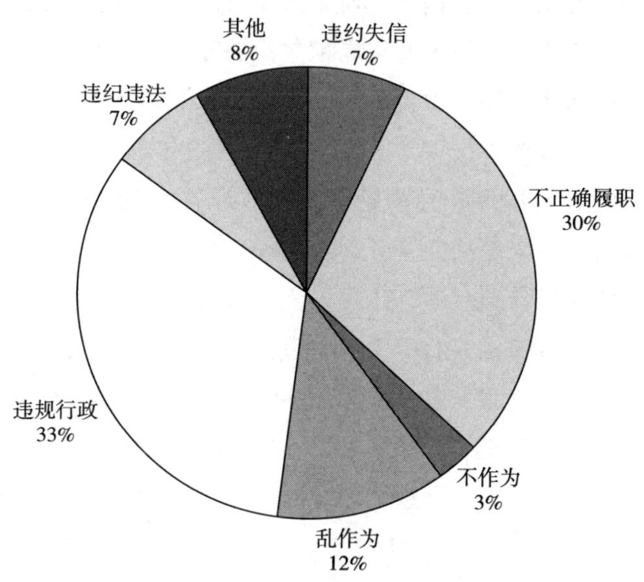

图1　黑龙江省优化经济发展环境中政府履责存在的问题

资料来源：黑龙江省政府投诉中心。

家法律法规，恪守诚信道德底线，强调法治视域下政府机关的诚信言行，是对政府及其工作人员的制度性规范和原则性要求。政府的诚信建设关乎党和政府的形象，尤其是在黑龙江省当前所处的改革发展的关键时期，社会对诚信政府建设充满期待。诚信建设的法规缺位，针对政府诚信的监督力度偏小，加之诚信文化宣传不到位，导致一些政府部门存在随意给投资者许愿、变规划、变政策，不守信用等问题，严重影响了黑龙江省政府诚信建设的进程，在一定程度上延缓了全省经济发展环境进一步优化的步伐，图1的统计结果显示，在黑龙江省优化经济发展环境中政府履责存在的问题中，“违约失信”行为所占比例达7%，说明政府部门在诚信建设方面仍需不断加强。总体看来，在诚信建设方面所存在的问题主要表现在以下几个方面。首先，相关政府部门拖欠企业款项问题比较严重，如近几年所发生的齐齐哈尔市房管办所属的中信供热公司拖欠购煤款项；肇东市交警队拖欠工程款；牡丹江海林市政府欠企业债务；哈尔滨双城区政府拖欠企业款项；哈尔滨市阿城区政府拖欠企业款项；七台河市政府对投诉企业的奖补资金未落实；鸡西市梨树区城建局拖欠设备款等①。其次，表现为政府的行政行为的失信问题，如曾被投诉过的大庆市杜蒙县城管局在执法过程中，存在执法不亮证、言语不文明、不规范行为；哈尔滨市呼兰区政府及利民开发区管委会对所承办的事项答复与事实不符的虚报情况行为；齐齐哈尔市富拉尔基区政府在未解决企业土地权属争议的情况下，出具无土地权属争议承诺及相关文件等行为②。针对以上现象及其所反映的问题，结合当前我国致力于促进国家治理体系和治理能力现代化的新目标和新要求，加强黑龙江省政府诚信建设势在必行，通过政府诚信建设，优化经济发展环境，进一步树立政府的威信，弥补由于政府的一些失信行为而带来的不良后果。

3. 法治政府建设进程急需加快

在中国特色社会主义建设“四个全面”的战略总布局中，全面依法治国是我国全面建成小康社会的重要战略举措之一，而全面推进法治政府建设则是全面依法治国的题中应有之义。加强法治政府建设对于全面推进依法治国具有举足轻重的战略意义。③ 在当前黑龙江省全面优化经济发展环境的关键时期，深入推进法治政府的建设进程则显得尤为重要。由于黑龙江省多年来形成的人情文化、面子文化盛行，法治意识不强，加之政府依法行政的监督存在缺位，一些政府部门在行政过程中还存在诸多违纪违法行为，严重影响了全省法治政府建设的进程。根据图 1 统计结果显示，在黑龙江省优化经济发展环境政府履职存在的问题中，“违纪违法”行为所占比例达 7%，说明黑龙江省政府部门在加强法治政府建设方面仍有很长一段路要走。总体来看，黑龙江省政府履责中存在的违纪违法行为主要表现在以下几方面。一是

① 王春颖：《省政府投诉中心成立三年来共办理投诉事项 608 件》，东北网，http://story.dbw.cn/system/2017/01/11/057506542.shtml。

② 王春颖：《省政府投诉中心成立三年来共办理投诉事项 608 件》，东北网，http://story.dbw.cn/system/2017/01/11/057506542.shtml。

③ 杨海坤：《“四个全面”战略布局下如何全面推进法治政府建设》，《法学评论》2015 年第 05 期，第 10～21 页。

政府在履责过程中存在严重的违法收取贿赂，为个人谋私利的行为。如2015年佳木斯市某建设项目指挥部的违法收受贿赂、失职渎职行为；鸡西市麻山区法院执行局办案过程中收受贿赂的违法行为；五常市房产住宅局的违规收费问题等①。二是有关政府部门在履职过程中无视相关法律法规的问题。如鸡西市政府采购招投标公司违反法律相关规定，超期收取部分招标单位的投标保证金；巴彦县农机总站产品质量监察站违规收取农机协会会员办证费用；集贤县房产处办理房产过户时，人为设置障碍等②。在当前全面依法治国的大背景下，在黑龙江省全面优化经济发展环境的背景下，我们必须杜绝政府在执法过程中无视或忽视法律的现象，杜绝随意执法、部门利益化现象的发生，有意识地引导政府部门运用法治思维和法治方式思考问题，做出决策，规范自身，这是黑龙江省加快法治政府建设进程的必然要求和必然选择。

4. 廉洁政府建设存在缺位

在当前全面优化经济发展环境的大背景下，黑龙江省的廉洁政府建设有待进一步加强。由于监督体系不完善、法治文化建设滞后，特权思想、本位主义严重，贪腐现象屡禁不止。这些问题严重制约着全省经济发展环境的整体提升，在优化经济发展环境政府履职存在的问题中，政府相关部门的有损廉洁政府建设的行为占有相对较高比例，是经济发展环境进一步优化的一个重要阻碍，总体来看，有损廉洁政府建设的行为主要表现在以下几个方面。一是政府在履责过程中存在违法收取贿赂，为个人谋私利的行为，严重影响了廉洁政府建设的进程。二是以各种名义向相关企业征收费用为代表的“乱作为”现象及“庸政、懒政、怠政”为代表的“不作为”现象。如鸡西市恒山区卫生局违规向村卫生所收取办公费；青冈县劳动镇擅自向危房改造和泥草房改造补助户收取费用；兰西县规划局在某项目手续不全的情

① 王春颖：《省政府投诉中心成立三年来共办理投诉事项608件》，东北网，http：//story.dbw.cn/system/2017/01/11/057506542.shtml。

② 王春颖：《省政府投诉中心成立三年来共办理投诉事项608件》，东北网，http：//story.dbw.cn/system/2017/01/11/057506542.shtml。

况下，违规办理规划手续等现象①。因此，为实现黑龙江省当前优化经济发展环境的总体目标，必须解决当前政府廉政建设存在缺位的阶段性问题。

5. 政务信息公开存在短板

在当前全面优化经济发展环境的大背景下，黑龙江省的政务信息公开工作还有待于进一步提高。近年来，黑龙江省在政务信息公开方面依据《中华人民共和国政府信息公开条例》中的相关要求进行政府信息公开建设取得了一系列显著成效。但是，不可否认的是，在全国的政府信息公开的评估中，与全国范围内政务信息公开工作进展相对好的省份相比，黑龙江省依然存在一定的差距；黑龙江省的市、县一级的政府信息公开工作尚有较大的提升空间。例如，哈尔滨市呼兰区政府及利民开发区管委会虚报情况，其对所承办的事项的答复与事实不符的虚报行为②，恰恰说明了政府在政务信息公开工作方面的不完善，给虚报情况等一系列现象提供了生存的空间。因而，政务信息全面、实时、真实的公开，对于当前推进全省优化经济发展环境的总体目标意义重大。因此，我们必须正视政务信息公开方面所存在的短板，并对症下药采取相应的有效措施，如开展企业满意度测评，引入独立的第三方机构、开展政府信息公开评估等，尽可能地解决公开短板问题，为黑龙江省优化经济发展环境提供更好的服务保障。

四　强化政府责任优化经济发展环境的对策建议

近年来，黑龙江省政府为优化经济发展环境付出了一系列努力，在取得了显著成效的同时，诸如行政审批改革有待完善、政府诚信建设仍需加强、法治政府建设急需加快、廉洁政府建设存在缺位、政务信息公开存在短板等。在当前全面优化全省经济发展环境的总体目标下，黑龙江省政府应着力

---

① 王春颖：《省政府投诉中心成立三年来共办理投诉事项608件》，东北网，http：//story.dbw.cn/system/2017/01/11/057506542.shtml。

② 王春颖：《省政府投诉中心成立三年来共办理投诉事项608件》，东北网，http：//story.dbw.cn/system/2017/01/11/057506542.shtml。

强化政府责任建设，采取相关措施解决上述所存在的一系列问题，以求实现黑龙江省经济发展环境的最优化，为加快和促进黑龙江省经济良好发展持续注入新的活力。

1. 强化廉洁政府建设责任，优化经济发展的公平环境

针对政府廉政建设存在的诸多问题，应从多个层面进行治理。一是加强政府领导班子廉洁责任建设。打铁仍需自身硬，政府领导班子自身的水平决定了其作为领导机构的功能发挥效果。各级政府部门领导班子应认真贯彻落实《黑龙江省党风廉政建设责任追究实施办法》，应当强化责任意识和服务意识，在优化经济发展环境的进程中勇于担当。同时，在廉洁政府建设实施上坚持从严治政，坚持谁主管谁负责、实事求是和教育与惩戒相结合的原则。在具体问题上分清集体责任和个人责任、主要领导责任和重要领导责任。二是大力推行政务公开制度。黑龙江省应按照国务院政务公开的总体部署和要求，结合国家基层政务公开标准化的试点工作，在处理政务过程中坚持公开原则，实现以政务公开促进廉洁政府建设。对于群众热切关注的问题，如在办理证照、土地批租、工程招标、人员录用等方面提升它们的透明度，做到阳光下办公。这些措施在实际运作中都会取得促进廉洁政府建设的积极效果。三是深入推进简政放权改革。在黑龙江省实现全面振兴的关键时期，应通过深入推进简政放权改革，为经济发展提供一个稳定、公平和开放的发展环境氛围。加强对黑龙江省各级政府简政放权的全过程的监督。简政放权是政府自身的革命，权力关系的调整势必会影响某些政府部门的利益。衡量简政放权的成效不应只看权责清单数量的变化，而应从政府简政放权质量入手，从政府廉政建设的高度，加大第三方评估和公众评价的参与力度，杜绝简政放权的数字游戏。在黑龙江省经济的发展中，充分发挥市场治理的优点，在市场力所能及之处简政放权，在市场力所不及时政府及时补位。

2. 强化高效政府建设责任，优化经济发展的政务环境

经济的发展受到政务环境的很大影响。黑龙江省政府作为东北老工业基地振兴的排头兵，特别是在全面建成小康社会的新阶段，建设高效政府尤为重要。一是深化审批制度改革。黑龙江省在行政审批制度改革过程中，对需

要审批的项目，尽量简化审批程序，减少审批环节，规范审批行为，在不放松审批严格性的基础上，尽量减少同一业务办理需要盖章的数目，这就要求政务行政改革优化整合政务办理过程中细枝末节，无须另立窗口，实现政府部门行政审批机构的科学合理设置。按照《黑龙江省依法高效办理行政许可若干规定的通知》要求，更加细化行政审批及其他权力事项运行流程和办结期限，切实减少懒审批和慢审批现象的出现。以现代互联网新技术为支撑，运用信息化手段，推行“一站式”等快捷服务方式，做到基本公共服务自助式网络办理。对于简政放权，权力的“接”“放”以及行政创新改革新时期对于政务监督需要全面协同跟进，需要予以更加全面的监督。二是有序推进大部制改革。按照十九大报告精神，黑龙江省应加强职能相近的部门合署办公的工作进度，减少以往民众办理业务各处跑的现象。三是应建立高效政府建设责任制。责任明晰是高效政府的基础，要切实改变政府机关及其工作人员的不作为、慢作为的现象，建立高效政府建设责任制，强化各级地方政府的高效政府建设责任，规范责任倒查体系，提高事中事后的责任追究效率，建立完善涵盖政府层级、部门内外的责任监督体系。

3. 强化诚信政府建设责任，优化经济发展的诚信环境

“诚信”是我国的传统美德，诚信政府是社会主义市场经济发展的保障，同时直接影响着社会主义市场经济发展的诚信环境。诚信政府的建设，不仅可以降低政府在经济发展过程中的行政成本，提高行政效能，同时可以扩大经济绩效，优化政府形象。一是加强政府工作人员诚信建设。建设诚信政府，关键在于建设一支诚信的行政管理人员队伍，黑龙江省应对政府与部门行政人员政绩考核、评价、晋升进行科学的安排，完善科学的激励机制，追究失信责任，树立诚信意识，强化社会信用体系建设。建议根据国务院《关于加强政务诚信建设的指导意见》和《黑龙江省人民政府关于建立完善守信联合激励和失信联合惩戒制度加快推进社会诚信建设的实施意见》，建立行政人员与企业的相关信用记录，将行政人员的政绩考核和晋升与其信用记录直接挂钩，将企业的发展与其信用记录相联系，实现政府、市场、社会的和谐运营。同时，还要健全问责机制，问责机制的本质在于防止行政人员

滥用职权与不履行相关职责，这就要求在政策执行前，行政人员明确其具体职责与权力权限，阻止“滥用权”“不作为”，把权力关进笼子里。二是建立健全政府诚信监督机制。诚信政府，重点在于建设与之配套的监督机制。监督机制的建设，不仅在于监督政府的权力运用，更是一种行政矫正的制度安排，任何一项政策的出台，不免会有缺陷，因此，在政策出台前，扩大政府与社会之间的协商机制，强化政府与服务对象之间的互动，加速建设诚信政府的进程。

4. 强化法治政府建设责任，优化经济发展的法治环境

推进法治政府建设，不断优化经济发展的法治环境。公平有序、自由竞争、诚实信用的市场经济是法治经济，必须有优良的法治环境作为保障，有完备的法律制度予以规范和约束。习近平总书记在党的十九大报告中阐述健全人民当家做主制度体系，发展社会主义民主政治问题时明确指出：“建设法治政府，推进依法行政，严格规范公正文明执法。”① 深刻阐述了建设法治政府的重要性。建设法治政府是建设法治国家的关键，在经济发展过程中，也可规范政府行为。一是加大法治政府建设宣传力度。黑龙江省各级政府应通过学习与宣传明确政府价值取向，树立法治观念，营造法治氛围，提高官员与干部的法治程序化意识，在市场监管中，不受市场腐化。特别是在政策过程中，一定要严格规范执行政策行为，根据相关法律法规的规定，规范执行政策行为，限制官员自主性以及自由裁量权的应用范围，注意各部门统筹协调，及时沟通，形成工作合力，落实《黑龙江省法治政府建设实施方案》。② 同时，为促进经济发展，政府应出台相应经济政策，规范市场行为，激发经济活力。二是加大法治政府建设的监督力度。行政权力的行使必须要受到有效监督，没有有效监督的行政权力，很容易受到市场的腐化，有效的监督是促进经济发展，建设完善的社会主义市场经济的有效手段。黑龙

① 王春颖：《省政府投诉中心成立三年来共办理投诉事项 608 件》，东北网，http：//story.dbw.cn/system/2017/01/11/057506542.shtml。

② 《黑龙江省法治政府建设实施方案》，http：//www.gov.cn/xinwen/2016 - 11/14/content_5132147.htm。

江省在行政权力过程中，从决策到执行，不仅要受到人大、政协监督，还要受到媒体与人民监督，让权力运行在阳光下。三是加大对破坏经济发展环境行为的依法处理力度。政府责任的本质是有破有立，宣传履职尽责的正面典型，曝光渎职失职的负面案例。在处理政府履责不力的案件中，应始终坚持依法处理的法治精神，在程序上做到合法合理，树立依法治省的良好形象。

5. 强化透明政府建设责任，优化经济发展的服务环境

建设透明政府是优化经济发展服务环境的前提，可以使社会公共产品供给水平最优，同时也是建设责任政府的必要方式。一是培养政府透明性意识。黑龙江省各级政府应加强政府与各部门行政人员的政务透明性意识，培养政府透明性意识，改变原有思想观念、管理方式与工作作风，尤其是负责政务公开的行政人员，不仅要对网络等新媒体操作熟练，避免数据与图片加载不出错误等，同时，对待群众的相关咨询、投诉、建议要礼貌相待。建议对各部门相关人员进行业务培训，增强服务意识，提升政府透明文化。二是政务公开内容需要拓宽。相比之下，黑龙江省更集中于正规性会议、文件及人民群众所关心的具体问题的公开，但对于公共事务管理的过程公开仍有欠缺，应当把公共事务的议程设定、决策、执行等过程，通过主动公开和互动交流等栏目向社会公开，为企业和公众提供及时的信息服务。三是应根据黑龙江省政府关于政务公开建设的相关规定，健全政务公开的评价与监督机制，将透明政府建设与行政人员的政绩考核与晋升相联系，同时，让企业和公众知晓、了解各级政务公开的渠道，并定期进行民意调查，让透明政府建设落到实处。

地方法治篇

Local Rule of Laws Research

B.11 黑龙江省行政裁量权规范问题调查报告

冯向辉　李志庆*

摘　要： 行政裁量权是立法和执法的现实需要，但在实践中存在被滥用的可能。近年来，根据党中央国务院的精神指示，黑龙江省委省政府出台一系列规范控制行政裁量权的举措，行政裁量权滥用问题得到限制，但在制度的设计和执行上仍存在落实程度不够、不相关因素干扰较大、裁量基准制定混乱、法定权利救济渠道运行不畅等问题。对此，笔者认为应通过提高立法技术、提高执法人员法治素养、根据不同种类行政裁量权的特点实施不同的控制方法、完善行政裁量基准制定制度、提高法制监督和公众监督等措施对行政裁量权规范进行改进和完善。

* 冯向辉，黑龙江省社会科学院法学研究所所长、编审，研究方向为法理学、地方法治；李志庆，黑龙江省社会科学院法学研究所助理研究员，研究方向为地方法治、俄罗斯法。

关键词： 行政裁量权　裁量基准　黑龙江

行政裁量权是指行政主体依据立法目的和公正合理的原则，在法律法规授权范围内自行判断、自行选择和自行决定做出具体行政行为的权力。行政裁量权的存在是以法律法规的授权为依据的，是行政机关依法享有的权力，具有合法性。行政裁量权追求的是公正、合理与高效，其设立的立法本意在于赋予行政机关更加灵活的行政权力，以适应现实社会的快速发展要求、弥补法律法规的滞后性和公平正义在个案中的实现，因此具有合理性。但是，权力本身天然存在腐化的倾向，正如孟德斯鸠所言："一切有权力的人都容易滥用权力，这是万古不易的一条经验。"① 长期以来，由于法律法规不健全、裁量权限过大和监督机制的缺失，我国行政执法领域存在行政裁量权大量被滥用的状况。如何在保证公平和效率的情形下实施对行政裁量权的合理控制，实现行政裁量权在自由与控制之间的平衡已成为世界各国行政法治领域的一个重要课题。

进入21世纪之后，随着市场经济的发展和依法治国战略的推进，行政裁量权的控制逐渐从理论上的探讨转变为国家的方针政策。2004年出台的《全面推进依法行政实施纲要》指出："行使自由裁量权应当符合法律目的，排除不相关因素的干扰，所采取的措施和手段应当必要、适当……行政机关行使自由裁量权的，应当在行政决定中说明理由。"2008年出台的《国务院关于加强市县政府依法行政的决定》中要求："要抓紧组织行政执法机关对法律、法规、规章规定的有裁量幅度的行政处罚、行政许可条件进行梳理，根据当地经济社会发展实际，对行政裁量权予以细化，能够量化的予以量化，并将细化、量化的行政裁量标准予以公布、执行。"2014年，十八届四中全会通过的《中共中央关于全面推进依法治国若干重大问题的决定》中进一步指出，要"建立健全行政裁量权基准制度，细化、量化行政裁量标准，规范裁量范围、种类、幅度"。由此可以看出，加强裁量权控制已成为党中央、国务院规范行政执法的重要抓手。

---

① 孟德斯鸠：《论法的精神》（上），张雁深译，商务印书馆，1995，第154页。

一 行政裁量权的表现形式

裁量权问题表现比较突出的具体行政行为主要包括行政许可、行政处罚、行政检查、行政强制、行政征收、行政给付、行政确认、行政奖励和行政裁决等九种行政权力。由于每种行政行为的特点不同，其裁量空间的表现也各不相同。其中行政许可领域的裁量空间主要表现为许可时限、许可标准、许可程序和递交材料的选择上，行政处罚领域的裁量空间主要表现为处罚额度、情节认定的选择，行政检查领域的裁量空间主要表现为检查的频率、检查对象和检查范围的选择上，行政强制领域的裁量空间主要表现为强制方式和适用强制情形的选择上，行政征收领域的裁量空间主要表现为征收数额的选择上，行政给付领域的裁量空间主要表现为给付条件、给付程序和给付数额的选择上，行政确认领域的裁量空间主要表现为确认条件、确认程序和递交材料的选择上，行政奖励的裁量空间主要表现为奖励条件、奖励程序的选择上，行政裁决领域的裁量空间主要表现为裁决程序、裁决标准和裁决时限的选择上（见表1）。

表1 行政裁量权表现方式示例

行政行为类型	裁量空间	示例
行政许可	许可标准 许可时限 许可程序 递交材料	①《中华人民共和国药品管理法》(2015年4月24日修正)第二十三条 医疗机构配制制剂,须经所在地省、自治区、直辖市人民政府卫生行政部门审核同意,由省、自治区、直辖市人民政府药品监督管理部门批准,发给《医疗机构制剂许可证》。无《医疗机构制剂许可证》的,不得配制制剂(未说明许可标准) ②《中华人民共和国药品管理法实施条例》(2002年国务院令第360号 2016年1月13日修正)第二十条 省、自治区、直辖市人民政府卫生行政部门和药品监督管理部门应当在各自收到申请之日起30个工作日内,作出是否同意或者批准的决定(30日的裁量空间) ③《医疗器械生产监督管理办法》(2014年国家食品药品监督管理总局令第7号)第八条 开办第二类、第三类医疗器械生产企业的,应当向所在地省、自治区、直辖市食品药品监督管理部门申请生产许可,并提交以下资料:(一)……(十一)其他证明资料(其他证明资料预留了裁量空间)

续表

行政行为类型	裁量空间	示例
行政处罚	处罚额度 情节认定	①《巡游出租汽车经营服务管理规定》(交通运输部令 2016 年第 64 号)第四十五条 违反本规定,有下列行为之一的,由县级以上地方人民政府出租汽车行政管理部门责令改正,并处以 5000 元以上 20000 元以下罚款(处罚额度空间较大)。 ②《中华人民共和国公司登记管理条例》(2014 年 2 月 19 日中华人民共和国国务院令第 648 号):第七十二条 伪造、涂改、出租、出借、转让营业执照的,由公司登记机关处以 1 万元以上 10 万元以下的罚款;情节严重的,吊销营业执照(情节严重的认定存在裁量空间)
行政检查	检查频率 检查对象 检查范围	①《黑龙江省商品市场管理条例》第二十四条 工商行政管理部门在市场监督管理中履行下列职责:……(二)依法确认、检查市场开办者、市场经营者和商品经营者的主体资格、经营行为和商品的合法性……(仅笼统设立了检查权,对检查的频率、对象和范围等细节均无设计)。 ②《黑龙江省邮政条例》第四十三条 邮政管理部门依法履行监督管理职责,可以采取下列监督检查措施:(一)进入邮政企业、快递企业、集邮市场、生产和销售邮政业生产监制范围的邮政用品用具的企业或者涉嫌发生违反邮政法律、法规规定活动的其他场所实施现场检查……(仅笼统设立了检查权,对检查的频率、对象和范围等细节均无设计)
行政强制	强制方式 适用强制情形	①《黑龙江省松花江流域水污染防治条例》第六十一条 依法被责令改正或者受到行政处罚的排污单位拒不改正违法行为,继续违法建设、生产、试生产或者向水体排放污染物的,作出行政处理决定的环境保护行政主管部门可以采取查封、扣押、拆除其产生污染的设备、设施等行政强制措施,直至排污单位改正环境违法行为(同时列举多项强制措施,存在裁量空间)。 ②《中华人民共和国环境保护法》第二十五条 企业事业单位和其他生产经营者违反法律法规规定排放污染物,造成或者可能造成严重污染的,县级以上人民政府环境保护主管部门和其他负有环境保护监督管理职责的部门,可以查封、扣押造成污染物排放的设施、设备(严重污染的认定存在裁量空间)
行政征收	征收数额	《黑龙江省人口与计划生育条例》第四十八条违反本条例规定生育的,每多生育一胎子女,按照子女出生上一年度本省城镇居民或者农村居民年人均可支配收入的一倍,对男女双方分别征收社会抚养费(征收基数存在裁量空间)
行政给付	给付条件 给付程序 给付数额	①《法律援助条例》第十条 公民对下列需要代理的事项,因经济困难没有委托代理人的,可以向法律援助机构申请法律援助……(经济困难的认定存在裁量空间)。 ②《救灾捐赠管理办法》第二十六条 县级以上人民政府民政部门根据灾情和灾区实际需求,可以统筹平衡和统一调拨分配救灾捐赠款物,并报上一级人民政府民政部门统计(给付程序和给付数额存在裁量空间)

续表

行政行为类型	裁量空间	示例
行政确认	确认条件 确认程序 递交材料	①《社会组织评估管理办法》(2010 年民政部令第 39 号):第三条 本办法所称社会组织评估,是指各级人民政府民政部门为依法实施社会组织监督管理职责,促进社会组织健康发展,依照规范的方法和程序,由评估机构根据评估标准,对社会组织进行客观、全面的评估,并作出评估等级结论(确认条件和确认程序及递交材料均存在裁量空间)。 ②《传统医学师承和确有专长人员医师资格考核考试办法》第二十一条申请确有专长考核的人员,填写由国家中医药管理局统一式样的《传统医学医术确有专长考核申请表》,并经所在地县级卫生行政部门审核同意后,向设区的市级卫生行政部门、中医药管理部门提出申请(确有专长的认定标准存在裁量空间)。 ③《黑龙江省母婴保健条例》第四十条各级卫生行政部门主管辖区内托儿所卫生保健管理工作,指导幼儿园(含学前班,下同)卫生保健管理工作,其职责是:(一)对城镇托儿所、幼儿园的房屋建筑、基本设施、环境条件按照国家有关规定进行卫生保健指导与检查,合格者颁发卫生保健合格证;……(三)对托儿所、幼儿园卫生保健人员进行卫生保健知识的培训、考核,发给托儿所、幼儿园卫生保健技术合格证(合格的认定条件、程序、材料存在裁量空间)
行政奖励	奖励条件 奖励程序	《军人抚恤优待条例》(2004 年国务院令第 413 号 2011 年 7 月 29 日修订)第六条 各级人民政府对在军人抚恤优待工作中作出显著成绩的单位和个人,给予表彰和奖励(显著成绩的认定、表彰和奖励的程序存在裁量空间)
行政裁决	裁决程序 裁决标准 裁决时限	①《专利行政执法办法》第十六条 管理专利工作的部门处理专利侵权纠纷,可以根据案情需要决定是否进行口头审理。管理专利工作的部门决定进行口头审理的,应当至少在口头审理 3 个工作日前将口头审理的时间、地点通知当事人(案情需要存在裁量空间)。 第二十一条 管理专利工作的部门处理专利侵权纠纷,应当自立案之日起 3 个月内结案。案件特别复杂需要延长期限的,应当由管理专利工作的部门负责人批准。经批准延长的期限,最多不超过 1 个月(办结时限存在裁量空间)。 ②《中华人民共和国水法》(2009 年 8 月 27 日修订)第五十六条:不同行政区域之间发生水事纠纷的,应当协商处理;协商不成的,由上一级人民政府裁决,有关各方必须遵照执行(裁决程序、标准、时限存在裁量空间)

二　黑龙江省行政裁量权规范状况

行政裁量权的表现形式复杂多样，对裁量权的规范必须根据各种裁量权的特点因地制宜，决不能一概而论。为了控制行政裁量权的滥用，加强依法行政、合理行政，近年来黑龙江省采取了多种方法和举措。

1. 积极推行裁量权基准制度建设，限缩裁量权空间

由于行政处罚裁量空间表现比较明显，对公众利益影响较大，因此行政裁量权基准制度的实施最先兴起于行政处罚领域。为深入贯彻落实国务院《全面推进依法行政实施纲要》和《国务院关于加强市县政府依法行政的决定》，2008 年哈尔滨市出台《哈尔滨市规范行政处罚自由裁量权工作实施方案》，提出通过建立行政处罚裁量标准、典型案例类比等制度进行裁量权的规范，在全省率先开展了行政处罚裁量权基准制度建设工作。2008 年底，哈尔滨市级行政执法机关处罚裁量标准基本制定完毕，并开始试行。自 2010 年起，哈尔滨行政处罚裁量权基准制定工作向区县延伸。在地市政府试行行政处罚裁量权基准的同时，一些省厅部门也开始在本部门职权范围内推行行政处罚裁量权基准的制定工作。2011 年，黑龙江省公安厅印发《黑龙江省消防行政处罚裁量标准》，对从轻或减轻处罚的情形、从重处罚的情形、不予处罚的情形进行了明确，同时对消防部门执行的《中华人民共和国消防法》《黑龙江省消防条例》中处罚幅度较大的权力按照情形进行了细化。2012 年黑龙江省粮食局印发《黑龙江省粮食流通行政处罚自由裁量权实施办法（试行）》及《黑龙江省粮食流通行政处罚自由裁量权实施标准（试行）》的通知，同年黑龙江省国税局出台《黑龙江省税务行政处罚裁量基准（试行）》。2013 年黑龙江省交通运输厅印发《超限车辆治理行政处罚裁量标准》。

在哈尔滨市和部分省直厅局的有益探索下，根据党中央国务院的精神指示和要求，2014 年黑龙江省人民政府法制办公室发布《关于全面开展规范行政处罚自由裁量权工作的通知》（以下简称《通知》），全省范围内的行政

处罚裁量权规范工作正式开启。《通知》要求以省直行政执法部门为主制定各执法领域的裁量基准，以地市政府为辅，根据各地需要择情制定本行政区划内的处罚裁量基准。截至目前，如表2所示，黑龙江省具有行政执法权的绝大多数省直厅局制定了本机关或本行业的处罚裁量基准，并在网站进行公示。拥有地方立法权较早的哈尔滨市、齐齐哈尔市和杜尔伯特蒙古族自治县也对本级制定的地方法规、规章（自治条例、单行条例）中的行政处罚规定进行了梳理，并制定了裁量权基准。目前，全省各级执法部门依托国务院部委制定的行业处罚裁量基准、省直厅局制定的处罚裁量基准和市县根据本地情况自己制定的处罚裁量基准三种方式，基本实现了行政处罚裁量权基准的全面覆盖，有效控制了行政处罚权的滥用。

表2 黑龙江省省直部门制定的行政处罚裁量基准

编号	名称	发行单位	发行时间
1	《黑龙江省消防行政处罚裁量标准》	黑龙江省公安厅	2011年 2015年修订
2	《黑龙江省粮食流通行政处罚自由裁量权实施办法（试行）》及《黑龙江省粮食流通行政处罚自由裁量权实施标准（试行）》	黑龙江省粮食局	2012年
3	《黑龙江省税务行政处罚裁量基准（试行）》	黑龙江省国税局	2012年
4	《超限车辆治理行政处罚裁量标准》	黑龙江省交通运输厅	2013年
5	《黑龙江省主要环境违法行为行政处罚具体裁量标准（试行）》	黑龙江省环境保护厅	2014年
6	《黑龙江省人防系统行政处罚自由裁量权基准》	黑龙江省人民防空办公室	2014年
7	《工信委行政处罚自由裁量权基准》	黑龙江省工业和信息化委员会	2014年
8	《黑龙江省食品药品监督管理局行政处罚自由裁量权适用规则（试行）》（附食品药品行政处罚自由裁量权基准）	黑龙江省食品药品监督管理局	2015年
9	《黑龙江省安全生产行政处罚自由裁量权基准》	黑龙江省安全生产监督管理局	2015年
10	《黑龙江省司法厅行政处罚自由裁量权细化基准表》（试行）	黑龙江省司法厅	2015年

续表

编号	名称	发行单位	发行时间
11	《黑龙江省财政行政处罚自由裁量权基准》	黑龙江财政厅	2015 年
12	《黑龙江省人力资源社会保障行政处罚自由裁量权基准(试行)》	黑龙江省人力资源和社会保障厅	2015 年
13	《土地资源违法行为行政处罚自由裁量权基准》《矿产资源违法行为行政处罚自由裁量权基准》	黑龙江省国土资源厅	2015 年
14	《黑龙江省农业行政处罚自由裁量权量化标准(试行)》	黑龙江省农业委员会	2015 年
15	《黑龙江省住房和城乡建设系统行政处罚裁量权基准》	黑龙江省住房和城乡建设厅	2015 年
16	《黑龙江省审计机关行使行政处罚裁量权制度》《黑龙江省审计机关行政处罚裁量权指导标准》	黑龙江省审计厅	2015 年
17	《黑龙江省旅游行政处罚自由裁量权实施标准》	黑龙江省旅游发展委员会	2015 年
18	《黑龙江省文化行政处罚自由裁量权适用规则(试行)》	黑龙江省文化厅	2015 年
19	《黑龙江省商务系统行政处罚自由裁量权基准制度》《黑龙江省商务行政处罚裁量参照实施标准》	黑龙江省商务厅	2015 年
20	《黑龙江省价格行政处罚自由裁量权基准表》	黑龙江省物价监督管理局	2015 年
21	《黑龙江省安全生产行政处罚自由裁量权基准(试行)》	黑龙江省安全生产监督管理局	2015 年
22	《黑龙江省教育厅行政处罚自由裁量权基准》	黑龙江省教育厅	2015 年
23	《黑龙江省知识产权局行政处罚自由裁量权基准》	黑龙江省知识产权局	2015 年
24	《全省民政系统行政处罚自由裁量权基准(试行)》	黑龙江省民政厅	2015 年
25	《黑龙江省林业行政处罚自由裁量权细化标准》	黑龙江省林业厅	2015 年
26	《黑龙江省工商行政管理局行政处罚自由裁量权基准》	黑龙江省工商管理局	2015 年
27	《黑龙江省质量技术监督行政处罚自由裁量权量化细化基准表》	黑龙江省质量技术监督局	2015 年
28	《黑龙江省卫生计生行政处罚自由裁量基准(试行)》	黑龙江省卫生和计划生育委员会	2016 年
29	《黑龙江省煤矿安全监察行政处罚裁量权基准》	黑龙江煤矿安全监察局	2016 年
30	《黑龙江省统计行政处罚自由裁量权执行标准(暂行)》	黑龙江省统计局	2017 年

此外，为了推广行政处罚裁量基准的实施经验，2015 年省政府法制办选取牡丹江市、鸡西市、七台河市、省工商局、省环保厅就行政征收、行政

许可、行政给付、行政强制进行裁量权基准控制试点工作。目前，各试点地区已经建立起相关的基准和配套制度，试点工作正在展开。

2. 推进权力清单、责任清单和权力运行流程图的建设与公开

自 2014 年起，全省推进行政权力清单、责任清单及权力运行流程的梳理工作。各级政府部门依据现行法律、法规、规章的规定，对行使的权力事项进行清理，并在此基础上制定出权力清单、责任清单和权力运行流程图。2015 年省、市、县三级政府部门分批次完成清单建设工作，并在官方网站进行公开。与此同时，省编办组织搭建了黑龙江省行政权力信息管理平台，将省、市、县三级政府部门的权力清单、责任清单和办事指南（运行流程图）全部公开。权力清单和责任清单的梳理公开，明确了权责不明的行政权力事项，将各行政机关的权力和责任明确，有效控制了推诿、不作为和乱作为等裁量权滥用情形。运行流程图中明确了办理的条件、需要提交的材料以及办理的流程和办理时限，对行政审批、行政强制、行政给付、行政裁决、行政征收、行政确认、行政奖励等行政权力的裁量权进行了有效规制。

3. 深入实施“双随机一公开”监管模式，强化对行政检查裁量权的控制

行政检查是行政部门履行监管职能的重要手段，但由于法律、法规和规章中对检查的规定比较笼统、原则和宽泛，为执法部门及执法人员何时执法、怎么执法、执法对象如何选择等问题留下很大的裁量空间。因此出现了检查频繁、混乱，甚至执法人员通过检查进行权力寻租等乱象，不仅加重了企业和公众的负担，而且极大地损害了政府的形象和执法权威，备受社会诟病。为有效控制行政检查权力，防止检查裁量权的滥用，2015 年国务院办公厅发布《关于推广随机抽查规范事中事后监管的通知》，要求在政府管理方式和市场执法中，全面推行随机抽取检查对象、随机选派执法检查人员、抽查情况及查出结果及时向社会公开的“双随机一公开”监管模式。之后，黑龙江省积极推进“双随机一公开”行政执法方式的铺开，要求各级执法单位建立和完善随机抽查事项清单、市场主体名录库和执法检查人员名录库，并制定实施细则。到 2016 年底，全省省、市、县三级执法部门基本完

成"一单、两库、一细则"的制度建设。2017年先后出台《关于强化事中事后监管深入推进"双随机一公开"工作的通知》(黑政办规〔2017〕10号)和《关于进一步规范行政执法检查工作若干规定》(黑政规〔2017〕21号),行政检查裁量权的控制制度建设进一步完善。滥检查、乱检查的情况得到遏制。

4. 完善行政执法监督制度,控制行政裁量权的任性发挥

"有权必有责,用权受监督"是法治政府建设的基本要求。长期以来,行政裁量权之所以敢乱用、能乱用,在很大程度上源于监督制度的缺失和不完善。为加强对行政权力的监督,2015年黑龙江省出台《黑龙江省行政执法与监督条例》,明确了行政执法责任制度、重大行政执法决定法制审核制度、行政执法全过程记录制度、领导干部干预执法记录制度、涉企检查法制审核制度、行政执法案卷评查制度等。行政执法监督制度的强化,大大提高了执法人员运用行政裁量权的审慎性,有效控制了行政裁量权的任性使用。与此同时,通过推广行政复议制度、扩大行政诉讼受案范围、推动行政负责人出庭应诉制度等权利救济程序纠正不适当的行政执法裁量权行为,拓宽了公众权利救济的途径,倒推了行政执法裁量权的行使水平的提高。

三 黑龙江省行政裁量权规范中存在的问题

1. 行政裁量权整体规范性程度不够,公众满意度较低

根据我们在全省范围内进行的问卷调查结果显示:46%的受访者认为全省行政裁量权行使情况不太好,有待改进;23%的受访者认为非常差,亟须改进;认为一般的受访者占比为17%,认为满意的受访者占比仅为14%(见图1)。在对各项具体行政行为裁量权运行情况的评价中,在总计1474份问卷中,937人认为行政审批问题较大,占总人数的63.57%;921人认为行政处罚问题较大,占62.48%;774人认为行政检查问题较大,占52.51%;726人认为行政裁决问题较大,占49.25%;695人认为行政征收

问题较大，占 47.15%；660 人认为行政强制问题较大，占 44.78%；656 人认为行政给付问题较大，占 44.5%；之后按票数多少依次是行政奖励、行政确认和行政指导（见图 2）。

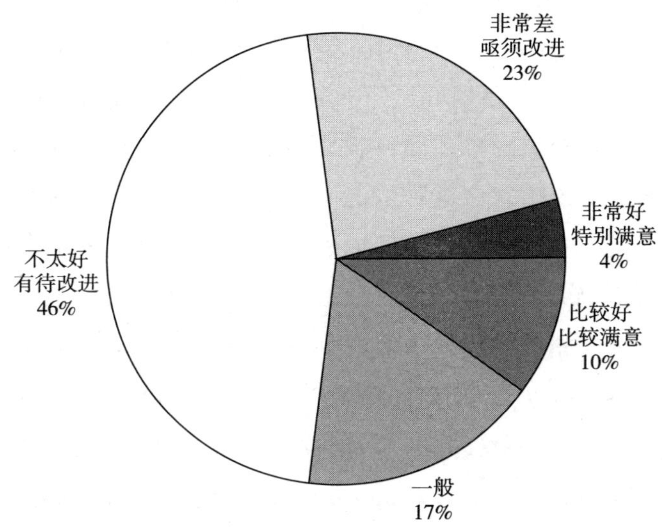

图 1　您认为黑龙江省行政自由裁量权行使情况总体如何？

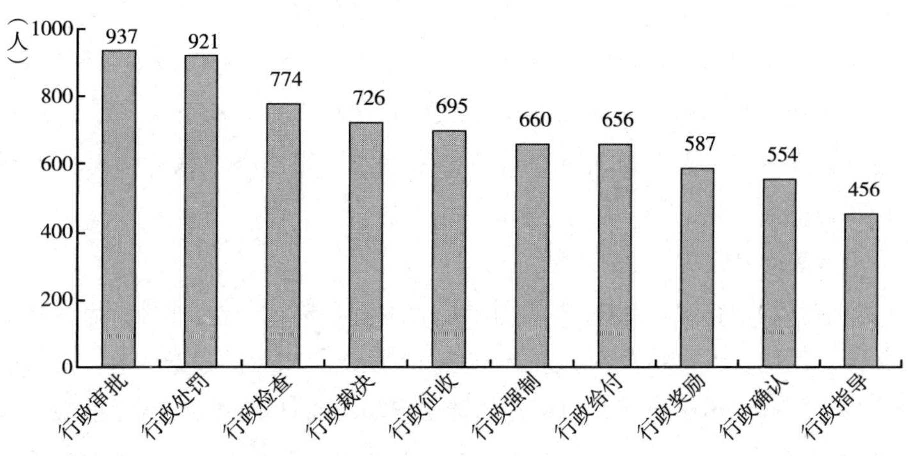

图 2　您认为下列具体行政行为中，行政裁量权行使问题较大的是？（多选题）

2. 不相关因素对行政裁量权实施的影响较大

行政裁量权由具体的执法人员来实施，而每个行使行政裁量权的执法人员又都处在活生生的现实生活关系之中，因此在实施行政裁量权时极有可能会受到案件相关合理因素之外的因素影响。首先，行政裁量权的实施经常受到熟人关系、领导打招呼等人情因素的影响。我国是一个人情关系厚重的国家，许多人在办理许可审批、遇到处罚、申请给付、躲避检查、办理减征免征、申报奖励时，都自然地想起找熟人、托关系、给执法人员输送好处或者施加压力。在这种情况下，许多执法人员考虑到领导或熟人的面子，就倾向于在自由裁量空间内做出有利于相对人的决定：对托关系的审批许可可能当天就可以办结，而对普通的相对人则可能要等满法定办结日期；对托人打招呼的罚款可能选择下限幅度执行或者不执行，对普通相对人则可能给予中上等程度的处罚。这样就会出现同案不同判的情形，对其他相对人是不公平的，违背了裁量权设立的立法本义，也不利于法治政府建设和依法行政的发展。其次，行政裁量权的实施会受到信访压力的影响。信访权利是我国宪法赋予公民的一项基本权利。信访制度是我国社会主义建设过程中的一项具有中国特色的制度设计，它既承载着整治参与功能，又具有权利救济功能，对我国政治民主化建设和人权保障具有重要的意义。但是由于信访体制运行不畅，各级政府片面追求信访数量和进京、进省城上访人数的减少，并以此来考核行政执法人员，将其与执法人员的奖惩、升迁挂钩，使执法人员在行使裁量权时不得不考虑裁量结果演变成信访案件的可能性。

3. 行政裁量标准制定主体混乱

目前，制定行政裁量标准的主体既有国务院部委、省直厅局、市区县执法部门。因此，许多执法领域可能既有国务院部委出台的裁量标准，也可能存在省直厅局和市级执法部门出台的裁量标准，而且不同层级制定的裁量权标准之间可能并不完全一致。表 3 和表 4 分别摘选了《黑龙江省主要环境违法行为行政处罚具体裁量标准（试行）》和《哈尔滨市环境保护类行政处罚裁量标准（试行）》中对《中华人民共和国水污染防治法》第七十条的细化裁量标准，从中可以看出两种标准不仅划分的阶次不同，而且细化的具体依据也存在差异。以拒绝接受检查为例，根据省标准可能会被处免于处罚、处3万~5万元罚款、5万~7万以下罚款或7万~10万以下罚款，而根据哈尔滨市标准则可能会被处3万~5万元罚款或8万~10万元罚款两个档次。在这种情况下，就会出现标准适用冲突和同案不同判的问题，这非但无益于裁量权的规范，反而会徒增其他争议和矛盾。裁量标准是行政机关出台的内部规范性文件，从法理上来看是一种指导性的内部守则或指南，不具有强制性，但在实践中我们要求执法部门必须将裁量标准向公众公开、严格执行，并写入行政决定书中，因此裁量标准实施上具有了软法的性质。此时上下级部门出台的标准就具有了效力高低和适用冲突的问题。因此，裁量标准制定主体的规范问题就变得非常迫切。

表3　黑龙江省主要环境违法行为行政处罚权具体裁量标准（试行）摘选

<table>
<tr><td rowspan="5">拒绝环境保护主管部门或者其他依照本法规定行使监督管理权的部门的监督检查，或者在接受监督检查时弄虚作假的</td><td rowspan="5">《中华人民共和国水污染防治法》第七十条</td><td rowspan="5">1万元以上10万元以下罚款</td><td rowspan="5">县级以上人民政府环境保护行政主管部门</td><td>不予处罚</td><td>拒绝环境保护行政主管部门或者其他监督管理部门现场检查或者在被检查时弄虚作假，经现场指正，立即整改的</td><td>不予处罚</td></tr>
<tr><td>轻微</td><td>在被检查时不如实反映情况和提供必要资料，初次违法的</td><td>处1万元以上3万元以下罚款</td></tr>
<tr><td rowspan="2">较重</td><td>拒绝现场检查，初次违法的</td><td>处3万元以上5万元以下罚款</td></tr>
<tr><td>两次以上在被检查时不如实反映情况和提供必要资料，或拒绝现场检查的</td><td>处5万元以上7元以下罚款</td></tr>
<tr><td>严重</td><td>在被检查时，故意转移、隐匿、伪造和销毁证据，或暴力拒绝现场检查，或有其他严重情形的</td><td>处7万元以上10万元以下罚款</td></tr>
</table>

表 4　哈尔滨市环境保护类行政处罚裁量标准（试行）摘选

<table>
<tr><td rowspan="4">拒绝环境保护行政主管部门或者其他监督管理部门现场检查或者在被检查时弄虚作假的</td><td rowspan="4">《中华人民共和国水污染防治法》第七十条</td><td rowspan="4">拒绝环境保护主管部门或者其他依照本法规定行使监督管理权的部门的监督检查，或者在接受监督检查时弄虚作假的，由县级以上人民政府环境保护主管部门或者其他依照本法规定行使监督管理权的部门责令改正，处 1 万元以上 10 万元以下的罚款。</td><td rowspan="2">一般</td><td>接受监督检查时弄虚作假的</td><td>1 万元罚款</td></tr>
<tr><td>拒绝监督检查的</td><td>3 万～5 万元罚款</td></tr>
<tr><td rowspan="2">严重</td><td>接受监督检查时弄虚作假的</td><td>5 万～8 万元罚款</td></tr>
<tr><td>拒绝监督检查的</td><td>8 万～10 万元罚款</td></tr>
</table>

4. 在行政裁量案件的权利救济路径选择上，法律途径利用率不高

根据《行政复议法》的规定，对行政机关做出的具体行政行为不服的，可以申请行政复议。2014 年新修订的《行政诉讼法》第七十条第五款规定，行政行为明显不当的，人民法院判决撤销或者部分撤销，并可以判决被告重新做出行政行为；第七十七条规定，行政处罚明显不当，或者其他行政行为涉及对款额的确定、认定确有错误的，人民法院可以判决变更。新《行政诉讼法》改变了原先法院仅对行政行为进行合法性审查的格局，赋予了法院对行政裁量行为进行部分审查的权限。因此，相对人对行政行为不服，认为行政行为显失公正的，可以提起行政诉讼。根据《信访条例》第十四条："对依法应当通过诉讼、仲裁、行政复议等法定途径解决的投诉请求，信访人应当依照有关法律、行政法规规定的程序向有关机关提出。"所以，目前行政裁量案件的法定救济途径主要有行政复议和行政诉讼两种。但是在实践中，公众通过这两种途径进行权利救济的意愿和意识并不高。根据我们的调查，如图 3 所示，在面对执法机关裁量不公时，选择"投诉、控告或举报"的人数最多，为 672 人，占受访者总数的 46%；选择"向媒体爆料（含微博、微信等自媒体）"的人数排名第二，为 286 人，占受访者总数的 19%；选择"找人托关系处理"的人数排名第三，为 257 人，占 17%；选择"申请行政复议"的人数排名第四，为 101 人，占 7%；选择"提起行政诉讼"的人数排名第五，为 87 人，占 6%；选择"默默承受"的人数为 71 人，占

5%；选择“申请行政复议”和“提起行政诉讼”的总人数为188人，仅占受访者的比重为13%。由此可以看出，行政裁量案件的法定救济渠道运行效率并不高。

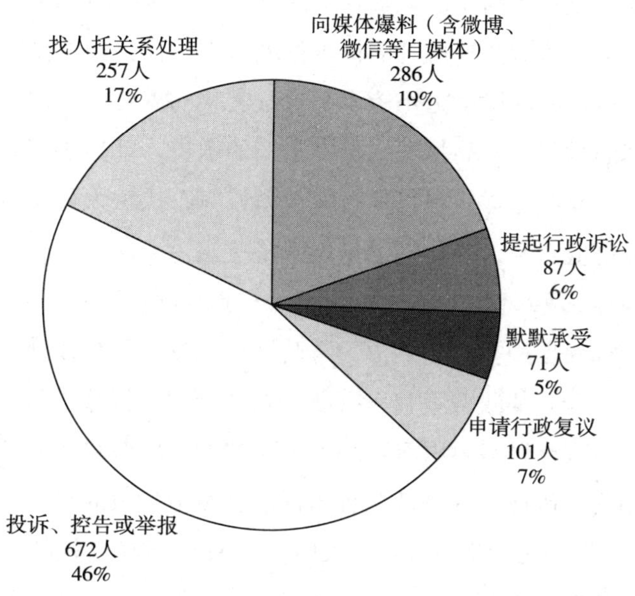

图3　当您面临执法机关裁量不公时，您会怎么办？

四　完善黑龙江省行政裁量权规范的建议

1. 端正认识，从立法源头和执法主体两条路径规范行政裁量权

行政裁量是行政法的核心与灵魂。行政裁量的存在既是法律的要求，也是理性的呼唤。在行政裁量权的规范过程中，要将行政裁量权本身和滥用行政裁量权的行为区分开来研究，要坚决抵制完全否定行政裁量权存在合理性的论调，坚决抵制企图将行政裁量空间完全挤压的过激性思想和做法。对此，应做好如下两点。首先，提高立法技术和质量，从源头上解决法律概念含混不清、裁量空间过大的状况。在制定地方性法规、政府规章和规范性文

件时，应对行政权力的行使主体、形式条件、行使程序、权力种类和裁量幅度等内容尽可能做出具体、明确的规定，减少行政裁量空间。其次，提高执法人员素质，加强执法人员的法治能力建设。在日常工作中，通过集体学习、定期培训等方式提高执法人员对法理学和行政法基本思想原则的认识水平，加深对各自所执行法律内容的认识程度。现代社会日益复杂，单纯、机械地学习各自执行的法律远远不能满足执法实践的需要，必须加强执法人员基础法学原理的学习，提高执法人员对法律的敬畏，掌握法律条文背后所追求的价值原则。只有这样，在行使行政裁量权时，执法人员才能正确领会法律条文的内在价值意义，更合理地做出裁量决定。

2. 辨证施治，采用不同的方式规范不同的行政裁量权

行政裁量权根据种类可以划分为行政许可裁量权、行政处罚裁量权、行政强制裁量权、行政征收裁量权、行政检查裁量权、行政给付裁量权、行政裁决裁量权、行政奖励裁量权等。如前文所述，不同裁量权的裁量空间表现形式也各不相同。因此，在规范各种不同的行政裁量权时，也应注意方式和方法，避免采用“一刀切”的方式去解决所有种类裁量权的情况。行政处罚裁量权规范控制工作起步最早，经验最丰富，做法也比较成熟，主要采取处罚裁量权基准制度进行控制。由于我国幅员辽阔，各地发展状况差异较大，立法中规定的行政处罚幅度一般比较大，赋予执法人员根据实际情况进行具体裁量的权力。在行政处罚实践中，执法人员可以根据当地的发展水平，结合案件的违法情节轻重，在法定的裁量幅度内做出决定。在当前各地发展水平短期内相对固定的情况下，违法情节轻重成为行政处罚裁量最为重要的变量，因此明确轻型、重型违法情节，并据此细分裁量空间就具有了可能性。因此，采用裁量基准制度来规制行政处罚是比较合理的。但对于其他种类的行政裁量权而言，裁量基准制度未必就有效了。行政许可裁量权、行政强制、行政征收、行政给付中的主要变量是时限、条件和流程，通过现行的行政权力运行流程图完全可以实现规制的目的。行政检查裁量权面临的主要问题是检查频率、检查对象和检查范围，通过“双随机一公开”制度，同时建立检查计划备案制度，严格控制涉企检查，基本可实现规范行政检查

裁量权的目的。行政裁决裁量权主要涉及裁决程序，可以通过制定行政裁决程序规则来解决。行政奖励裁量权主要面临公开、公正的问题，应通过建立相应的公开制度来解决。

3. 统筹谋划，合理布局行政裁量基准制定权

目前，在党中央国务院的号召下，各级政府部门都开始制定、出台行政处罚裁量权基准，上至各国务院部委，下至各区县执法部门，造成裁量基准制定混乱的情形。对此，国务院法制办曾进行过规划设想：实行国务院垂直管理的行政执法部门，由国务院有关部门制定本系统裁量基准；实行属地管辖的行政执法部门，由省级行政执法部门制定本系统裁量基准，在省级行政区域内实行；拥有地方立法权的市可以根据本地实际，制定本区域的裁量基准，在本区域内实施。[①] 这种规划的目的在于保持裁量基准的统一性，但“令从上出”无法保证裁量基准的适用性，违背了裁量权设立的本意，在实践中也未能坚持。混乱的裁量权制定制度，导致实践中甚至出现了上下级执法部门制定的裁量基准存在冲突的状况。因此，有必要对裁量基准制定体系进行重新的研究和梳理。这就涉及裁量基准制定权的统一还是下放的问题，即法治的统一性与适应性的矛盾解决问题。我们认为，裁量基准是对上位法的具体和细化，是对上位法的解释和说明，其统一性已经通过上位法进行了保障，而裁量权设立的本义在于确保个案的公平正义，追求的是法治的适应性，基层执法部门直接处于执法一线，对裁量权的行使有着更为丰富的经验，因此裁量基准制定权应向基层下放。由市区县执法部门根据实际经验制定具体、细化的裁量基准，而国务院各部委及省级行政机关无须制定裁量基准，仅需就裁量基准的一些原则性问题做出一般性规定。

4. 加强监督，深化相关制度的落实

再完美的制度设计如果无法在实践中落地生根，终将是一纸空文。目前，黑龙江省已建立起权力清单制度、责任清单制度、行政权力运行流程图制度、政府信息公开制度、执法监督制度、规范性文件审核备案制度、“双

① 蔡鹏：《浅议裁量基准在行政诉讼中的使用》，《西部法学评论》2011 年第 1 期，第 85 页。

随机一公开”制度等，已经初步形成了行政裁量权的规范控制体系。如何将这些制度落实，是各级政府亟须解决的问题。行政裁量权规范的动力来自依法行政的要求，来自党、政府和人民的期盼，而不是源自基层执法人员的需要。因此基层执法部门实施行政裁量权规范制度的动力天然不足，但行政裁量权控制的主要工作又在于基层执法部门的落实。在这种情况下，就必然要依靠监督机制推动行政裁量权规范制度的落实和运转。首先，要强化政府法制部门和部门法制机构的执法监督力度，通过日常的案卷评查、法制审核、规范性文件备案、行政复议等各项制度推动行政裁量权规范制度的落实。其次，要发挥公众监督的作用。政府内部监督的力量毕竟有限，但群众的监督是无处不在的。普法宣传、公告公示、行政决定文书写明权利救济途径等方式，让公众了解法治政府建设尤其是行政裁量权控制的各项制度，使公众了解何为违法、何为不合理裁量以及如何救济，充分发动人民群众的监督力量，从而促进行政裁量权规范制度的落实和法治政府的建设。

B.12 推进黑龙江省对俄经贸合作法治化建设研究

朱南平*

摘　要： 在我国大力实施依法治国战略的大背景下，依法治理对俄经贸活动，在该领域推行法治化，是黑龙江省吸取历史教训、保障合法、有序推进“一带一路”建设的必然选择。法治化建设是文化与制度建设，地方法治化是地方软实力构成要件的基础，是建立地方公序良俗，打造有效、公平的法治秩序和地方好环境的必要条件。从功能角度来看，对俄经贸活动法治化的推进旨在改变黑龙江省企业对俄合作的法律被动局面，为强化黑龙江省企业法律与文化软实力进而为专业化实施“一带一路”建设奠定坚实基础。

关键词： 对俄经贸合作　法治化　地方立法

2016年3月7日在第十二届全国人大四次会议期间习近平总书记亲临黑龙江代表团，同代表们一起审议“十三五”规划纲要草案。习近平总书记指出，要深入推进依法治国，着力打造全面振兴好环境，法治是一种基本思维方式和工作方式。习近平总书记的这一重要讲话，进一步强调了法治在国家生活和社会生活中极端重要的作用，进一步明确了领导干部运用法治思

* 朱南平，博士，黑龙江省社会科学院法学研究所副所长，副研究员，从事国际投资法、俄罗斯民商法研究。

维和法治方式开展工作的重要性。①

作为以对俄经贸合作为主导战略和优先发展领域的黑龙江省，在对俄经贸合作领域的法治化方面是否做出了必要的反应？是否已有相应的安排？在打造经济社会及吸引外来投资的好环境中其核心部分的法治系统建设是否已经得到了切实推进？根据2016年12月26日二十一世纪经济研究院发布的《2016年投资环境指数报告》，投资环境最好的省份是广东，而黑龙江省的投资环境较差。两年过去了，黑龙江省在法治化建设方面，尤其是在对俄经贸合作方面的法律环境是否为了扭转这种落后的局面采取了新的措施？给人们留下的这种负面印象是否已经通过有的放矢的努力而得到了真正的改观？在国家实施依法治国战略及黑龙江省大力推进对俄经贸合作的当今，黑龙江省对俄经贸活动法治化的命题已不能回避。

对俄经贸合作领域的法治化建设是一个系统工程，它包括在相关领域的立法、执法和司法的各个方面，而其中最重要的基础就是各种形式的地方立法的规范体系的建树，这套规范体系实际上是一个地方的文化软实力及地方好环境的神经系统。没有规则，无以为据，执法、司法缺乏支撑。

一 黑龙江省对俄经贸活动法治化的重要性

（一）纵观黑龙江省对俄经贸合作历程，法治化是历史发展趋势

众所周知，20世纪80年代末90年代初，中俄两国在边界开启了国门，两国边民可以进行贸易往来。慢慢地双方商贩不断壮大、增多，彼此的经贸活动向纵深发展。在俄罗斯市场开放之后，中国的一些不法商人开始制假、造假，例如伪造当时流行的德国品牌“Adidas阿迪达斯”运动服系列等，把在中国生产的假冒伪劣产品销到俄罗斯。当时从生产假冒产品到贩运、通

① 《把法治作为基本思维方式和工作方式》，《南方日报》2016年3月8日，http：//news.xinhuanet.com/2016－03/08/c_1118260966.htm。

关、销售这类伪法产品，很少被监管和问责。从那时开始，中国的很多产品包括服装、鞋帽、床上用品、儿童玩具等在俄罗斯人眼里变成了“假冒伪劣”的代名词，失去了俄罗斯人的信任，在俄罗斯人的心目中，中国商品信誉扫地，直至今日，这种负面评价和印象仍然难以消除。中国在三十年前边境贸易呈现的无序化、管理缺失、监管不到位，在一定程度上反映了中国的个体工商户、中小企业缺乏自律，同时也反映出我国监管机构的工作存在不足，客观上导致大量假冒伪劣产品跨出国门，造成后来俄罗斯人普遍认为，中国的产品的都是低劣的。这也殃及所有中国人在俄罗斯乃至世界的形象和声誉。早期的中俄之间的民间贸易，从经营者到政府工作人员普遍缺乏法治观念，也缺乏地方相关制度规则，监管失控，才造成大量假冒伪劣商品从黑龙江省流入俄罗斯，导致俄罗斯人长时间对我国商品产生负面看法，对我国的声誉造成了长期的恶劣影响。教训如此惨重，现在亡羊补牢，为时不晚。在自上而下呼唤着法治化建设的今天，黑龙江省对俄经贸合作的当务之急是建规立制，加强监管，以此来保证黑龙江省及我国企业产品的质量和信誉。根据依法治国的总体国家战略，黑龙江省对俄经贸活动的治理及规范化、法治化必然提上议事日程。

（二）“一带一路”建设助推对俄大规模投资必将引发的各类法律风险需通过预先设立规则加以防范

在实施“一带一路”建设过程中，各方积极响应，黑龙江省商务主管部门也制定一系列的工作与实施方案，这意味着我国史无前例的对俄大规模投资的兴起。根据我们多年来对俄罗斯投资环境的观察，政府和企业对俄罗斯真实的社会经济问题、民意舆论走向、法律文化差异等了解不够深入，随之而来的对俄投资规模的扩大必将带来多重风险的爆发。为了维护黑龙江省乃至我国各类企业对俄投资的法律安全，必须尽早在国内建立相应的风险管控规则。

在“一带一路”倡议下大规模经济合作的展开，市场风险、跨文化风险、法律风险、不同国家经营主体的诚信风险等日益聚集和增高。我们应

当谨慎使用传统管理的模式，从政府法律主管部门来看，仅仅以政策和搞运动的方式进行跨国经济活动的管理是行不通的，应把重点放在如何采取更有效的法治化手段上，把对俄经贸活动面临的重大问题与风险纳入法治化治理进程。这也是我国及地方政府发挥公权力主体资源优势，及时总结三十年来对俄、对外经贸合作经验得出的教训。因此，我们必须全面梳理问题、分析趋势、拟制规则，以使更多更大的对俄经营主体吸取教训，规范运作。只要有法可依，我国“一带一路”建设在黑龙江省才能得到有效贯彻实施；只有依法控制经贸风险，我国的经济跨国发展战略才能得到有效落实；只有以法示民，黑龙江省所有参与对俄经贸活动人员的法律素质及规范化行为能力才能同步提高，进而提高黑龙江省的法律文化的软实力。

（三）依据黑龙江省及哈尔滨市在全国对俄经贸合作的独有地位，应通过立法强化其对俄合作的法律优势地位与特色

黑龙江省及其省会哈尔滨市在我国对俄经贸合作大局中具有特殊的战略地位，“以对俄合作为重点”成为黑龙江省有别于其他省份的战略定位。黑龙江省委书记张庆伟同志在2017年4月29日召开的中国共产党黑龙江省第十二次代表大会上所做的报告中明确指出，黑龙江省要“以对俄合作为重点，扩大全方位对外合作”，深入对接国家“一带一路”建设，发挥地缘优势，注重同俄罗斯远东地区开展战略对接，积极参与“中蒙俄经济走廊”构建。[①] 与此同时，哈尔滨市也因国务院批准设立哈尔滨新区，成为我国唯一拥有以对俄合作为主题的国家级新区的对俄中心城市，成为中俄全面合作重要承载区。

黑龙江省及哈尔滨市在开展对俄合作、履行对俄国家级战略的重任与使命方面具有共同的责任，在国家层面的认定基础上，黑龙江省与哈尔滨市地

---

① 张庆伟：《紧密团结在以习近平同志为核心的党中央周围奋力走出黑龙江全面振兴发展新路子》，2017年4月29日，东北网，http://m.dbw.cn/harbin/system/2017/05/08/057631061.shtml。

方立法机关及政府也可以考虑基于地方特有的环境条件并针对对俄经贸合作需要率先尝试在这一领域开展一系列的地方立法工作，完善地方法治建设，从而改变多年来搞运动式的管理模式，形成对俄合作持续有效的法律细则，以立法的方法建立有法可依的长效机制，以此为黑龙江省及哈尔滨市奠定对俄合作主导省份和中心城市的法律基础。

黑龙江省应根据对俄经贸合作需要，在对各领域的经贸合作实际情况充分调研和对大量的案例进行分析的基础上有计划、有针对性地逐步完善地方立法，营造具有国际水准又不失黑龙江省地方特色的法律环境。

（四）俄罗斯人极强的法律能力要求黑龙江省在对俄经贸活动中必须强化法律保护意识

尽管很多人熟视无睹，在中国人和俄罗斯人之间存在深层的法律文化差异是不容置疑的客观事实。正因为如此，多年来中俄之间，从官方到民间，虽然制订了很多合作计划，但付诸实施的要少得多。其中一个重要的原因就是法律观念及文化差异，彼此很难形成统一认识。俄罗斯人高度重视法律建制，交易主体通常都有很强的法律意识，而我们中方人员普遍法律意识薄弱。基于此，中俄交易主体之间形成了反差，中方通常处于劣势，很多中俄之间的经贸合作项目都因为中方在法律上的被动处境而遭遇损失。

黑龙江省作为我国对俄合作前沿大省，在响应国家号召大力推进对俄经贸合作的同时，也有责任提示国家和对俄经贸合作的各类企业在中俄经济交往中存在的深层法律问题与风险。一方面，我们完全有能力通过多方面研究俄罗斯的发展演化中的社会文化条件，准确了解俄罗斯人的法律思维习惯，形成黑龙江省作为对俄大省的资讯信息优势；另一方面，我们必须在全省范围内强化法治化建设，包括强化对俄合作领域的地方立法的规划与完善，同时，要对在该领域所有人员进行必要的有针对性的法律培训，借助多渠道的法治化手段提高黑龙江省对俄合作工作的法治化水平。

二　黑龙江省目前应启动对俄经贸活动法治化建设的几个重点领域

黑龙江省对俄经贸合作法治化涉及不同领域，对俄经贸合作法治化在不同领域面临不同的问题和方法。本报告根据完善地方立法以降低对俄经贸合作的法律风险及强化对俄合作的制度保障的需要，认为如下领域应尽快完善法治化状况。

（一）境外产业园区的地方立法需要不断完善

境外产业园区的对俄经贸合作模式是黑龙江省近年来对俄经贸合作的重要形式，被普遍看好，获得赞许，成为黑龙江省对俄经贸合作的亮点。黑龙江省对俄经贸合作政府职能部门和对俄企业功不可没。黑龙江省企业在俄罗斯境内远东地区设立的产业园区，根据黑龙江省商务部门的不完全统计，已完成备案登记的有 16 家。这些产业园区的投资主体以民营企业居多。在这 16 家产业园区中民营企业投资的有 14 家，国有企业投资的有 2 家。其中有 3 家民营企业投资的产业园区通过了我国商务部和财政部的“确认考核”，已获得国家资金支持，被誉为“国家级园区”。

根据调查，上述所列 16 家产业园区在俄罗斯的法律地位现状是，没有在驻在国（即投资东道国）俄罗斯联邦经济特区或产业园区的立法框架内设立，这些产业园区投资的企业只是在俄罗斯境内完成了公司注册，即履行了商事法人的登记程序，却没有俄罗斯立法和法律程序上的产业园区的设立行为，因此不构成俄罗斯立法条件上的产业园区，因而也没有获得俄罗斯政府的相应确认。

黑龙江省在俄罗斯远东建设园区企业存在的最为突出的问题是，现有产业园区及未来发展面临着较大的法律风险。关键问题就是这些产业园区的设立只履行了一般商事主体的登记，没有驻在国产业园区的法律基础，“产业园区”的名称只在中国人范围内流行使用。俄罗斯本国有立法基础的产业园区，主要集中在俄罗斯的欧洲部分，在远东从类型到数量上都屈指可数，如在哈巴罗夫斯克边疆区只有两个产业园区，“远东机械制造工业园”（Дальэнергомаш）和“先锋队工业园”（Авангард），它们具有法律上的依据，因而具有合法资质。而黑龙江省企业在俄罗斯远东的所谓产业园区不具有这样法律背景和法律基础。这种缺乏东道国立法基础，资质存在瑕疵，事实上不具备产业园区法律条件的企业经营现状应当引起黑龙江省对外经济合作管理部门的关注。由此可见，黑龙江省在俄企业所建产业园区的法律地位有待完善。①

相对于境外产业园区，国家商务部和财政部曾出台并于2014年1月1日开始施行了《境外经济贸易合作区考核办法》（全称：《境外经济贸易合作区确认考核和年度考核管理办法》），这个办法是基于我国针对设立在境外的经济贸易合作区的规范化管理及经费支持而制定的确认考核和年度考核的标准与程序，是我国政府积极作为的例证。之后，黑龙江省商务厅和财政厅依据国家商务部和财政部印发的《境外经济贸易合作区考核办法》于2016年10月制定了《黑龙江省境外经济贸易合作区考核办法》（共十八条）。这两个办法属于我国国内政府行政管理规定，是基于规范管理及专项资金资助需要制定的，它们在法理上不能构成我国企业在投资东道国设立产业园区的合法资质的依据，而事实上我国企业在域外，比如在俄罗斯等东道国设立产业园区的合法资质的认定只能依据东道国的相关立法。

境外产业园区法治化问题，是触及两国不同法律体系的较为复杂的问题，不能简单化处理，更要避免犯常识性的法理错误。首先要明确总的原则，既要符合本国管理要求，也要符合投资东道国法律规定的条件。应当特别注意，作为产业园区所在东道国的立法才是审查和确认其产业园区合法地位和资质的有效法律依据，而非依据投资者母国法律。各国法律都存在其司

① 朱南平、李志庆：《黑龙江省在俄产业园区面临的法律风险调查报告》，《黑龙江社会发展报告（2017）》，社会科学文献出版社，2017，第336页。

法管辖范围，即它们只能在自己主权领土范围内具有法律效力。因此，黑龙江省有必要在充分调研、掌握俄罗斯相关法律规范的基础上通过地方立法的方式帮助和规范企业的境外投资产业园区的行为，同时弥补国家上位法规定之不足。

（二）“一带一路”条件下对俄大项目合作、大规模投资的法律评估及法律风险控制需要地方立法

在“一带一路”倡议下黑龙江省企业乃至全国各地的企业对俄各类大型投资将呈现井喷趋势，对境外投资项目的前期性法律评估和法律风险控制势在必行。目前，黑龙江省企业对俄投资普遍缺乏科学、专业的法律评估，存在的一个普遍问题是，绝大多数境外投资人通常按照自己在国内形成的思维习惯去设定在俄罗斯的操作方案，而缺少对投资目标国俄罗斯的立法环境及法律风险的关注。多数投资人轻视境外法律环境问题，没有认真、科学地研究俄罗斯作为东道国特有的法律条件。针对具体项目的法律问题与方案对策，很少做深入的法律调查，普遍缺乏深入的科学分析和专业性的法律评估与谋划。

缺乏专业性的法律评估将导致对俄投资法律风险增高，尤其在政府借助公权力号召全面开展对俄经济合作的驱动下，大批企业积极筹划赴俄投资，在这种情况下，赴俄企业可能面临群发性的法律风险。客观地回顾对俄经贸合作的三十年历程，在俄罗斯历史的不同阶段涉及中俄经贸合作的中国投资人常会面临不同类型的法律风险，从对商品与流转资金的大量查封罚没，到对中国赴俄劳务人员甚至对俄企业投资人的拒发签证，再到投资企业一旦盈利就常常面临被榨取甚至剥夺企业控制权的局面，时代变迁并未终结法律风险的存在。近两年来由于西方对俄罗斯的经济制裁，俄罗斯无法得到西方的投资，迫于经济发展的压力，俄罗斯更多的希望得到来自中国的投资，也在努力改善投资环境。但比起西方传统的法治国家，由于俄罗斯人的民族性格及其文化特性，总体上俄罗斯一时难改其投资环境的高风险特点。另外，比起发达国家及我国上海、两广地区的企业，黑龙江省很多企业的商

业文明水平及法治化水平偏低，企业自身的法律规划、治理能力不高，在这种条件状况下对俄罗斯这样风险较高的国家进行投资必然面临大量不确定性风险。无论是从俄罗斯的投资环境还是基于黑龙江省企业的法治化状况考虑，黑龙江省国家机关有必要通过制定相关各类对俄投资项目的前置性法律评估程序，通过适当的立法形式和方法来帮助赴俄投资企业，这样，就可以帮助黑龙江省企业通过规范的法律流程操作来保障企业境外投资的安全。

（三）对俄经贸合作领域人力资源方面的法治化

对俄经贸合作领域人力资源的法治化，意味着对俄经贸往来、合作及交易过程中相关干部队伍、企业高管、专业人员（法务、财务、商务）、技术工程人员（技术专家、工程师）及劳务人员在法律、商务、专业、国情、文化、思维、语言等多方面的培训、考核、备案、监管的制度化。尤其是在“一带一路”建设的推进过程中，涉外业务人员将面临更多、更复杂的工作要求和挑战，需要大量训练有素的人员参与其中。缺乏专门的培训，缺乏具有实际业务执行能力的团队，将使任何宏伟计划落空。

在对俄经贸活动中，尤其关于“一带一路”建设的实施推进，与优势产能、物力资源、财力资源这些资源因素相比，符合专业化要求的人力资源才是最重要的成功要素。因为，具有专业从业能力、符合复杂工作需要的人力资源是保证各种涉外合作项目规划、复杂工作的成功执行的关键。如果人力资源、人才队伍力量薄弱，专业化程度低，甚至缺乏训练，不能适应合作项目需要，那么再多的优势产能、物力资源、财力资源用于对俄经贸合作或“一带一路”的项目推进，都会变成重大风险，都会被失败的阴影笼罩。所以，常常被人们忽视的对俄经贸合作及实施“一带一路”建设的最大的“无形资产”和成败关键是经过专业化培训的人力资源。黑龙江省政府已经启动涉外人员管理方面的地方立法，如《黑龙江省对外投资合作在外人员管理办法》，此管理办法已列入黑龙江省政府规章立法调研项目，是黑龙江省对俄经贸合作法治化积极作为的一个例证。

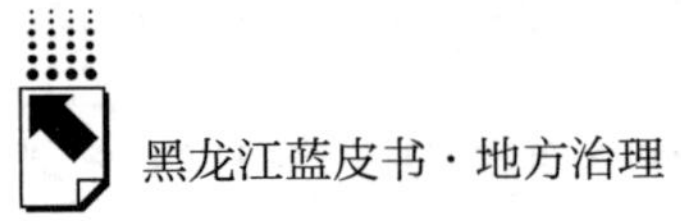

三 加强黑龙江省对俄经贸合作法治化建设的几点建议

在我国大力实施依法治国战略和积极推进“一带一路”建设的当今，黑龙江省对俄经贸活动法治化已成为不可回避的问题。法治化的实施主体主要是公权力机关，包括立法、执法和司法机关，它们对应着法治化的基本流程和逻辑，即立法、执法和司法。黑龙江省对俄经贸活动法治化目前存在的一个突出问题是缺乏地方有针对性的操作规范设置，在国家上位法鞭长莫及之处，如地方特有问题的实务性研究、地方立法及规章设定方面的不足，一些对俄经贸活动领域缺乏操作规则。黑龙江省对俄经贸合作主体，甚至公权力主体在这些领域的工作，缺乏具体的地方性细化依据，导致工作和对俄经贸行为缺乏清晰的规范基础，隐含不确定性。目前阶段，黑龙江省在对俄经贸活动领域法治化的最重要的任务就是建立有法可依的法制前提，应在充分调查黑龙江省对俄经贸活动面临的问题、风险、对策的基础上，研究操作性规则，设置规范化流程，形成地方性规范法律文本，通过合法程序在省内试行。同时针对现有的地方法律文件，根据在对俄经贸活动及实务中发现的问题，积极研究解决方案，使黑龙江省地方立法、规定逐步完善。

（一）在对俄经贸活动领域行使地方立法权，把握制度创新主动权

地方法治化的前提与基础是在不违背国家宪法、法律及行政法规的基础上根据地方需要，结合地方条件进行地方立法。就黑龙江省对俄经贸活动领域的立法而言，总体上黑龙江省地方立法机关应根据黑龙江省战略定位及对俄经贸活动实践及时出台相应的地方立法，规范对俄经贸活动，建立规则，依法监管，使对俄经贸主体有法可依，有规可循，避免早期对俄经贸活动放羊式的管理方法和因缺乏法治及相应的监管而重蹈30年前边贸乱象的覆辙。

地方立法权是国家赋予地方的权力资源，同时也是给予地方权力机关发挥地方优势、创造特色法律软环境的重大机会。根据《中华人民共和国立

法法》第七十三条第二款“属于地方性事务需要制定地方性法规的事项”规定，“除本法第八条规定的事项外，其他事项国家尚未制定法律或者行政法规的，省、自治区、直辖市和设区的市、自治州根据本地方的具体情况和实际需要，可以先制定地方性法规”。这就是说，在国家立法鞭长莫及之处，即国家尚未制定法律或者行政法规时，地方立法不必一味只看上位法，或等待国家上位法出台，这样也不符合国家倡导的创新精神，而应植根于地方特有的现实问题，深入调查研究，总结地方社会实践，积极研究适合省情的问题解决方案，及时进行地方立法。借助地方立法，从制度层面完善法治环境建设的基础，是地方好环境的持续有效的法律保证。

黑龙江省在对俄经贸合作领域的立法，涉及大量复杂而又有较强专业性的调查工作，也涉及大量的国内外法律与实务案例的研究，需要地方立法机关、政府职能部门、对俄合作企业及专业研究机构的多方面合作。从操作对策看，黑龙江省应组建对俄经贸活动法治化工作组，集中负责全省对俄经贸活动法治化的组织、协调、推进工作。同时应组织展开相关立法项目的大量调查工作，其中应特别注意以下两方面的调查。

第一，对俄经贸合作业务调查。需要根据黑龙江省地方条件及对俄发展战略，针对与俄罗斯相关的大量的贸易关系、投资关系、商务代理、文化交流、民间往来、政府协议等收集基础信息，开展对俄经贸活动具体合作业务的全面调查。目前阶段涉及的调查范围包括由我方政府力推的对俄大项目合作业务：对俄农业合作业务、对俄林业合作业务、对俄矿业合作业务、对俄水产资源合作业务、对俄电力合作业务、对俄化工合作业务、对俄油气资源合作业务、对俄境外经济合作区招商业务、对俄金融合作业务、对俄旅游合作业务、对俄电子商务业务等各类业务。在此基础上，建立对俄经贸合作业务档案数据库，没有这个基础，对俄经贸活动的地方立法就会成为无本之木。

第二，对俄方因素的必要调查。由于对俄经贸合作的一方主体是俄罗斯人（或俄罗斯法人），即使项目在我们国内，也需要了解俄罗斯人的法律背景和法律习惯。如果合作项目在俄罗斯境内，那就更需要对项目所在地

（所在国）的法律进行专业系统的调查了。黑龙江省对俄经贸活动的相关立法需要有跨国视野，需要对经济合作项目的涉俄法律条件做必要的调查，增加黑龙江省地方立法的国际化考量，提高黑龙江省地方立法的国际化水平。

（二）对俄产业园区建设的地方立法必须关注东道国的法律规定

黑龙江省企业在俄罗斯设立的 16 家产业园区没有在投资东道国俄罗斯联邦经济特区或产业园区的立法框架内，但在国内，它们却以产业园区的名义进行招商，吸引国内各类投资人，这会给这些投资企业带来很大的法律风险。目前黑龙江省对在俄境内设立的产业园区正在逐步实现规范化管理，如制定了黑龙江省《境外经贸合作区发展规划》《境外经贸合作区考核办法》等，这些都是黑龙江省在对俄经贸合作领域进行法治化所采取的积极措施。同时特别引起黑龙江省立法专家、政府工作人员及在俄投资的企业家注意的是，在对俄经贸活动中所有在俄罗斯境内的项目都必须考虑项目所在国即俄罗斯的立法条件，投资者母国的法律规定尤其在企业、项目所在国的法律资质的认定上，不具备域外效力，换句话说，在俄罗斯境内设立产业园区的合法资质只能依据俄罗斯的法律，而不能依据中国的法律。

在俄设立境外产业园区，这是黑龙江省对俄经贸合作的重要形式和关键领域，对中俄两国相关的区域经济发展都具有重大战略意义，有利于俄罗斯远东经济的振兴，也有利于“一带一路”建设与俄罗斯欧亚经济联盟的对接。这一领域的法治化治理应当引起黑龙江省的高度重视。根据黑龙江省在俄产业园区的现实状况及未来黑龙江省发展在俄产业园区的需要，黑龙江省应采取如下对策。

首先，黑龙江省有必要以完善黑龙江省在俄产业园区法律地位为目标展开研究俄罗斯的相关立法，在充分研究项目所在国的系列法律规定的基础上完善黑龙江省在规范境外产业园区方面的有针对性地方立法。黑龙江省企业进入俄罗斯的司法管辖区后最重要的工作就是要找到相关的法律保护制度。针对黑龙江省企业在俄投资的产业园区的法律问题，俄罗斯两部新立法——

2014 年 12 月 29 日俄联邦出台的《俄罗斯联邦经济社会超前发展区联邦法》（共 10 章 36 条，以下简称《超前发展区法》）和 2015 年 7 月 13 日俄联邦总统签署的《符拉迪沃斯托克自由港联邦法》（共 6 章 31 条，以下简称《自由港法》）最值得关注，对黑龙江省在俄境内设立产业园区的合法化治理具有重要的参考价值。这两部法律被关注主要有两点原因。一是黑龙江省企业在俄所建产业园区大多数地处俄罗斯远东地区，而俄罗斯的这两部新立法的适用区域范围主要在俄罗斯远东。例如，《超前发展区法》第 8 章专门规定了“远东发展机构设立和运营，以及对远东联邦区联邦主体单独的国家扶持措施的特点”，旨在发展远东经济。而《自由港法》的适用区域范围包括滨海边疆区阿尔乔姆市、符拉迪沃斯托克市、纳霍德卡市、乌苏里斯克市等 15 个行政区，这些都是黑龙江省在俄罗斯远东投资项目分布的地区。特别值得注意的是《超前发展区法》第 2 章第 3 条还规定了“超前发展区内可建设产业（工业）园区”。这为黑龙江省在俄远东产业园区的法律地位的完善提供了立法依据和选择方案。二是这两部法律都为入驻企业提供了多方面的优惠条件，包括优惠的税收制度、自由关税区制度及简化行政制度等。《自由港法》还规定自由港区域内可以从事不违反俄罗斯法律的任何经营活动。这些优惠制度条件是目前黑龙江省在俄产业园区不具备的。除了上述两部新立法，为了完善黑龙江省对俄经贸合作的法治化治理，黑龙江省有必要针对俄罗斯对外经济合作的法律体系进行系统化调查，成立对俄经贸合作法律研究课题组，对所有相关配套立法进行专项深入的研究，避免以偏概全，防止法律误判。①

其次，针对已经在俄罗斯设立的这 16 家产业园区，应当积极想办法研究改善其法律条件。产业园区运营企业应以吸纳更多投资为理由与俄罗斯地方政府进行协商谈判，要求给予优惠条件和法律保护，借此推动俄罗斯地方经济发展。

---

① 朱南平、李志庆：《黑龙江省在俄产业园区面临的法律风险调查报告》，《黑龙江社会发展报告（2017）》，社会科学文献出版社，2017，第 336 页。

（三）借助地方立法，从源头上加强黑龙江省对俄经贸投资的法律评估及风险防控

多年来，作为对俄经贸合作大省黑龙江省一直在强化对俄投资的管理。在对俄投资项目的评估方面，绝大多数集中于经济、技术的可行性评估和论证，法律方面的评估往往流于形式并且通常是在经济、技术评估之后。很多对俄投资的实务案例证明，先行的经济、技术评估需要耗费很高的成本，而后置的法律评估一旦发现项目主体存在重大法律瑕疵，项目执行存在实质性的法律障碍时，要么因决定放弃项目导致前期经济、技术评估变成事实上的损失；要么眼看着已经确定投资的项目陷入法律困境。这种对俄投资评估模式的瑕疵在黑龙江省小规模对俄投资过程中并未引起人们的警觉，但在国家实施“一带一路”建设的当今，这种评估模式显然已经不适应时代的需要了，因为“一带一路”建设及黑龙江省“龙江丝路带”建设助推着黑龙江省企业乃至全国各地企业对俄大规模投资的兴起，大规模投资的法律安全问题不能再被忽视，俄罗斯投资环境的法律高风险问题必须引起重视。鉴于此，黑龙江省应采取如下对策来完善对俄投资项目的法律评估与法律风险控制机制。

一是为了控制对俄投资项目的法律风险，建立黑龙江省科学规范的对俄投资项目评估机制，应尽快建立对俄投资合作项目的法律评估前置程序。根据对俄投资的大量实务案例分析，为了控制对俄投资项目的风险，法律专业评估应走在经济、技术评估之前，法律评估前置程序的含义就在于法律先行。这是针对高风险投资环境的必要安排。据此，政府相关职能部门在审查对俄投资项目时应向对俄投资企业要求首先提交对俄投资项目的法律评估报告或法律尽职调查报告。

二是为确保国家实施“一带一路”建设及黑龙江省推进“龙江丝路带”建设转移优势产能，实施对俄大规模投资的持续安全，有必要建立黑龙江省对俄投资法律方案审查的长效机制，即以适当的立法方式（如“政府规章”或“办法”）确立对俄投资前置性专业法律审查制度，公权力介入，从立法

的源头实施对俄投资的法律风险控制，强化源头治理，确立法律先行的前置性法律评估为法定程序，预设法律风险控制方案，从而维护我国企业对俄投资的法律安全。

（四）加强对俄经贸合作的人力资源的法治化建设

黑龙江省有效开展对俄经贸合作工作及对接“一带一路”建设工作，离不开专业化人力资源的支撑，而人力资源的开发、储备、培训、考核及监管需要长效化、持续性的制度安排，也就是要通过地方立法来形成该领域的制度规则，在强制性法制条件下，公权力主体及企业主体的相关管理人员及从业人员，都须依规行事，从而扎实推进黑龙江省对俄经贸领域人力资源的法治化进程。黑龙江省为进一步开展对俄经贸活动和满足推进“一带一路”建设对专业化人才队伍的需要，在目前阶段应采取如下对策。

一是强化对俄从业人员培训工作的制度化建设。在对俄经济交往，对俄大规模投资的历史性、质变性的发展面前，以往的随意性强、形式化色彩明显的培训方式已经不适应时代发展的要求了。黑龙江省对俄工作的领导、组织者需要看清，国家实施“一带一路”建设正在对黑龙江省对俄专业化人才的培训工作形成倒逼局面，建立实质性、规范化的对俄培训制度事实上已经构成紧迫的任务。在对俄经济合作并以各种交易实现的过程中，在花样宣传背后存在各方主体工作人员的法律识别能力、法律策略能力及法律处分能力的博弈，尤其是对俄投资项目，由于在俄境内操作，所有中方高管人员都应学会识别和处理基本的法律信息，对俄方人员的思维模式及各种法律行为，应具有研判和反应能力，这就需要他们在国内得到实质性的培训。在制定相关培训制度时，应该避免过往的形式化倾向，确定实质性指标，注重针对性培训和差异化培训，以适应对俄培训的具体化要求。通过专业化培训，要看到对俄业务人才法律素质上的变化、作用和实质性的效果。对培训专家的要求也须规定实务化指标，包括对俄工作业绩、案例和理论训练的背景等，因为从事培训工作的专业人员的法律素质的薄弱会导致无效培训。强化黑龙江省对俄从业人员培训工作的制度化建设需要地方立法机关、地方政府及专业研究机构的通力合作。

二是打造黑龙江省独具特色的“一带一路”人力资源支撑中心。打开国际视野，以发展黑龙江省对俄合作软实力为目标，以制定对俄培训地方规则和建设对俄业务培训基地为基础，强化该领域人力资源的整体治理，突出黑龙江省在全国范围的对俄人力资源配置功能。作为以对俄经贸活动为重点的黑龙江省，在对接“一带一路”建设的一个关键性工作是有前瞻性、有计划地开展该领域的人力资源开发、人力资源储备，建立健全各类对俄从业人员的针对性培训、考核制度体系，强化地方特色，打造服务全国的以对俄为主的国际人才供求中心。进而，在黑龙江省建立涉俄及跨国的人才库，在中俄两国及全国范围内输出、调配专业人力资源，根据各地各类公司的请求，提供人才服务，为“一带一路”建设的跨国实施，吸纳包括俄罗斯人力资源在内的外来人才资源，建立跨国人才服务体系。

参考文献

《2016 年投资环境指数报告》，财新网，2016 年 12 月 28 日，http：//www. cb. com. cn/difangjingji。

孟祥君：《以供给侧结构性改革为主线 全力推动商务事业务实健康发展——在黑龙江省商务工作会议上的报告》，2017 年 2 月 15 日。

B.13

黑龙江省涉诉信访问题及其解决路径

王 玉 任广章*

摘 要： 涉诉信访问题一直是困扰人民法院审判工作的重点和难点问题。处理好涉诉信访问题，关系到人民权益的保障、司法权威的维护、社会大局的稳定。长期以来，涉诉信访量居高不下，这其中既有信访人对自身诉求的期望与人民法院依法定程序、法律规定对其诉求评价之间差距的客观矛盾，也有在信访"红利"驱动下，信访人明知人民法院对其诉求做出的评价结果正当，而故作不明，以访施压、以访牟利的主观追求；既有人民法院自身审判管理存在疏漏、法官素质参差不齐、案件数量与审判人员数量配比失衡等自身因素，也有政策、法规滞后，解决机制有待健全等外部原因，是主客观、内外因共同作用的结果。本文从黑龙江省涉诉信访现状分析入手，分析成因、查摆问题，并对解决涉诉信访问题，提出思考和建议，以期对涉诉信访解决机制的完善有所裨益，进而保障人民群众的合法权益，树立司法应有之权威，维护社会稳定之大局。

关键词： 涉诉信访 司法审判工作 维护司法权威 保障人民权益

* 王玉，博士，黑龙江省社会科学院法学所，副研究员，研究方向为地方法治与法学理论；任广章，硕士，黑龙江省社会科学院法学所，研究实习员，研究方向为民商法与地方法治。

近年来，信访问题已成为涉及基本民生、社会稳定甚至影响政治大局的重大问题，党和政府对信访工作十分重视。中共十八大提出："正确处理人民内部矛盾，建立健全党和政府主导的维护群众权益机制，完善信访制度，完善人民调解、行政调解、司法调解联动的工作体系，畅通和规范群众诉求表达、利益协调、权益保障渠道。"十八届三中全会提出了"推进法治中国建设"，"深化司法体制改革，加快建设公正高效权威的社会主义司法制度，维护人民权益，让人民群众在每一个司法案件中都感受到公平正义"。十八届四中全会提出："保障人民群众参与司法，在司法调解、司法听证、涉诉信访等司法活动中保障人民群众参与，完善人民陪审员制度，构建开放、动态、透明、便民的阳光司法机制。"同时，十八届四中全会指出："把信访纳入法治化轨道，保障合理合法诉求依照法律规定和程序就能得到合理合法的结果。"

黑龙江省委省政府针对信访工作也出台了《黑龙江省信访条例》《黑龙江省信访工作责任制实施细则》等规范性文件，在这些规范的指引下，黑龙江省的信访工作取得了一定成效，特别是涉诉信访案件，整体数量与往年相比有较为明显的下降。然而，黑龙江省涉诉信访案件的数量一直处在高位运转的状态，虽近年来有所下降，但涉诉信访案件的处理对法院正常审判工作仍然形成巨大的压力，不断地冲击着司法机关的司法权威及司法公信力，涉诉信访问题也成为困扰黑龙江省各级法院工作的重点和难点，因此，将黑龙江省涉诉信访工作纳入法治化轨道，运用法治思维和法治手段推动黑龙江省涉诉信访问题的化解成为当务之急。

一　涉诉信访的概念及特征

据国务院《信访条例》定义，信访"是指公民、法人和其他组织采用书信、电话、走访等形式，向各级人民政府、县级以上人民政府所属部门反映情况，提出意见、建议和要求，依法应当由行政机关处理的活动"。涉诉信访是指某一具体诉讼案件的当事人或利害关系人，通过信访方式向上级人民法院、其他国家机关提出主张或请求，使处理该具体诉讼案件的人民法院完成某种诉讼行为，实现其诉讼目的的信访活动。涉诉信访是信访的一个组成部分，但又区别于其他的信访。“涉诉信访”概念是最高人民法院于2004年首次提出的，其目的就是将针对人民法院的信访与其他的信访区别开来，有针对性地进行处理。

“涉诉信访的独特之处在于其与法院诉讼活动的关联性，它针对的是人民法院审理和执行案件的行为或者结果，信访的原因是当事人认为通过已行或将行的法律途径没有或无法保障其权益或实现其要求，故而通过信访寻求法律外的解决途径。”① 涉诉信访与其他信访相比，具有如下特征。一是涉诉性，涉诉信访案件往往与人民法院的某一诉讼案件相关联。实践中，信访人通常是持人民法院的裁判文书进行信访登记，就涉案相关事宜提出要求，有的是反映人民法院对应当立案的案件不予立案的，有的是在案件审理阶段，认为主审法官涉及鉴定、财产保全甚至送达等程序处理不当的，有的是对案件裁判结果不服，认为裁判结果不公的，有的是在执行阶段，对执行程序不认可，对执行结果不满意等，其中以对案件结果不服而信访的居多。二是主体范围特定性，涉诉信访案件的主体是人民法院正在审理、执行或已经审理完毕、执行完毕的某一具体案件的当事人或利害关系人，是人民法院裁判文书指向的利益相对人。三是客体具有针对性，涉诉信访案件的客体是与人民法院相关的某一具体案件，该案件可以是立案受理的案件、未予受理的案件、正在审理或执行的案件、已经审结或执结的案件、处于复查或再审阶段的案件以及各种裁判文书已生效的案件。四是目的具有明确性，信访人信访的目的就是通过信访活动促使人民法院做出有利于该信访人的诉讼行为，实现其诉讼主张。涉诉信访人据以信访的事实、理由及信访诉求有多种，例如，针对不立案情况的信访，信访人的主张就是要求立案，针对审理程序的信访，往往要求停止或启动某一审理程序，针对裁判结果或执行的信

① 张文国：《试论涉诉信访的制度困境及其出路》，《华东师范大学学报》（哲学社会科学版）2007年第2期。

访，往往要求改变该裁判结果、完成或停止执行行为，但其信访的最终目的是明确而具体的，不论哪一种信访理由，最终结果都将转化为一定数额的金钱或实现某一具体行为。五是受理主体的广泛性，涉诉信访是针对人民法院的信访，但其受理主体不限于有关人民法院。根据国务院《信访条例》规定，信访人“对各级人民代表大会以及县级以上各级人民代表大会常务委员会、人民法院、人民检察院职权范围内的信访事项，应当分别同有关的人民代表大会及其常务委员会、人民法院、人民检察院提出”，依该条例，涉诉信访的受理主体应当是相关人民法院，但实践中，涉诉信访的受理单位，已不限于相关人民法院，还包括各级人民代表大会和各级国家机关及有关部门，如各级“信访办”“法制办”“政法委”等，甚至某些新闻媒体、记者等负有舆论监督职能的单位及个人都成为涉诉信访的受理主体。六是处理结果难具有终结性，在涉诉信访案件中存在大量已经处理甚至多次处理的案件，有些信访人钻信访制度空子，利用党和政府对信访工作的重视及被信访单位急于解决信访案件的心理，即便诉求得到合理解决，也以各种借口重复信访、坚持信访甚至以信访为业，也就是常说的重复访、顽固访、职业访，借访施压、以访牟利。这些人将信访视为“红利”，每逢重大节日及会议期间，都会去上访，目前尚缺乏妥善有效的处理方法。

二　黑龙江省涉诉信访案件现状的实证分析

近年来黑龙江省法院系统深入开展了涉诉信访集中治理活动，建立省人民法院、中级人民法院、基层人民法院的三级联动机制，加大信访化解力度。个别法院通过有针对性的信访积案清理工作，实现信访积案基本清结，进京非访、越级访保持零发生。统计数据表明，2016 年黑龙江省法院共接待群众来信来访 2063 件，截至 2017 年 7 月共接待群众来信来访 1125 件，近两年内，黑龙江省涉诉信访案件的运行态势基本上保持相对稳定。2017 年 9 月 17 日，黑龙江省高级人民法院召开全省法院涉诉信访专项治理活动推进会，2017 年 1 月至 8 月，黑龙江省法院涉诉信访数量“全线飘绿”：进京访同比下降20.92%，其中初访（新访）同比下降34.57%，重复访同比下降15.38%，越级访同比下降35.71%；发生到省访案件同比下降16.05%。由此可见，黑龙江省各级法院涉诉信访量整体呈现下降趋势，但因基数较大，黑龙江省涉诉信访量总体仍处于高位状态。

合理有据的涉诉信访能够帮助法院及时发现自身问题，促进法院提高裁判质效，促进司法队伍建设，对司法公正、司法权威的树立具有积极作用。但实践中，无理访、缠访、闹访、进京非访，以访施压、以访牟利现象频发，对法院正常的审判工作形成巨大压力，不仅有害司法权威，不利社会稳定，而且影响司法定纷止争功能的发挥。黑龙江省涉诉信访量长期处于较高态势，一方面是受中国传统“人治”文化影响，权力本位思想根深蒂固，缺乏法治思维，信访不信法。传统上，中国是一个行政权与司法权合一的国家，各地的行政长官，既掌握行政权，又行使司法权，长期以来，人们重视实体正义，而忽视程序公平，对纠纷的处理，对公平正义的追求，都寄托于一人，缺乏法治理念及法治思维。现实中，在稳定大于一切的理念下，一旦出现信访问题，确实存在个别领导强势介入、积极表态的情况，在行政外力作用下，各别信访问题确实在一定程度上得到了解决，维护了社会的稳定。但同时，也弱化了司法的权威性和终局性等特性，带来了一定的负面效应，即当事人用法律之外的手段获取利益，实现了自己的诉讼目的，这在一定范围内起到了示范作用，甚至有当事人将信访作为一种“经验”向周围的人传授。更有当事人转向媒体、网络，用舆论施压。随着网络的发展，自媒体的兴起和壮大，出现了“超级法官”群体，这一群体看似精通各门法律，在没有深入调查了解，不明真相的情况下，仅凭个别人在网络上发表的只言片语，便对人民法院的裁判结果进行评判，甚至肆意地贬损人民法院的司法行为，更有一些网络媒体大V推波助澜，严重损害了司法权威。另一方面，问题更多集中体现为以下几方面。

一是黑龙江省涉诉信访的源头治理工作较差，新的信访发生不断。在处理旧访、积案的同时，没有在源头上降低和消除信访问题，每年都有新的信访问题产生，新的信访数量增加。

二是历史遗留问题较多，情节复杂，化解难度大，形成积案，积久难清，恶性循环。许多涉诉信访案件，在进入诉讼程序之前，问题就已经凸显，有些信访案件时间跨度大，有的历经十年、二十年甚至三十年以上，涉及部门环节及人数较多，情节十分复杂，随着时间的推移、政策的变化及法律的更新，化解起来难度很大，这类信访所涉及的问题，已不再是单纯的法律问题，在一定程度上已演变为社会问题，处理起来不仅仅是人民法院依法适用法律那么简单，更多的是需要政府相关部门的协调与配合，处理周期加长，积久生怨。

三是对非访、无理访人员的教育惩戒机制不完善、不及时，处理宽宥，甚至产生效仿、带动信访等负面效应。对于一些已确定为非访和无理访案件的当事人，实践中的处理方式也多半是解释、教育、劝说，缺乏强有力的惩戒措施，没有规范的处理程序和完善的处理机制，在一定程度上纵容了非访和无理访人员，损害了司法权威。

四是涉诉信访案件终结移交困难，出口不畅。2011 年 5 月，为依法办理涉诉信访案件，规范涉诉信访秩序等，最高人民法院出台了《人民法院涉诉信访案件终结办法》，对涉诉信访案件的终结条件及终结程序进行了规定，同时规定对于已经终结备案的涉诉信访案件，当事人继续上访的，不再作为信访案件处理，并协调、通知有关责任单位切实做好矛盾化解工作，在实践中，对于该条规定，也就是信访终结案件移交工作的落实与衔接上并不顺畅。

五是多元化解机制不健全，社会各界参与化解信访矛盾的意识有待提高，多元化解优势没有得到应有的发挥。长期以来，社会各界将涉诉信访问题视为人民法院一家的问题，对此避之不及，不愿参与到涉诉信访问题的化解之中，有些参与化解涉诉信访案件的，也是流于形式，多元化解举措没有落到实处，多元化解的优势没有得到应有的发挥。

三　黑龙江省涉诉信访案件成因分析

黑龙江省涉诉信访案件存在的问题，既有客观因素的影响，也有自身因素的限制和政策层面的制约。

从客观上看，主要原因如下。

一是自 2015 年立案登记制实施以来，黑龙江省法院受案量激增，以黑龙江省某法院民事审判工作为例，2015 年立案登记制实施前，人均收案百余件，结案七八十件，每件案子都有较为充裕的时间与当事人进行沟通、调解、释法答疑，对不服法院裁决的当事人有较好掌握，能够及时化解，社会效果得以保障。2015 年立案登记制实施后，人均收案接近 300 件，结案 200 件左右，随着员额制的实施，办案法官在减少，案多人少的矛盾突出，法官陷入大量案件的审理当中，很难有时间与当事人进行沟通、调解，释法答疑不到位，一些不服三级法院裁决的案件进入了由诉到访的矛盾转型期和矛盾凸显期，导致访量剧增。

二是基本解决“执行难”问题进入攻坚阶段，一些因执行不能的案件当事人借助最高法院高度重视执行工作的时机进京上访，推高了进京访量。2016 年 3 月，最高人民法院院长周强在十二届全国人大四次会议上明确提出“用两到三年时间，基本解决执行难问题”。2016 年 5 月，最高人民法院印发《关于落实“用两到三年时间基本解决执行难问题”的工作纲要》。当前，解决执行难问题已进入攻坚阶段，虽然各级法院在执行工作中投入了大量人力、物力，但受被执行人自身财力等客观因素制约，仍有一些执行不能的案件存在，此类执行案件的当事人及在执行中的利益受到触及之人，借机上访。

三是最高法院于 2017 年修改了进京访登记办法，将原不统计通报的执行初访案件列入登记范围，助推了最高法院登记的访量。

四是由于信访问题有顽固性、反复性、突发性等特点，经多年清理后，一些剩余的信访老案化解难度越来越大，一些已经息访的当事人反复无常、经常反悔，使重复访总量下降缓慢，积案清理效果不明显，出现区间反弹。

五是个别信访当事人别有用心，利用政治敏感期，择机信访，以访施压、以访牟利。大部分的信访人，是想通过信访方式反映问题，实现自身的诉求，这些信访人有的是对政策有误解，有的是对法律、法官有误解，或者是客观事实与法律事实之间确实存在偏差，经过接访、约谈或者纳入司法程序后，可以合理解决。但也有一部分信访人，利用政府维稳心理，利用信访责任单位对涉信访“一票否决”的忌惮，恶意信访，获取利益。

六是个别政府机关工作人员不作为、不敢为，对信访案件不加甄别，往往以“建议通过司法途径解决”的方式将信访案件推出，要求信访人到法院进行诉讼，导致一些不应进行司法程序，或者将进入司法程序也解决不了的问题转向法院，进而形成涉诉信访。

七是司法改革实行法官员额制后，员额法官仅为原法官30%左右，办案法官骤减，与此对应的是案件数量激增，由此导致案多人少，案件审理周期加长，当事人的不满情绪得不到及时释放，矛盾纠纷聚集，在一定程度上刺激了当事人的信访欲望。①

从黑龙江省法院自身来看，涉诉信访形成的原因主要有以下几个方面。

一是对信访工作重视程度不够，在化解信访矛盾、解决群众合理诉求和稳控重点人员上，还存在措施不力、责任落实不到位问题。

二是审判管理不够精细，案件质量不高，瑕疵案、问题案仍然存在，某法院审判员对判决文稿把关不严，导致错误判决被发出，影响恶劣，个别法院还出现过更正裁定文字错误，下发更正裁定等情况，对于审判人员而言每年要书写几百个裁判文书，有一两件文稿有误，似乎是可以理解的，但对于当事人而言，可能一辈子在法院只有这一起案件，错误一旦发生，就是百分之百的错误，他是不能理解的。上述类似问题还有很多，这些是完全可以避免的，关键就是审判管理精细度不足。

三是在实行法官员额制后，由于案多人少矛盾突出，结案压力较大，案件审理周期延长，调解和判后答疑不够到位，裁判效果不够理想，导致新访问题出现。法官员额制前，一般案件立案后，都会进行庭前调解、当庭调解、庭后调解、判前调解四个调解环节，很多案件在经历这四个调解环节

---

① 李雄、张鲲、何春艳：《当前涉诉信访原因及对策探究》，《中共天津市委党校学报》2014年第3期。

后，都能得到妥善处理，即便调解不成，法官对于当事人的心理也都有了很好的把握，当事人对案件的大体方向也会有一个预判，判决后再有针对性地进行判决后的解答，多数案件都会案结事了，争议较大的，也会通过引导上诉，进入二审程序。法官员额制后，案多人少，为完成结案要求，很多案件调解不足，即生硬判决，裁判效果难以保证。

四是在对非访、无理访人员的处置问题上缺少决断、缺少担当，不想为，不敢为，在一定程度上助长了一些人的嚣张气焰。虽然最高人民法院对于非访、无理访案件的终结做出了规定，但在对非访、无理访人员的处置上没有强有力的支撑，各部门将非访、无理访案件视为“烫手的山芋”，不想为、不敢为，以避之为上策。

五是缺乏群众工作经验，对群众信访诉求把握不准，司法能力不足，辨法析理、释法答疑不到位，对缠访闹访人员缺乏有效的疏导方式，吸附稳控效果不好。涉诉信访问题通常都不是单纯的法律适用与理解问题，涉诉信访问题的背后往往夹杂着大量的政策问题、社会问题，只有打开涉诉信访人员的心结，才能做到有效疏导，找到解决问题的根本，所以对涉诉信访人员的接待、约谈，仅凭良好的法律素养是不够的，还需要接访、约谈干警有丰富的社会阅历和群众工作经验，这些正是人民法院干警们欠缺的，从事信访工作的人员应努力亲力亲为地做好信访工作，接待来访时认真倾听他们所反映的问题，动之以情、晓之以理，做好当事人的法律释明、息诉教育工作，引导信访人员依法申诉和理性反映诉求。

从政策层面来看，主要表现为以下四点。一是最高法院对信访终结案件的限定范围过窄，对应予以终结的执行、国家赔偿和一审生效而未申请再审的上访案件没有明确规定，无法进入终结备案程序，这类案件的信访量占比较大。同时，受案多人少因素制约，近年来的涉诉信访终结备案工作一直进展缓慢。二是尽管黑龙江省委对法院的信访工作高度重视，省信访联席办对涉诉信访终结案件的接收稳控工作有明确规定，但有的地方政府对一些终结案件虽然在形式上做了接收，稳控责任还没有落实到位，导致大量的已经终结备案的案件当事人游离于法院和政府的掌控之外，反复进京到省上访。三是司法救助工作开展存在一定困难，司法救助受地方财政状况影响，审批、资金额度都有较大限制。四是一些地方政府对多元化解信访矛盾工作的支持力度还不够。自 2016 年以来，省法院与省司法厅、省律协密切配合，在省市两级普遍搭建了律师参与平台，但由于律师参与和代理的经费问题一直没有解决，律师参与的积极性不高，律师在化解和代理涉诉信访案件中的作用还没有更好地发挥出来。

四　破解黑龙江省涉诉信访问题的对策建议

涉诉信访问题是困扰司法改革的难题，由于体制的藩篱和束缚，目前，无论是理论研究还是实务研究都没有实质性的突破，涉诉信访依然会深深扎根于中国的司法制度之中，涉诉信访矛盾化解和维稳工作任务仍是困扰法院工作的重点和难点。因此，本文提出完善涉诉信访制度的若干思考。

涉诉信访虽是针对人民法院的信访，但仍是信访的组成部分，处理不好会影响信访整体工作成绩，所以不应将涉诉信访视为人民法院一家之责，应将涉诉信访纳入信访工作整体。

（一）人民法院首先要做到打铁还需自身硬

首先，要做好源头治理，降低新访发生。一是要在思想上，提高涉诉信访责任意识，增强对信访案件的敏感度和对涉诉信访案件的预判力及甄别力。法院内部要强化法官及司法干警的信访意识，在办理案件，接触当事人时，通过对案件性质、背景，当事人身份、情绪、言语等，敏锐发现可能存在的信访隐患，提前做好预案，坚持把涉诉信访矛盾的化解工作“抓早”“抓小”“抓了”，将信访案件化解在萌芽中，防止矛盾越滚越大，初访变续访，续访变老访，最后导致进京访。二是要合理配置司法资源，加强审判管理，提高裁判质效。针对当前法院案多人少的矛盾，结合当前的司法改革政策，将司法资源向业务一线倾斜，合理配置法官、法官助理、书记员的比例，将员额法官从琐碎的事务性工作中分离出来，让员额法官将更多的精力投入案件的办理中，提高裁判质效，减少瑕疵案、问题案，严格审判质量管理，杜绝关系案、人情案、金钱案，放权不放任，大力开展案件评查，发挥自我纠错职能，防止案件“带病出门”，确保案件自身不出问题，让人民群众在每一起案件中都能感受到公平正义，做好判后答疑，引导当事人依法定程序合理表达诉求。三是要加强审计监督力度，把握二审、再审关口，有错误及时纠正，防止矛盾升级，要克服当前案多人少的矛盾，坚持“五全调解”，努力提高调撤率和执行和解率，积极争取地方党委政府的支持，大力推进诉调对接机制，努力把法官管不了，不该管的案件移送至相关职能部门办理。四是要压实信访责任，层层推进，将信访责任落实到人，对于重视程度不够，组织领导不力，导致发生进京集体访、串联访、极端个人访和滋事肇祸事件的，将严格按照《落实信访责任约谈暂行办法》的规定，严厉追究相关人员的责任。对化解信访案件严重不负责任或存在司法不公问题的责任法官要坚决停止审判权，调离审判岗位。五是要加快积案清理，畅通涉诉信访结案出口。针对当前涉诉信访工作严峻的形势，组织力量对多年来未办结和办结后未息访，以及年初以来新发生的信访案件进行再排查、再梳理、再甄别，保证清仓见底，尽最大努力化解信访矛盾。要积极向最高法院第二巡回法庭汇报情况、提出建议，争取把执行、国家赔偿和一审生效而未申请再审的案件纳入终结程序，并尽快制定信访终结的具体实施意见，推动终结报备工作尽快开展，进一步畅通信访出口。六是，要加强法治宣传，敢于作为、敢于担当。根据涉诉信访改革的具体要求，信访法治化改革涉及政治制度的各个方面，以法制规制信访行为已经成为共识，信访人员和社会各层面要树立依法信访、依法治访的价值理念，从根本上规范信访制度，广泛地开展法律宣传教育工作，进一步安排工作部署，让社会各层级人员了解新的法律法规和法律政策，提高依法信访的能力，在法律允许的范围内以法律允许的方式来表达，无理上访是违法行为，有理违法上访也同样是违法行为，通过法治宣传引导全社会树立法律规则意识，增强法律权威意识，推动依法维权的良好法治环境。同时，人民法院要敢于作为，敢于担当，对于信访人反映的现实存在的问题，要勇于面对、勇于否定、勇于纠正，不包庇、不护短、不徇私。把解决实际问题与加强思想教育、宣传政策法规相结合，积极引导信访人依法理性的反映诉求，通过感化教育的方式达到息诉罢访。对于借信访之名，向法院施压，牟取不当利益，缠访、闹访，扰乱社会秩序之人，一经查实，应严肃惩戒，公开处理结果。

（二）将涉诉信访纳入大的信访解决体系中，做好属地稳控，完善制度机制，多措并举推进涉诉信访矛盾化解

要坚持把法院信访工作置于党委领导之下，纳入各级党委政府、各系统党政部门工作大局，加强与公安、国安及社区、村屯等基层组织的配合，积极开展联合维稳、联动维稳，努力提高防范化解风险水平和能力，把信访群众吸附在基层。要借助省信访联席办大力支持的有利时机，尽快将终结案件提请省信访联席办统一移交，落实好稳控责任。

要把完善制度机制作为化解信访矛盾的助推剂，实现信访工作效果最大化的有效途径，进一步解放思想，大胆探索，勇于实践，在建立管用的机制上有所作为，努力推动重点案件化解工作有新进展。要进一步完善信访导入机制，规范立案复查、移交再审工作程序，对依法应当受理的案件，切实做到有案必立，有诉必理，依法及时就地解决群众信访诉求，坚决防止和纠正“六难三案”问题。要进一步完善落实依法纠错机制，继续坚持信访案件异地交叉评查制度，建立三级法院联合接访、联合听证制度，不断完善办理信访公开制度，切实解决群众反响强烈的包庇护短、规避矛盾、有错不纠问题，防止程序空转。要进一步完善司法救助机制，积极协调省财政部门建立司法救助专项基金，努力解决中级、基层法院省级统管后救助资金来源问题；积极推行公证提存的司法救助方法，有效防止当事人得到救助后经常出现反复问题。要进一步完善多元化解机制，结合各地实际，整合律师、代表委员和社会各界的优势资源，强力推进多元化解，多渠道做好息诉罢访工作；进一步完善律师参与化解和代理涉诉信访案件工作制度，规范工作程序，加强工作保障，努力提高律师参与的积极性和化解矛

盾的实际效果。目前，黑龙江省法院已起草了律师参与和代理工作实施细则，就有关问题正在与省司法厅、省律协进一步会商。要进一步完善对执行工作的监督指导机制，强力落实网络查控、执行惩戒、审计执行、曝光执行等各项措施，不断加大执行力度，让解决“执行难”工作成果切实惠及当事人，努力减少执行信访。特别是律师参与化解和代理涉诉信访案件工作制度，对涉诉信访案件的处理将起到很大帮助。为了有效化解矛盾纠纷，保障涉诉信访人的合法权益，充分发挥律师在化解和代理涉诉信访案件中的作用，根据省政法委的工作要求，制定了《关于建立律师参与化解和代理涉法涉诉信访案件制度的实施意见》，由律师作为第三方，听取涉诉信访人的法律诉求，帮助评析信访事项，有针对性地做好释法析理、提出处理建议、协助开展救助申请、代理申诉等工作，以促使信访案件能够得到正确有效的解决，实现息诉息访的目的。律师参与化解和代理涉法涉诉信访案件是一项公益性法律服务，遵循自愿平等、依法据理、实事求是、无偿公益的基本原则。在多元化纠纷解决机制的司法改革背景下，建立律师参与化解和代理涉法涉诉信访案件制度，有助于增强律师与法官在诉讼活动工作中的沟通与衔接，增加了化解涉诉信访案件的有益力量，有助于形成合力，提高诉讼质效。

（三）规范信访复查程序，引入第三方公开听证制度

公开透明是保证司法公正的最有效措施，也是确认信访复查结果的最根本方法。因此，对于重复访、职业访、闹访等重大涉诉信访案件进行公开的听证是非常必要的举措。鉴于信访人对被信访法院的不信任，应引入第三方主持、评审听证活动，邀请各界代表、专家、学者、新闻媒体、群众组织及相关利害关系人旁听听证，由信访人陈述信访诉求、事实与理由，由被信访法院公开审判情况，对信访人提出的质疑进行回答、答辩，对所涉相关证据，公开开示、公开发表质证意见，公开援引适用法律的依据和理解，形成信访人与被信访法院之间的直接对抗与辩论，最终形成听证结论，该结论即为终结性结论。若结论认为人民法院

处理不当，则人民法院应依结论予以纠正，相关工作人员存在违法违纪行为的应一并处理；若结论认为信访人无理，则应尊重人民法院的裁判意见，针对该信访人就此信访问题不再予以处理，信访人坚持继续信访的，应直接认定为无理访。不论听证做出何种结论，对该结论及依结论做出的决定均应公示。

引入第三方公开听证的过程，是一个法治宣传的过程，在这一过程中因有社会各界人士及群众参与，甚至会有一些遇有同类事情的人参与旁听，既有对事实的争论，也有对法律的理解与解释，理越辩越明，对参与者是一次很生动的普法活动；引入第三方公开听证的过程，是一个发挥群众监督的过程，在这一过程中，因有新闻媒体、社会大众等广大人民群众的参与，会对人民法院的司法工作有进一步的了解，形成自己的评价，这些评价既是对人民法院的监督，对信访工作的监督，对有理信访人也是一种支持，对无理信访人是一种震慑；引入第三方公开听证的过程，是一个明确是非，匡正视听的过程，公开、透明、全面参与的听证，改变了以往信息不对等造成的猜测和道听途说，让人们直观、全面地了解案件的事实经过，公道自在人心，对错一辩即明，不给别有用心之人造成舆论的机会。

因第三方公开听证制度涉及人员、范围较广，影响较大，在引入第三方公开听证制度时，应重点注意以下几方面。一是适用的范围，第三方公开听证应适用于重复访、顽固访、职业访、闹访等重大的，有一定社会影响的涉诉信访案件，对于初访，经过处理、解决即息访的案件不适用第三方公开听证，对于群体访案件应慎用第三方公开听证，因群体访案件涉及的信访人数较多，现场安全保障工作不好掌控，处理不当案件容易引发冲突，更加激化矛盾。二是听证会组成人员选用，听证委员会的组成人员应是与信访人、被信访人均无利益关系的第三方人员，且应是具有一定社会影响力和威信的人。三是参与旁听人员的选择，为保证听证会达到预期的社会效果，应对旁听人员采取比例限制，按专业人士、社会各界人士、新闻工作者、社会群众等进行分类，设定合理的比例，确保听证会所做结论的专业性及实现预期的教育、宣传及示范效应。

（四）推行责任倒查，实行“诉”“访”分离，构建涉诉信访终结制度

建立涉诉信访终结制度是解决涉诉信访量逐年攀高的必然措施，现代法治国家的社会治理结构中都须建立终局解决矛盾纠纷机制，否则有限再审将形同虚设，涉诉信访案件经过复查、再审后认为没有错误，不再将此案作为信访案件重复受理、交办、通报。为了将信访秩序化、法治化，维护司法权威，减少信访人反复申诉、缠访闹访的现象发生，中共中央办公厅、国务院办公厅出台《关于依法处理涉法涉诉信访问题的意见》（中办发〔2013〕26号）、中共政法委员会《关于健全涉法涉诉信访依法终结制度的意见》（中政委〔2014〕38号）、最高人民法院《人民法院涉诉信访依法终结工作办法》和相关法律、法规，使涉诉信访依法终结程序更加规范化、法治化。在建立涉诉信访终结制度中，“诉”“访”分离制度应是一项值得深入分析、论证的有效制度。“诉”“访”分离的概念是最高人民法院于2009年3月提出的，“诉”“访”分离的思路提出后，没有引起法学界的热衷讨论，政府相关部门对这一提法也是不置可否。但在经历了若干涉诉信访工作实践后，重新审视最高人民法院的“诉”“访”分离思路，确实对涉诉信访问题的解决具有很大价值。“诉”“访”分离，即对涉诉信访案件进行筛选、甄别，对涉诉信访中的“诉”，坚持纳入司法程序，以审判方式进行审理，充分保障当事人的诉讼权利。凡经诉讼程序后终结的信访案件，原审、再审和复查的法律文书、申诉材料等相关资料存卷备查，并应及时在网上予以公布。涉诉信访中的“访”，应由人民法院之外的某一专门部门处理，以教育息诉罢访为主，以必要的审判程序为辅，综合进行治理，将矛盾予以化解。各级人民法院及司法干警均是从事法律工作的人，其价值观念、思维方式、看问题的角度，甚至生活习惯基本相近或趋同，“自己的刀削不了自己的把”，很难对“访”做出实质有效的解决，而且因“访”消耗大量司法资源和办案力量，甚至影响正常审判工作的进行，诱发真正的涉诉信访，得不偿失，对于已经穷尽法律救济途径的“访”，应尊重人民法院裁判终局性的特点，不

应再由人民法院继续处理。为维护司法裁判的权威性和终局性，经有关机关审核后做出的终结决定，各级政法机关不再受理、交办、通报。

另，在涉诉信访案件中，真正直接因人民法院审理过程、裁判结果引发信访的情况较少，往往是信访人在经历了由村到镇，由镇到区，由区到市等各政府部门逐级反映情况后，经过一年、两年甚至十几年后仍得不到解决，进而转向人民法院，或是经政府有关部门几次处理后，被以需经诉讼程序解决为由推向人民法院的，在进入司法程序之前，该信访案件已经形成。此类情况，信访人的诉求历经各级政府相关部门，历时数载，几经处理，均不能解决，仅凭人民法院一己之力，如何能够力挽狂澜。特别是涉及土地承包经营权的、征地补偿的、房屋拆迁的、企业破产的案件，此类案件受当时政策等因素影响，加之时间跨度较大，当事人的诉求往往非现有法律法规所能及。但人民法院作为解决纠纷的最后一道屏障，不能拒绝裁判，最终形成涉诉信访，而最初因自身工作行为不当或缺乏有效处置，引发信访的相关部门及责任人员却置身事外，自己犯的错误，却由别人来买单，长此以往不仅不利于问题的解决，还助长了推卸责任，不作为、乱作为之风。因此，应当推行涉诉信访责任倒查制度，即追查引发信访问题的根源和责任人，不因涉诉而将信访责任不加区别的压向人民法院，在强调谁裁判，谁负责的同时，也应强调谁引发，谁承担。① 这样既有利于避免相关部门及人员袖手旁观，相互推诿的情况发生，使问题得到积极的解决，也有利于改变人民法院代人受过的局面，降低涉诉信访数量，减轻人民法院信访压力，将更多的精力投入审判工作中。

涉诉信访是我国多元解纷机制的重要环节，随着经济转型和结构调整，各种社会矛盾层出不穷，涉诉信访问题，不仅是一个法律问题，更是当前较为突出的社会问题，人民法院应认真探索新形势下涉诉信访工作的新方法和新措施，全力预防和解决涉诉信访问题，以实现维护社会秩序和法律信仰的目标。

---

① 胡道才:《我国涉诉信访终结机制的建构》,《国家检察官学院学报》2004 年第 6 期。

社会调查篇

Social Research

B.14
牡丹江市西安区推进义务教育均衡发展的实践与启示

陈晓辉　王世波　冯春丽*

摘　要： 均衡教育发展是实现教育公平的内核。自2005年以来，尤其是党的十七大以来，国务院高度重视推进义务教育均衡发展。黑龙江省牡丹江市西安区积极贯彻国务院和省政府关于这项工作的部署，通过对照《牡丹江市人民政府关于进一步推进县域义务教育均衡发展的若干意见》，全面摸排西安区的情况，发现西安区教育中存在着教育投入出现下滑、师资结构不够均衡等亟须解决的问题。针对问题，西安区委区政府通过在坚持教育优先、完善管理机制等方面下功夫推进县域义

* 陈晓辉，硕士，黑龙江省社会科学院政治学研究所室主任，研究员，研究方向为党的建设；王世波，硕士，黑龙江省社会科学院政治学研究所，助理研究员，研究方向为党的建设；冯春丽，本科，牡丹江市西安区教育局副局长。

务教育的均衡发展。在2017年顺利通过国检，得到国务院县域义务教育优质均衡发展督导评估组的高度评价。牡丹江市西安区推进城乡义务教育均衡发展的成功实践，启示黑龙江省及其他省的区（县），要以农村教育为推进义务教育均衡发展的重点、以强化省级政府责任为推进义务教育均衡发展的关键、以县（区）域教育均衡为推进义务教育均衡发展的基础。

关键词： 义务教育　均衡发展　牡丹江西安区

西安区是牡丹江市四个主城区之一，地处黑龙江省牡丹江市西南，经济发达，人口密集。长期以来，尤其是2012年以来，西安区委区政府在推进义务教育均衡发展的洪流中，锁定区域教育发展的新目标，讲执行、讲大局、讲政治、讲担当，认真落实黑龙江省委、省政府和牡丹江市委、市政府关于义务教育均衡发展工作的部署和要求，用“踏石留印、抓铁有痕”的精神，办好家门口每一所学校。努力做到，每一所学校符合国家办学标准，办学经费得到保障；教育资源满足学校教育教学需要，开齐国家规定课程；教师配置更加合理，提高教师整体素质；学校班额符合国家规定标准，消除“大班额”现象；在区域内实现义务教育基本均衡发展，区域内学校之间的差距明显缩小。2017年10月20日，国务院县域义务教育优质均衡发展督导评估组宣布：“牡丹江西安区学校建设起点高、配置全、差异小，学校办学理念先进、管理科学、特色鲜明，社会各界对学校均衡发展情况和促进均衡发展的举措和机制的满意度很高。创建材料条理清晰、内容翔实、数据准确，很好地展示了均衡发展九年义务教育的实践过程。”2017年10月21日，在黑龙江省政府反馈会上，评估组宣布西安区高质量完成了此次国检任务，达到国家规定的区域义务教育基本均衡标准，以高分通过验收。

一　牡丹江西安区推进义务教育均衡发展的路径探索

均衡教育发展是《中华人民共和国义务教育法》的方向性要求，是实现教育公平的内核，具有重大的现实意义和深远的历史意义。那么，如何才能更好地把握中国特色社会主义教育事业的规律，公平合理地配置公共教育资源，进一步缩小城乡教育差距，不断提升教育质量，促进教育公平，从而真正地实现教育事业均衡、持续、健康发展。作为牡丹江市教育的龙头辖区西安区在这方面进行了积极的探索。

（一）西安区推进义务教育均衡发展的背景

2003 年，全国基础教育工作会议上首次提出基础教育“积极、均衡、持续、协调发展”的总体要求。2007 年 10 月，党的十七大旗帜鲜明地将教育均衡发展提高到国家发展基石的重要高度。同年 11 月，为落实党的十七大精神，中共中央政治局委员刘延东进一步明确提出各级政府要切实承担责任，把推进均衡发展作为义务教育改革和发展的重要战略性任务。2011 年，伴随着“普九”任务的基本完成，我国进入了义务教育均衡发展的新阶段。2012 年，《国家中长期教育改革和发展规划纲要（2010～2020 年）》也提出要“推进义务教育均衡发展”“加快缩小城乡差距”“建立城乡一体化义务教育发展机制，在财政拨款、学校建设、教师配备方面向农村倾斜。率先在县（区）内实现城乡教育均衡发展，逐步在更大范围内推进”。为贯彻落实《国家中长期教育改革和发展规划纲要（2010～2020 年）》和《黑龙江省中长期教育改革和发展规划纲要（2010～2020 年）》，牡丹江市人民政府出台了《关于进一步推进县域义务教育均衡发展的若干意见》（以下简称《意见》），该《意见》中规定西安区要在 2020 年实现义务教育基本均衡发展的目标，即“教育学校全部实现标准化，学校布局更加合理，学校和城乡办学条件、教学设施、教师素质、管理水平和教育质量基本均衡”。

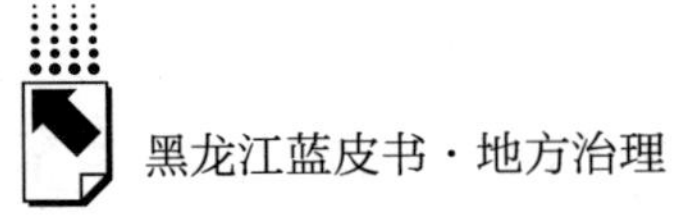

（二）西安区推进义务教育均衡发展中的短板

2016 年，牡丹江西安区对照《牡丹江市人民政府关于进一步推进县域义务教育均衡发展的若干意见》规定的目标进行了全面摸排，发现存在如下不足。

1. 教育投入开始下滑

教育投入是支撑国家长远发展的基础性、战略性投资。受经济下行压力的影响，西安区的教育投入开始下滑。2014 年，预算内教育经费达 13394 万元，财政总支出有 58964 万元，教育经费支出占全区财政总支出的 22.72%。2015 年，预算内教育经费 6781 万元，财政总支出 38893 万元，教育经费支出占全区财政总支出的 17.44%；2016 年预算内教育经费 7286 万元，财政总支出 42491 万元，教育经费支出占全区财政总支出的 17.15%。2014 ~ 2016 年，西安区财政经常性收入增长比例分别为 11.48%、-24.35%、5.39%；政府教育财政拨款增长分别为 -21.28%、-49.37%、7.44 %；2014 年，生均预算内教育事业费，小学分别为 14673.43 元、7376.39 元、8632.00 元，初中分别为 125261.21 元、61502.80 元、71626.98 元。2015 年，生均预算内公用经费，小学分别为 5541.97 元、935.06 元、1613.82 元，初中分别为 814.29 元、840.28 元、3047.56 元。

2. 师资结构不够均衡

教育均衡关键在教师队伍的结构均衡。教师队伍的结构主要包括学历结构、年龄结构、职称结构、学科结构。西安区师资结构的失衡主要表现在年龄结构和学科结构上。年龄结构的失衡，无论城区学校还是乡（镇）村学校都普遍存在，乡（镇）村学校尤其严重。比如，位于牡丹江市郊城乡接合部海浪路 81 号的西牡丹小学，58 名教师的平均年龄是 41 岁。在总体数量上，西安区的教师数量基本可以满足教育均衡发展的要求，但从学科结构上看，难以适应教育均衡发展的需要。2016 年，西安区无论是城区的 8 所小学，还是乡（镇）村的 5 所小学，音、体、美、英教师的数量都存在不足。而乡（镇）村学校缺口尤甚。当然，师资的不均衡，还表现在优质师资资源校与校之间的不平衡。比如，同处于城区的西牡丹小学和向阳小学。西牡丹小学实有教职工 88 人，中学高级教师 6 名，小学高级教师 62 名；大学本科学历 40 人，大专学历 43 人；特级教师 1 人，省骨干教师 5 人，市骨干教师 15 人，区骨干教师 20 人。相反，向阳小学实有教职工 62 人，中学高级教师 4 人，国家、省、市区骨干教师 24 人。处于温春镇的水泥小学和温春中心学校也存在同样问题。

3. 学校布局不够合理

西安区地处牡丹江市中心，近年来，随着城市西拓、城乡一体化进程加快，辖区西部人口迅速增加、城乡生活半径缩短，人民群众对优质教育资源的需求逐渐增大，西部义务教育学校难以满足需要。这从西安区最西部两所学校的在校生和班额状况可窥一二。西牡丹小学是西安区最西部的城区小学，1998 年教学楼扩建后，教学班增至 23 个，平均班额 48 人，现有在校生 1100 多人，位列西安区城区小学第二。西苑小学位于西郊城乡接合部，现有教学班级 10 个，学生 285 人，其中，城区学生 47 人，外来务工学生 189 人，农村学生 238 人。从外来务工学生反超城区学生这一事实足以表明：西安区推进城乡教育基本均衡的工作重点在西部。

从以上存在的问题看，虽然数量不多，但是每个问题都十分棘手。教育发展靠投入，没有足够的财力和物力的投入，犹如无源之水，而西安区在这方面却存在短板。

（三）推进义务教育均衡发展的路径

面对如此现实，牡丹江西安区委、区政府加大统筹力度、多措并举，破解义务教育资源均衡配置和教育公平的热点和难点问题，推动教育到更高的起点上实现更大的发展。

1. 坚持教育优先，保障义务教育均衡发展

城乡均衡、校际均衡和地区均衡是义务教育均衡发展的重要内容。要实现这些均衡，就需要投入大量的财力和物力发展乡村教育、落后学校和薄弱

地区教育。在财力和物力有限的前提下，只有坚持教育优先，才会实现义务教育均衡的发展。坚持教育优先，就要做到教育工作优先研究、教育事业优先部署、教育投入优先拨付。

第一，教育摆位优先。政府是义务教育均衡发展第一责任主体，西安区委、区政府始终把义务教育均衡发展作为“总量倍增、殷实和谐”奋斗目标的重要内容，在西安区经济社会事业全面发展进程中，坚持教育优先发展战略不动摇，相继出台了《关于印发西安区“义务教育基本均衡区”和“政府教育工作”督导评估工作实施方案的通知》《西安区义务教育均衡发展规划》，明确了西安区义务教育均衡发展的目标、步骤、内容。西安区委、区政府每年定期研究教育均衡发展工作，将教育均衡发展作为全区集中力量要办好的大事实事写入政府工作报告，纳入政府年度财政预算，纳入干部配备和编制调整计划。

第二，教育规划优先。2016 年，西安区政府出台的《西安区国民经济和社会发展第十三个五年规划纲要》强化教育规划的科学性及前瞻性，明确了政府对教育发展与改革的战略意图和工作重点。同年，出台的《西安区教育文体工作十三五规划》明确教育发展目标任务和保障措施。2017 年，西安区政府结合教育工作实际，制定了以全面完成义务教育标准化建设为根本任务的《西安区标准化建设创建方案》，进一步坚持教育优先发展，办好人民满意的教育。

第三，教育投入优先。严格落实“以区为主”的管理和投入机制，在安排财政资金时，优先向教育倾斜，全面落实教育经费的“三个增长”，逐年加大义务教育投入力度，切实保障义务教育均衡发展。2014 年以来，西安区受经济下行压力较大影响，2014 年、2015 年两年教育投入未完成增长目标，经请示上级教育部门，通过 2017 年加大教育投入来弥补 2014 年 5574 万元的缺口，从而实现三年中两年增长的目标。2014 年，全区教师年人均工资 4.61 万元，2015 年教师年人均工资 5.3 万元，2016 年教师年人均工资 5.7 万元，从而保证了教师工资逐年增长，实现了教师工资高于当地公务员的工资水平。

2. 不断完善管理机制，保障义务教育均衡发展

政府虽是关键，但教育不是政府的唯一工作，还涉及经济、生态等方方面面的内容。教育部门虽是主力，但教育事业的推进则涉及财政、发展等多个部门。为此，形成政府统筹、部门合力推进的工作机制是义务教育均衡发展的组织保障。

第一，强化组织保障。2016 年，西安区成立了以政府主要领导为组长的义务教育均衡发展工作领导小组，建立了区级领导和相关部门联系学校的制度，定期组织召开区委常委会、政府常务会以及教育专项工作会议，专题议教助教。建立完善的领导与监督、述职述责、考核奖惩和问责、教育督导以及学校管理等八项机制和制度，覆盖了教育工作的各个领域，大力推进政府及相关部门依法履行教育职责。

第二，部门协调齐抓共管。2016 年，西安区政府与乡镇政府及其 21 个机关部门签订了支持教育优先均衡发展责任书，有效落实了教育工作齐抓共管机制。建立了党政领导班子成员定点联系学校制度，14 个部门 19 位领导常年包管学校，及时为学校排忧解难。2016 年，全区召开 6 次党政联席会议，解决了教育工作中诸如安全、教师调整、校长及主任交流等重大问题。区人大、区政协通过视察和问询，有针对性地对教育工作提出意见和建议，大力助推了教育发展。成立西安区教育督导委员会，全面落实责任督学挂牌督导制度，不断加强督学责任区建设，有力地促进了各级各类学校办学质量持续提高。

3. 科学统筹协调，推动义务教育公平发展

受办学条件和教育经费的限制，农村的义务教育、城区的薄弱学校还是低水平的、不完全的，进城务工人员子女、留守儿童、残疾儿童还是教育弱势群体，为此，西安区政府进一步统筹兼顾城乡义务教育、协调优势学校和薄弱学校发展，推进教育公平。

第一，探索开展学区式办学。自 2011 年起，初级中学在全市率先探索、推进学区化办学，区属小学也积极开展“校际联盟”，分片区组成校园合作体，参与的学校涵盖了全部城市、农村中小学校，进一步扩大了优质教育资

源的覆盖面，对加快实现全区义务教育均衡发展起到了积极推动作用。特别是农村小学办学水平和教育质量得到有效提升，学区化办学模式得到国家、省、市教育部门的充分肯定。

第二，保障弱势群体公平享受义务教育权利。坚持就近入学的原则，确保进城务工人员子女就近入学。将进城务工人员子女入学纳入西安区教育发展规划，纳入财政保障体系，每年按各学校学生数（含进城务工人员随迁子女）统一标准下达生均公用经费。深入实施关爱留守儿童、特殊儿童工程，残疾儿童少年义务教育普及率达到89.47%。不断建立健全贫困学生资助体系，自2015年以来的三年，累计拨付家庭生活困难子女补助金等各类助学资金10.24万元，资助学生367人，有效满足了困难群体接受教育的需求。

4. 夯实教师管理机制，保障义务教育均衡发展

西安区委、区政府及教育行政部门紧紧围绕提高教育教学质量，创新教师队伍管理机制，强化队伍建设，实施“四种制度”，促进全区教师队伍整体素质不断提高。

第一，执行教师交流制度。积极推行干部竞聘交流制度，近几年，西安区通过考试、公开选拔竞聘等方式选拔校长33人、中层干部51人，目前各校领导班子配备合理，校际相对平衡；全区教师年龄、学历、职称、学科校际基本均衡。建立并有效实施了由政府为主导，教育行政部门统一管理的教师、校长交流制度。出台了《西安区骨干教师交流方案》《西安区教育文体局“送教下乡”活动方案》，实行城区与农村学校对口帮扶，区域内教师轮岗交流和城镇中小学教师到农村学校任教服务制度，自2015年以来的三年共交流校长39人、教师127人。

第二，健全教师培训制度。制定5年一轮的教师培训计划，并有效组织实施。从2014年至今，全区先后进行了“十二五”后期和“十三五”前期的继续教育培训，中层干部系列培训，国培、省培、岗位培训及校本培训，促进教师专业化成长。加强现代信息技术培训，组织了网络管理、“班班通”设备应用、电子白板操作技能等多项培训，不断提升教师的信息应用

能力与水平。培训人员从班主任到科任教师，有点有面，培训覆盖率达100%。

第三，完善教师考核监督机制。认真落实校长和教师的考核评价制度，进一步实施教师资格制度，依法管理教师队伍。2016年，在评优选模和教师职务评聘工作中，实行“师德问题”一票否决，出台了《西安区年度考核量化（民主）测评表》，将师德作为对教师年度考核、职务评聘、评先评优的重要内容，用完善的考评体系来规范教育教学行为，树立典型，褒奖先进，推动教师队伍素质整体提高。

第四，强化教育人事管理制度。认真履行中小学教师的招聘录用、职务评聘、培养培训考核等管理职能。严格执行教师准入制度。校长、教师持证上岗，小学教师专科及其以上毕业学历人员占85%以上、初中教师本科毕业及其以上学历人员占70%以上。

5. 全面提高教育质量，推进义务教育均衡发展

义务教育发展既是国计又是民生。提高国民素质，提高人力资源的创业和创新能力是迈向人力资源强国的最重要的条件，而接受保证质量教育又成为广大群众防止和改变代际贫困传递的重要途径。在我国，教育公平已经从入学机会的公平转化为接受保证质量教育的机会的公平。因此，西安区在义务教育已经全面普及以后，就把提高教育质量确定为义务教育的主题。

第一，夯实素质教育基础工作。严格按照国家规定的义务教育课程方案，开齐开足课程，城乡间、校际学生学业水平大体相当。地方课程全面落实、校本课程多样开发、综合实践课程逐步深入。义务教育阶段适龄儿童按时入学率达到100%，小学巩固率达到100%，初中巩固率达到98%，辍学率城市控制在1%以内，农村控制在2%以内。

第二，推进体育艺术“2+1项目”实施。保证中小学生每天1小时体育活动时间，广泛开展“阳光体育”运动，全面推进体育艺术“2+1项目”实施。西安区把对中小学生进行体质健康检查和监测工作与体育课相结合，有计划地开展体育教学，区属学校已经形成各具特色的课间操，开展了丰富多彩的体育竞技比赛，学生参与率达到100%，学生体质健康监测及

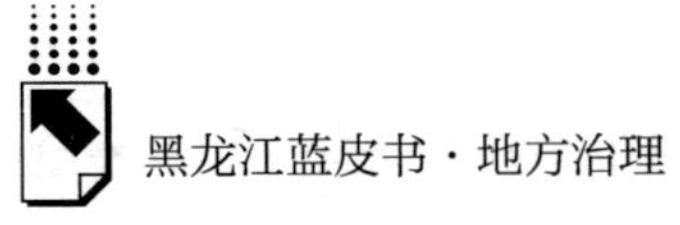

格率小学达到94.34%、中学达到69.49%。

第三，严格规范办学行为。继续加大对不规范办学行为的整治力度，出台了《西安区教育系统教育收费公示制度（试行）》《西安区教育系统教育校务公开制度（试行）》《西安区教育系统治理教育乱收费责任追究制度（试行）》，有效地遏制了不规范的办学行为。严格规范教学程序，规范作息时间，控制学生作业量，全力提升学校规范化管理，中小学生过重的课业负担得到有效减轻。义务教育阶段不设置重点学校和重点班，公办义务教育择校、大班额现象得到有效遏制。

第四，建成学校、家庭、社会三结合的德育网络体系。坚持立德树人，制定了以学校教育为主体，以家庭教育为基础，以社会教育为依托的德育工作体系。出台了《学校、家庭、社会三结合教育活动实施方案》，成立家长学校，建立各班优秀家长辅导站，培养优秀家长，建设优秀育人家庭网。建立e校通、微信、QQ等网络平台，家长、社会参与学校教育的全过程。全社会形成合力，共同促进学生发展。

第五，积极构建学业质量监测体系。把提升教育质量作为教育改革发展的核心任务，构建了规范化、科学化、制度化的义务教育质量监测体系，对学生的学业质量通过听、说、读、写、算、实践操作等多种形式进行监测，改变了以一张试卷成绩作为评价结果的单一评价方式。保障和促进西安区义务教育高效、优质、均衡和可持续发展，不断提升质量和水平，达到校际基本均衡。

应该说，在财力投入不够充足和人力分配不合理的情况下，西安区推进教育均衡化的难度可想而知。但通过上述五个举措，西安区在推进教育均衡发展上取得了一定的成效。

二　牡丹江西安区推进义务教育均衡发展的主要成效

在西安区委和区政府的领导、各部门的配合下，坚持问题导向，西安区教育文化体育局严格按照国家标准和指标体系，逐校查找差距，抓重点、攻难点，不仅完成了义务教育均衡发展的量化指标，而且还完成了义务教育均衡发展的各项任务，最终打赢了义务教育均衡发展这场攻坚战。

（一）圆满完成义务教育均衡发展的各项指标

1. 义务教育学校办学基本标准达标情况

按照2016年教育法定报表认定，西安区现有义务教育学校24所，全部通过省标准化学校验收。

2. 义务教育学校校际均衡状况

依据2016年教育法定报表核算，西安区小学和初中校际的综合差异系数分别为0.509和0.454，分别低于国家和省规定小学为0.65和初中为0.55的标准。

3. 政府推进义务教育均衡发展工作情况

2017年，黑龙江省义务教育发展基本均衡，（县）区专家评估组评定西安区政府推进义务教育均衡发展工作情况为9.4分，超过国家和省规定标准9分。

4. 公众满意度调查情况

按照教育部《县域义务教育均衡发展督导评估暂行办法》规定，西安区就有关义务教育均衡发展的相关问题，征求了人大委员、政协委员、校长、教师、家长和学生代表等不同群体的意见，公众满意度为94.7%，达到规定90%的公众满意度调查要求。

5. 国家评估标准中的“一票否决”项目

2014～2017年，未曾发生“一票否决”的重大安全责任事故和重大违纪违规行为。

（二）推进义务教育均衡发展的效果

1. 教育布局更加科学

2015年，西安区坚持优化调整中小学布局结构，制定了《西安区三年教育布局专项规划2015～2017》，在充分调研、论证的基础上，对全区义务教育网点布局进行了科学整合和优化，到2017年6月，全区义务教育阶段公办学校由29所减至20所，调整教学点3个，调整九年一贯制学校1所，撤并1所中学、3所小学、1所九年一贯制学校，降低了教育成本，实现了行政区内学校布局结构合理均衡、教育资源配置科学，办学效益和办学质量进一步提高。20所公办学校均达到省标准化水平，有力地促进了义务教育的均衡发展和教育教学水平的全面提升。

2. 办学条件极大改善

2014～2016年，大力实施校舍建设改造工程，共投资9700余万元，异地重建学校1所，改扩建学校1所，完成5所标准化学校校舍改造、10所学校功能性维修工程。在实现义务教育标准化学校硬件建设的基础上，进一步加大了教学仪器设备投入，累计投入教育设备资金1200余万元，中小学教室全部配置班班通设备。目前全区各校专用教室均能满足教育教学需求。经测算小学综合差异系数为0.509，中学综合差异系数为0.454，均达到国家标准，全面完成了中小学校标准化建设，1所学校被评为省标准化先进学校，义务教育发展基本均衡。

3. 教师队伍更加优化

西安区采取目标导向、任务驱动、活动创新、典型引路等措施，整体提升教师队伍素质。完善了骨干教师“塔式结构”梯队建设机制，采取业务局长牵头、教研员参与基层学校常态课的“上听评”，实行教研员、教学校长、教导主任兼课制、“教研员蹲点制”、“教学副校长包班制”、“教导主任流动制”等方式，打造出国家、省骨干教师31人，市级骨干教师269人，区级骨干教师300余人。在两期牡丹江名优工程评选活动中，评选出名优校长17人，名优教师46人，义务教育阶段领军人才占全区教师总数的43.27%。

4. 教育质量不断攀升

近年来，西安区教育教学水平始终保持全市领先地位。在打造“学本式成长教育”进程中，不断深化课堂教学改革，学本式成长课堂初具形态，教师学生在各级各类教育教学竞赛中获国家级奖励352人次、省级奖励938人次、市级奖励2183人次。“十二五”期间，省级课题3项、市级课题13项均顺利结题。

三 牡丹江西安区推进义务教育均衡发展的重要启示

教育均衡化有其内在的规律，必须遵循规律，把握要素、目标、结构、氛围等中心环节和关键点精准施策，才能有效推进、高效产出。为此，应总结黑龙江省牡丹江市西安区推进城乡义务教育均衡发展的经验，为黑龙江省及其他省份的区（县）提供借鉴。

（一）推进农村教育是推进义务教育均衡发展的重点

在摸排过程中，西安区教育局发现，从整体上看，农村小学的办学水平和教育质量与城区小学相比还是存在差距的。于是，在开展学区式办学时，特别提出把农村中小学校纳入其中。这一做法使农村学校的办学水平和教育质量得到有效提升，促进了西安区义务教育均衡化进程的实现。农村落后于城市是我国长期实施城乡二元结构政策的一个重要的不良结果，其中，教育方面的表现最为显著。为此，《国务院关于深入推进义务教育均衡发展的意见》指出："深入推进义务教育均衡发展，着力提升农村学校和薄弱学校办学水平，全面提高义务教育质量，努力实现所有适龄儿童少年'上好学'。"

首先，与城市相比，农村义务教育生源基数大。截至 2015 年，我国共有义务教育阶段适龄中小学生 1.4 亿人，其中，城市义务教育阶段适龄中小学生 4512 万人，占总数的近 32%，农村义务教育阶段适龄儿童近 0.95 亿人，占总数的 68%。从数量上看，农村适龄儿童接受高质量的义务教育是我国从人力资源大国走向人力资源强国的关键。

其次，与城市相比，农村办学的软硬件仍比较薄弱。自 2007 年 11 月中共中央明确提出各级政府要把推进均衡发展作为义务教育改革和发展的重要战略性任务以来，农村教育的软硬件虽得到明显改善，但与城市相比仍存在差距。据 2006 年统计，我国总计校舍危房面积达 2916.6 万平方米，城市校舍危房的面积为 64.6 万平方米，占总量的 2.2%；农村校舍危房的面积为 2852 万平方米，占总量的 97.8%。按计划我国中小学校舍安全工程总面积为14.5亿平方米，截至2012年底，已竣工3亿平方米，已开工3.5亿平方米，其中，农村竣工2952万平方米，占竣工比9.8%；开工为4054万平方米，占已开工比例的12%。在师资学历上，农村教师的平均水平还远远低于城市教师的水平。在师资学历上，以2010年为例，全国农村小学专任教师中具有研究生学历人数955人、本科学历人数48.47万人、专科学历人数178.45万人，分别占农村小学专任教师总数的0.03%、15.19%、55.93%。而同期全国城市小学专任教师中具有研究生学历人数4397人、本科学历人数45.65万人、专科学历人数41.48万人，分别占城市小学专任教师总数的0.46%、48.19%、43.78%；全国县镇小学专任教师中具有研究生学历人数1055人、本科学历人数38.4万人、专科学历人数86.64万人，分别占县镇小学专任教师总数的0.07%、25.96%、58.57%。

再次，与城市相比，农村的政策传播更加不畅。从义务教育政策的传递层级来看，城市的传播链条是中央、省、市或中央、市；而农村的传播链条则是中央、省、市、县、镇、村。农村的政策传播链条明显长于城市。由于政策传递链条长，政策在宣传过程中可能会出现政策信息衰减，有效性弱化与传递不到位等情况。在一个高度集权的行政结构中，组织内部信息传递链条十分漫长，当上级下达一个命令，要把所有的信息完整无误地传递到基层单位非常困难。在传递信息的过程中，容易出现组织机构失灵，执行过程偏差的问题。而每个单位与个人在得到信息以后，总是按照自己的利益对信息进行重新解释，所以，当信息从组织上层传递到下层，会出现信息不对称的情况，[①] 从而导致政策执行不到位。据报道，虽然农村义务教育保障新机制已经实行了两年，但有些省份的部分偏远地区义务教育阶段仍然需要缴纳学杂费上学；原因正在于当地政府在政策落实过程中弱化了政策执行的力度，偏离了政策执行的方向。

最后，与城市相比，农村的教育政策落实起来相当困难。有教育专家指出，当代中国农村教育中存在的三层委托—代理关系，极易引起农村教育政

① 周雪光：《组织社会学》，社会科学文献出版社，2003，第105页。

策的卸责。农村的三种委托—代理关系，即作为“初始委托人”的农民与中央政府、教育部为第一层委托—代理关系；作为“代理人”的中央政府、教育部与各级政府和教育行政部门之间构成第二层委托—代理关系；作为“最终的代理人”的农村学校与上级政府、教育部门之间构成第三层委托—代理关系。在第一层委托—代理关系中，教育官员因绝大多数都居住在城市或城镇，从本位主义出发，教育官员在出台政策时肯定会向城市孩子倾斜。在第二层委托—代理关系中，由于中央和地方责、权、利不统一，现行的财政体制和税费改革面临着陷入“制度供给陷阱”的危险等；中央制定的有关教育投入、人事制度改革以及课程改革等各项教育政策在地方执行中受到种种阻滞。而在第三层委托代理关系中，因中央或地方出台的教育政策惠顾农村学生利益的有限，教育政策在农村落实难。① 审计署《54 个县农村义务教育经费保障及使用管理情况审计公告》公布的数字显示，“半数以上县财政、教育部门未按规定期限将农村义务教育经费拨付到学校，16 个省共滞留中央‘两免一补’专项经费 1.89 亿元。被调查的县中有 46 个县存在挤占挪用农村义务教育专项经费现象”。② 由此看来，由于涉及的政府层级多、利益分散，农村的义务教育政策的实行面临重重困难。

农村义务教育所表现出来的问题进一步凸显了在统筹城乡关系过程中优先发展农村义务教育的必要性。在处理城乡义务教育均衡发展问题时，国家应该加大对农村义务教育的政策倾斜，加大资金投入与制度建设力度，努力缩小城乡义务教育差距。

（二）强化省级政府责任是推进义务教育均衡发展的关键

经济下滑导致西安区 2014 年和 2015 年的教育投入未完成增长目标。为了不影响城乡教育均衡化进程，西安区经请示上级部门，2017 年加大对教育的投入弥补 2014 年 5574 万元的缺口，从而实现了三年中两年增长。这些

① 吕艳：《教育卸责问题研究：基于农村教育实践的考察》，东北师范大学出版社，2008。

② 审计署：《挪用教育经费较普遍 4 问题困扰农村义务教育》，2008，www.ce.cn。

投入的资金，有一部分来自省财政的拨付。2014～2016年，西安区还从省市教育部门争取到专项资金2438万元。“省培”是西安区教师师资得以提升的重要途径之一。由此看来，推进义务教育均衡发展，强化省级政府责任非常迫切。2014年，教育部在和北京、天津、辽宁、上海等16个省份签署了义务教育均衡发展备忘录时，教育部某负责人提出，义务教育实行国务院领导，省、自治区、直辖市人民政府统筹规划实施，县级人民政府为主的管理体制，因此省级人民政府在推进义务教育均衡发展中统筹实施的作用至为关键，强化省级人民政府的责任至为迫切。受省域内经济发展水平，各地政府对义务教育重视程度的影响，城乡义务教育发展不均衡突出表现在省域内城乡义务教育发展的不均衡上，要实现全国范围的城乡义务教育均衡发展首先需要实现省域内城乡义务教育的均衡发展。因此，省级政府应承担起城乡义务教育均衡发展的责任，明确省和省以下各级人民政府的经费分担责任，在总体上建立省域内“省级政府拿大头，（地）市、县拿小头”的经费分担格局。但对市县级财政比较发达的省、自治区和直辖市，要从实际出发，重心可适当下移，全国不必采取统一的模式。

首先，省级政府应保证统筹安排义务教育均衡发展所需的经费。免除城乡义务教育学杂费后，义务教育所需经费由中央政府承担大头，地方政府承担小头，省级政府财政压力相对减小。国家《关于做好免除城市义务教育阶段学生学杂费工作的通知》和《关于深化农村义务教育经费保障机制改革的通知》中明确规定，省级政府统筹安排城市免费义务教育所需的全部经费和农村免费义务教育的部分经费。从城市所需经费来看，免除学杂费所需资金由省级人民政府统筹，地方各级财政予以安排。截至2015年底，我国城市义务教育阶段学生仅占义务教育学生总数的32%，数量上相对较少，涉及的金额也不多，各市级政府完全有能力承担。从农村所需经费来看，由于国家通过转移支付和专项拨款已经保证了西部农村义务教育的80%和中部农村义务教育60%的学杂费金额。省级政府只需承担补助寄宿生生活费和公用经费以及部分校舍维修资金。与实行农村义务教育经费新机制之前相比，省级政府的义务教育投入压力大大减小。省级财政有能力统筹安排义务教育所需的保障经费。以黑龙江为例，从2007年春季学期开始，黑龙江省为农村义务教育学生免费提供教科书、免除学杂费，对农村义务教育学校补助公用经费，对农村义务教育贫困寄宿生补助生活费。2008年以来，黑龙江省省级财政累计投入5.9亿元，免除城市义务教育阶段学生学杂费。对农村和城市低保家庭经济困难的住宿学生提供生活补助，标准从2007年的年生均小学500元、年生均初中750元，提高到现在的年生均小学1000元、年生均初中1250元。从2017年开始，统一城乡义务教育学生“两免一补”政策。“两免一补”政策，即对城乡义务教育学生免除学杂费、免费提供教科书，对家庭经济困难寄宿生补助生活费。免费教科书资金，国家规定课程由中央全额承担，地方课程由省级全额承担。家庭经济困难寄宿生生活费补助资金由中央与地方按5∶5的比例分担。地方负担部分，由省与市县按7∶3的比例分担。统一城乡义务教育学校生均公用经费基准定额，统一确定全省义务教育学校生均公用经费基准定额。省级政府有义务也有能力在全省范围内统筹安排义务教育均衡发展所需的经费。

其次，省级政府应在省域内根据经济发展程度给予差别对待。在同一省域内各（地）市，县财政能力也同样存在不均衡，经济落后的（地）市、县并不具有相应的财力保障义务教育经费的落实。国家“两免一补”政策规定，对贫困寄宿生给予生活补助的费用是由市、县级地方财政负担。但在一些贫困地区，地方财政能力有限，寄宿生生活补助不仅标准很低，而且不统一。因此，综合考虑各级市、县的财政能力状况，按照经济发展水平在省域范围内进行排序，把县划分为富裕市县、中等水平市县、贫困市县，依据中央与地方的分担原则，建立明确的省、市、县分担体制，所需资金由省级政府和（地）市或县政府根据经济实力按比例承担。对于特别贫困的市、县，可通过省级财政专项转移支付给予保证。

（三）合理规划部署是推进义务教育均衡发展的保证

城乡义务教育均衡发展并不是对城市义务教育的“削峰填谷”。它是在不削弱城市义务教育发展的前提下，加大对农村义务教育的政策倾斜、投入力度。黑龙江省牡丹江市西安区之所以能较成功地推进城乡义务教育均衡发展，合理规划部署是重要保证。摸排义务教育的实际情况后，西安区将教育列入区域发展规划、区政府工作报告，一起规划、一起部署、一起落实，每年教育事业都纳入政府年度计划，纳入地方财政预算，并制定专项规划及配套政策，明确全区学校“提质改造、均衡发展”的总框架、时间表和路线图。编制了《西安区教育文化事业发展“十三五”规划提纲》。未来，西安区要“打一场教育翻身战”，将充实优化教师队伍，逐步消除西安区小学教师队伍结构性短缺问题；将加强城区和城乡接合部的中小学规划布点建设，谋划2020年底前完成西部新校的建设、西苑小学的改扩建任务，力争新增学位1500个左右。出台了《关于印发西安区委、区政府“义务教育基本均衡区”和“政府教育工作”督导评估工作实施方案的通知》（简称《通知》），制定了《西安区义务教育均衡发展规划》（简称《规划》），在《通知》和《规划》中明确了区义务教育均衡发展的目标、步骤、内容。为此，合理规划是均衡城乡义务教育发展的重要保证。

第一，制定城乡义务教育的基本办学标准，在教育起点上打破城乡分割的格局。党的十七届三中全会通过的《中共中央关于推进农村改革发展若干重大问题的决定》中明确要求，要制定城乡统一的义务教育办学标准，使每一所农村学校都成为合格的学校。落实新的农村中小学校建设标准，努力把学校建成当地最安全、最让群众放心的地方。因此，省级政府应对省域内学校的校园面积、设施标准、班额设置、师资配备等做出统一具体的规定，保证学生在入学起点上的公平。

第二，统筹规划区域内优质学校与薄弱学校之间、城乡学校之间的师资流动与城市薄弱学校和农村学校的师资补充。东北师范大学农村教育研究所曾对全国农村教育的调研发现，农村师资编制不足，农村教师工作任务多、压力大，已经凸显并成为农村义务教育发展的“瓶颈”问题。因此，各省应根据实际情况重新核定并适当调整农村中小学教师编制，及时补充农村中小学所需的教师，并制定相应的生活教师编制制度，减轻农村教师的工作压力，为教学教师提供充足的发展空间。在此基础上，努力实现区域内优质学校与薄弱学校之间、城乡学校之间的教师“向上、向下、平行”的合理流动，全面促进义务教育学段师资的专业成长。

第三，省级教育主管部门应打破省域内考试排名制度，鼓励城乡学校办出特色。大多数城市学校在推行素质教育和新课程改革的过程中，教学方法、教学模式和评价方式都有所改变，特色教育正逐渐兴起，学生的学习热情与兴趣普遍得到了提高。但在广大农村地区，考试仍然是学校关注的重点，素质教育与新课程大多还停留在形式上，并未得到有效实施。整个农村教育城市化、应试化的倾向非常突出，农村教育严重地脱离了农村的实际。这些情况使农村“读书无用论”的现象越发严重，因此，要改变城乡义务教育阶段的评价方法，为农村学校解除束缚，打破传统思维，改变过去的办学模式、教学模式、教学方法，促使城乡学校互相学习、互相借鉴，开放办学、特色办学、办出活力、办出品质。

（四）县（区）域教育均衡是推进义务教育均衡发展的基础

城乡义务教育均衡发展不能一蹴而就，而需要经历一个长期的过程。这一过程需要从小范围内的均衡过渡到大范围内的均衡，再达成整个区域内的城乡均衡。西安区是牡丹江市教育发展的重心。西安区教育成功实现基本均衡，对加快全市义务教育均衡发展进程具有不可小视的作用。同时，牡丹江西安区的成功就在于：认识到城乡教育均衡发展是由小及大、由量变到质变，需要长期努力。由此，可以看出县（区）域教育均衡发展是推进城乡义务教育均衡发展的基础。

第一，打破传统以区（县）为单位的教育行政格局。在区（县）域内创建学区，学区是一个教育区划概念，省级政府在统筹城乡义务教育过程中应发挥“硬”统筹的功能。而学区则实现城乡义务教育的“软”统筹。所谓“硬”统筹是指省级政府应该承担起保证省域内义务教育阶段各学校达到基本办学标准的资金投入。而“软”统筹则是指在学区内部应该合理调配师资，保证教学资源的共享等。学区内优质学校对薄弱学校的帮扶，不是“剪草坪”式的发展，不能把可以成长为参天大树的树苗修剪为盆景以限制其发展；而是要给予所有学校均等的阳光和雨露，清除其充分发展的障碍。追求“千峰竞秀，万木争荣”的办学新格局，防止出现优势学校受到冷落、感到失落、趋向没落的现象发生。也不能使薄弱学校养成“衣来伸手、饭来张口”的习惯，因此，这种帮扶并非只是“输血”，而应努力使薄弱学校成为有自我“造血”功能的、有自我成长能力的学校。

第二，城乡义务教育均衡需要扩大义务教育出口的优质资源。作为义务教育的上一级教育机构，高中优质教育资源的充足程度与招生名额的分配直接决定了义务教育阶段各学校之间能否均衡发展。西安区推进城乡教育均衡发展的成功，与牡丹江市教育局对高中招生制度和高中优质资源的改革有密切关系。高中招生名额向薄弱学校倾斜与高中优质资源的扩大都显示了为达成义务教育均衡发展所付出的努力。如果不能从终端改变恶性竞争的模式，就无法改变区域内义务教育发展失衡的现状。

第三，县（区）域内教育均衡发展需要制度的保证。教育是竞争过程中的软实力，因此，城乡义务教育均衡的发展目标极大可能流于形式，或让步于经济的发展。制度化是实现城乡义务教育均衡的保证。制度化的保证不仅仅是政府对学校投入的保证，同样还应该包括政府对学校的问责。区域内学校间的基本办学标准的达成与师资的均衡是一个长期的过程。短时间内难以达到政府在对学校进行评价时可以通过各所学校的综合发展水平以及增长的幅度来衡量学校办学水平的变化。加强对学校发展的问责，激励学校在逐步均衡的办学条件下得到最优的发展，同时，上级政府也应将下级政府对教育的投入与教育所取得的成绩作为地方政绩考核的重要标准。加大政府部门对教育的投入力度与责任。实践证明，义务教育均衡发展不是能不能做到的问题，而是各级政府能不能真正下决心的问题，更是各级政府必须下决心解决的问题。百年大计，教育为先，各级政府应合理统筹规划、积极作为，促进义务教育均衡发展。

B.15
黑龙江省非公有制企业党组织发挥作用研究

宋 婷　宋庆森*

摘　要： 搞好非公有制经济组织党建工作，是新形势下巩固党的执政地位的客观要求，也是推进非公有制经济发展的现实需要。非公有制经济组织党建工作成效如何，主要看非公有制经济组织党建工作是否达到“双覆盖”，关键看非公有制经济组织党组织实质作用是否得到充分发挥。党的十八大以来，黑龙江省委认真贯彻党中央关于非公有制企业党建的部署要求，围绕非公有制企业党组织的政治职能的实现积极探索非公有制企业党组织实质作用发挥的制度和措施，创新性地开展了理论研究和实践探索工作，不断加深了对非公有制企业党建的规律性认识，为龙江非公有制企业党建工作的科学化、规范化提供了强有力的政治保障与组织保障。

关键词： 黑龙江省　非公有制　企业党组织

党的十九大报告中指出：“要以提升组织力为重点，突出政治功能，把企业、农村、机关、学校、科研院所、街道社区、社会组织等基层党组织建设成为宣传党的主张、贯彻党的决定、领导基层治理、团结动员群众、推动

* 宋婷，硕士，黑龙江省社会科学院，助理研究员，研究方向为基层党的建设；宋庆森，博士，中共黑龙江省委党校，讲师，研究方向为基层党的建设。

改革发展的坚强战斗堡垒。”这是目前为止关于非公有制企业党组织功能定位的最新表述，是新时代发挥非公有制企业党组织实质作用的行动指南。近年来，黑龙江省把加强非公有制经济组织党的建设作为基层党建工作的一项重要内容摆上突出位置，以群众路线实践教育活动为契机，以深入贯彻“两学一做”为抓手，以实现党的组织和工作全覆盖为重点，采取抓龙头、建载体、强队伍、促共建、解难题等方式，全面提升非公有制经济组织党建工作水平，促进了全省非公有制经济更好更快地发展。各地市也从本地实际出发，积极探寻非公有制企业党组织发挥作用的有效途径和办法，取得了明显成效，积累了宝贵的经验。

一　黑龙江省非公有制企业党组织作用发挥的具体实践

近年来，黑龙江省围绕非公有制企业党组织的政治职责，积极贯彻党的十八以来关于非公有制企业党的建设的一系列指示精神，创新性开展非公有制企业党的建设工作，非公有制企业党组织的作用不断得到彰显。

（一）统筹推进，注重在对企业党组织加强领导和引导中发挥作用

加强对非公有制企业党的领导，是非公有制企业党的建设和各项工作顺利开展的政治保障。近年来，黑龙江省委始终高度重视非公有制经济组织党建工作，千方百计探寻非公有制经济组织发挥作用的途径和办法，把非公有制经济组织党建工作牢牢抓在手上，切实加强对非公有制经济组织党建工作的领导和指导。一是理顺领导体制。针对非公有制经济组织发展迅速，党的建设必须及时跟进的实际情况，省委从理顺领导体制入手，采取以各级党委领导为主，以健全联席会议制度为辅，推进依托行业主管部门成立非公党工委等办法，加强对非公有制经济组织党建工作的领导。市（地）、县（市、区）普遍建立了非公有制经济组织党建工作领导小组，佳木斯市依托市个体劳协在全省率先成立了市非公企业党工委，作为市委的派出机构，重点领导和指导新成立的非公企业党组织。目前，全省所有市（地）、县（市、

区）全部成立了非公有制企业党工委，核定办公室人员编制361名，市（地）平均4.1名，县（市、区）平均2.4名；市、县两级工委书记、副书记实际到岗270人，办公室人员实际到岗277人，在全省构建起上下联动、统筹协调的非公有制企业党建工作的领导体系。二是摆上重要日程。近年来，黑龙江省委组织部先后多次召开专题经验交流会，总结交流全省非公有制经济组织党建工作的做法和经验，研究和部署非公有制经济组织党建工作，每年的全省组织部长会议，都会对非公有制经济组织党建工作进行总结部署。近三年，全省县、市（区）以上党委召开1500余次专题会议研究部署非公有制经济组织党建工作，有效推进了非公有制企业党的建设。三是落实工作责任。省委结合贯彻落实中央下发的《地方党委、部门党组（党委）抓基层党建工作责任制》，制定出台了《黑龙江省市（地）党委抓基层党建工作责任制考核办法》，细化了地方党委领导班子和书记抓非公有制经济组织党建工作的责任，将非公有制经济组织党建工作纳入市（地）主要责任指标考核体系，作为市（地）委领导班子实绩评定的重要内容，并要求市（地）委就非公有制经济组织党建工作情况每年向省委组织部报告一次。

（二）夯实基础，注重在提升企业党组织“两个覆盖”上发挥作用

组织覆盖和工作覆盖，是非公有制企业党组织发挥作用的重要组织依托。近年来，黑龙江省委按照中组部的统一要求，结合本省工作实际，将推进非公有制企业党的组织和工作有效覆盖贯穿非公有制企业党的建设工作的始终。一是开展全面调查摸底。为摸清工作底数，推进“两个覆盖”，夯实非公有制企业党建基础，2016年初，黑龙江省委组织部印发了《关于在全省非公有制企业和社会组织中开展党建情况调查摸底的通知》，组织全省各地和省直有关部门，集中开展调查摸底活动，逐家逐户对全省非公企业和社会组织党建工作情况进行调查摸底。截至2017年，黑龙江省共深入10个市（地）、59个县（市、区）、38个园区和110余户非公企业和社会组织开展调研指导工作。在此基础上，省、市、县三级分别建立基础台账，根据调查摸底过程中存在的问题，及时下发补充通知、提醒纠错，确保排查工作质

量。二是开展集中攻坚专项行动。针对非公有制企业党建的特殊性和复杂性，黑龙江省委开展了非公有制企业党建集中攻坚。省委组织部印发了《中共黑龙江省委组织部关于开展非公有制企业和社会组织党的组织和工作覆盖集中攻坚专项行动的通知》，明确从2016年8月开始，在全省非公有制企业和社会组织中开展党的组织和工作覆盖集中攻坚专项行动，提出具体明确的目标任务和采取的主要措施。与此同时，省委组织部还下发了《中共黑龙江省委组织关于各市（地）开展非公企业和社会组织党的组织和工作覆盖集中攻坚专项行动的情况通报》，依据检查评分标准，进行综合排序，逐一列出各地在检查过程中发现的问题，要求及时整改、补齐短板弱项，有力地推进了非公有制企业党的组织覆盖和工作覆盖。

（三）把握关键，注重在提升企业党员干部素质能力上发挥作用

非公有制企业党员干部队伍素质的高低，直接影响非公有制企业党组织职能作用的有效发挥。黑龙江省委把发挥党组织和党员作用作为加强非公有制经济组织党建工作关键环节来抓，注重通过采取省级示范培训、市级重点培训、县级普遍培训、业务部门行业培训的模式，加强非公企业党员干部的教育培训。一是注重抓好示范培训。为了进一步提升非公有制企业党组织，一方面，推介省内非公有制企业党建经验，建立牡丹江市园区非公有制企业党建示范基地；另一方面，借鉴省外非公有制企业党建的经验，在浙江省委党校干部教育学院举办全省非公有制企业和社会组织党组织书记示范培训班，对全省13地市的100名非公有制企业党员干部进行培训。培训结束后，参训学员纷纷撰写学习体会，“两新组织”党工委还建立参训学员QQ群，为大家提供相互沟通交流的平台，促进素质提升，推动工作落实。二是注重抓好重点培训。为了发挥非公企业党组织带头人的引领示范作用，部分地区选择优秀的非公有制企业党组织负责人进行重点培养。大庆市、大兴安岭地区共同在浙江举办了跨区域的“两新”组织党组织书记参加的培训班，大庆市还建立了538名非公有制企业和社会组织党务人才库。鹤岗市利用市委党校、企业家学院等基地，先后培训非公企业和社会组织党组织书记（负

责人）500余人次。牡丹江市、县两级共举办培训班16期，培训党组织书记382人次。三是注重抓好普遍培训。各县（市、区）普遍按照先培训后上岗的原则，对选派的党建指导员进行普遍培训，积极研究探索党建指导员管理考核办法。双鸭山市尖山区建立党建指导员工作纪实手册，由选派单位每季度对手册的记录次数、填写内容、工作成效等反映情况进行检查，检查汇总结果作为年终考核、评先评优的重要依据。鹤岗市坚持把党建指导员作为培养锻炼干部的重要平台，对3名成绩突出、表现优秀的党建指导员给予提拔重用。2016年以来，全省市级共举办培训13班次，培训党组织书记1301人，县级共举办培训212班次，培训党组织书记10014人次。

（四）加强宣传，注重在营造企业良好党建氛围上发挥作用

宣传到位，行动才能自觉。黑龙江省委注重发挥专门宣传机构、主流媒体、报纸杂志的综合效应，不断加大对非公党建的宣传力度。一是发挥专门宣传机构的作用。黑龙江省委组织部与省委宣传部联合下发《关于全省非公有制经济组织和社会组织党建工作的宣传方案》，明确了宣传重点、宣传安排和工作要求，进一步整合新闻宣传资源力量，保障了非公领域宣传报道工作的顺利进行。二是发挥主流媒体的宣传作用。“两新组织”党工委办先后利用黑龙江电视台、东北网、黑龙江日报等新闻媒体传播了全省非公有制企业党建工作座谈会的典型经验，在《党的生活》开辟“龙江非公党建”“龙江社会组织党建”专栏，刊发各地典型经验。各地也结合实际，努力营造良好的工作氛围。佳木斯市开展了“非公企业党建之星”集中宣传活动，首批选定24个非公有制企业和社会组织党组织与个人。牡丹江市在《牡丹江日报》开辟“党旗在两新领域高扬”专栏，已累计刊发“两新”组织党组织经验20期。三是发挥机关刊物的宣传作用。黑龙江省“两新组织”党工委坚持每月至少编发1期工委《情况通报》，及时传递上级声音，推进部署工作，反映各地非公党建创新的好经验、好做法。目前，共编发了13期，先后总结推广了佳木斯、七台河、牡丹江、大庆、哈尔滨等市地在推进非公党建方面的经验做法，起到了很好的引领示范作用。

二 影响非公有制企业党组织作用发挥的主要问题

非公有制企业党的建设，是基层党的建设的崭新领域，其开展的时间相对较短，有着很强的特殊性与复杂性。但从调研的情况看，在发挥非公有制经济组织党组织实质作用方面还存在不少亟待解决的问题，这主要体现在以下几个方面。

（一）认识不深、定位不准，束缚非公有制企业党组织作用的发挥

同发达地区相比，黑龙江省市场经济发展的充分程度不够，对非公有制企业党的建设的认识也不够到位。一些地方党委对非公党建的认识不足，没有站在战略和全局的高度来认识这一工作对巩固党的执政基础的重要性；在思想上不同程度地存在着“重经济，轻党建”“重国有，轻非公”的理念，对发挥非公有制企业党组织的作用持无所谓态度。一些非公有制经济组织对党建工作重视不够，党务工作者在企业还没有完全得到应有的待遇和地位，这也使得非公有制经济组织吸引不了一流党建人才，即使吸引了一些党务工作者，但他们对在非公有制经济组织中开展党建工作的重要性认识也不足，认为非公有制经济组织人员来自各行各业，思想素质参差不齐，自己是一名打工者，经营者才是企业中的绝对领导，自己处于从属地位，党建工作可有可无，可抓可不抓，存在应付思想。由于思想认识不到位，党组织负责人不能主动履行职责，开展工作动力不足，造成党建工作停滞不前，也很难赢得经营者和员工的支持，从而也削弱了党组织的地位和作用。部分党组织书记兼任的行政职务过多，整天忙于处理日常事务，很少有精力抓党务工作，在党务工作的力量投入上受到牵制；还有的对党建工作的着力点把握不准，没有同企业的生产经营活动有机地结合起来，出现了“两张皮”现象，党组织在开展党建工作方面既无想法，更无创新，个别党组织以业务学习代替政治学习的倾向依然突出。部分非公有制企业业主，对党组织还存在难以消除的顾虑，担心党组织行使与国有企业党组织相同的权力，削弱和制约自身权

力；部分业主认为党组织活动多，会挤占生产时间，加重企业负担，影响企业生产经营，因而对党建工作排斥，不支持党建工作。这些都在不同程度上影响非公有制企业党建工作的开展，制约了非公有制企业党组织实质作用的发挥。

（二）体制不顺、机制不活，影响非公有制企业党组织作用发挥

健全的体制和机制是非公有制企业党建工作规范化、制度化的重要保证。但从黑龙江省非公有制企业党的建设来看，目前大部分市（地）、县（市、区）虽然成立了非公有制企业党工委，但其工作人员多是通过在内部调剂，没有单独列编，经费得不到有效保障，没有形成健全的领导体制。为了加强非公有制企业党建工作，各地在总结自身经验和参考先进地区经验的基础上，分别制定了加强非公有制企业党建工作的相关文件。但是这些文件都不够规范和全面，缺少一个全面的、权威的、有具体的指导性和可操作性的非公有制经济组织党建工作规范性文件，使基层在推进工作中缺少依据，底气不足。在管理方面，非公有制企业党组织存在多头管理、分散管理的问题。党组织与有关部门党委只是松散的挂靠关系，难以形成有效的工作体系和工作程序。据调查了解，目前黑龙江省非公有制企业党组织有的隶属于街道党委，有的隶属于党政部门或工商联等。一些外商投资企业党组织关系隶属不一，有的隶属集团公司或总公司，有的隶属所在地党工委。部分企业合资方为国有企业，组织关系隶属中方，但由于近几年一些国有企业体制发生变化，党组织隶属关系名存实亡，而属地化管理关系尚未理顺，使企业党组织上下级领导关系脱节现象严重。一些非公有制企业党组织的上级管理部门对所辖单位党建工作底数不清，不能有效地帮助和指导所辖单位开展党的工作。

（三）业务不精、素质不强，制约非公有制企业党组织作用的发挥

搞好基层党组织党建工作，发挥党组织实质作用，离不开党性好、业务精、素质强的党员干部，搞好非公有制企业党建工作也是如此。但从当前党

建工作开展情况来看，黑龙江省非公有制企业普遍缺乏党务工作者，具有一定党务工作经验能够从事党务工作的人才更少。非公有制企业的党务干部大多数未从事过党务工作，缺乏党建知识，难以高水平、高效率地开展党建工作。即使有的当过党务干部，有一定的工作经验，但对新形势下非公有制企业党建工作中出现的新情况、新问题，也研究不够，思考不深，难以提高非公有制企业党建工作的档次和水平。在非公有制企业党组织中，党组织负责人多数由业主担任或企业中层领导干部兼任，他们往往因忙于生产经营或兼任行政职务过多，加之缺乏党务工作的经验和有效方法，难以胜任党务工作的要求。而各级党组织在组织开展党务工作者培训时，往往侧重于机关、农村、社区党务工作者，很少针对非公有制企业党建工作的特点组织培训，导致非公有制企业党务工作者业务水平偏低，抓党建方法简单，不够灵活，工作开展效果不好。另外，非公有制企业党员流动性大，不少党员处于游离状态，党员与党组织的联系不密切，部分党员对企业和组织没有归属感，怕参加党组织学习会浪费时间，不愿主动参加各种组织学习培训。有些党员雇佣思想严重，怕参加组织生活耽误生产经营，会影响自己在企业的发展，不愿意参加培训。有些非公企业的业主只重视相关的技术培训，不支持党员参加党性学习和党性锻炼，不为党员提供党的理论学习的机会和学习的场所，不为党员学习提供时间和经费上的支持，使很多党员不能进行党建理论和党性学习。这些都在不同程度影响了非公有制企业党员干部素质能力的提升，制约了非公有制企业党组织实质作用的有效发挥。

（四）覆盖不广、办法不多，限制公有制企业党组织作用的发挥

由于地域和历史原因，相比南方发达省份，黑龙江省非公有制经济发展相对比较缓慢，且企业数量和规模都相对较小，建立党组织的难度相对较大。在组织覆盖方面，全省非公有制企业职工 10 人以下的占有很大的比例，这种情况的存在，造成党组织难以组建，组织覆盖的任务十分艰巨。在工作覆盖方面，非公有制企业党组织尚未形成适合自身发展，相互配套、相适应

的党建工作机制和管理方式。一些企业党组织找不到工作的切入点和着力点，工作方式、方法单一，缺乏针对性和有效性，缺少新意和吸引力；部分企业党组织党内制度不够健全，存在有组织无活动、有活动无效果的情况。甚至出现有些非公有制企业党组织还套用计划经济条件下国有集体企业党建的模式，习惯于靠行政手段压力，习惯于依托行政权力开展党的工作，以文件传达文件，以会议传达会议，出现了老的方式不管用，新的方式不会用的尴尬局面，影响和制约了非公有制企业党组织功能作用的有效发挥。

（五）人才不足、资金不够，制约非公有制企业党组织作用的发挥

随着个人合伙、股份合作、跨区联建等多种形式的非公有制经济组织的出现，传统的党建工作方式已不适应形势需要。从黑龙江省的发展实际看，非公有制企业中党员人数少，具有一定党务工作经验能够从事党务工作的人才缺乏。即使有这方面的人才，由于经济待遇、业务发展空间等多方面因素，他们对从事党务工作兴趣不高，使得非公有制企业党组织发挥作用缺少攻坚力量。非公有制企业与国营和集体企业相比，有着自身灵活性、适应性的优势，但同时也有着先天的不足，特别是非公有制企业一般规模相对较小、生存的时间相对较短、职工福利待遇相对较差，造成企业职工无序流动，给企业的党建工作开展带来了很大难度。另外，多数非公企业依赖资源生存，受经济和气候大环境的影响，部分非公有制企业经济效益容易滑坡，一些企业处于季节性生产，甚至停产歇业，企业员工流动量大，尤其是小型非公有制企业，这些企业职工多为临时性的，这为企业入党积极分子教育培养带来了很大的难度，往往是这个企业党组织刚刚吸纳为积极分子很快又流转到其他企业，发展党员工作困难重重，使得非公有制经济组织党组织发挥的作用缺少后备力量。在资金保障方面，中央虽然出台了《关于加强和改进非公有制企业党的建设工作的意见》，要求将非公有制企业党组织工作经费纳入企业管理费用，建立并落实税前列支和党费拨返制度，并鼓励采取企业赞助、党员自愿捐助等方式，多渠道解决经费问题。但是目前在这方面还没有制定出明确的落实措施，党组织开展工作缺少资金的问题仍然十分突

出。另外在阵地保障方面，许多企业无党员活动室，有的甚至没有办公场所，很大程度上制约了党组织工作的深入开展和党组织实质作用的发挥。

三 推进黑龙江省非公有制企业党组织作用发挥的对策建议

非公有制企业党的建设是一个系统工程，需要中央层面的统筹规划，需要龙江各级党组织的通力配合，更需要非公有制企业党组织的扎实工作，任何的单打都不能实现企业党组织职能和作用的充分发挥。发挥非公有制企业党组织的实质作用需要精密设置、系统推进。

（一）不断提高理性认识，努力为党组织作用的发挥营造良好氛围

认识到位，行动上才会迅速，措施上才会得力，目标上才能真正实现。对非公有制企业党组织来说，要想发挥政治引领和政治核心作用，就需要上级党委高度重视、党组织自身认识到位、业主和广大职工理解与支持。只有这样，党组织的工作才能顺利开展，党组织的实质作用才会落到实处。

一是要强化认识。与非公有制经济的迅速发展相比，黑龙江省非公有制企业党组织的作用发挥相对滞后。出现这一局面的主要原因与上级党组织的“畏难”心理、企业党组织的“从属”心理、企业主的“担忧”心理、企业党员和党务干部的“失落”心理有关。因此，消除模糊认识和思想障碍，统一思想认识，夯实思想基础是非公企业党组织作用发挥的前提和重要环节。要不断强化“大局”意识。充分认识非公有制经济的持续快速健康发展，对于解放和发展社会生产力，深化经济体制改革，完善社会主义市场经济体制，全面建成小康社会的意义，特别是要看到非公有制企业在推动发展、安置就业、提高服务等方面的优势，积极营造有利于非公有制企业发展的良好环境，为非公有制经济健康发展提供可靠的组织保证。要不断强化“基础”意识。非公有制企业是国民经济的重要组成部分，非公有制经济实体中的干部职工是党执政的重要基础。因此，要从强基础的高度搞好非公有

制企业党建工作，发挥好非公有制企业党组织的作用既是引导和促进非公有制企业健康发展的迫切需要，又是增强党的阶级基础、扩大党的群众基础、巩固党的执政地位的内在要求。要不断强化“阵地”意识。从当前和长远来看，非公有制企业无论在数量上还是在质量上、在地域上还是在行业上都将有新的突破和大的发展。如果党不去占领这块阵地，就有可能在经济领域失去凝聚力、号召力和战斗力，就有可能失去执政的现实基础，就有可能被其他组织甚至非法组织乘虚而入。

二是要转变观念。要根据龙江非公有制企业党建工作的实际，不断创新工作理念，把党建工作的开展同企业的健康发展紧密结合起来。要创新党组织活动理念。改变单一的党建工作模式，丰富学习内容，活化工作载体，将党建工作同企业发展有效结合起来，围绕企业壮大以及企业产品质量、产品开发销售、技术攻关等问题开展工作，体现出对非公有制企业的适应性，实现双赢。要创新党组织服务理念。非公有制经济组织党组织要针对企业和职工发展的实际做好服务工作。既要解决好职工的生活困难，又要解决职工群众发展的技术和管理需求；既要协调好企业内部的各种关系，又要处理好与外部相关职能部门的关系。要创新党组织管理理念。针对非公有制经济组织党员比较分散、活动时间相对较少、活动场所相对紧张的现状，创新党组织网络管理模式。建立起党员管理、党员统计、党内状况分析的专业化管理系统，使之方便快捷地反映党建工作情况，实现党建工作资源共享。通过信息网络，定期收集和处理非公有制企业党员与党组织数量及其分布、结构状况和开展活动、思想动态等相关信息，不定期地发布上级党委有关党建的指示及国内党建工作的最新动态、理论成果、典型经验等，提高党建资源的利用率和党建工作的预见性、有效性。在条件成熟时，先试行“党员一卡通”的管理方法，使党员管理由静态转向动态，把党员的基本情况输入电脑，逐步实行党员凭“IC”卡便捷接转组织关系，以解决企业发展不稳定和党员队伍党组织多变的难题。党组织通过网上宣传企业党员的权利与义务，党员干部可以网上汇报自己服务群众、践行宗旨的具体情况。

三是要加大宣传力度。龙江各级党组织充分认识加强非公有制企业党建工作的重要性和必要性，加大舆论宣传工作力度，利用广播、电视、报纸、期刊等新闻媒体，广泛宣传加强非公有制企业党建工作的重要意义和目的，形成浓厚的社会舆论氛围。不断加强与业主的沟通，开展非公有制企业党建工作座谈会、现场会等交流活动，认真听取业主们的意见和建议，集中解决阻碍非公有制经济的问题，提高他们对加强非公有制企业党建工作的认识，为企业开展党建工作创造良好的环境。坚持宣传开道、典型引路，大力宣传企业党组织在发挥作用方面的典型事例，及时总结多途径、多形式发挥作用的先进经验和典型做法，做到总结一批、表彰一批、宣传一批，在广大企业党组织中树立起标杆和旗帜，不断激发企业党组织的竞争意识，促使各类企业跟着学、照着做，形成你追我赶、争先创优的良好氛围，不断提高非公有制企业业主对党建工作的正确认识，消除对党建工作的防范抵制心理。

（二）准确把握功能定位，全力为党组织作用发挥把好方向

“宣传党的主张、贯彻党的决定、领导基层治理、团结动员群众、推动改革发展”[①]，是新时代基层党组织需要肩负的使命和职能，也是龙江非公有制企业党组织发挥实质作用的正确导向和工作方向。

一是做好党的主张的宣传者。要把非公有制企业党建的宣传工作纳入龙江党的宣传工作的范畴，通过组织培训、三会一课、自我学习等方式积极学习党的主张，努力把党关于非公有制企业发展的方针政策变为基层群众的自觉行动；要坚持把政治性原则放在首位，既不能夸大宣传，更不能负面宣传，要不折不扣地把党主张的真实意图向职工群众说清楚、讲明白；要根据私营企业的特点，选择灵活、业余、小型的方式，不断提升宣传的质量与效果。

二是做好党的决定的贯彻者。基层党组织要求群众做到的，首先要求党组织内部的党员特别是党员干部要首先做到，用党员的行动效果证明党的决

① 《决胜全面建成小康社会夺取新时代中国特色社会主义伟大胜利》，人民出版社，2017，第65页。

策的正确性、合理性，进而引导党的决定在企业得到顺利实施；要把党的决定同企业的现实发展紧密结合起来，建立相应的领导机制、协调机制、激励机制、监督机制和责任机制，保证党的决定得到有效贯彻落实；围绕自身政治功能的实现，创新基层教育培训的方式，不断提升企业党组织的组织贯彻能力。

三是做好基层治理的领导者。龙江各级党组织要引导企业依法照章经营，维护好企业各界的合法权益不受损害，利用自身政治优势协调好企业内外关系；要领导好企业群团组织，支持他们依法照章开展工作，发挥好他们联系群众、维护群众、团结群众的优势；要加强企业的爱国主义、集体主义、社会主义教育，引导职工群众树立正确的世界观、人生观、价值观，组织开展和谐企业建设。

四是做好团结群众的动员者。要走近群众，及时了解职工群众的所思、所想、所困，认真研究新时代基层工作的新变化、新发展、新要求，不断创新新时代群众动员工作的思路、措施和办法；要走进群众，通过组织政治功能的发挥让职工群众了解基层党组织的地位和作用，通过党支部服务管理职能的发挥让职工群众感受到基层干部的服务意识和公仆意识，通过广大基层党员发挥先锋模范作用让群众感受到党的先进性和纯洁性；要融入群众，通过深入走近群众、走进群众，真正让基层群众感受到党员干部是基层改革发展的引领者、基层党组织是基层创新发展的谋划者、普通党员是基层社会治理的服务者，通过基层党组织服务、发展、协调等功能的充分发挥让群众真正把基层党员看成是自己人、知心人、热心人。

五是要做好改革发展的推动者。要引领企业践行创新、绿色、协调、开放、共享的发展理念，坚持把眼前利益与长远利益、经济利益与社会效益、资源利用与环境保护等紧密结合起来，用新的时代理念不断激发基层发展的生机与活力；要引导企业立足实际，不断优化自身发展的方式与手段，逐步实现由传统生产方式向现代产业发展的转变、单一的发展模式向多元化融合方式转变；要推动基层教育、养老、医疗、就业等水平的不断提升，让职工群众共享改革发展的成果。

（三）扎实提升素质能力，真正为党组织作用发挥提供智力支持

非公有制企业党建工作的成效，在很大程度上取决于党员队伍和带头人队伍建设状况。对于黑龙江来说，就要按照加强“两支队伍”建设的要求，努力加强党组织书记和党建工作指导员队伍建设，努力建设高素质党务工作骨干队伍和党务干部队伍，为开展非公有制企业党建工作提供组织保障。

一是建立一支非公有制企业党建带头人队伍。要加强对非公有制企业党组织负责人的教育培训，结合实际创新非公有制企业党建带头人选人方式，建议可以适当推广非公有制企业党组织负责人公推直选的方式，积极探索从非公有制企业选拔培养领导干部机制，推行“双向进入、交叉任职”，鼓励企业经营管理人员中的优秀党员兼任党务工作者，把政治上坚定、业务上过硬、熟悉党的工作，并且善于协调各方面关系的优秀党员，选配到党组织书记岗位上。同时，鼓励党员业主兼任党组织书记，促进党组织书记作用的发挥。

二是培养一支非公有制企业内部的党务工作骨干队伍。“按照守信念、讲奉献、重品行、会管理、善协调，热爱党务工作和熟悉群众工作的标准，选强配优非公有制企业党组织书记。”① 要多渠道选聘企业党务工作者，注重建立企业内部党务干部后备队伍，可以通过企业公开招聘等方式，选拔企业党务干部，并积极引导业主从企业内部选拔经营管理和生产一线的优秀党员担任党务工作者。要加强企业党务工作者的教育培训。把非公有制企业党务干部培训纳入各级地方党委干部培训规划，有计划的安排参加党建方面的专业培训，探索建立非公有制企业党务干部实习培训基地，切实提高他们的能力素质。要做好激励约束工作，表彰先进，弘扬正气和鞭策后劲，建立明确的激励与约束相并重的工作考核目标责任制。各级地方党委和政府要关心非公有制企业党务干部，经常了解他们的工作、待遇情况，帮助解决工作中遇到的实际困难，有条件的地区可以建立非公有制企业党务干部津贴制度。

三是选派一支非公有制企业党建指导员队伍。要根据龙江实际工作需

---

① 《十七大以来重要文献选编》（下），中央文献出版社，2103，第886页。

要，通过从党政机关、离退休干部、复转军人中挑选，由非公有制企业所在地或所属行业中的党员领导干部兼任，面向社会公开选聘等形式，组织一批熟悉党建工作、政策水平较高的同志，担任非公有制企业党建工作指导员或联络员，帮助企业建立党的组织，开展党的工作。

（四）努力做好覆盖工作，切实为党组织作用的发挥提供组织保障

组织覆盖不全、工作覆盖不到位，是长期困扰非公有制企业组织党建工作难以顺利开展的主要原因。组织覆盖不好，非公有制企业党的工作开展就会失去依托；工作覆盖不到位，党组织的职能作用就会发挥不好。因此，做好非公有制企业“双覆盖”工作，是搞好龙江非公有制企业党建的关键所在。

一是努力做好组织覆盖。按照“有利于党组织开展活动、有利于加强党员管理、有利于生产经营”的原则，灵活设置非公有制企业党组织。要合理设置组织，依据党章规定，坚持从企业规模、党员人数、构成差别的实际出发，既重视组织形式的建立，更注重组织建立的效果，在要求、模式、进程和方法上不搞“一刀切”，做到“成熟一个、建立一个、健全一个、巩固一个”。一般有正式党员 3 名以上的，应建立党支部；党员人数接近或超过 50 名的，可建立党总支；党员人数接近或超过 100 名的，可建立党委；党员人数不足 3 名的，可就近与其他单位的党员建立联合党支部；暂不具备建立党组织条件的，应采取联合建支、委派党建指导员等形式开展党建工作，并积极按条件发展吸纳新党员，为建立党组织创造条件；国有或集体企业整体转制的非公有制企业，党组织的设置可在原有基础上做相应调整和完善，以利于党建工作的连续性。

二是切实推进工作覆盖。由于非公有制企业的特殊性，与传统的基层党建相比，党建工作开展和党组织作用发挥存在着很大的差异性。因此，搞好非公有制企业党建工作，发挥非公有制企业党组织实质作用，既要借鉴传统党建的经验做法，又要立足非公有制企业党建的实际进行不断创新。在工作方式上，要坚持参与而不干预，服务而不领导，协调而不强制，渗透而不包揽，结合而不游离的原则，做到党的活动与生产经营“两不误，两促进”。

坚持灵活多样，围绕业务工作，找准活动载体，努力创新“活动时间业余化，活动内容多样化，活动形式灵活化，组织生活正常化”的组织活动方式。在工作载体上，原有的管用的载体要继续坚持，在此基础上借鉴其他地区党建工作的好经验、好载体，如“五个好”、“五带头”、“三联”制度，“三先”（重大事项党员先知、重大决策党员先议、急难险事党员先行）制度，“三比”（比质量、比安全、比贡献）活动，“三优”（思想优、工作优、作风优），“三无”（党员无次品、无事故、无违纪）活动和“五必访”制度，技术比武，“金点子”活动等。在工作机制上，要坚持以人为本，以提高党员和党务工作者的综合素质为目标，不断创新教育培训机制，使党员干部政治合格、业务过硬；要以增强党组织的生存发展能力为目标，不断创新考核激励机制，对成绩突出的先进典型通过新闻媒体大力宣传，并给予重奖。对党建工作指导、帮助不力的上级党组织和党组织发挥作用不明显的企业党组织给予相应的处罚；要以充分发挥党组织的作用为目标，不断创新监督机制，按照非公有制企业党建工作的组织网络体系，下级对上级负责，上级对下级实施定期或不定期的检查、督促和考评。

（五）逐步完善各类保障，不断为企业党组织作用发挥创造有利条件

经费不足、阵地不牢、激励不够，长期影响着龙江非公有制企业党建工作的顺利开展，制约着党组织应有作用的发挥。因此，打牢基础是发挥龙江非公有制企业党组织实质作用的重要前提。

一是要强化资金保障。“探索采取企业赞助、党员资源捐助等方式，多渠道解决经费问题。”[①] 在财政扶持方面，要根据黑龙江省经济社会发展的实际，结合企业的规模和党员数量，制定出资金配备的数额；在党费拨付方面，除了将非公有制企业党员的党费全额拨返以外，上级党组织还要利用该区域的党费建立非公党建专项资金，根据非公有制企业的规模和党建具体开

① 《十七大以来重要文献选编》（下），中央文献出版社，2103，第886页。

展情况拨配活动经费；在企业赞助方面，一定要坚持组织动员与业主自愿相结合，制定捐助的具体细则，经费的使用要做到公开透明，避免业主和职工群众产生误解；在税前转移支付方面，不能搞一刀切，要根据企业的规模和党组织的具体实际，确立党组织活动经费的转移比例。除了发生重大的自然灾害和重大事故意外，非公有制企业党组织尽量不要接受党员和社会的捐助，避免造成对党组织的误解。

二是强化阵地保障。要根据龙江非公有制企业党建阵地建设的实际，制定出具体的推进措施。对于已经建立党组织且有活动场所的，要帮助它们健全各类基础设施，如电脑、桌椅、电话等；对于有党组织但无活动场所的，能在企业内部解决的，上级党组织要协调在企业内部解决，有困难的，上级党组织要尽力帮助解决；对于有党员没有党组织的非公有制企业，要帮助党员先找到组织，让党员到就近的党组织参加组织生活。对于通过联合建、依托建等方式建立的党组织，上级党组织对其场所建设的扶持力度要相应加大，保证党员能够过上较高质量的组织生活。

三是强化激励保障。要根据龙江非公有制企业党建的特点，切实保障党员的各项权益，真正落实党员的主体地位，不断激发广大非公有制企业党员干部做好党建工作的积极性和主动性。党和政府要根据党员干部发展的具体实际，制定促进党员干部成长的激励政策。对于那些党性意识强、宗旨意识牢、服务本领强且在本职岗位上做出突出贡献的党员干部和党务工作者，在给予一定的物质奖励外，还要在政治上给予鼓励，给他们颁发证书，特别突出的可以考虑在政治提拔、公务员考试、事业单位招考中给予一定的加分，进一步激励他们做好党建工作的自觉性和主动性。同时，还要落实党员干部的知情权、参与权和监督权。党和政府在出台与非公有制经济组织相关的政策法规时，必须向非公有制经济组织党组织通报，征求广大非公有制企业党员干部的意见建议。对于相关职能部门对非公有制企业的各类不合理要求和违法处置，企业党组织有权与相关部门的党组织进行协调，要求给予答复。对于答复不满意的，非公有制企业党组织有权向上级部门反映，直到问题得到妥善解决为止。

B.16
黑龙江省领导干部家风助廉建设调查研究

王春娥*

摘　要： 领导干部的家风是影响党风廉政建设链条上的重要环节，是党风廉政建设中预防腐败的重要支撑点，是拒腐防变的一道重要防线，领导干部家风的好坏与党风廉政建设紧密关联。本文调查研究了黑龙江领导干部家风建设助推党风廉政建设取得的成绩与存在的不足；并对造成部分领导干部家风败坏进而影响党风廉政建设的复杂原因进行了多角度的深入思考，其中有影响领导干部家风建设的外部挑战、领导干部在政治文化心理上存在不同程度角色冲突的问题，更有领导干部自身素质与党性修养亟待提高的根本内因。在此基础上，黑龙江省提出了以领导干部家风建设助推党风廉政建设的基本对策，即需要党和各级政府高度重视并加强统一组织领导，多方联动共同发力，持之以恒大力推动家风助廉教育及家风助廉制度建设。

关键词： 领导干部　家风建设　党风廉政建设

党的十八大以来，党风廉政建设和反腐败斗争持续深入推进，党中央狠

* 王春娥，硕士，黑龙江省社会科学院政治学研究所，副研究员，研究方向为科学社会主义。

抓党风廉政建设，铁腕肃纪、重拳反腐、严惩腐败，已经形成反腐败斗争压倒性态势。同时，党中央一再强调要加强领导干部家风建设，“家风建设”已经上了中纪委全会。习近平总书记做出深刻总结：“从近年来查处的腐败案件看，家风败坏往往是领导干部走向严重违纪违法的重要原因。”① 因此，习近平总书记指出“领导干部的家风，不是个人小事、家庭私事，而是领导干部作风的重要表现。”“每一位领导干部都要把家风建设摆在重要位置，廉洁修身、廉洁齐家，在管好自己的同时，严格要求配偶、子女和身边工作人员。”② 这表明，党和国家已经在高度重视领导干部的家风建设，它是影响党风廉政建设链条上的重要环节，是党风廉政建设中预防腐败的重要支撑点，是拒腐防变的一道重要防线。领导干部的家庭、家教、家风已突破个人私事的范围上升为“公事”，应大力推动通过良好家风建设筑牢党风廉政建设，真正使良好的家风成为抵制违法乱纪、防治腐败的坚强保障。

一　黑龙江省家风助廉建设现状

良好的家风是拒腐防变的重要防线。黑龙江省积极响应十八大以来党风廉政建设的新形势和新要求，在推动领导干部家风建设助推党风廉政建设中取得了较为突出的成效，同时仍然存在一些亟待解决的问题。

（一）黑龙江在推动全省家风建设和领导干部家风助廉建设上取得了一定的成绩

1. 黑龙江在推动全省家风建设凝聚道德力量上取得明显成效

党风廉政建设中，好家风作为拒腐防变的思想基础，其所承载的道德正能量，浸润于点点滴滴的日常生活中，潜移默化地改变着人们的思想言行，为黑龙江党风廉政建设提供了强大的精神动力。黑龙江大力推动以优良家风

① 尚传斌：《领导干部要高度重视家风建设——深入学习习近平总书记关于领导干部家风建设的重要论述》，光明网，2017 年 9 月 6 日。

② 赵银平：《十八大以来习近平这样谈“家风”》，新华网，2017 年 3 月 29 日。

涵养社会崇廉尚洁的浩然之气，以社会浩然之气助推形成优良家风，并取得了好成效。

家风与党风政风、民风社风是相互影响、相互促进、相互统一的。黑龙江省充分运用多种载体，采取多种形式，在全省启动、展开丰富多样的家风建设活动，在全社会营造出浓厚的重视家风建设、凝聚道德力量的良好氛围。最为突出的是黑龙江省启动了以“传立家风家训·凝聚道德力量·绽放龙江风采”家书为主题，开展了议家书、晒家书、写家书、传家书等系列活动，引导黑龙江民众对优秀家风家训进行传、立，从而弘扬优秀传统美德、培育了社会的文明风尚。《黑龙江日报》、黑龙江文明网、黑龙江东北网等媒体对家风建设展开了积极宣传。

黑龙江省开展家风建设较有代表性的城市是牡丹江市。首先，牡丹江市充分发挥家训在家风建设中潜移默化的推动作用，深入挖掘好家训，以党员干部、教育工作者、公众人物、文化工作者等的家庭为示范，并通过长辈口述、家人共议以及在经典家训、家谱、村史和牌匾楹联中等形式，寻找、挖掘、整理、弘扬传统美德的家风。其次，市纪委把家风建设融入机关文化、校园文化、企业文化、乡村文化、社区文化建设之中，积极组织开展“家庭文化节”“邻居节”“社区文化节”等群众文化建设活动，形成群众参与、群众欢乐、群众受益的生动局面。再次，牡丹江市纪委联合市委宣传部、市妇联开展以群众发现、媒体寻访、家庭自荐、各级推荐为基本途径，市、县（市、区）、乡镇、村四级联动，层层推荐选出各级“最美家庭”，评选慈母、贤妻、孝子、美德少年、好邻居等。最后，通过道德讲堂、百姓宣讲等生动活泼的形式，晒“最美家庭”幸福生活、讲“最美家庭”和谐故事、展“最美家庭”文明风采、秀“最美家庭”梦想，推动人人争当家庭好成员，户户争做“最美家庭”，在关爱家人中融洽亲情，在乐助他人中传递友善，在奉献社会中收获快乐。

2. 黑龙江针对“关键少数”展开的家风助廉建设成效突出

针对作为“关键少数”的领导干部群体，黑龙江努力筑牢家风助廉这条重要的防线，用廉洁家风影响党风、政风，并取得了一定的成绩。一是对全省推动开展了创建“廉洁家庭”活动，让家风助廉深入人心。黑龙江省妇联联合省直机关工委、省文明办，在全省机关单位、哈尔滨市的中直机关单位开展创建“廉洁家庭”活动，通过开展讲“廉洁家庭”故事，签订家庭廉洁承诺书，组织党员干部家庭成员参观廉洁教育基地，评选全省“廉洁家庭”等系列活动，推动领导干部提升以德齐家、以廉保家的意识，培育清廉家风，争做廉洁表率。此外还在全省开展了引导领导干部配偶当好“廉内助”的教育活动。省妇联还以“妇女之家”为阵地在全省开展“廉洁清风进万家，好家风好家训万场巡讲活动”。例如，牡丹江市纪委，为突出抓好党员干部，特别是领导干部的家风建设，在党政机关及党员干部家庭中广泛开展“清风正气好家庭”活动，推动“家风助廉”教育，引导领导干部践行“三严三实”，遵守《中国共产党廉洁自律准则》，廉洁修身、廉洁齐家，培养高尚的道德情操，管好家庭、教育好子女和亲属，抵制不良之风，推动党风建设持续好转。积极开展家庭助廉阵地建设，构筑反腐倡廉新防线，组织领导干部家属召开座谈会，交流如何当好抗诱惑、拒腐蚀、守清廉的“廉内助”，营造廉洁和谐家庭环境。组织领导干部家属观看廉政警示教育片，让家属增强廉洁自律意识，做反腐倡廉的自觉推动者、积极践行者、有效监督者，珍惜维护家庭幸福生活。二是省纪检委牵头在全省领导干部中开展好家风宣传教育活动。省纪检委、省妇联、省作家协会在全省领导干部中组织开展“我家家风”主题征文活动，对评选出的优秀稿件在《黑龙江日报》《明鉴》内刊和“黑龙江省纪委监察厅网站”上刊登并结集编印成册。三是在全省树立起清廉为官的典型家庭。在寻找体现崇德向善、崇俭尚廉家风的“龙江最美家庭”中，汇聚了清白做人、清正做事、清廉为官的家庭典型，引导党员干部及其配偶教育子女不奢华、不攀比，带头培育良好家风，不让“家”这个幸福的港湾成为滋生腐败的温床。

（二）黑龙江省领导干部家风助廉建设存在的问题

黑龙江在加强领导干部家风建设助推党风廉政建设实践过程中取得了一定的成效，但仍然存在一些亟待解决的问题，应当引起关注。一是对领导干部家风助廉建设的重大意义缺乏足够重视、缺少深入理性思考。二是在开展家风助廉建设中，对注重合目的性与合规律性相统一的落实还不够深入。家风培育与构建要特别注重品德与心灵教化的渐进性与内蕴性，既要避免轰轰烈烈一阵风，也要避免拔苗助长。三是在推动领导干部家风助廉建设中多方联动共同发力的综合治理力度不足。四是向各地积极学习、借鉴力度不强。安徽、上海、广东等地既把领导干部家风作为治理对象；又把家风作为治理手段，利用优良家风进行反腐败的道德治理等好经验应积极借鉴。五是在领导干部家风助廉制度建设与监督方面亟待加大推进力度。

二　造成领导干部家风不良的复杂原因

造成部分领导干部家风败坏进而影响党风廉政建设的原因是复杂的，其中既有影响领导干部家风建设的外部挑战，还有领导干部在政治文化心理上存在不同程度的角色冲突问题，更有领导干部自身素质与党性修养亟待提高的根本内因。

（一）外部因素复杂且严峻

在新的历史时期造成领导干部家风不良的外因是复杂、严峻且长期的。首先，尤其体现在“商品交换那一套”向党内政治生活和工作的侵入。就是在商品交换活动中，一些“不良关系学、潜规则、贿赂并施、权钱权色交易、欺诈豪夺”等歪风邪气不断地进行侵蚀，使一些领导干部没有站稳政治脚跟，影响到了家风建设。其次，不健康生活方式的挑战。随着我国的对外开放，西方不健康的腐朽的生活方式不断地渗透进来，如西方的颓废文化、性文化、赌文化不断变幻存在方式侵入我国，加之我国旧有的不健康的腐朽的思想文化沉渣泛起，成为诱发领导干部家风不良的重要外部原因。再次，不良文化因素的影响。一是在拜金主义的冲击下，一些领导干部把家风引向了邪路，如把追求金钱和物质利益作为最高的价值目标；人生的价值体现在金钱多寡之上；人与人的关系也庸俗化为金钱与物质利益关系。二是在极端个人主义的影响下，一些领导干部及其家庭从个人利益出发，追求个人利益最大化，把党和国家、人民都远远抛到脑后。三是在享乐主义影响下，一些领导干部及其家庭，把享乐作为人生的最高目的，大手大脚、铺张浪费、贪图安逸，甚至追求纸醉金迷的生活方式，大吃大喝、花天酒地、骄奢淫逸、张扬欲望、寻求感官刺激等，并因此掉入腐败的泥淖。第四，领导干部家风建设的制度约束不完善且执行力不足。在领导干部家风建设制度制定方面，存在相关制度制定相对薄弱，且约束性条文较少、倡导性条文较多，以及教育机制、监督机制不健全等问题；在制度执行上，因把家风看作家庭私事的观念广泛存在，常常得不到相应的重视；在对领导干部的考核中也缺乏家风建设方面的内容。

（二）政治文化心理上的角色冲突

从政治心理学视角看，领导干部家风不良的一个重要心理原因是角色冲突。一般情况下，家庭角色、社会角色以及政治角色是现代人担负的三种基本角色，而对三种角色先后不同次序序列的选择，会带来程度各不相同的角色冲突，包括程度各不相同的角色间冲突和角色内冲突。从理论上讲，领导干部与普通民众不同，担负着庄严的政治角色、政治使命，在“角色赋予、角色领悟、角色期待、角色实践”中就要以政治角色为重、为首，甚至需要牺牲家庭角色中的“角色赋予、角色领悟、角色期待、角色实践”。但如果领导干部党性修养不够坚定，当面对政治责任、政治义务同家庭责任、家庭义务发生对立抵牾时，会诱发出这些领导干部在家庭角色和社会角色间持久性的角色焦虑，例如在已查处的大量案件中这个问题被突出地反映出来。这些领导干部常常因感到对父母或近亲属异常艰辛的付出感到亏欠，或因忙于工作顾不得自己的小家庭感到歉疚，因而在心理上、思想上乃至行动上，出现了寻求角色平衡和角色补偿。因而严格的家风无从树立，他们直接利用手中权力或纵容家人间接运用手中的权力谋取私利，党风廉政也必然受到冲击。

（三）党性修养与自身修养亟待提高

一部分领导干部党性修养不够，自身素质不高，这是问题产生的根本原因所在。外因是事物变化的条件，内因是事物发展变化的根据，外因总是要通过内因才能起作用。正如古训所言，“物必先腐，而后虫生”。在一些家风不正、以权谋私、贪污腐败案件中，有些落马的领导干部往往认为是不良社会文化、政治生态才导致自己“被动腐败”，或者是归罪于周围太多的诱惑、太差的风气、太松的监督。他们往往却忘记了问题的根本原因是自己理想信念动摇、内心的思想防线崩塌、原则立场不稳，正是因为自己内心自律失守，才使外在诱惑乘虚而入，使自己及家人成为被围猎和捕获的对象。由此可见，一个背离了党的初心和使命的党员领导干部往往容易精神上贪婪、道德上堕落、生活上腐化、政治上变质，带坏家人、败坏家风。因此，领导干部的家风不正，加重腐败的关键在于领导者自身，无论家人何种程度介入腐败中，前提基础是权力腐败，都离不开权力在其中的作用，而权力只来自领导者手中。由此可见，正是掌握权力的领导干部这个“内因”起了作用，才违背了领导干部从政必须管好自己、管理好家属及身边人这条重要原则，才出现了对家人的管理失之于宽、失之于松、失之于软，进而形成家风不正，加重腐败等问题。

三　领导干部家风助廉的思考

领导干部家风好坏可谓党风廉政建设晴雨表，与党风廉政建设紧紧相连。但当前仍存在部分领导干部对此没有足够的认识。面对这一现状，应深入阐明领导干部家风建设是助推党风廉政建设的关键，应引起各方高度关注。

（一）领导干部家风状况与党风廉政建设的好坏密切相关

领导干部的家风与党风是紧密相连的。家风是一个家庭，乃至是一个家族长期形成的、共同的精神文化基因、价值共识，在每个家庭的日常生活中以润物无声的方式，如风拂条枝、雨润大地般，无时无刻不发挥着隐性教育的作用，使每个家庭成员的精神生命、内心认知时时得以滋养。家风无形却发挥着惊人的作用，直接影响着家庭成员的价值判断，并且会在每个人的世界观、人生观、性格特征、道德素养等方面打上深深的烙印。可以这样说，家风对每个人的思想、行为，从根源和本质上产生着至深的影响。中国自古就特别重视良好家风的基本社会功能，正在于家风能将“私域”与“公域”的精神文化纽带自然地连接起来，能以个人修身为起点，达到“齐家，治国，平天下”的理想境地。因此，领导干部的家风必然会向党风、政风、民风、社风延伸和辐射，并且在这个过程中成为重要的乃至决定性的影响因素。家庭是党员干部廉政建设的“大后方”，好家风是清白为官的第一道屏障，对党员干部廉洁从政至关重要，会助推党风廉政建设取得成功，反之家风败坏则会成为领导干部清白为官的重大阻碍。好家风的建设尤其是领导干部良好家风的建设，是培育和形成良好党风政风以及社会风气的基础性工作。

（二）领导干部家风直接影响党的形象、威信和民心向背

人民群众往往会从领导干部的妻子、孩子、票子、房子等私人生活方面对我们党做出评价和判断，每一个领导干部被群众看成党的代言人，所以领导干部不仅应严格要求自己，更应该有良好的家风，管理好家属和身边的工作人员。这不仅关系到能否维护好党的形象、党的执政威信，还深深地影响着民心向背。在国际共运历史上，苏共的沉痛教训是令我们警醒的前车之鉴。苏共部分领导人带头腐败的不良作风，以及“全家腐”的不良家风，严重损毁了苏共的形象和执政威信，更有腐败分子往往存在急于寻找途径使非法财产合理化的倾向，这都为苏共解散、苏联解体埋下祸根。党的形象是构成政党影响力的基本要素；执政党的威信，在整个社会发展过程中具有全局性、方向性和根本性的作用，是政党凝聚力和战斗力的前提，关系到党和国家的前途和命运。中国共产党经过 90 多年的实践和培育，在人民群众心目中保持着良好形象。但党的形象保持不是一劳永逸的，尤其要靠每一位领

导干部以及他良好的家风来自觉维护。正如习近平总书记强调，必须管好亲属和身边工作人员，决不允许他们擅权干政、谋取私利。中国共产党人始终谋求的不是党员干部一己、一家的私利，也不是一党的特殊利益；人民立场是党的根本政治立场，人民利益是党的出发点和落脚点，全心全意为人民服务是党鲜明的性质、宗旨和职责使命，是我们党作为先进的马克思主义政党区别于其他政党的显著标志，这也正是历史和人民选择中国共产党作为执政党的根本政治优势所在。在90多年波澜壮阔的历史进程中，党一直用实际行动落实着真正把人民群众时时放在心中最高位置的庄严承诺。广大人民群众也常常要从身边每一个党员领导干部及其家人身上看到、体会到党的伟大、正气与力量。而某些领导干部如果家风不良，没有管好亲属和身边的工作人员，往往就破坏了党在人民心中的形象，使广大民众对党产生严重的不信任感。对于一个执政党来说，人民群众是根基、血脉与力量之源，民心是一个根本性问题，民心是最大的政治，政之所兴在顺民心，政之所废在逆民心。家风败坏、热衷追逐个人利益或小集团利益，将无法赢得人民群众的拥护与支持。

（三）领导干部家风与政治生态密切相关

“风成于上，俗形于下”，领导干部的家风鲜明地反映出领导干部的作风状况，具有举足轻重的示范性影响和引领作用，成为广大党员干部和群众关注的重点和重要参照。领导干部权力越大，级别越高，同僚越多、下属越多，关联面越大，越能以点带面、以上率下，对一个单位或地区的党风廉政，以及对社会国家的直接影响力就越大。事实证明，领导干部的家风能否清廉，是否具有优良的家风、作风，不仅能带动起周围的风气，且能影响到更大范围的政治生态。当领导干部自觉按党提出的标准要求自己、磨炼自己、提高自己，自身树立起牢固、正确的权力观、人情观，坚守正道、做好表率，同时能够管好亲属和身边工作人员，让自己的家庭具有良好的家风时，会带动形成激浊扬清的良好政治生态，对党、国家和社会的风清气正具有积极作用。反之，如果领导干部自身没有按党的要求严格要求自己，且家教不严，家风不良，甚至是家属亲属相互影响、恶性循环，就会出现“其身不正，虽令不从”，“上梁不正下梁歪”的局面，其家属、亲属及身边人就容易贪欲丛生、借权生财，甚至借势欺人、突破法治底线、走向腐败的深渊。正如近年来已曝光的一系列腐败案件不断发出警示：领导干部家风不正、家教不严已经成为一些领导干部腐败的重要根源。风气的败坏会引发连锁反应，容易带坏班子，会带坏一大批人，影响更大一批人，起到的破坏作用甚至是致命的——会波及当地的政治生态，由此发生系统性腐败、塌方式腐败。此外，“民以吏为师”，作为领导干部，家风不正，家属、亲属及身边人腐败，其错误思想言行会对社风民风带来恶劣影响，易带坏一方的风气，产生难以治理的社会问题。

（四）领导干部家风不良严重危害党的权为民所用原则

领导干部的好家风能为“用权为民”保驾护航；领导干部家风败坏则推波助澜权力腐败。主管着各地方各部门工作的各级党政部门领导，是党和国家的路线方针政策的执行者，是一个重要的特殊群体，他们受党和人民委托执掌党的执政权和国家公权力。与公共权力紧密相连的是权力配置资源的能力，即大大小小的权力与各种资源掌握在其手中，而且公共权力越大，能配置的公共资源就越多，其影响的范围就越大。好家风可以让掌权者胸襟广阔，用权力造福党、国家、社会和人民，从而实现自己的人生价值与理想抱负；家风败坏则会使掌权者及其家人汲汲于个人私利而受到腐蚀。老一辈革命家为我们树立了严谨治家的榜样，在他们的思想言行中深刻体现出，党的宗旨是为人民服务，权力使用的原则是权为民所用。毛泽东、周恩来、陈毅等老一辈革命家，他们做到了严守家庭的道德治理阵地，严管亲属、身边人，严明地形成了预防腐败的第一道防线。毛泽东主席对亲友实行“四不”政策、周恩来总理制定“十条家规”、陈毅元帅与家人有“约法三章”，在严格的“家教家规”约束下，革命领袖严格要求家人，形成、树立了优良家风，为我们做出了表率。反之，如果当掌握公权的领导干部家风不正，把手中掌握的公共权力、公共资源当作谋取个人小家庭福利的特权，这已经意味着其家庭道德治理阵地严重失守，领导干部家庭成员中很容易出现贪欲从生缺少应有的规则意识及自我约束力，更不会严格执行公权为民的原则，并引发一系列的问题。

（五）领导干部不良的家风易成为发生腐败的“薄弱环节”

执掌着权力、掌控着各种资源的领导干部本人及其家人往往容易成为“被围猎的焦点人物”，如果脚跟不稳、家风不良，极容易成为产生腐败的“薄弱环节”。当领导干部家风不良、家教不正、家规不严时，也正是丧失预防腐败最重要的第一道防线——自律之时，有着错误思想观念的家庭成员就很容易卷入腐败浊流。所以当面对权力配置资源能力的巨大利益诱惑、周围人给予的种种“巨大好处”的诱惑时，往往使一些缺少良好家风、道德准绳的领导干部及其家属经不住金钱诱惑和人情攻势等糖衣炮弹，成为腐败的“薄弱环节”。底线失守，权力滥用扩大化，公权变成“私器”，一些领导干部家庭成员打着领导的旗号招摇撞骗、违纪违法、公权私用、借权生财，或成为权钱交易的“二传手”，或直接与之共谋“权力资本化”，成为权力资源的直接“享用”者，形成“权力寻租”、权力俘获等相互紧紧纠缠在一起的恶性循环，造成腐败严重化、扩大化，同时也会破坏正常的经济运行秩序。因此，习近平总书记严肃强调，“必须管好亲属和身边工作人员，决不允许他们擅权干政、谋取私利”。从中央纪委发布的领导干部纪律处分通报中，违纪涉及亲属、家属的比例相当高，被查处的领导干部很多存在家风不正、家教不严、思想阵地失守的问题。

（六）领导干部家风败坏会加重圈子文化、潜规则等不良风气盛行

如果领导干部家风不良，缺少正确的家教和严格的家规约束，就极易衍生出以那些领导干部或其家庭成员为圆心，各种拉帮结派的圈子，各式圈子中交织着利益、金钱、裙带等关系，也容易催生出形形色色的山头、团伙、帮派。在这些圈子中同时存在圈子文化、潜规则盛行、不良价值观念与行为逻辑不断蔓延等问题，好似紧紧与家庭关系捆绑在一起的庸俗的社会关系，

总是试图为个人、家庭、小集体打造一个互助平台。但透过圈子中的“互相亲近，互相帮衬，互相关照，互助互利，今天你拉我一把，明天我给你家关照一下”的表象，可以看到，实际上形成了一个盘根错节的利益关系网，进行着利益输送、权钱交易，铺路揽财。这在一定程度上使党内的从政环境、政治生态、政治文化、心理等受到严重侵蚀和污染，党规党纪、党风政风不断受到破坏，一定程度甚至会破坏刚性权威，诱发政治危机。习总书记曾多次提出严肃告诫：“你有圈子，我有圈子，大家竞相找圈子、织圈子，把人际关系搞得越来越庸俗，一些干部甚至因此误入歧途，走上违法犯罪道路。这些不良习俗根深蒂固、无孔不入，很容易给党员、干部带来不良影响，绝不能小视。”[①] 同时在社会层面上，会带来严重损害公序良俗、扭曲社会公平的价值判断，诱发道德危机，引发“仇官”的社会心理等一系列的社会问题。

四　黑龙江省推动党员领导干部家风助廉建设的对策建议

基于黑龙江省的调研情况，并结合全国各地区先进经验，在黑龙江省的家风助廉建设中，尤其需要党和各级政府高度重视并加强统一组织领导，多方联动共同发力，持之以恒推动家风助廉教育，并大力推进家风助廉制度建设。

（一）党政部门应高度重视并加强统一组织领导

省委省政府高度重视并加强统一组织领导、严格责任落实是推动家风助廉的关键动力。应明确各级党委和政府中各级领导干部特别是主要负责党政的同志负有主体责任，应领导组织好、督促好、切实抓好家风助廉建设，确保领导干部从内心树立起深厚的家国情怀、弘扬好传统美德，从而使家风建

① 吴雯雯：《家风助力从严治党的实证研究——以浙江省临安市为例》，《廉政文化研究》2017 年第 1 期。

设顺利推进。

首先，各级党组织及主要负责同志要以高度的行动自觉、强烈的政治责任感承担起家庭家教家风建设的责任、认真组织、引导领导干部做表率，自觉做传承者、践行者。其次，各级政府、各级主要负责人应认真履行好第一责任人之责，从实际出发、各负其责，实施加强领导干部家风建设细化工作，如把家风建设纳入民主生活会、专题组织生活会和民主评议党员等活动中。再次，应强化纪委监督责任。监督好领导干部把家风摆在重要位置，监督好谁主管谁负责，并依据干部管理权限，抓好推进领导干部家风建设分解落实到每个相关部门。在全国，在统一组织领导家风助廉建设方面，走在前列可资借鉴的主要省市有安徽省、合肥市、广州市等。如，安徽省委、省政府在合肥市大力推动家风助廉建设，将家风建设纳入领导干部反腐倡廉考核，市委向全市下发了《中共合肥市委关于加强领导干部家风建设的通知》，同时发出《家风抵万金——致全市领导干部的一封公开信》，要求各级领导干部特别是党政主要负责同志，既要严格要求自己，同时要管好子女、配偶、亲属和身边工作人员等，真正做到严家教、正家风。

（二）多方联动共同发力推动领导干部家风助廉建设

为更好地推动领导干部家风助廉建设，应多方联动共同发力。首先，各级党组织要在促使党员干部重视家风、建设家风上负起责任、发挥应有的作用。党组织尤其应着力破除一些认识上的误区，即认为家风建设是家务事、家庭私事，一般不予重视和关注。各级党组织应采取谈心、慰问、日常监督管理等多种形式，及时、经常、动态地跟踪、了解领导干部的家风状况，将家风建设纳入工作范畴。其次，街道、社区要充分发挥作用。要发挥宣传本社区或街道内有突出事迹或动人故事的家风事迹，使优秀家风家训成为潜移默化的精神食粮，同时要发挥对领导干部家风建设情况的监督作用。再次，应更好、更充分地发挥各级妇联组织在家风助廉中独特的、长期的作用。习总书记曾指出，要注重发挥妇女在弘扬中华民族家庭美德、树立良好家风方面的独特作用，这关系到家庭和睦，关系到社会和谐，关系到下一代健康成长。各级妇联组织应采取多种形式，发挥母亲这一角色在家风传承中的巨大作用。既要引导领导干部配偶当好“廉内助”，在家庭助廉中发挥好独特的优势，用自己清正的思想言行、言传身教，在所有的日常生活中弘扬正气新风，打造清廉家风，生活方式健康文明、婚丧嫁娶一切从简，做到勤俭持家、不慕奢华；又要自尊自强、自立自信，教育子女从小就树立廉洁自律的意识和观念；进而在带动家庭形成廉洁家风的同时也影响到整个社会风气。最后，传统媒体和新媒体应在宣传、引导家风助廉建设中发挥好独特的影响作用。宣传部门应大力推动媒体发声，既要充分发挥出广播、报刊、电视等传播媒体的舆论导向作用，树立典范，积极介绍、宣传优秀家风家训家教，推进家风助廉深入开展；又要充分发挥好手机终端、公众号、App 等各种新媒体的宣传作用，充分发挥好其全时空覆盖、参与式、互动式等特点，以新颖的方式，发挥出优秀家风家训家教的强大吸引力、影响力，使之不断渗入人们的日常生活，提高家风助廉建设的时效性。

（三）持之以恒推动家风助廉教育工作

优良家风作为化育品德与心灵的重要精神力量具有内蕴性、渐进性等特点。因此，在培育、构建领导干部家风时，既不能仅仅做成一阵风式的活动，好似雨过地皮湿，也不能拔苗助长、急于求成，而是要尊重规律，特别注重做到久久为功、持之以恒，才能真正取得效果。第一，应长期开设好家风教育课堂。一是应持之以恒把家风教育纳入党校培训课程。例如通过在党员教育培训班、中青年干部培训班等课程中专门开设“党员干部好家风”主体课程、主题讲座、专家座谈等，深入开展好家风学习教育，让好家风入脑入心，扎根在每位领导干部的思想观念中，从而起到预防、阻止官员配偶、子女利用领导干部手中权力谋取私利的作用；同时应开设经常性的家风宣讲课堂，让领导干部的配偶接受家风教育熏陶，使配偶、子女绷紧廉洁的弦，从而影响领导干部端正作风。二是应开设好家风实践课堂。家风在我们的生活中就像须臾不可离的空气一样，虽然不轰轰烈烈，却在朴实中含蕴着深刻的哲理深深影响着每个人的精神世界。应通过积极培育好家风教育传承示范基地，打造以“崇廉家风”为主题的传统文化教育、教学基地，既深入挖掘具有代表意义的历史名人文化资源和优秀传统家规家训，久久为功地教育人、感染人；同时应挖掘身边的好家风，树立榜样，“用身边人说身边事，用身边事育身边人”，使广大党员干部对好家风在感受上更加明晰、行动上更加有力；还可以通过撰写好家风征文、举办微党课比赛等形式，让党员干部及其家属深刻理解好家风的重大意义，使好家风深入人心。

第二，要深入挖掘弘扬传统家风资源夯实家风教育。优秀传统文化中蕴含着丰富的智慧与美德，其中关于良好的家风、家教、家训的优秀资源尤为丰富，是我们今天推动家风建设、修身立德、增智强能的重要思想资源库。因此，为增强良好家风助推党风廉政建设的效果，一是领导干部应在家庭中真正率先垂范、持之以恒学习我国的优秀传统文化。良好的家风是与个人勤于学习、真正修身立德紧密联系在一起的，正如古往今来有识之士都十分重视把勤于学习作为培育良好家风的必然途径，注重文以化人、学以立身、学以增智、学以治家，而且特别注重从小扎根，“少成若天性，习惯成自然”，从小早早就养成爱学、勤学、善学的好习惯，使道德、情操、风范在日常生活中不断得到陶冶、砥砺和提升，高尚的人格、美好的操守正是首先始于家庭的熏陶与养成，家风、家教、家规作用巨大。也只有如此，才能避免陷入“少知而迷、不知而盲、无知而乱”的困境。因此，党员领导干部要在家人中做好表率，带动好家人，勤于深入学习优秀传统文化，修身立德、增智强能，使良好家风薪火相传。二是应注重在传统文化资源中汲取重德轻利的宝贵精神财富，拓宽胸怀涵养好家风好政风。在我国优秀传统文化中，像“国计已推肝胆许，家财不为子女谋”这样有气度、心胸、志向、重德轻利的思想非常丰富。作为中国共产党人，党的性质、宗旨决定了当官即不许发财这样的职业要求。习近平总书记郑重地提出领导干部应培养起的一条重要价值追求准则，即为官发财，应当两道。李克强总理对政府官员也掷地有声的强调：为官发财，应当两道，既然担任了公职，为公众服务，就要断掉发财的念想。这也是党员领导干部在家庭教育、家风建设中必须遵循的一条重要价值准则，是判断党员领导干部是否具有良好家风的一个重要标志。能够真正做到家财不为子孙谋，而是为子孙留下宝贵的精神财富，优良的思想、品德和操守，才能真正给家人赢得天长地久的安详与欢乐。三是应注重在传统文化资源中汲取“俭以养德”的宝贵精神以推动家风助廉建设。“德由俭来”，因为“勤于持家，俭以养德”，这种生活态度和价值取向，既会在人内心形成奋进的精神力量，又能自觉克服骄慢之气，避免沾染奢侈恶习。朴素、勤俭、节约是健康人生的法宝。目前大量被查处的案件显示，有的领导干部最终违纪违法，正是肇始于追求奢侈、安逸的生活，忘记了克勤克俭、慎独慎微。所以应加强通过深入学习中华优秀传统文化使“俭以养德”成为广大领导干部一种自觉的意识与习惯，能自觉远离奢侈欲望的诱惑，做出人生智慧、理性的选择。

第三，要深入挖掘红色家风教育资源。中国共产党在艰辛的革命时期、艰难前行的建设时期等伟大历史进程中，锻造了优良党风政风，同时也塑造了优秀的红色家风。今天我们应继承、弘扬红色家风，使之在家风建设助推党风廉政建设中发挥出强大的精神引领力量。一是要深入挖掘，红色家风作为一种信仰的引领。红色家风是把对共产主义的坚定信仰，把实现人类彻底解放的崇高目标、为人民服务的根本宗旨与共产党员的家风建设紧密联系起来，使伟大的信仰成为凝聚共产党人及其家人的强大精神力量并代代相传。红色家风既滋养了优良的党风政风以及党的良好形象，也助推了党和国家人民事业的发展。二是要推动以红色家风修身齐家。红色家风代表着以身作则、知行合一、率先垂范，是党永葆生机活力的表率和榜样力量。三是要倡导践行红色家风齐家以拒腐。红色家风具有把党和人民的利益看得高于一切不谋私利的廉洁性特点。应引导广大领导干部弘扬红色家风，始终不忘初心、牢记使命，拒绝腐蚀，决不谋取个人和家庭的私利，而是把个体、家庭的利益与党、国家、人民的利益融为一体。

（四）大力推进家风助廉制度建设

党和国家在制度层面不断强化对领导干部家风的制度性干预。2014 年实施的《党政领导干部选拔任用工作条例》中规定，对于“配偶已移居国（境）外；或者没有配偶，子女均已移居国（境）外的”党员干部，即“裸官”，不得列为提拔使用的考察对象。[①] 2015 年颁布的《中国共产党廉洁自律准则》，共有八条，其中对领导干部群体专门设定了“廉洁修身，自觉提升思想道德境界”和“廉洁齐家，自觉带头树立良好家风”的劝导性规范，体现出个人道德与公共道德、家庭伦理与国家伦理的贯通性和一致性。[②] 新修订的《中国共产党纪律处分条例》（简称《条例》）则以党规党纪的形式对领导干部家风问题做出强制性约束。在这些条款中，党员干部家风涉及的主体对象包括本人的配偶、子女及其配偶等亲属，另外特别添加了“其他特定关系人”的表述，即涵盖了领导干部近亲属、情妇（夫）以及其他共同利益关系人。在内容上，《条例》围绕领导干部“职权或职务上的影响力”这个核心支点，列举出权权交易、谋取私利、“吃空饷”、婚丧喜庆大操大办、参与经营活动、谋求特殊待遇等多项禁止性条款。在对领导干部生活的纪律规定中，生活奢靡，与他人发生不正当性关系，违背公序良俗、社会公德、家庭美德等行为均被列入纪律追究范围。[③]

推进领导干部家风助廉制度建设，前提要遵循家风建设的一般规律，核心是权力规制。黑龙江省应细化领导干部家风建设的制度设计，以达到严防领导干部家庭成员对权力的违规介入和不当干预。第一，应高度重视黑龙江省领导干部群体对作为家庭“软法”的家规家训的学习与建设。应在内在认同的基础上，切实重视家规家训的治理功能，充分发挥其思想引导、观念矫正等功能，为领导干部家风建设提供心理、思想、观念上的内在约束动力，从而收到矫治不良行为的成效。为此，应重视处理好继承与创新的关系，结合党和国家实践新要求、社会新变迁、家庭新特点等，把传统家规家训进行精细分类，以谦虚的态度创新继承。同时，在具体实践中，要注重形式的灵活与多样，以发挥好家规家训作为家庭“软法”的功能，使家风助

① 《党政领导干部选拔任用工作条例》，人民网，2014 年 1 月 16 日。

② 《中国共产党廉洁自律准则》，中国方正出版社，2015。

③ 《中国共产党纪律处分条例》，中国方正出版社，2015。

廉建设收到良好效果。第二，坚持失责必究的原则，加大领导干部家风失范问责、追责机制建设力度。通过家风问责的外在压力倒逼，更好地推动领导干部从严治家。其间，各级各类问责主体要切实履责：细分问责的问题性质，如区分好道德问责、政治问责、党纪问责等；握准问题的程度，如主要责任、次要责任、纵容责任、失察责任等；并给予有针对性的治理，如书面检讨、诫勉谈话、典型问题通报曝光等。第三，黑龙江省应把家风建设纳入领导干部选拔与考核体系中。“德才兼备、以德为先”是干部选任原则的一个重要方面，而优良家风也是一种德，是领导干部政治道德、职业道德和个人品德的重要反映，把其纳入领导干部选拔与考核体系中，能更客观、全面地考察出领导干部的德行表现。同时，为优化党内政治生态，也应把领导干部的家风建设状况纳入干部的定期考评程序之中，考评结果作为干部褒奖激励、晋升提拔、职位调整的一个重要依据。第四，黑龙江省应继续健全领导干部家风建设的监督制度。既要强化对领导干部家风建设的党组织监督，又要重视社区监督、邻里监督、媒体监督等，真正把领导干部家风建设作为反腐助廉、净化党内政治生态的一条重要路径。

B.17

城镇化视域下提升农民教育培训质量的对策

周柏春　孔凡瑜*

摘　要： 农民教育培训与农民素质紧密相关，提升农民教育培训质量不仅关系到农民个体及其家庭的福祉安康，也影响社会的和谐稳定，对于决胜全面建成小康社会和实现中华民族伟大复兴的中国梦具有重要的现实价值。本研究以具有典型特色的M市为个案，深入分析了M市农民教育培训的实际情况，结合其所取得的成绩和现实发展困境进行深入的分析和研究，力争为农民教育培训提供对策建议，以更好地助力乡村振兴和新型城镇化建设。

关键词： 城镇化　农民教育培训　农民素质

一　前言

城镇化建设是我国统筹城乡发展，促进社会和谐发展的重要内容。“三农”问题是中国现代化建设的瓶颈，农民问题是核心，毫无疑问，农民是农村和农业发展的基本依靠力量。长期以来，我国农民的教育质量和水平大多在低层次上徘徊，既缺少严格的制度保障，也缺少必要的资金支持，农民

* 周柏春，博士，牡丹江师范学院马克思主义学院副院长，教授，研究方向为农业经济；孔凡瑜，硕士，牡丹江师范学院马克思主义学院教师，副教授，主要研究方向为当代中国政府与政治。

教育培训问题成为一个盲区。本研究在 M 市范围内深入农村，通过抽样调查老工业基地农民教育培训状况，为农民教育培训提供对策建议，真正促进农民素质整体提升，为助力决胜全面建成小康社会、推动城镇化和实现乡村振兴提供支持。

课题组尝试对城镇化背景下农民的教育培训问题进行分析，并有针对性地提出具体建议，对当下的中国具有重要的理论价值和实践价值。

就理论价值而言，农民教育培训理论体系建设尚不完备，尤其是城镇化建设过程中，到底应该通过什么途径和方法把农民培养成新型职业农民，使其更好地涵养职业素质、职业能力和职业品质。就农民教育培训的实效而言，在理论上梳理清楚相关命题也是非常重要的。本研究一方面将丰富城镇化视域下的具体样态研究，另一方面将有效结合城镇化场域提升农民教育培训的可操作性、针对性和实效性，从学理上较为明晰地阐明城镇化与农民教育培训问题的向量关系，既可以为党政机关政策决策提供智力支持，也可以为社会研究机构、高校专项学习、学生课业研究等提供资料参考和理论借鉴。

就实践价值而言，城镇化与农民教育培训研究立足于探究城镇化进程中的主体素质提升问题，以城镇化进程中的农业供给侧结构性改革尤其是人力资源素质的提升为研究基点，以提升农民素质为基本目标，不仅有利于提升农民自身综合素质，既能够保证农民自身基本权益，又能更好地彰显自我、成就自我，对助力城镇化建设和推动城乡协同发展具有重要的支撑作用。

二　研究目的

本研究力图通过梳理相关文献和典型个案，对城镇化与农民教育问题进行系统的理论阐释，明晰农民教育培训对于自身及城镇化建设的特殊意义，在分析影响农民教育培训问题及其成因的基础上，建构城镇化视域下的农民教育培训质量提升对策，切实提升农民教育培训质量，不断增强农民自身素质提升的尊严感和劳动的成就感、获得感，努力实现城镇化发展成果由包括农民在内的全体国民共享。

三　调查对象与方法

（一）调查对象

在 M 市（以县区和乡村为主）发放问卷 5000 份，收回问卷 4920 份，回收率为 98.4%，其中，有效问卷 4800 份，问卷有效率为 96%。

（二）基本方法

1. 问卷调查法

自编农民教育培训调查问卷。结合前期相关研究基础和借鉴相关领域专家研究成果，初步设计农民访谈提纲和专家学者访谈提纲，对农民、专家和学者进行访谈；通过对访谈内容的整合、梳理、提炼和分析，结合实地观察、蹲点访谈所掌握的情况，初步拟定调查问卷项目，走访专家学者对具体指标进行调试，通过访谈校验和试验，选取效度高的指标，完成问卷编制。

问卷主要由个人基本情况、个人教育培训经历、个人教育培训的困难、个人教育培训的期待等几个维度构成。问卷内容涉及性别、就学经历、城镇化与农民素质契合度的态度、经济状况影响自身的教学培训问题、经济常态、家庭支持教育培训情况、教育培训满意度、教育培训类别、接受教育培训的态度、家长与教育培训指标、就业岗位的标准、进城从业经历、教育经历与职业关系、知识的掌握情况、教育层次认知、参加过职业教育培训课程学习情况、学习偏好、培训内容偏好、教师水平认知、生活压力状况、职业技能考试情况、消费观念、教育培训与个人经济投入关系、网络教育培训态度、工资期待情况、职业发展预期等问题。除去个别题目的开放式问题外，其他各项均按照问卷回答内容频次及百分比运用 SPSS 数据分析工具进行统计分析。

2. 实地观察法

对调研点的实地观察包括走马观花式的粗放型观察和下马观花式的精细观察。走马观花式的观察就是在调研点观察非特定的农民生活境遇，对农民生活进行观察，感悟、体会农民所需、所想，在县区进入调研点对非特定的进城农民的生存和工作状况进行观察，进而了解农民的民生问题。下马观花就是针对在乡农民和进城农民中特定的，具有代表性的、典型性的农民进行观察，以便较为精细地了解农民民生问题和可能的教育需求事项。

3. 访谈法

访谈法就是在调研点通过对农民的访谈，了解农民对教育民生问题等的基本需求和态度，了解他们所期所想所盼，为科学制定调查问卷奠定坚实基础。对相关专家学者进行访谈，以便为制定教育培训政策提供良好的意见和建议。

4. 访谈提纲

（1）农民访谈

①在教育培训领域，您最困扰的事情有哪些？请简单举例。

②在您的预算中，有接受教育培训的考虑吗？为什么？

③您是怎么看待城镇化与农民教育培训的关系的？

④您的文化程度是什么，有继续学习深造的打算吗？

⑤您认为城镇化政策是否需要加大对农民教育培训的支持力度？为什么？

⑥您觉得教育机构或高职高专院校应给您提供哪方面的教育培训？

⑦您对农民教育培训有什么要求吗？

⑧您认为农民教育培训领域有哪些问题？

⑨对于自己困扰的事情，你想过如何解决吗？

（2）专家学者访谈提纲

①请您阐明城镇化与农民教育培训的相关性。

②您认为城镇化背景下影响农民教育培训的阻力因素是什么？

③您认为农民经济状况与教育培训的关联度高吗？为什么？

④城镇化背景下提升农民教育培训的对策有哪些？

四　调查结果与分析

（一）样本概况

表 1　问卷调查性别比例

单位：人,%

<table>
<tr><th>变量</th><th>性别</th><th>人数</th><th>百分比</th><th>统合人数</th><th>效率值</th><th>效率人数</th><th>效率人数统合</th><th>百分比</th><th>效率值</th></tr>
<tr><td rowspan="2">性别</td><td>男</td><td>2460</td><td>49.2</td><td rowspan="2">5000</td><td rowspan="2">100</td><td>2410</td><td rowspan="2">4800</td><td>50.2</td><td rowspan="2">96</td></tr>
<tr><td>女</td><td>2540</td><td>50.8</td><td>2390</td><td>49.8</td></tr>
</table>

表 2　问卷调查农民业态构成

单位：人,%

业态	进城务工	村干部	手工匠人	经商	服务业	种植养殖	其他	缺损
人数	1600	50	298	162	1610	926	154	200
比例	32	1	6.0	3.2	32.2	18.5	3.1	4

（二）影响农民教育培训主要指标分析

1. 问卷调查对象的年龄构成和学历状况

问卷调查 5000 人，其中有效问卷 4800 人，在这 4800 人的有效数据中，学历构成见图 1，其中小学及以下 770 人，占比为 16%，初中 3330 人，占比为 69%，高中 340 人，占比为 7%，大专及以上 55 人，占比为 1%，其他 305 人占比为 6%。通过数据可以发现，我国农民受教育水平整体不高，尤其是大专以上学历占比过低，而小学学历人口在调研人口中仍然占据 16% 的人口比例，说明我国农村九年义务教育状况还有待进一步改进和加强。加之，在这部分调研人口中，无论是小学、初中还是高中的人群，其相对知识的积累和所学品质比较低，在一定程度上限制了其就业、创业和谋生的能力。知识匮乏是制约个体及其家庭成长和发展的重要原因。

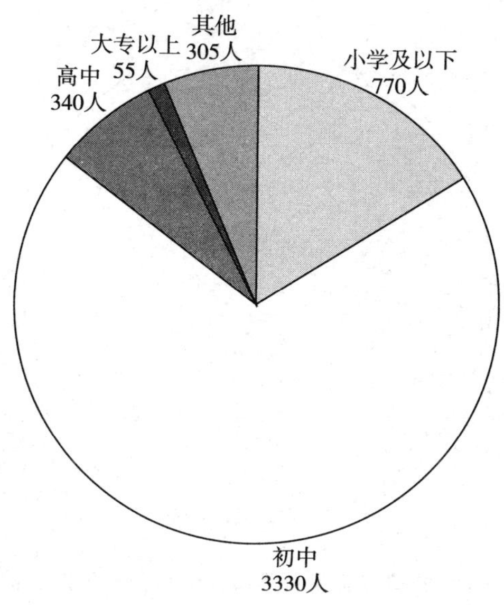

图1　有效调研人口学历构成状况

2. 在城镇化与农民素质契合度个体认知状况分析

在总调查人口4800人中，对城镇化与农民素质契合度自身认知状况中，认为契合度高的为45人，占1%，认为契合度较高的为150人，占3%，认为契合度较低的为1295人，占27%，认为契合度较差的为3310人，占69%（见图2）。从统合分析状况来看，在实际调研过程中，村乡镇农民对城镇化与农民素质契合度高的认知度整体性要好于县区，即进城务工农民的契合度认知，这并不矛盾，说明进城农民境遇与进城之前有差距，而未进城农民，对进城充满诸多期待和期望。

3. 经济状况对教育培训状况的影响程度

一般情况下，经济状况会普遍作用于个体的教育培训预期和认知，通过对农民的调研，也基本上验证了经济状况对农民教育培训的直接影响。在4800份有效调查问卷中，直接认为经济状况会对教育培训产生影响的为4135人，占86%，认为影响不大的为210人，占4%。认为没有影响的仅为20人，占0.4%，认为影响不大的为35人，占0.73%，其他说不清楚状况的为400

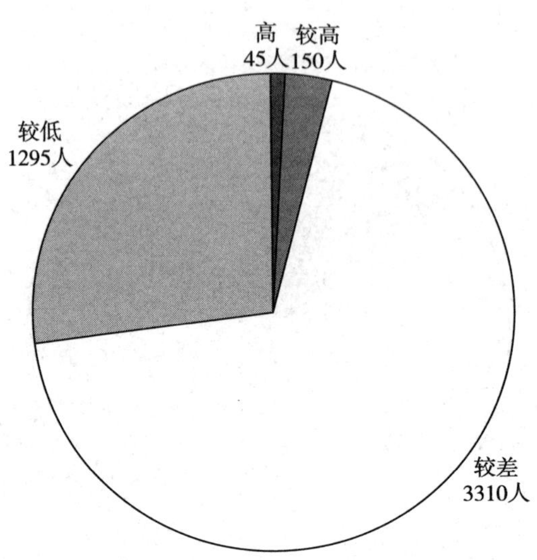

图2　城镇化与农民素质契合度自身认知状况

人，占8.3%，其中认为没有影响和影响不大的占比均未超过1%（见图3）。这说明绝大多数农民认为经济状况对教育培训有非常重要的影响和作用。

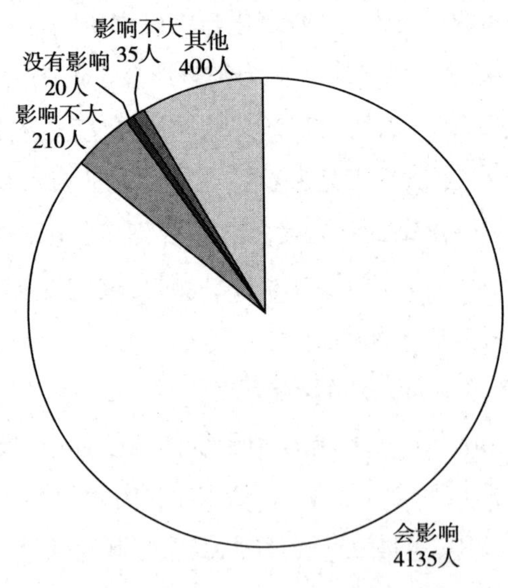

图3　经济状况对教育培训影响强度

4. 家庭对农民教育培训状况的倾向性态度分析

农民教育培训受家庭态度的影响较大。通过调查得出具体数据如下：认为家庭支持农民教育培训的为3405人，占比为70.9%，认为家庭不支持教育培训的为70人，占比为1.5%，认为家庭不关心教育培训的为1080人，占比为22.5%，认为说不清的其他情况为245人，占比为5.1%（见图4）。从数据能够看出，绝大多数农民家庭是支持农民进行教育培训的，但对农民教育培训不关心的比例也较大，说明农民家庭对子女教育培训抑或是受制于家庭客观境况没有心思关心教育培训的问题也同样需要引起重视。

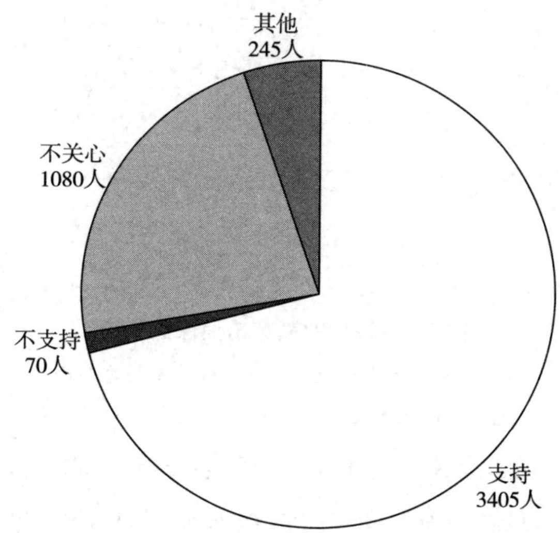

图4　家庭对农民教育培训倾向性态度情况

5. 农民职业教育培训课业倾向状况

农民职业教育培训课业倾向是农民自身希望尽快获得的职业教育培训内容，其往往是与农民最相关、最直接、最对应的职业需求状况相契合。通过调查得出具体数据如下：希望选学社会科学知识类的仅为23人，占比为0.48%，希望选学专业技能类的为1890人，占比为39.38%，希望选学实际操作类的为2550人，占比为53.13%，其他为337人，占比为7.02%（见图5）。综合来看，希望选学实际操作类课业的人数已经超过了一半，而

希望选学专业技能类课业的也将近四成，而选择社会科学知识类课业的人数相对较少，仅占0.48%，说明农民对社会科学知识的学习还比较轻视，他们更希望找到能够尽快谋生的技术和能力，强调“用”能的选择。

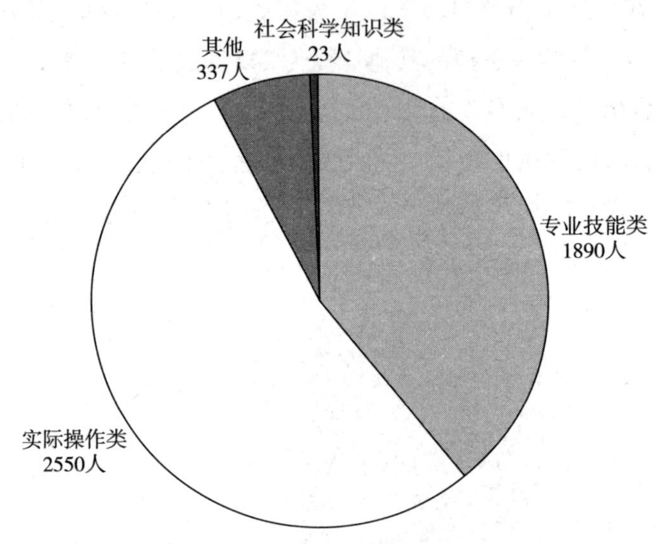

图5　农民职业教育培训课业倾向

6. 进城倾向性职业选择情况分析

农民进城渴望过上更好的生活，过上更幸福的生活。在倾向性职业选择上有自身的判断，这些内容往往是农民根据自己的实际情况而做出的判断。调查数据显示，希望进入建筑行业的为1400人，占比为29.2%，希望从事服务行业的为2300人，占比为47.9%，希望从事经营性行业的为554人，占比为11.5%，其他为546人，占比为11.4%（见图6）。

7. 参加职业教育培训状况及相关内容分析

在所调查的4800名有效数据中，参加过教育培训的为2348人，尚未达到一半。在对教育培训经历与职业选择的关系上，认为影响很大的为3120人，占比为65%，认为一般的为512人，占比为10.7%，认为影响很小的为78人，占比为1.6%，认为没有影响的为32人，占比为0.67%，其他的为1058人，占比为22.0%（见图6）。在对参加职业教育培训倾向性态度调查中，喜

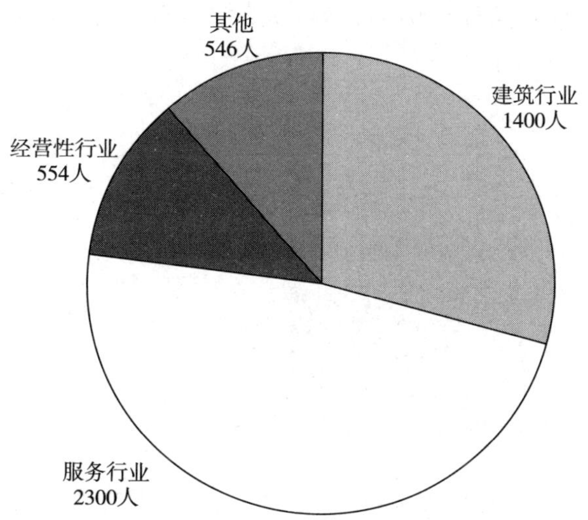

图6　进城农民从事职业预期状况

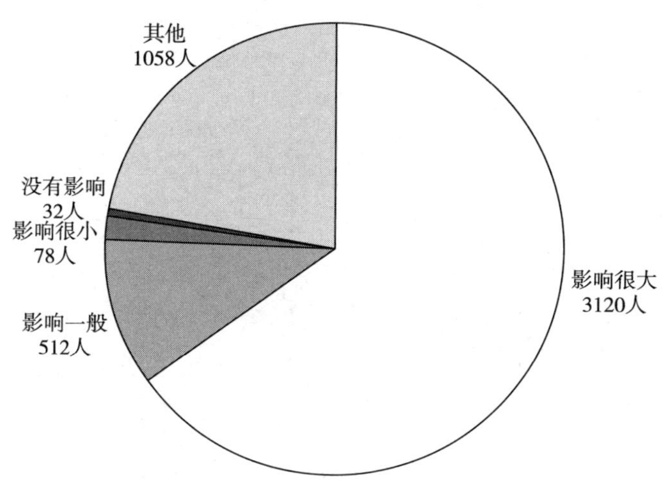

图7　农民教育培训经历与职业选择的关系

欢的为2856人，占比为59.5%，不喜欢的为1325人，占比为27.6%，说不清的为589人，占比为12.3%，其他的30人，占比为0.6%（见图8）。在对待农民薪资月收入预期中，选择2000元及以下的为688人，占比为14.3%，选择2001~4000元的为3001人，占比为62.5%，选择4001~6000元的为525

人，占比为10.9%，选择6001～10000元的为536人，占比为11.2%；选择10001元及以上的为50人，占比为1%（见图9）。

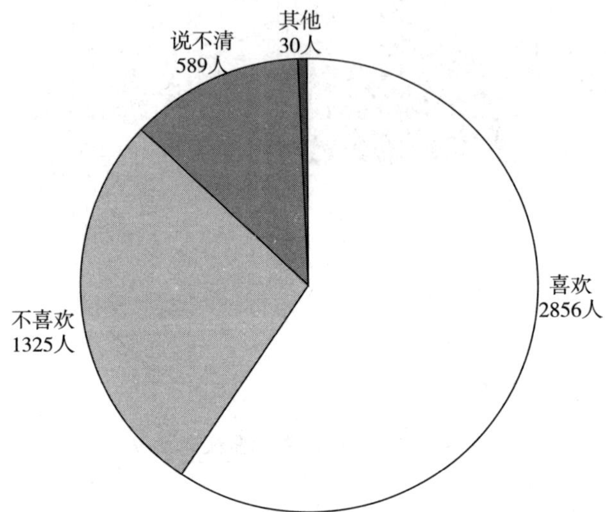

图8　农民参加职业教育培训倾向性态度分布情况

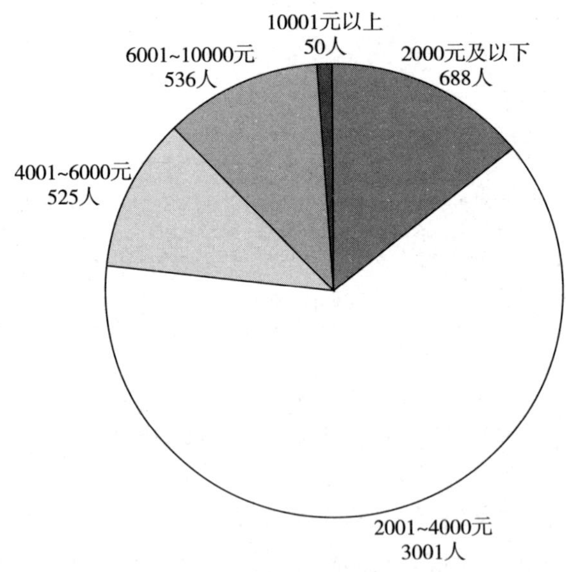

图9　农民薪资月收入预期

五 社会调查的基本特点与初步结论

近些年来，M市坚持对农民进行职业教育培训的宣传、推广工作，务实性地开展了一系列持续性的推进工作，不但提升了农民职业教育培训的实效，也促使农民对职业教育培训乃至学习的热情进一步高涨。在农民那里，培训理念逐渐从“教我学”向“我要学”过渡，甚至有些农民已然将教育培训视作更改个人命运和家庭福祉的重要支撑条件来认识，从现有取得的成效看，主要呈现为以下特点。

（一）城镇化发展实践需要提升农民知识素质

调查结果显示，城镇化背景下农民教育培训质量问题或症结主要来自政府政策、教育培训机构、用工单位、农民自身等四个方面的因素。这四方面因素在农民教育培训的不同场景下其内容也是多有不同的。而四者的相互关系及其发生机理往往也存在巨大的差异，不只是同样的方式方法会导致不同的结果，即便是同样的方法对待不同的对象，其具体培训实效也会呈现很大差异。为此，本研究认为，在提升农民教育培训质量的问题上，应着眼于城镇化这个特殊背景，把农民教育培训质量提升与城镇化进程联系起来，与城镇化对农民技能诉求联系起来，与城镇化建设和发展的目标联系起来。在具体问题上，我们既要关注农民个体的教育培训诉求及其个案特点，也要关注农民所处地域的实际情况，进而提升农民教育培训质量对策供给的针对性和可操作性，确保农民教育培训质量与城镇化建设发展是高度契合的。

（二）农民已经开始重视知识或教育培训的重要性

农民在理念上增强了对农民教育培训重要性的认知。一是明晰城镇化背景下提升农民教育培训质量的重要意义和现实价值。农民教育培训质量首先是生存教育和民生教育，这是保证农民有效作为的前提条件，城镇化视野下，信息化、网络化、现代化内容相互叠加，即便是高知群体，也要通过不断的学习来提升自身的内在修为，坚持活到老学到老，作为知识储备相对不足的农民群体就更需要精进用功了。与高知群体比较，农民在接受知识，尤其是学理性较强的知识方面能力不足，很难适应新型城镇化建设的需要，必须着眼于农民自身的实际，着眼于农民教育培训质量提升的关键因素，具有战略眼光，把农民教育培训问题提升到关系国家经济社会发展的整体布局上来，提升到关系中华民族伟大复兴中国梦建设的事业中来，努力提升涉身其中的每一个农民的个体素质，既能够帮助农民提高自己及其家庭的生活质量，也能够为实现中华民族伟大复兴中国梦贡献力量。二是通过教育培训促使广大农民重视教育，重视学习型社会的重要意义。努力使农民提升创业教育，努力促进农民更新知识、增强个体修为，彰显自我，保证在城镇化建设过程中完善自我、成就自我。努力促使农民不仅提升专业性的谋生性学识，也要努力促使农民提升责任意识、善行意识，不断自我塑造、自我砥砺和自我提升，有大格局、大胸怀和大气魄，敢于在城镇化发展过程中创优争先，敢于在城镇化建设过程中大显身手，不仅具有涉及农业技术的一技之长，也能够在市场经济中收集和利用市场信息，保持好市场机遇能力，结合自身实际，开业创新。三是努力与高校、专家学者、农民接洽，努力提升研究成果的波及率和辐射力。不断提升农民教育培训的组织保证和师资保证。明晰了城镇化与农民教育培训理论挖潜的重要性，不仅课题组成员和高校教师能够设身处地为农民着想，也促使农民体会和了解外力的用心良苦。四是与专家学者接洽，努力使研究成果走向课堂，走向农民，走向实际。五是精致课业内容。农民教育培训往往具有一定的时效性和针对性，不同的农民群体抑或是不同农民对教育诉求的需要往往是存在差异的，必须确保教育培训供给侧结构性改革所提供的教育产品或教育服务是农民需要的、满意的。

（三）农民教育培训对于促进农民增收具有积极作用

通过职业教育培训，农民在学习和交流中感受到自身的不足，已经感受到自身的能力对于个体及其家庭的重要意义。广大民众普遍认识到，农业人才、农技人才的重要性，在乡村，无论是建设社会主义新农村，尤其是实现乡村振兴战略要依靠于、依赖于高素质的农民作为保障。进城打工，更是需要具有一技之长，方能促使自己在城市站稳脚跟。通过教育培训，农民不断地在和他人、自我进行信息交互，已然能够感受到提高自身核心能力的紧迫性、必要性和重要价值。提升农业生产效率，增强了农业发展品质，促进了农民增收。农民参加职业培训后，能够迅速将所学知识和技能应用到生产和生活中。通过对育种知识和技术的学习，农民了解了相关种子的习性和特点，能够有效把握种子的生长周期，明晰了种子的生长环境，即能够在栽种期间确保不出现“瞎苗”和“粉子”问题，也能够较为系统地掌握“种子——土壤——水分——作物护理——果实收割——熟秧处理”等技术难题，为农民增产增收创造了条件。加之，在学习间隙，农民可以和老师、同行交流农业知识和生活状况，使农民能够更好地睁开眼睛看世界，在交流中，农民不仅开阔了自己的视野和眼界，更为可贵的是，通过这一系列活动，农民在掌握了必要流程的基础上，充分认识到了科学种粮的重要性，科学精神也逐渐在农民内心深处生根发芽。

（四）农民教育培训的基础设施建设得到改善和加强

为了方便对广大农民进行教育培训，保障教育培训实效。结合农民培训意愿和培训实际情况，建立完备地培训保障体系。在教育培训开展过程中，当地政府非常重视农民教育培训工作，对农民教育培训给予必要的财政转移支付支持，确保有场地、有场所、有教师、有教材，能够保障一定的师生比和教材、教辅工具的匹配度。在硬件建设上，明确将农民—教育培训机构—企业—政府等四维建构落实在行动中，号召、引导、鼓励企业为农民职业教育培训提供支持，引导社会各界人士关注农民教育培训工作。

（五）职业教育培训机构的整体素质也得到极大的改善和提高

教育农民是一项非常重要而困难的工作。在实际工作中，农民的教育培训诉求是不断变化发展的，其状态也是在不断变化发展的，而这都与外在的经济社会发展状况相契合。坚持以农民需要为导向的职业教育培训，总是促使教育培训机构工作人员、教师和管理者不敢懈怠，无论是从制度化的规范管理、规范化的课业讲授，乃至于课后的习题讲解与实践演练，都要井然有序、井井有条。这一方面提升了职业教育培训机构的整体素质和能力，另一方面增强了农业职业教育培训机构的外联效果，其师资质量、课程设计、管理能力等领域都得到了大幅度的提升。在实际教育培训工作中，各方有效协同，各负其责，多元协同教育培训网络正在形成，这必将有利于农民职业教育培训工作的更好开展。

（六）提升农民教育培训质量必须坚持的基本原则

1. 坚持党的领导原则

城镇化发展战略是中国共产党带领中国人民全面建成小康社会的决战阶段提出的重大国家战略和国家工程，其有着自身的特点。坚持党对城镇化建设的领导，就是要在城镇化的元政策设计、城镇化的基础政策设计和城镇化的具体政策设计上坚持党管一切，党对一切行动负责，尤其是要将城镇化建设的具体需求与农民教育培训质量二者有机结合，努力实现城镇化建设的实际需要就是农民教育培训质量提升的目标所向。

2. 坚持因地制宜原则

农民教育培训必须与国情、省情、市情和县情区情结合起来，必须与当地城镇化实际结合起来，与当地城镇化建设的教育培训的实际供给状况结合起来，与农民期待和社会发展需要结合起来，因地制宜，统筹协调。

3. 坚持城镇化导向原则

农民教育培训必须与城镇化发展尤其是城镇化建设过程中的问题导向结合起来，以城镇化进程中相关问题的解决及其与农民素质的对应性关系为突破口，找准制约农民教育培训的症结所在，摸准影响农民素质的关节点，精准施策，确保农民教育素质提升。

4. 坚持个案推进原则

农民教育培训质量提升虽然可以搞宏观的、大数量人口的培训，但每一个农民对教育培训的期待及其课业要求往往存在巨大差异，当然，就农民教育培训实际需求来看，每一个农民的需要也往往是不同的，为此，在提升农民教育培训质量的过程中，必须坚持个案推进原则，即就农民自身的需要开展相关问题的培训，把农民个体预期和事业发展的实际需要相结合。

六　当前农民教育培训存在的主要问题及成因分析

（一）存在的主要问题

从对农民教育培训情况看，地级市职业教育资源虽然较为丰富，但由于分属省、市等多个部门，存在体系内和体系外问题。

（1）农民教育培训规划和管理缺少统筹性，各自为战，没有形成“政府—职业教育培训机构—企业—社会—农民个人”协同推进的教育培训网络。

（2）资金投入相对有限，不能为农民教育培训提供充裕的经费支持。无论是具体的场地、场所，还是充裕的师资保障都亟待解决。加之，现有教育培训场所基础设施建设较为简单，缺少必要的多媒体设备，实际模拟能力较弱。

（3）职业教育培训学院构成复杂，既有年龄的差异，也有学识和技能的差异，接受新事物、新知识的能力存在差异，在具体教育培训环节上不利于齐整性地开展工作，甚至有些学院不认真听课，应付了事。教师辛辛苦苦，学员接受能力和学习能力不匹配，培训质量有待进一步提升。

（4）职业教育培训的品牌优势没有充分发挥出来，缺少与知名企业合作办学的经历和经验，供需失衡，校企合作、校校合作困难。M 市的农民教育培训虽然取得了一定的成绩，一些农民对教育培训的状况还是比较满意的。但从农民教育培训的政府资金投入、农民个体投入、企业投入领域上还多有不足。涉及农民教育培训的政策保障体系尚且不够充分，难以形成政策合力，另外，农民教育培训的基地建设、“双师型”教师培养等瓶颈问题还没有解决好。

（5）教育培训的规范化程度尚有不足。一是整体规范性不足。农民职业教育培训缺乏系统地布局，存在随意性的问题。个别教育培训过程存在走过场、重形式轻实质的问题，课程选择、教学设计、课程教师、教学大纲和教学内容不同程度地存在着随意性问题。二是结果评价性规范不足。农民职业教育培训结果的评价考核工作是衡量农民核心素质是否提升的重要内容，但现有结果评价机制更多的是“答题了事”，合格证书获得过于简单。三是教育培训农民的建档立卡工作不规范。现有情况是以等级信息为主，虽然进行了保存处理，但并未形成完备的电子档案查询系统，信息筛查和摘取能力不足。

（二）制约农民工教育培训效果的因素

1. 农民个体原因

（1）文化程度普遍较低，劳动技能不完备。城镇化过程中，农业供给侧结构性改革如火如荼，乡村振兴战略也正在推动。就全国整体性的农民素质来看，与城镇化要求还不相适应，农民素质提升已经是迫在眉睫的重要课题。从我国现有农民素质状况看，农民素质与经济社会发展需要还不相适应，尤其是体现在文化程度层面还有很大的提升空间。比较而言，外出农民工属于农民中的优秀或精英群体，但其文化水平普遍偏低，“从农村外出从业劳动力文化程度构成来看，文盲、小学和初中占90%，高中以上占10%，大多数农民工人力资本存量低，绝大多数所受教育都是小学或中学水平，而且大都没有经过任何职业培训，缺乏劳动技能和竞争优势，更多的在次级劳动力市场，尤其是在建筑业和服务业寻找不需要太高劳动技能的工作。因此，他们的工作环境一般都比较差，所得的劳动报酬也相对较少”。①

（2）经济收入不高。经济基础决定上层建筑，有什么样的经济条件或

① 周柏春、孔凡瑜：《农民工培训的进路选择》，《中国劳动关系学院学报》2010年第10期，第93页。

经济收入条件往往就会有什么样的意识或行为与其伴随。“从城镇与农民的整体收入状况来看，2009 年农村居民人均纯收入 5153 元，剔除价格因素，比上年实际增长 8.5%；城镇居民人均可支配收入 17175 元，实际增长 9.8%。城镇居民可支配收入是农村居民均存收入的 3.33 倍。从农民工现实平均月收入来看，2004～2008 年，农民工收入有所增加，从月收入 539 元增加到 1060 元，增幅 97%，同期，城镇居民平均月工资由原来的 985 元增加到 1422 元，增幅 44%。从农民工工资的增长额度和幅度来看，农民工收入的确有了大幅度的提高，但从比照中可以发现，城镇居民 2004 年的平均月收入是农民工收入的 1.83 倍，2008 年，城镇居民平均月收入为农民工的 1.34 倍”。[①] 值得关注的是，农民工的工资性收入剔除项目或承载的东西较之市民是有许多多余项目的，诸如房屋租赁费用、公交或行车费用、个人必要的生活支出等，如果再加上未来的个人养老费用抑或是社会保障支出、医疗卫生支出、子女生活开销等内容，农民工的工资性收入与市民的福利性工资性收入相比还是有许多劣势的。如果将以上因素加权汇总到一起，农民工的收入与市民的收入差距可能还要比数据显示的大一些。

2. 农民个体之外原因

（1）制度供给的缺失与不足。新中国成立之后，受制于当时的主客观条件，我国实行的是城乡分治的二元政策。建立了以户籍制度为中心的社会分配制度，“农民与市民分离分治，农民在农村就业，市民在城市就业。从制度上看，农民权益保障先天不足。从实践过程来看，改革开放后，伴随城市的迅速发展和城市就业环境的改善，大规模的农民开始进城务工，并逐渐成为城市次级劳动力市场的主体。农民工权益保障问题也逐渐被纳入社会、政府和公众的视野。农民工从权益缺损的实质来看可以概括为经济、政治、教育、文化和保障等方面，但具体形式多种多样，政府在制度建设上更多的是指导性的意见和建议为主，缺少针对性、强制性、可操作性的制度规范，

① 周柏春、孔凡瑜：《保障农民工权益的对策选择》，《前沿》2010 年第 8 期，第 125 页。

这使农民工维权缺少了制度支持”。① 一段时间内，地方政府在保护农民工权益领域积极性不高，甚至为了地方政绩在招商引资过程中迎合一些企业，为企业创设条件，乃至于以牺牲农民工的合法权益为代价，对农民教育培训领域的权益保障问题漠视就不足为奇了。

（2）组织维权行动乏力。农民工权益得不到有效保障，重要的原因是有效性组织、规范性组织和法治化组织严重不足。从农民维权的实践看，农民个体维权的成功率微乎其微，“农民工权益易受侵害，一个重要因素就是他们作为个体过于分散，没有自己的表达与维权组织。只有组织起来，他们才能增强自身的表达和维权力量，改变个体在与用人单位博弈中的弱势，通过组织与资方谈判，更好的表达和维护自身权益。按照治理理论的观点，拥有代表自己利益的组织对一个社会阶层而言至关重要。农民工庞大的人数与组织的微弱形成了鲜明的反差，很难容纳在现有体制内的组织中。具体而言，农民进城务工具有自发性、时段性、盲目性、分散性等特点，组织起来较为困难，很少有加入党团、工会等正式组织的。这使得农民工在其权益受到侵害时缺乏有效的求助途径，这也使得他们在维权时各谋其策，各行其是，不能形成维权合力。虽然有一些老乡会、联谊会等团体为了维护农民工权益做一些努力，但由于这些组织的非正规性，与政府、司法部门没有工作联系，因此也很难达到维权目的”。②

（3）规则性评价不足。规则性评价在社会建构过程中发挥着重要作用，而我国长期实行的城乡二元分治政策直接导致优质资源向城市倾斜，因此在规则评价领域，城镇占据着绝对优势，而乡村则处在劣势状态。体现在具体人身依附领域，就是市民好于农民、城市好于乡村。新中国建立之初，基于生产力水平和政策设置上的原因，农民和工人差异并不大。改革开放以来，政策供给更多地以城市或城镇为中心，乡村成为被忽视的角落，“农民和工人成了各自身份的代名词，农民从角色定位上，似乎就已经被落后限制了，

① 周柏春、孔凡瑜：《保障农民工权益的对策选择》，《前沿》2010 年第 8 期，第 125 页。

② 周柏春、孔凡瑜：《保障农民工权益的对策选择》，《前沿》2010 年第 8 期，第 125 页。

并且日益割裂化，逐渐形成二元发展格局。市民和农民的身份代表着不同的权利、地位和机会。身为市民，优越感强烈，身为农民，则深感卑微。根据统计数据来看，在城里打工的农民工有1.4亿左右，但其尚未成为城市的一分子，社会身份不能随地域转移而发生置换，而是屡屡遭到不公待遇。从生活环境、社会待遇、衣食质量等指标看，农民工理应受到更多关注和关照”。① 从实际情况看，进入城市多年的农民工即使进了城市，有了可观的经济收入，但身份、地位与市民相比还存在巨大差距，个人的成就感、存在感、幸福感和尊严感还有待提升。在这样的境遇下，不但市民对农民工的认同度和认可度低，即使是农民工自己也不能认可自己的城市主人身份。

七　提升农民教育培训质量的对策

本研究从城镇化背景下探究了提升农民教育培训质量的体制机制和政策保障机制，是将公共政策理论应用到农民教育培训质量提升问题研究的一种尝试，所发现的影响农民教育培训质量的问题对初步形成结论和后续研究带来一些借鉴。与此同时，提升农民教育培训质量要从以下几个方面着力。

（一）提升农民文化自信的品性品格

农民文化自信不是盲目自以为是，而是通过不断学习、不断提升，不断完善，不断成就自身修养行为，努力形成良好的文化自信能力，努力打造“培育精益求精的工匠精神”，努力提升农民自身对知识的渴求欲望，努力促使农民不断加深对新型城镇化建设的理解与认知，自觉增强与城镇化建设的契合性和协同性。

（二）加强宣传，提升农民教育培训的主动性和积极性

努力创设优良的社会氛围，引导广大党员干部关注农民教育培训、重视农民教育培训、帮助农民教育培训，不断提升农民教育培训的实效，切实增

① 周柏春、孔凡瑜：《保障农民工权益的对策选择》，《前沿》2010年第8期，第126页。

进农民教育培训的重要性认知，强化农民教育培训对自身及家庭的重要价值，在栽培养殖、技术改造升级等见效快的领域促进农民观念转变和更新。建立农民教育培训网络互动平台。借助网络化、多媒体和微媒体等平台，不断地掌握农民教育培训诉求，努力将农民期待性高的课业内容上传到网络空间，建立模拟互动机制，促进农民能学习、善学习和会学习，不断提升自身素质。一是广开渠道，扩大教育培训的资金来源。农民教育培训经费多多益善，渠道越多、经费越有保障，就越能够为提升农民教育培训质量奠定坚实基础。从政府角度而言，要在政府发展基金当中增列农民教育培训经费，确保政府财政的刚性投入，也可以供给政策，引导资金流向农民教育培训领域。从企业或用工单位看，"理应加大对农民培训的资金投入。用人单位开展农民培训所需经费从职工培训经费中列支，职工培训经费按职工工资总额1.5%比例提取，计入成本在税前列支"。[①] 从社会角度看，尤其是城市社会要营造农民进城的优良氛围，关注农民工、关心农民工、关爱农民工，增强城市的接纳能力和社会关切度，引导和帮助农民工顺利实现市民化的转换。二是引导广大农民切实增强教育培训的自觉。农民教育培训既是国家之事，更是农民自身及其家庭之事，国家的关注抑或是政策的附着总是需要时间或一定的周期，农民素质提升等不得，农民自身必须关心自己，主动作为、积极行动，把素质提升看成乐业增益的关键筹码和坚实依托。坚持把个体投放在教育培训的全过程，坚持把自己努力与国家经济社会需要相结合，努力提升自身素质，以更好地适应经济和社会发展。

（三）建构完善的课业体系和雄厚的师资团队

农民教育培训的基础内容在于课业支撑体系，必须找准农民的职业诉求和职业预期，精准供给课业内容，精准配备师资队伍。明晰城镇化建设过程中尤其是农民市民化或培训新型职业农民的基本价值趋向，进一步夯实到底

① 周柏春、孔凡瑜：《农民工培训的进路选择》，《中国劳动关系学院学报》2010年第10期，第95页。

需要农民提升"什么"素质，核心的要义包括哪些具体内容。明晰农民教育培训质量效果提升抑或是农民整体素质改善必须坚持以满足农民实际需要为出发点，坚持为了农民、成就农民和服务农民思想。在配备师资的问题上，既可以邀请农业专家，也可以邀请农业技术的行家里手，充实到师资团队中，尤其是要扩大"双师性"师资的比重。

（四）充分发挥政府的引导作用

政府在农民教育培训过程中发挥着至关重要的作用，政府要将农民教育培训质量提升工程看作政府的重要工作内容，提升农民教育培训的重要性认知，引导企业、政府、职业学校、高等学校农学科等积极开展有益合作，为农民教育培训提供强力支持。单列农民教育培训经费预算，确保专款专用，做好相关款项的监督管理工作。另外，把农民教育培训与扶贫脱贫工作结合起来，让农民教育培训成为脱贫扶贫的有力抓手，强化政府政策供给、平台搭建和氛围营造，首先打通城乡户籍壁垒，建构一体化的社会保障政策，逐步推动城乡劳动力市场一体化、城乡政策一体化，坚持问题导向，强化农民个案追踪，为农民创业、就业和择业提供机会和平台。

（五）注重协同共治作用

农民教育培训质量与地级市的升级转型发展紧密相关，必须不断强化农民教育培训的重要性认知，拓展农民教育培训的新形式，尤其是要大力开展学徒式的培养模式。政府在农民教育培训中要发挥好引导和扶持作用，切实调动农民及其家庭、企业、教育机构、社会等多维主体的积极性，使人人关心农民教育培训、人人重视农民教育培训，把农民教育培训投放在实现中华民族伟大复兴中国梦建设过程中的人力资源支撑认知上来，为解决三农问题奠定坚实基础。另外，地级市要全力打造工匠精神，把"精准、精细、精湛、精美"融入农民教育培训之中，加强前瞻性、预见性和统筹性，不断推动农民教育培训工作的开展。注重需求导向，注重协同推进，多维并举、多措并施原则，切实发挥好党、政府、企业、教育部门、农民个人等作用，强化校企、校校合作，注重政府、学校、企业、社会协同育人合作，切实提升农民教育培训质量，尤其是要在就业环境营造上下功夫，既要解决农民工与就业相关的素质问题领域的前期之扰，也要解决农民看病问题、养老问题、子女上学问题的后顾之忧。

皮书起源

“皮书”起源于十七、十八世纪的英国，主要指官方或社会组织正式发表的重要文件或报告，多以“白皮书”命名。在中国，“皮书”这一概念被社会广泛接受，并被成功运作、发展成为一种全新的出版形态，则源于中国社会科学院社会科学文献出版社。

皮书定义

皮书是对中国与世界发展状况和热点问题进行年度监测，以专业的角度、专家的视野和实证研究方法，针对某一领域或区域现状与发展态势展开分析和预测，具备原创性、实证性、专业性、连续性、前沿性、时效性等特点的公开出版物，由一系列权威研究报告组成。

皮书作者

皮书系列的作者以中国社会科学院、著名高校、地方社会科学院的研究人员为主，多为国内一流研究机构的权威专家学者，他们的看法和观点代表了学界对中国与世界的现实和未来最高水平的解读与分析。

皮书荣誉

皮书系列已成为社会科学文献出版社的著名图书品牌和中国社会科学院的知名学术品牌。2016 年，皮书系列正式列入“十三五”国家重点出版规划项目；2013~2018 年，重点皮书列入中国社会科学院承担的国家哲学社会科学创新工程项目；2018 年，59 种院外皮书使用“中国社会科学院创新工程学术出版项目”标识。

中国社会发展数据库（下设 12 个子库）

全面整合国内外中国社会发展研究成果，汇聚独家统计数据、深度分析报告，涉及社会、人口、政治、教育、法律等 12 个领域，为了解中国社会发展动态、跟踪社会核心热点、分析社会发展趋势提供一站式资源搜索和数据分析与挖掘服务。

中国经济发展数据库（下设 12 个子库）

基于"皮书系列"中涉及中国经济发展的研究资料构建，内容涵盖宏观经济、农业经济、工业经济、产业经济等 12 个重点经济领域，为实时掌控经济运行态势、把握经济发展规律、洞察经济形势、进行经济决策提供参考和依据。

中国行业发展数据库（下设 17 个子库）

以中国国民经济行业分类为依据，覆盖金融业、旅游、医疗卫生、交通运输、能源矿产等 100 多个行业，跟踪分析国民经济相关行业市场运行状况和政策导向，汇集行业发展前沿资讯，为投资、从业及各种经济决策提供理论基础和实践指导。

中国区域发展数据库（下设 6 个子库）

对中国特定区域内的经济、社会、文化等领域现状与发展情况进行深度分析和预测，研究层级至县及县以下行政区，涉及地区、区域经济体、城市、农村等不同维度。为地方经济社会宏观态势研究、发展经验研究、案例分析提供数据服务。

中国文化传媒数据库（下设 18 个子库）

汇聚文化传媒领域专家观点、热点资讯，梳理国内外中国文化发展相关学术研究成果、一手统计数据，涵盖文化产业、新闻传播、电影娱乐、文学艺术、群众文化等 18 个重点研究领域。为文化传媒研究提供相关数据、研究报告和综合分析服务。

世界经济与国际关系数据库（下设 6 个子库）

立足"皮书系列"世界经济、国际关系相关学术资源，整合世界经济、国际政治、世界文化与科技、全球性问题、国际组织与国际法、区域研究 6 大领域研究成果，为世界经济与国际关系研究提供全方位数据分析，为决策和形势研判提供参考。

法律声明

“皮书系列”（含蓝皮书、绿皮书、黄皮书）之品牌由社会科学文献出版社最早使用并持续至今，现已被中国图书市场所熟知。“皮书系列”的相关商标已在中华人民共和国国家工商行政管理总局商标局注册，如LOGO（ ）、皮书、Pishu、经济蓝皮书、社会蓝皮书等。“皮书系列”图书的注册商标专用权及封面设计、版式设计的著作权均为社会科学文献出版社所有。未经社会科学文献出版社书面授权许可，任何使用与“皮书系列”图书注册商标、封面设计、版式设计相同或者近似的文字、图形或其组合的行为均系侵权行为。

经作者授权，本书的专有出版权及信息网络传播权等为社会科学文献出版社享有。未经社会科学文献出版社书面授权许可，任何就本书内容的复制、发行或以数字形式进行网络传播的行为均系侵权行为。

社会科学文献出版社将通过法律途径追究上述侵权行为的法律责任，维护自身合法权益。

欢迎社会各界人士对侵犯社会科学文献出版社上述权利的侵权行为进行举报。电话：010-59367121，电子邮箱：fawubu@ssap.cn。

社会科学文献出版社